信息时代企业供应链采购管理的策略研究

韩志颖　郭潇宇　张大磊　著

吉林科学技术出版社

图书在版编目（CIP）数据

信息时代企业供应链采购管理的策略研究 / 韩志颖，郭潇宇，张大磊著. -- 长春 : 吉林科学技术出版社，2021.6

ISBN 978-7-5578-8059-0

Ⅰ. ①信… Ⅱ. ①韩… ②郭… ③张… Ⅲ. ①企业管理－供应链管理－研究－中国 Ⅳ. ①F279.23

中国版本图书馆 CIP 数据核字（2021）第 100175 号

信息时代企业供应链采购管理的策略研究

XINXI SHIDAI QIYE GONGYINGLIAN CAIGOU GUANLI DE CELUE YANJIU

著　韩志颖　郭潇宇　张大磊
出版人　宛　霞
责任编辑　丁　硕
封面设计　舒小波
制　　版　舒小波
幅面尺寸　185 mm×260 mm
开　　本　16
印　　张　22.5
字　　数　490 千字
页　　数　360
印　　数　1-1500 册
版　　次　2021 年 6 月第 1 版
印　　次　2022 年 1 月第 2 次印刷

出　　版　吉林科学技术出版社
发　　行　吉林科学技术出版社
地　　址　长春市福祉大路 5788 号
邮　　编　130118
发行部电话 / 传真　0431-81629529　81629530　81629531
81629532　81629533　81629534
储运部电话　0431-86059116
编辑部电话　0431-81629518
印　　刷　保定市铭泰达印刷有限公司
书　　号　ISBN 978-7-5578-8059-0
定　　价　90.00 元

前 言 Preface

随着全球经济的一体化发展、科技的不断创新、信息传播越来越快，各行各业间的竞争也越来越激烈，曾经一度让人羡慕并暴利的传统制造型企业如今却早已风光不在。客户的要求越来越高，成本的压力越来越大，各企业在提高自身生产率和产品质量的同时，不得不开始挖掘各个“增值环节”的潜力。而采购，作为其成本控制的重要一环，自然成为了企业管理的重要方面。因此，对企业的采购管理进行科学合理的优化整合，可以为企业提供新的动力，增强企业的整体实力和竞争优势。

另外，由于卖方市场在不断地向买方市场转变，企业不仅需要加强和重视内部管理，也要开始关注与其外部之间的联系，即供应链的外部环境，就是当下“热门的”供应链概念。这便意味着市场中的竞争不再局限于企业与企业之间，而是开始逐步扩大到供应链与供应链之间。因而，传统的那些只考虑为库存而采购、一味关注产品的价格、实行多家供应商供货且与他们的合作只是短暂的这种采购模式将一定会制约着企业的发展，逐渐显露其弊端。企业若是要寻求可持续的发展，要想提高自身的竞争力，就必须融入供应链的环境中，对采购的关键领域如采购流程、成本管理、信息管理和供应商管理等方面实施有效地控制和管理措施。鉴于当下的市场环境，《信息时代企业供应链采购管理的策略研究》首先介绍了供应链管理的基本概念，接着分析了我国企业供应链管理的发展状况和存在问题，阐述了实施供应链管理的必要性，最后总结出信息化在物资采购管理中的应用策略。

本书由开滦（集团）有限责任公司物资分公司韩志颖、开滦（集团）有限责任公司物资分公司郭潇宇、开滦（集团）有限责任公司物资分公司张大磊共同编写完成。具体编写分工如下：韩志颖编写了第一章、第二章、第三章和第四章（共计约17万字）；郭潇宇编写了第五章和第六章（共计约16万字）；张大磊编写了第七章和第八章（共计约16万字）。

编者

2021.5

目 录 Contents

第一章　导论

第一节　研究背景

在竞争日益激烈的市场经济条件下，企业与企业之间已不仅仅是产品与价格之间的竞争，它们各自的供应链也逐渐加入竞争的队列中来。而采购，不仅牵动着供应链的上游，对供应链的下游及其他多个节点企业也都有密切的关系，这就使得采购管理不得不受到各企业管理层的重视，且不断上升为企业的发展战略管理。

然而，现如今我国大部分的企业还是停留在传统的管理思想中，对采购管理也大多只是强调其内部流程方面的优化，如果现在想要通过采购管理来实现企业的“增值”和整体实力，这就要求企业在提升其自身运营管理水平的同时，还必须改变原有的传统的采购管理理念，引入供应链的思想，不断优化和完善企业的采购模式，采购流程，供应商管理及信息管理与建设等方面的工作。因此，企业的采购管理是否有融入到当下供应链的模式中，是否有科学而合理的优化，对企业能否快速应对客户要求，在国际或国内市场中占有一席之地都有着一定的理论兼实际的双重意义。

第二节　研究综述

在现代化的信息技术基础之上，我国建立了一个庞大的信息化知识体系。信息化简言之就是海量的数据，通过大数据，我们可以对资源实现过程控制，真正做到了按需使用，智慧管理。据不完全统计，在没有信息化技术之前，全世界大约 90% 以上的数据信息没有被充分的吸收以及利用。而信息化技术的出现可以说完全填补了这一空白，在信息化的驱动之下，我们在搜集和提取大量数据的同时，可以对一些结构化或者半结构化的数据进行深度分析，为企业提供了准确的预测服务。

一、国内研究综述

随着时代的不断发展，21 世纪已被贴上了“信息化标签”。各个企业都在挖掘数据，以便能够更好地满足客户的需求，扩大企业的竞争力，供应链管理也融入了信息化元素。供应链的概念来源于波特的著作《竞争优势》，而随着对供应链研究的不断地深入与其不断地发展，每个企业可以同时存在多条供应链系统。在这些供应链系统中，企业将其工作流、信息流以及资金等整合成一个整体，从全局进行协调与有效控制。具体而言，企业从原材料的采购到产品的设计、加工至形成产成品到终端的消费者。在此供应链系统过程中，企业将上下游的供应商、制造商、零售商、消费者连接成为一个整体的功能网链，谋求供应链中的企业间协同发展、合作共赢。而其也存在诸多的缺陷，例如，当前许多的企业不重视数据的管理，数据记录不准确以及数据的利用率低下导致企业间缺乏相互信任，使得供应链整体可视性受到限制。而信息化的出现，无疑可以很好地解决这个问题。

1. 信息化背景下的供应链与传统对比

信息化的发展对于供应链管理产生了深刻的影响，借助信息化的支持企业能够将生产总成本尽可能地降低，从而使企业的利润上升。传统的供应链管理运作职能主要包含三个方面：①采购：传统上人们将采购环节仅仅视为供应链中的一个纯粹的购买行为。然而，在当今市场环境日趋于复杂以及消费需求呈现多样化的形势下，企业的采购通常也呈现出复杂性以及不确定性。如果企业对市场发展趋势未能进行合理地预估，会给企业带来不可挽回的损失；②制造：传统的供应链制造只能依靠管理生产者的经验以及猜测和市场调查来进行消费者需求分析，并以此为基础进行制造与研发生产，耗时长且效率低下；③物流：传统的供应链仅仅将其视为生产商、配货方、运输公司的桥梁，而事实上，物流部门除了与上下游的消费者与零售商进行整体协调之外也不能忽视与企业的采购部门、市场销售部门进行有效的衔接。

总体而言，基于信息化背景的供应链管理的优越性主要体现在以下几个方面。

（1）预测与采购

预测与采购职能是基于信息化的环境背景之下衍射的职能之一，企业可以通过信息化对历史用户的销售数据、采购数据等等数据进行搜集与分析，合理的预测消费者的购买行为，有效的预知市场需求所在，为市场反应提供了可靠的基础。在此基础之上，企业可以构建出市场的需求供应模型，帮助企业有效地识别市场所需，加大其对核心业务的投入，实现稳步利润增长。同时能够帮助企业及时有效的去掌握原材料的采购信息，这使得存货的采购人员能够从劳动中解脱，进一步去开展高价值的企业活动，为企业创造更大的价值。

（2）生产与运营

基于信息化环境下的供应链管理的另外一个职能就是生产与运营。随着现代生产制造业的不断发展，诸多繁琐且耗时的工作开始凸显出来，这些工作降低了企业的生产效率，且不适合传统的生产方法。在信息化驱动的全新模式下，可以对产品的生产流程以及质量各个方面实行动态的监控，提高产品的质量。具体而言，企业借助于信息化平台，将企业的订单通过有效的软件去操控生产流程，实现基于信息化的数字化生产模式。企业通过对消费支付以及购买行为的数据分析能够更加精确地判断出消费者所需和所喜的产品，将其充分融入到企业的产品的生产和设计中去，极大增强企业的市场竞争力。信息化能够快速融入到供应链，不仅仅在于其能够帮助企业精准快速地作出决策行为，还在于企业借助其能够对供应链中存在风险进行合理的规避。信息化技术能够有效地促进供应链高效的分配企业资源，最大地缩短企业配送时间。

（3）库存与物流

当前，基于信息化的物流云服务可以说是研究的热点。同时企业可以通过信息化的分析去有效的识别客户的种类，为不同的客户种类群体提供不同价值的服务，而不是无差别对待。零库存模式（JIT）的概念存在于上个世纪的60~70年代。但是实施起来并非易事，原因在于其对于供需双方的信息共享要求极其苛刻，这需要一系列的措施作为保障的前提，而信息化就能很好将两者进行完美的契合。生产企业的物流环节是企业重要环节，企业在提供物流服务时必须与各个职能部门协调一致，提高企业的库存周转效率。在信息化的背景下，企业可以有效针对物流运输环节的路线进行合理的规划和安排，尽可能地找到最短的运输路线，对物流运输过程中的路况进行实时的监控，尽可能地避免拥挤的路段，对天气状态也可以进行有效监控，在恶劣天气合理地安排物流运输，提高了企业物流的配送效率。

（4）财务管理

在传统的供应链的财务管理中，存在诸多问题。具体体现在：

1）由于其模式分散化的特点，不能针对企业财务中现存问题进行有效的分析。

2）没有从全局去考虑，时效性差，从而导致决策效率低下。

3）内部财务信息分享较为困难。企业的各个部门之间内部呈现出割裂的局面，无法有效地实现内部企业资源共享，导致了企业内部的资源的浪费。在借助先进的信息化技术下，可以整体地提升企业财务管理的效率。可以有效地降低供应链内部的各个环节之间的交易成本，同时也能够更好地为企业的财务预测服务。

2. 基于信息化背景下我国供应链研究进展以及成果

可以说，自信息化技术出现以来，越来越多的学者开始密切关注两者的“融合”。

信息化针对供应链管理所涉及的采购、物流等各个环节都能进行更好的完善。国内许多学者针对信息化供应链的发展趋势都进行了探讨与研究。

学者陈永平等以企业信息的聚合技术为研究切入点，对于大数据经济时代下企业中的三级供应链企业信息的聚合技术价值及企业价值创造模式形成的机理问题进行了深入的剖析与理论研究；学者吴成霞等对于信息化信息服务商主要参与的三级以上企业供应链的动态合作博弈策略及其比较合作模式进行了深入探讨，构建了三种不同企业博弈情形下的微分博弈模型，并将合作契约扩展到以零售商销售成本为变量进行了讨论；学者陈夕就基于信息化所引发的全渠道供应链服务模式进行了深入分析，得出供应链流通的关键在于要与客户零距离，从而才能更好为客户提供定制化的服务，进一步为企业创造利润；学者沈娜利等对信息化环境下供应链客户知识共享激励机制进行了研究，为供应链制造商、零售商实施客户知识共享机制提供了参考依据；当前，在信息化背景下供应链设计与管理研究问题是一个充满创新与挑战的全新的研究领域，这些研究从理论上证明了两种互相“融合”的优势，为后人进一步的深入研究打下了基础。然而这些成果尽管在学术界有理论贡献，但还存在尚待完善之处。

具体在于：①在研究方法方面，理论性过强，过于强调数学理论模型的提出与证明，对实证案例研究过少；②理论基础略显单薄，缺乏完善的理与体系作为研究支撑，使得研究受到了限制；③学术界普遍对信息化应用于供应链管理中的信息泄露等安全性问题的认识有待加强。

三、国外研究综述

就采购管理的重要作用而言，国外学者作出了大量探索，如 Yu GU，Yanlin ZENG 在装饰工程采购成本控制内部审计研究过程中发现，采购是企业管理过程中的基本环节，也是企业成本控制的第一环节。有效的采购成本控制不仅有助于企业降低成本，而且可以提高竞争力。Eline Van Poucke 在对采购专业人员早期参与采购项目可以提高成本节约的研究中探讨了采购人员早期采购项目对采客户满意度和成本节约的影响以及对采购项目影响，并确定了采购专业人员在采购项目中实现成本节约的重要性。采购策略在采购管理过程中的地位尤为重要，同时与其他采购环节密切相关，Melek Akın Ate 在采购策略、采购结构对采购绩效的影响的研究中，明确指出采购策略与组织结构之间有密切关系，并对十个国家 469 家公司的数据进行分析，证明了战略结构失误对成本和创新战略中的采购绩效产生不利影响。同时，采购能力是这种错配与业绩关系的调停者。Aristides Matopoulos 对采购与供应管理领域的建模应用进行了分析，并指出未来的 P/SM 研究需要不仅在功能或操作层面，还要在组织和战略层面上探索建模的价值，特别关注了采购策略的科学性与可操作性。Riccardo Mogre 在对未来采购发展的发明和趋势的研究中详细介绍了采购研究的演变历程，明确指出采购与战略，市场营销，决策和供应链管理等不同业务功能日益集成化，突出强调了采购策略的重要性。

然而，采购策略的制定大都依据采购项目定位模型来对采购环境进行分析，通过分析结果选择合理的采购模型。对采购项目定位模型的研究相对较早，Kraljic 提出的 Kraljic 采购项目定位模型，它通过对风险及利润潜力等相关指标进行分析研究，使供求关系在模型中得到统一，可以针对产品进行分类并为不同类型的供应关系提供管理方法。但是该模型不够完善，缺乏对企业自身采购管理成熟度的分析，指标不够精细，不能完全适应现代采购形式。Van Stekelenborg Kornelius 将内部需求的强度作为横轴，外部需求强度作为纵轴构建定位模型，并将采购项目划分为简单供给、内部缺陷供给、外部缺陷供给以及复杂性供给四大类，虽然引入了新视角，但可操作性较差。Olsen Ellram 对相对复杂的供给关系的采购定位理进行了研究，丰富了采购项目定评价指标体系，更方便了定位模型的应用，但是对采购策略的描述不够精细。Bensaon，Geldeeman VanWeele 等人开始注意采购方与供应方之间的相互关系，Bensaon 提出了基于双方交易关系的定位模型，将买卖双方交易额度作为评判标准。该模型对不但能够被人们用来对供应关系管理进行定位，还提供了相应的建议，但是在实际应用过程中仍然有一定的局限性，无法应对采购环境的动态变化。Geldeeman Van Weele 构建了供应商感知模型。该模型从供需双方的依赖强度两方面进行考量，从供应策略的角度对其采购项目进行定位分类，最终获得了出对应的四种供应战略，为采购战略制定提供了新工具。但由于该模型属于静态定位模型，并没有针对采购项目的动态转移给出相应的定位方法，依旧没有关注到企业自身采购管理能力的情况，故而也不完美。Anna Dubois Ann-Charlott Pedersen2 将内部因与外部因素综合进行分析，强化量化方法的有效应用，更加重视了采购策略与采购行为之间的关系，明确职能与权力，将采购任务与采购组织同时进行考量，虽然开始关注企业的组织结构，但是全面无法体现企业的采购管理能力。

对身采购管理能力重要性，以及采购管理评价方法方面的研究究 Gérson Tontini，Luciano Castro de Carvalho 提出一个在采购和供应管理过程中的自我评价的实用工具，开发了四个宏观流程的采购和供应管理活动的成熟度，为采购管理能力的研究提供了新工具。Yuan Shi 提出一个基于动态博弈的纳什均衡的投资组合的采购框架，以应对不确定的客户需求和采购价格的波动，使企业制定最佳的采购和生产决策，以最大限度地提高利润，该研究已经关注到了采购环境的动态变化以及采购策略应对变化的适应性。Jeroen Bemelmans 通过科学的研究方法开发了一个能够快速判断企业购买成熟度的工具，为企业评估当前采购管理能力以及未来提升企业管理水平提供了工具。Mihály Görög 对大量组织项目成熟度相关文献进行评述，并引入更广泛地从项目管理文献中推导出来的项目管理成熟度评估方法，可以解决现有模型存在的部分问题，同时为开发更合适的成熟度模型奠定了基础。Shima Nikkhou 发现虽然已有的各种成熟度模型可以用来指导组织如何改善他们管理，但他们中的大多数是在项目管理层面，而忽略其他宏观层面，如投资组合管理。因此提出一个名为 ELENA 的投资组合管理成熟度模型，保持了已有模型的优势，并对它们进行了改进。该模型通过三个维度评估投资组合管理的成熟度，并提供四种评估方法。SKudo 构建了一个混合六级成熟度模型，该模型具有三维性质，考虑以下轴：关键流程代理，外部性和卓越管理支柱。此外，提出了一些关键的改进方案。该模型一方面考虑能力成熟度模型，另一方面基于统计考虑多元回归线性模型的三个独立变量与其余变量之间的关系。

面对采购项目及采购管理能力的动态变化，两者间是否匹配的问题将成为研究的焦点，然而对动态匹配的研究多为机械设计和人力资源管理领域，在采购管理领域甚少，Sunday M（2016）在车辆碰撞性设计优化中，指出可以通过动态有限元模型，基本实现产生可靠结果的详细系统评估，并介绍了动态匹配思想。Seheon Song（2016）在解决基于能力的对资源动态配给问题时，提出了一个由使命，任务，服务和资源组成的基于自身任务的模型，并在开发了基于能力的匹配机制。传统定位模型因静态局限性无法具备预测功能，然而面对采购环境的变化，采购策略的制定必须具有预见性，对预测领域的研究 Elena Zattoni.（2017）在对线性与冲匹配问题的研究中，特别对时间序列作出了阐释。Chaoqing Yuan（2017）等人在使用 GM（1，1）模型群来预测全球石油消费的研究中，比较了 GM（1，1）模型中 GM（1，1）模型，滚动 GM（1，1）模型和 GM（1，1）模型集群中的代谢 GM（1，1）模型，并使用这些模型进行预测全球油耗，模拟序列将随机生成，用于测试 GM（1，1）模型集群中包含的模型，并明了模型的适应性。Teng Wang（2017）在研究混合动力电动汽车（HEV）动力分配传动（PST）技术时，分析了双模机电传动（EMT）的动态匹配问题，并开发了动态匹配模型。建立多目标优化模型，通过优化设计参数提高电机能量利用率，并通过实验设计（DOE）分析动态匹配性能设计参数的灵敏度，得到动态匹配模型获得最优评价指标的最佳参数的可行区域。

第二章　供应链管理的基础知识

第一节　供应链的概念

在当前全球贸易合作不断深化、信息技术飞速发展的背景下，传统贸易行业的竞争优势逐步褪去，供应链服务模式正悄然兴起，贸易行业竞争将更为激烈。由于在我国起步较晚，目前市场上供应链服务模式与国外相较而言仍存在较大差距，大部分供应链企业业务模式仍处于初级发展阶段。

一、供应链概述

1. 概念与基本要素

供应链模式是基于传统贸易、物流模式，针对客户提供一站式服务方案的创新型模式。

国家标准《物流术语》将供应链定义为生产流通过程中，涉及将产品或服务提供给最终用户活动的上下游企业所形成的网链结构，是指供应链上发生的采购与销售等业务，围绕核心企业，通过对商流、信息流、物流、资金流的控制，从采购环节开始，制成中间品及最终产品，由供应商、制造商、仓库、配送中心和渠道商等构成。供应链服务模式基于供应链管理需求出发，由供应链企业牵头、针对客户需求提供采购、销售、仓储、运输、金融等为一体的一站式服务方案。

目前我国市场上供应链服务模式以采购执行＋销售执行为核心＋贸易融资服务的效率性供应链服务模式为主，包括进出口通关、物流配送、仓储及库存管理、信息以及结算配套等环节，安得智联认为具有以下几种特点：

（1）将流通环节中所有的节点企业整合到一起，并实施全过程管理的集成化创新模式。供应链将各环节组成网状结构，形成一个有机体，覆盖整个物流过程，从原材料采购与供应、产品生产、运输、仓储到销售，要求各节点企业之间分工合作、优势互补，达成信息共享、风险及利益共存和共担，以实现有效的整体管理。

（2）实现库存的快速转移。传统型贸易企业通常具有库存高企的特点，尤其是在库存商品市场价格出现大幅波动以及产品需求疲软的情况下，加大了库存成本。供应链模式在其全流程管理过程中可使企业与其上下游在不同市场环境下实现库存的快速转移，有效降低了库存成本。

（3）始终以客户需求为经营导向。客户的需求推动供应链业务的发展，并贯穿整个流程环节，通过各环节的紧密协作，可更好地满足客户及市场需求。

（4）与服务对象关系较为紧密。由于供应链模式的全流程管理模式，导致企业与客户关系密切，这种“深度服务”模式在一定程度上使企业与客户之间形成“捆绑式”经营特点。

2. 供应链发展状况

随着全球贸易合作的不断深化，传统贸易优势逐步褪去，为适应激烈的市场竞争，供应链管理已逐步成为发展趋势

从行业发展角度，传统贸易行业具有准入门槛低、竞争充分和盈利水平弱的特点，随着全球贸易合作的不断深化，贸易市场竞争日趋激烈，市场信息及资源渠道愈发公开透明，客户对贸易商提出了更高要求。同时在政府的强力推动下，以信息化、现代化、社会化、综合化、一体化、全球化及多功能化集成的供应链管理逐步成为贸易行业发展趋势，目前全国供应链企业 300 余家。

从企业发展角度，传统贸易企业议价能力较差、受外部需求萎靡影响大以及国内外竞争激烈度提高等问题日益凸显，贸易商既往的稳定供货优势逐渐褪去，除了产品质量以外，在贸易业务市场拥有高效运作的管理模式显得更为重要，因此为适应激烈的市场竞争以及增强可持续发展能力，贸易企业利用自身优势，向上下游延伸，逐步转型至一站式的供应链管理运营商成为主流趋势。

供应链模式是第三方物流行业发展的升级阶段，在我国主要竞争仍集中于物流运输层面。

行业现状方面，供应链模式在国际上是第三方物流行业发展的升级阶段，目前尚无法以独立行业形式存在，因此无相关专业供应链贸易行业，从学术上分类仍属于第三方物流，在我国则更倾向于划分至“现代物流”领域。近年来，我国际贸易额成倍增长，服务水平显著提高，2020 年全国社会物流总额 300.1 万亿元，按可比价格计算，同比增长 3.5%。分季度看，一季度、上半年和前三季度增速分别为 -7.3%、-0.5% 和 2.0%，物流规模增长持续恢复，四季度增速回升进一步加快。受宏观经济增速放缓影响，物流需求规模有所放缓，物流服务价格低位徘徊。

市场竞争方面，我国供应链模式尚处于初级发展阶段，尤其是供应链综合服务刚

刚兴起，国内供应链运营商存在服务功能单一、增值服务空间小等问题，多以基础性服务为主，如运输和仓储管理，增值服务、物流信息服务及结算配套服务占比仍相对较小，其中增值服务更多为货物拆拼箱、包装、分类、产品退换货、测试和修理等，附加值不高，与国外同类企业仍存在一定差距，行业竞争主要体现在物流层面，行业渗透及集成化度有待提高。

从地区分布来看，深圳依托珠三角地区丰富的制造资源，发展供应链业务优势相对突出，为国内供应链产业发展最快的地区，目前我国 80% 以上的供应链企业发展于深圳。整体看，当前国内市场环境中的竞争企业良莠不齐，由于供应链本身特点所致，领先企业多具有在细分行业和业务类型上形成自身特色的竞争优势。

二、供应链企业分类

供应链服务涉及领域较多，安得智联表示按照其服务重心以及核心竞争力体现可以将供应链企业主要分为以下三类。

1. 供应链综合物流企业

提供仓配一体化服务，核心竞争力在于解决系列物流、运输问题，为客户提供最佳物流设计方案。随着用户对于时效性要求越来越高，电子商务的高效便捷催生物流网络的高速发展，在企业有限的资金及人力资源背景下，物流外包及相关配套服务需求规模激增，包括运输网络、配送网络和仓储网络，主要服务对象包括供应链条上个环节企业。以深圳市 YYT 供应链股份有限公司，该公司成立于 1997 年，是深圳市投资控股有限公司控股企业，中国第一家上市供应链企业（股票代码 002183）。YYT 拥有 500 余家分支机构，员工 2 万多人，2019 年业绩近 1000 亿元，是我国供应链服务网络最大、覆盖行业最广、创新能力最强、规模最大的供应链综合服务企业，连续四年入围中国企业家联合会“中国企业 500 强”榜单。

YYT 经过多年专业化发展和对物流行业的深耕细作，构建“全国仓网 + 干线运输 + 终端配送”的一体化物流服务网络体系，实现产品物流在地理空间上的安全传递，为品牌商、渠道商和中小零售商的流通提供及时、可靠的供应链响应和面向定制化的高效协同，消除企业之间的隔离带，纵向上打造从研发、原材料采购、生产到市场营销、分销、零售等各环节的全程一站式物流服务。通过整合物流资源，为宝洁、联合利华、GE、飞利浦等 100 多家世界 500 强及 2600 多家知名企业提供采购物流、区域和城市配送、干线运输和零担运输、仓储、门店调拨、电商物流等 B2B 和 B2C 全覆盖物流服务，业务领域覆盖通讯、家电、3C 产品，快消，冷链，医疗等多领域。

YYT 致力于推动物流服务的创新发展，先后获评全国制造业与物流业联动发展示范企业、国家AAAAA物流企业、海关高级认证企业（AEO）、国家高新技术企业等荣誉资质。

（1）企业优势

1）完善“1+3+10”智慧型供应链物流服务体系，打造多业态物流服务能力

依托产业平台、全球采购平台、综合商业服务平台、380分销平台、星链平台等千亿级商流支撑与供应链服务能力，YYT以打造智慧型物流平台为战略目标，构建“1+3+10”智慧型供应链物流服务体系。以开放式“云平台”为强大的系统核心，以专业化的“核心物流服务体系”贯通整个产业链，以开放共享的“产业升级服务体系”实现物流价值升级和社会资源孵化，以科技驱动的“智能高效服务体系”提升智慧物流服务能力，深入通讯、小家电、3C产品、快消、冷链、医疗等多行业领域的采购、生产、销售、售后等供应链环节，打通国际物流、保税物流、国内物流、行业物流、VMI物流、物流增值服务、物流品牌孵化服务、物流科技服务、SAAS服务与大数据服务等十大服务板块，为制造型企业、品牌企业、电商企业、零售企业提供全产业链物流服务，打造新流通时代的供应链物流产业共同体。

2）布局全国的物流网络，形成搭建全程供应链服务主动脉

YYT在全国建立CDC、RDC、市级/县级FDC四级仓网结构，依托在深圳龙岗、深圳前海、上海金桥、上海洋山港、辽宁大连、湖南长沙和重庆建设的7个一站式智慧供应链整合物流基地，形成拥有产地仓、保税仓、销地仓、分拨仓、前置仓等类型的物流网点500余个，可控仓储面积约220万平方米，网络覆盖1—6级城镇200万家流通终端，配送服务从核心城市直达县、乡、镇的全国物流网络。YYT物流通过为供应链上下游企业提供全国分布式仓储、干线运输、城市配送、电商配送、VMI管理、供应链金融等一体化服务，构建“全国仓网+干线运输+终端配送”的一体化物流服务网络体系。

（2）服务内容创新

全球经济一体化的飞速发展，我国已成为全球贸易的纽带与焦点。在“中国制造2025”、“一带一路”战略、粤港澳大湾区一体化、供应链创新与应用等政策引导下，催生出新流通、新零售等商业模式，推动我国流通方式发生巨大的转变，供应链链条上下游企业之间相互依赖性逐渐增强，以物流保障为基础的现代服务成为企业生产得以顺利进行的前提。以智慧物流作为发展核心，以整合仓储服务、运输服务、跨境服务、采销服务、金融服务、科技服务等打造“价值物流赋能平台”成为提升物流企业综合服务能力的重要突破口。

YYT作为供应链服务领军企业，不断探索与引领物流行业发展方向，引入优秀人

才、技术和资源，深入推进物流高质量发展，以促进物流与制造业深度融合、创新“商贸＋仓＋配”物流模式、加强物流科技应用、开展全球化服务等多项举措，促进物流业与制造业、商贸业的联动，打造基于供应链综合服务的物流生态。

1）以“供应链＋物流”拓展服务内容，激发制造业内生动力

制造业作为国民经济的支柱性产业，对经济社会发展及综合国力的提升意义重大。面对制造企业日益复杂的管理局面，联动协调制造过程中的供应链建设，关注非核心业务外包，成为供给侧改革背景下推动制造业企业降本增效的强有力手段。依托深耕供应链服务领域 20 多年的实践经验，YYT 从基础物流服务向供应链一体化物流模式转型，定位于“供应链物流综合服务运营商”，加强与制造业企业形成联动发展。针对 IT、通讯、电子、医疗、机械等行业领域，创新“供应链＋物流”新模式，围绕制造企业原材料采购、物流、工艺设计、生产制造、销售等产品全生命周期，打破行业边界，拓展仓储、运输、跨境等原有服务，帮助生产制造企业实现商务管理、进出口通关、国内外物流、采购执行与分销执行、信息数据处理、供应链金融等诸多环节在内的一体化供应链管理服务，形成供应链服务信息、技术、组织的有效集成，为客户提供定制化、多样化服务。

特别是针对生产端 VMI 与销售端 VMI，YYT 聚焦生产制造企业原材料采购、供应链管理、物料需求、产品销售等供应链环节，从供应物流、场内生产物流、销售物流等方面进行深入探索，借助供应商库存管理理念，以信息化服务平台为支撑，加强以制造业企业为核心的供应链上下游协调联动，疏通各环节“梗阻点”，定制化供应链物流解决方案，平衡原材料供应或产成品销售的及时性与响应度，发挥整体供应链协同的价值效应，推动与制造业企业深度融合发展。

2）创新“商贸＋仓＋配”模式，提升流通供应链运作效率

“新零售”时代的到来，为让货物就近配送到消费者手中，对仓储与配送联动发展模式提出了更强烈的需求。对于大多数品牌商、零售商等来说，客户遍布全国，但极少企业能在全国几百个城市设置仓库，实现一百公里范围的经济配送。对于 YYT 来说，依托全国 500 余个网点的物流网络体系，以 100 余家世界 500 强及 2600 多家国内外著名企业的优势资源、近 40 万商品品类形成的规模效应为基础，以 EAL 物流管理系统为工具，通过资源共享，将收货、仓储、拣选、包装、分拣、配送等功能集成起来，以合仓、物流接管、派驻管理人员等方式创新“商贸＋仓＋配”物流模式，上游对接品牌，下游链接商业中心、大卖场、连锁门店、批发市场、电商、智能贩卖机等多类型渠道终端形成的触点网络，极大满足全国范围内的物流需求，实现商贸流通领域渠道业务下沉，使客户能够专注于研发、生产、销售等主营业务，提升其核心

竞争能力。

YYT“商贸＋仓＋配”模式，在经营理念和管理模式上，以高效率周转为目标，以品牌商、经销商、分销商、零售商为主要服务对象，根据商品特性、存储要求，将类型相近、业务相关的库存统一布局，提高物流管理效能。对品牌商 / 生产企业，通过开放物流信息资源，共享终端消费数据，以便制定合理的生产计划，管控产量、质量，让厂家有更多精力关注产品研发创新；针对经销商，保留商家自主权，根据物流管理信息平台反馈的物流、销售信息适时调整采购商品的品类和数量，通过统一仓储、协同配送等方式，降低滞销退货比例，减少无效配送；同时，增加品牌商品，进一步享受规模化、标准化经营带来的新效益，共享提高经销商流通渠道主动权和话语权；针对零售商，通过整合区域内所有物流资源，智能化匹配物流供需，以集约化仓储资源，同一区域集中配送的方式，为零售门店、电商企业提供汇聚品牌供给的物流配送服务，直击中小零售门店发展痛点，减少商贸企业因自建物流而在人、车、仓等方面的不必要投入。共享仓储以解决商品因淡旺季带来的浪费，共享配送以降低运输空载率，有效推进物流降本增效，提升客户物流专业化服务体验。

3）搭建全链条智慧物流信息管理系统，助力各项业务精准对接

物流业面临供给侧结构性矛盾，存在有效供给不足与有效需求不足并存的情况，YYT 通过充分运用大数据、云计算、区块链等新一代信息技术，打造科技赋能的物流生态平台，紧密聚合供应链上下游企业，搭建适用于多种应用场合、多个工业系统对接一个平台的格局，实现多系统、多企业、多环节间的数据协同、资源协同、商务协同、人才协同、财务协同及业务协同。YYT 利用 EAL 物流信息系统等，不仅将供应链上下游企业的采购、生产、分销、营销等环节物流信息进行综合管理，使生产、流通和消费实现无缝对接，而且为多方互相协作和规范市场化运作提供了有力支撑。目前，YYT 通过科技型物流生态平台建设，管理 40 多万个商品品种和近 220 万平方米仓储设施，实现供应商、配送车辆、网点、用户等各环节信息的精准对接，使物流运行效率和安全性都有大幅提高，同时推动供应链前端、中端、后端物流全业务过程透明化、数字化、智能化，优化冗长、低效的传统供应链链条，帮助企业不断提高物流系统的分析决策和智能执行能力，带动物流产业智能化整体发展，逐步形成现代物流产业发展新生态。

4）加强新一代物流科技探索，打造绿色物流新引擎

为实现供应链全流程数字化和物流全场景智能化，YYT 开发基于物联网、云计算、大数据等新兴技术手段的 EAL 物流信息管理系统，以 WMS 仓库管理系统、TMS 运输管理系统、OMS 订单管理系统、BMS 计费管理系统、ROS 路径优化系统衔接贯通

从产业链源头生产端到消费终端的全流程产业链，集成物流仓储管理、订单管理、通关管理、财务控制、数据分析、采购 / 分销管理、客户查询、实时跟踪等功能，沉淀大量与货、车、人有关的真实数据，实时了解采购数量、产品分销流向、销售情况等信息，对现有运力、储存能力、时效等信息做出分析，推动建立最佳的物流信息管理秩序。特别是通过建设深度感知智能仓储系统、智能物流配送调配体系，提高物流供需信息对接和使用效率，优化物流运作流程，提升物流仓储的自动化、智能化水平和运转效率，实现车与线路精准、智能匹配，保证产品的可溯源性，提高物流运行效率和安全性，从整体上有效降低物流成本，最大限度地进行了物流资源整合和优化，达到供应链物流一体化高效运作的目标。

同时，YYT 加速开展人工智能、区块链技术与物流产业的充分融合，实现物流交易的唯一性、精准性和可追溯性，使物流供应链运作模式从传统的由单中心向外、层级传递的单一型模式转向多中心共同运作、无明显层级化传递、信息传播路径自由化的高效模式转型。探索与实践智能调度、车辆管理、货物追溯、安全驾驶、智能仓储、供应链协同等场景应用，通过链接物流设备、物流产业基地、物流金融等各项要素，实现由系统化物流向智能化、智慧化物流的变革与升级。

5）夯实全球化物流服务基础，助力企业“买全球、卖全球、运全球”

聚焦国外地产商或品牌商进入中国，整合国际货运、清关报关、国内保税、国内仓储、供应链金融等多个服务商的市场需求，YYT 凭借海关高级认证企业（AEO）与商检信用管理 AA 及企业资质，以全国自贸区保税园区为服务载体，针对进口乳制品、冷冻鲜活产品、预包装产品、进口医疗器械等行业领域，突破服务地域限制，与美国、印度尼西亚、新加坡、马来西亚、菲律宾等 10 多个国家的 YYT 海外平台协调联动。通过提前布局海外资源、搭建与拓展供应链服务、开展国际物流合作等，为国内外企业提供采购执行、海外仓储、国际运输、关务服务、保税服务、销售执行、仓储服务、干线运输、城市配送等一站式全流程服务，开启国际化服务进程，加快构建自身全球物流服务网络，助力企业买全球、卖全球、运全球。

（3）推广价值

物流生态建设是一个复杂、动态、多变的过程，YYT 将传统物流服务与供应链协同、智能科学技术等结合，实现资源与能力的互补、价值链的重构，以“供应链 + 物流”模式让传统物流服务更高效。YYT 生态强调与上下游企业间的信息互联和协同互动，以优化业务流程、提高市场响应速度，使服务链条整体透明化、柔性化和敏捷化；以丰富服务内容，连接生产与消费，促进匹配供需、消费升级；以技术渗透，实现链条智能化、数字化、网络化和自动化。

YYT 生态通过拓展供应链服务内容、协同共享创新模式和先进技术，实现产品在地理空间上的安全传递，为品牌商、渠道商和中小零售商的流通过程提供及时、可靠的供应链响应和面向定制化的高效协同，消除企业之间的隔离带，解决行业普遍无序竞争，服务混乱的问题，打造从研发、原材料采购、生产到市场营销、分销、零售等各环节的全程一站式供应链物流服务，为供应链上下游企业提供服务产品多、配送速度快、服务态度好、成本省的智能解决方案。

2. 供应链贸易企业

提供前端采购、后端渠道类分销的贸易执行服务，核心竞争力更侧重于上下游的渠道网络。该类型供应链企业在传统贸易商基础上发展而来，通过原先长期的贸易合作关系，掌握了生产厂商、各级分销商和零售商等资源网络，在前端采购还是后端分销过程中具有较强的竞争优势，同时对于新客户及品牌商的入驻更具有吸引力。

3. 供应链咨询企业

提供解决方案、综合咨询服务，核心竞争力在于为客户提供供应链解决方案的咨询服务，企业本身较少参与产品运作，以轻资产运行的咨询服务为主，辅以配套服务，例如报关检疫、物流方案等。该类型企业对专业知识、技术方面能力要求高，较高的技术管理水平形成了企业的核心资产。

三、不同模式供应链的含义及特点

1. 集成供应链

集成化供应链管理（Integrated Supply Chain）的核心是由顾客化需求 – 集成化计划 – 业务流程重组 – 面向对象过程控制组成第一个控制回路（作业回路）；由顾客化策略 – 信息共享 – 调整适应性 – 创造性团队组成第二个回路（策略回路）；在作业回路的每个作业形成各自相应的作业性能评价与提高回路（性能评价回路）。供应链管理正是围绕这三个回路展开，形成相互协调的一个整体。

（1）集成供应链的定义

要成功地实施供应链管理，使供应链管理真正成为有竞争力的武器，就要抛弃传统的管理思想，把企业内部以及节点企业之间的各种业务看作一个整体功能过程，形成集成化供应链管理体系。通过信息、制造和现代管理技术，将企业生产经营过程中有关的人、技术、经营管理三要素有机地集成并优化运行。通过对生产经营过程的物料流、管理过程的信息流和决策过程的决策流进行有效地控制和协调，将企业内部的供应链与企业外部的供应链有机地集成起来进行管理，达到全局动态最优目标，以适应在新的竞争环境下市场对生产和管理过程提出的高质量、高柔性和低成本的要求。

调整适应性－业务重组回路中主要涉及供需合作关系、战略伙伴关系、供应链（重建）精益化策略等问题。面向对象的过程控制－创造性团队回路中主要涉及面向对象的集成化生产计划与控制策略、基于价值增值的多级库存控制理论、资源约束理论在供应链中的应用、质量保证体系、群体决策理论等。顾客化需求－顾客化策略回路中主要涉及的内容包括：满意策略与用户满意评价理论、面向顾客化的产品决策理论研究、供应链的柔性敏捷化策略等。信息共享－同步化计划回路中主要涉及的内容包括：JIT 供销一体化策略、供应链的信息组织与集成、并行化经营策略。

（2）集成供应链的五个阶段

企业从传统的管理模式转向集成化供应链管理模式，一般要经过五个阶段，包括从最低层次的基础建设到最高层次的集成化供应链动态联盟，各个阶段的不同之处主要体现在组织结构、管理核心、计划与控制系统、应用的信息技术等方面。

1）基础建设

这一阶段是在原有企业供应链的基础上分析、总结企业现状，分析企业内部影响供应链管理的阻力和有利之处，同时分析外部市场环境，对市场的特征和不确定性作出分析和评价，最后相应地完善企业的供应链。在传统型的供应链中，企业职能部门分散、独立地控制供应链中的不同业务。企业组织结构比较松散。这时的供应链管理主要具有以下特征：

企业的核心注重于产品质量。由于过于注重生产、包装、交货等的质量，可能导致成本过高，所以企业的目标在于以尽可能低的成本生产高质量的产品，以解决成本－效益障碍。关于销售、制造、计划、物料、采购等的控制系统和业务过程相互独立、不相匹配，因部门合作和集成业务失败导致多级库存等问题。组织部门界限分明，单独操作，往往导致相互之间的冲突。采购部门可能只控制物料来源和原材料库存；制造和生产部门通过各种工艺过程实现原材料到成品的转换；销售和分销部门可能处理外部的供应链和库存，而部门之间的关联业务往往就会因各自为政而发生冲突。处于这一阶段的企业主要采用短期计划，出现困难时需要一个一个地解决。虽然企业强调办公自动化，但这样一种环境往往导致整个供应链的效率低下，同时也增加了企业对供应和需求变化影响的敏感度。

2）职能集成

职能集成阶段集中于处理企业内部的物流，企业围绕核心职能对物流实施集成化管理，对组织实行业务流程重构，实现职能部门的优化集成，通常可以建立交叉职能小组，参与计划和执行项目，以提高职能部门之间的合作，克服这一阶段可能存在的不能很好满足用户订单的问题。职能集成强调满足用户的需求。事实上，用户需求在今天已经成为驱动企业生产的主要动力，而成本则在其次，但这样往往导致第二阶段的生产、运输、库存等成本的增加。此时供应链管理主要有以下特征：将分销和运输等职能集成到物流管理中来，制造和采购职能集成到生产职能中来。强调降低成本而不注重操作水平的提高。积极为用户提供各种服务，满足用户需求。职能部门结构严谨，均有库存做缓冲。具有较完善的内部协定，如采购折扣、库存投资水平、批量等。主要以订单完成情况及其准确性作为评价指标。

在集成化供应链管理的第二阶段一般采用MRP系统进行计划和控制。对于分销网，需求得不到准确的预测和控制，分销的基础设施也与制造没有有效的连接。由于用户的需求得不到确切的理解，从而导致计划不准确和业务的失误，所以在第二阶段要采用有效的预测技术和工具对用户的需求作出较为准确的预测、计划和控制。

但是，以上采用的各项技术之间、各项业务流程之间、技术与业务流程之间都缺乏集成，库存和浪费等问题仍可能困扰企业。

3）内部供应链集成

这一阶段要实现企业直接控制的领域的集成，要实现企业内部供应链与外部供应链中供应商和用户管理部分的集成，形成内部集成化供应链。集成的输出是集成化的计划和控制系统。为了支持企业内部集成化供应链管理，主要采用供应链计划（Supply Chain Planning，SCP）和 ERP 系统来实施集成化计划和控制。这两种信息技术都是基于客户 / 服务（Client/Server）体系在企业内部集成中的应用。有效的 SCP 集成了企业所有的主要计划和决策业务，包括：需求预测、库存计划、资源配置、设备管理、优化路径、基于能力约束的生产计划和作业计划、物料和能力计划、采购计划等。ERP 系统集成了企业业务流程中主要的执行职能，包括：订单管理、财务管理、库存管理、生产制造管理、采购等职能。SCP 和 ERP 通过基于事件的集成技术连结在一起。

本阶段企业管理的核心是内部集成化供应链管理的效率问题，主要考虑在优化资源、能力的基础上，以最低的成本和最快的速度生产最好的产品，快速地满足用户的需求，以提高企业反应能力和效率。这对于生产多品种或提供多种服务的企业来说意义更大。投资于提高企业的运作柔性也变得越来越重要。在第二阶段需构建新的交叉职能业务流程，逐步取代传统的职能模块，以用户需求和高质量的预测信息驱动整个企业供应链的运作。因满足用户需求而导致的高服务成本是此阶段管理的主要问题。

这一阶段可以采用 DRP 系统、MRPII 系统管理物料，运用 JIT 等技术支持物料计划的执行。JIT 的应用可以使企业缩短市场反应时间、降低库存水平和减少浪费。

在这个阶段，企业可以考虑同步化的需求管理，将用户的需求与制造计划和供应商的物料流同步化，减少不增值的业务。同时企业可以通过广泛的信息网络（而不是大量的库存）来获得巨大的利润。此阶段的供应链管理具有以下特征：强调战术问题而非战略问题。制定中期计划，实施集成化的计划和控制体系。强调效率而非有效性，即保证要做的事情尽可能好、尽可能快地完成。从采购到分销的完整系统具有可见性。信息技术的应用。广泛运用 EDI 和 Internet 等信息技术支持与供应商及用户的联系，获得快速的反应能力。EDI 是集成化供应链管理的重要工具，特别是在进行国际贸易合作需要大量关于运输的文件时，利用 EDI 可以使企业快速获得信息和更好地为用户提供优质服务。与用户建立良好的关系，而不是“管理”用户。

4）外部供应链集成

实现集成化供应链管理的关键在于第四阶段，将企业内部供应链与外部的供应商和用户集成起来，形成一个集成化供应网链。而与主要供应商和用户建立良好的合作伙伴关系，即所谓的供应链合作关系（Supply Chain Partnership），是集成化供应链管理的关键之关键。

此阶段企业要特别注重战略伙伴关系管理。管理的焦点要以面向供应商和用户取代面向产品，增加与主要供应商和用户的联系，增进相互之间的了解（产品、工艺、组织、企业文化等），相互之间保持一定的一致性，实现信息共享等，企业通过为用户提供与竞争者不同的产品 / 服务或增值的信息而获利。供应商管理库存（vendor Management Inventory，简称 VMI）和共同计划预测与库存补充（Collaborative Planning Forecasting and Replenishment，简称 CPFR）的应用就是企业转向改善、建立良好的合作伙伴关系的典型例子。通过建立良好的合作伙伴关系，企业就可以很好地与用户、供应商和服务提供商实现集成和合作，共同在预测、产品设计、生产、运输计划和竞争策略等方面设计和控制整个供应链的运作。对于主要用户，企业一般建立以用户为核心的小组，这样的小组具有不同职能领域的功能，从而更好地为主要用户提供有针对性的服务。

处于这个阶段的企业，生产系统必须具备更高的柔性，以提高对用户需求的反应能力和速度。企业必须能根据不同用户的需求，既能按单生产（Make To Order），按单组装、包装（Assemble or Package To Oder），又能库存生产（Make To Stock），这样一种根据用户的不同需求对资源进行不同的优化配置的策略称为动态用户约束点策略。延迟技术（Post Ponement）可以很好地实现以上策略。延迟技术强调企业产品生产加工到一定阶段后，等待收到用户订单以后根据用户的不同要求完成产品的最后加工、组装，这样企业供应链的生产就具有了很高的柔性。

为了达到与外部供应链的集成，企业必须采用适当的信息技术为企业内部的信息系统提供与外部供应链节点企业的很好的接口，达到信息共享和信息交互，达到相互操作的一致性。这些都需要采用 Internet 信息技术。

本阶段企业采用销售点驱动的同步化、集成化的计划和控制系统。它集成了用户订购数据和合作开发计划、基于约束的动态供应计划、生产计划等功能，以保证整个供应链中的成员同步化地进行供应链管理。

5）集成化供应链动态联盟

在完成以上四个阶段的集成以后，已经构成了一个网链化的企业结构，我们称之为供应链共同体，它的战略核心及发展目标是占据市场的领导地位。为了达到这一目标，随着市场竞争的加剧，供应链共同体必将成为一个动态的网链结构，以适应市场变化、柔性、速度、革新、知识等需要，不能适应供应链需求的企业将从供应链联盟中被淘汰。供应链从而成为一个能快速重构的动态组织结构，即集成化供应链动态联盟。企业通过 Internet 网络商务软件等技术集成在一起以满足用户的需求，一旦用户的需求消失，它也将随之解体。而当另一需求出现时，这样的一个组织结构又由新的企业动态地重新组成。在这样的一个环境中求生存，企业如何成为一个能及时、快速满足用户需求的供应商，是企业生存、发展的关键。

集成化供应链动态联盟是基于一定的市场需求、根据共同的目标而组成的，通过实时信息的共享来实现集成。主要应用的信息技术是Internet/Intranet的集成，同步化的、扩展的供应链计划和控制系统是主要的工具，基于 Internet 的电子商务取代传统的商务手段。这是供应链管理发展的必然趋势。

2. 虚拟供应链

虚拟供应链的概念最早在 1998 年由英国桑德兰大学电子商务中心在一个名为“供应点”（Supply point）的研究项目中被提出。该项目旨在开发一个电子获取系统，以使最后客户能够直接从中小企业组成的供应链虚拟联盟中订货，并称之为虚拟供应链。

（1）虚拟的采购和供应组织

如果一个部门把它一部分职责分配给组织内的其他部门时，它就开始带有一定的虚拟性质。有的组织把整个采购流程分拆成多个功能单元，并把这些单元安排到其他部门。这样，原有的采购流程还是照常进行，但执行者已不是一个独立的采购部门，而是各个部门中一些执行小组一起来完成。

如果再进一步，我们还可将这种概念引申到一个虚拟组织。这种组织没有一个具体的实体，只有一个个职能。组织成为由若干个外包作业拚起来的一个无形的外壳。虽然这个组织由若干个负责人来支持第三方（外包商）运作，但是所有的核心过程，如生产、服务、行政和营销等都在“虚拟”组织以外实施。

（2）虚拟供应链

美国采购管理协会高级研究中心发表的“采购与供应的未来—未来五至十年展望”一文中，把虚拟供应链看作为未来几年中采购与供应管理面临的第二大趋势。如果说虚拟组织还是由一个个实在的外包商结合而成的话，那么虚拟供应链上的链接也变成了无形的了。有人说，这听起来似乎太前卫了，因为我们讨论的毕竟是面对具体的市场或商品的、有法律效应的企业，这怎么会是虚拟的呢？这里之所以讲虚拟，是因为这些环节的结合仅仅是为了利用某一特定的资源来满足特定的、暂时的需求，而不是为了长期地结合起来。正如有的学者所说，很多新产品的生命周期很短，要组成一个供应链来为这些产品服务是一个很大的难题。一个解决办法就是组成虚拟供应链。这种供应链的存在时间长短是以市场对这一产品的需求是否依然存在为依据。虚拟供应链由临时的组织和临时的资源和员工组成。在这种情况下，采购与供应管理专员可能会面对非常复杂的问题，如成本分摊、利益互享、知识产权以及债务等问题。

邮购商店就是一个例子。对某一订货，一个运输商可能会负责电话联络、订单处理和送货，而不需要这个“邮购商店”亲自参与。邮购商店仅仅是个虚拟外壳。虚拟供应链也会出现在一次性或阶段性事务中。如奥运会需要有一个临时的，虚拟的供应链来作支持。

（3）如何将“虚拟”真实化？

虚拟供应链不适合于所有情况。而且，即使在上述一些非传统化链接的情况中（如邮购商店），虚拟供应链的作用也是有限的。虚拟供应链必须依靠信息在企业内和企业间的迅速、有针对性地有效流动。这类信息应包括客户信息、实施计划和约定的规格等。而且，尽管信息技术能把商业过程窜接起来，但它仅仅是个工具。再复杂、再先进的计算机程序或 ERP 系统对绩效改善行动的作用是极其有限的，最终还是要靠良好的人际沟通和牢固的合作关系。

虚拟供应链的一大优势在于几个组织可以组成一个短期的联盟，而不必纠缠与长期的合同。但在如今人们大谈战略联盟、战略寻购和更综合的供应链伙伴关系的时候，虚拟供应链是否显得不合时宜呢？事实并非如此，虚拟供应链并不是要取代这些模式，它只是为特定客户、市场、事件和产品多提供了一种选择。再这种情况下，合作伙伴们都很清楚地知道各自的需求是什么，关系该如何终结，风险和回报该如何分担和共享。

尽管虚拟供应链听起来和抽象，甚至太前卫。而且，即使它能与明确的企业宗旨、先进的技术和有竞争力的伙伴相结合，也未必能在每个组织内部发挥作用。但在有的特定市场、事件或产品情况下，如果实施得当，虚拟供应链能为组织提供强有力的竞争优势。

3. 敏捷供应链

（1）什么是敏捷供应链

所谓敏捷供应链，是指在不确定性、持续变化的环境下，为了在特定的某一市场机会中获得价值最大化而形成的基于一体化的动态联盟和协同运作的供应链，以核心企业为中心，通过对资金流、物流、信息流的控制，将供应商、制造商、分销商、零售商及最终消费者用户整合到一个统一的、无缝化程度较高的功能网络链条，以形成一个极具竞争力的战略联盟。

敏捷性是美国学者于 1990 年代初提出的一种新型战略思想，当时提出这种战略思想主要是针对制造技术领域，目标是提高制造系统对外部环境变化的应变能力。

在竞争日趋激烈、市场需求更为复杂多变的网络时代，有必要将敏捷化思想运用于整条供应链管理，其实质是在优化整合企业内外资源的思想上，更多地强调了供应链在响应多样化客户需求方面的速度目标。同原来的一体化供应链观念相比，敏捷供应链有着显著不同的内涵。

（2）敏捷供应链的特点

敏捷供应链区别于一般供应链系统的特点在于，敏捷供应链可以根据动态联盟的形成和解体，进行快速地重构和调整。敏捷供应链要求能通过供应链管理促进企业间的联合，进而提高企业的敏捷性。在敏捷供应链中如何实现对各企业之间的物流、信息流进行计划、协调和控制，使得能够取得共赢的结果，并对整个供应链进行全面的优化管理，及时响应外界条件的变化，增加企业对外界环境的响应速度，是敏捷供应链管理的主要任务。

（3）敏捷供应链的竞争优势

敏捷供应链是一种全新理念，它将突破传统管理思想，从以下几个方面为企业带来全新竞争优势，使企业能够在未来经济生活中再展雄风。

①速度优势。

②满足顾客个性化需求优势。

③成本优势。

（4）敏捷供应链的运行模式

敏捷供应链的性质和特征等都已经有过很多表述，但是这些概念要真正融入到企业的供应链系统中，则需要符合这些准则的运行模式来实现。虚拟团队就是这样产生的。其性质特征是：团队成员均表现了目标导向性；成员在地理分布上处于分散状态；成员更多是在不同地理区位进行协同工作；团队成员通过计算机支持的网络一同工作完成共同目标；成员各自实施的相关活动在时间上并行进行；成员一起为团队目标负责；团队成员一起解决问题和决策；团队只在短期内为某个目标而存在，很少团队会持续地存在。

虚拟团队消除了物理上的团队整合，使制造商可以突破地理限制，快速而持续地与世界范围的供应商进行协作。虚拟团队的潜力是巨大的，它可以超越契约关系或者别的短期的即时的交易性途径，减少供应链的波动。

四、现代供应链的技术体系架构

1. 物理信息二元空间生存

通信技术加速了人们日常生活由物理空间向数字空间的映射，人类社会由工业时代走向数字时代，面临着物理空间与信息空间的二元空间生存。对数字时代的二元空间生存以及统一数字信息空间的完整认知是研究现代供应链的关键。

随着通信、存储等技术手段越来越强，逐渐形成了可以连接一切信息的统一数字信息空间。统一数字信息空间是基于通信、互联网、物联网等信息基础设施，以分布式存储及统一电子编码为信息载体，以手机、电脑等移动终端为接入节点的电子化、数字化信息生态。工业时代的典型价值标准是“生产即价值”，企业无需过多对需求方市场进行关注；但数字时代不同，其价值标准转换成为“需求即价值”，产品不再是一个生产就会被销售出去。原因在于数字时代的生存逻辑与工业时代有着很大的不同，工业时代的人类处于物理空间的孤岛式生存，信息的来源和使用大都局限在一个孤岛之内，物理空间与信息空间对称，社会整体的价值体量很小，信息的稀缺性是工业时代价值评价的基础。而随着通信网、互联网、物联网等技术的发展，人类社会由工业时代逐步走向数字时代，信息孤岛被逐步打通，物理空间与外信息空间不再对称。

2. 人人协同、人网协同、人物协同

eMBB（高带宽）、uRLLC（低时延）、mMTC（广连接）是5G技术的主要应用场景，其中mMTC是5G与物联网深度融合的场景，因为5G可观的连接能力而产生的，其强大的兼容能力使得其可以实现从产品的生产直至消费的整个流程实现与人、人网、人物的整个场景信号覆盖，所有终端都能够智能化并接入到互联网，并将共存于统一数字信息空间之中，实现人人协同、人网协同、人物协同，真正意义上促进了互联网、物联网、与其他制造业、物流业、零售业等各行业进行横纵向的深层次融合。5G技术的出现加速了信息的流动性，外构信息的传播速度压缩着物理空间，使物理空间所镜像的信息空间成为物理空间下的一点，人和物通过5G网络即可连接世界各地，物理空间与信息空间趋于融合。

3.5G 对现代供应链的支撑

从技术层面上看，现代供应链的核心技术由人工智能、大数据、区块链、物联网、云计算组成。利用大数据、云计算存储优化数据，通过区块链、人工智能、物联网等核心技术完善现代供应链，并通过 5G 进行数据传输和节点通信，进而赋能现代供应链中生产、物流等各个环节，打造智慧城市、智慧生产、智慧物流等全新模式、场景、业态，实现现代供应链各环节数字化、智能化，精准解决业务问题。

上述应用需大量边缘计算节点，5G 网络广连接及按需组网的特性将提供稳定的数据交互平台，同时促进计算效率。5G 网络组织边界、功能边界的柔性化支撑了公共环境提供方、中间方及市场方的各类需求，使得公共环境成本、第三方服务成本、市场中各个要素协同成本降低，它的出现为现代供应链的发展提供了有力的技术保障，是现代供应链发展中不可或缺的一环。

第二节　供应链管理的理论

一、供应链管理的含义

供应链管理作为一门新的学科体系，受到理论界的密切而持续的关注。对于供应链管理的名称也不尽相同，例如有的称之为虚拟物流，有的称之为效应客户反应，有的称之为快速反应等等。之所以有这些不同的称呼是因为从不同层次、不同角度的考虑出发，但它们实质上都是指通过对企业内部与外部之间的计划和控制，使之形成供应链，并使供应链成为增值链。我国对供应链的标准定义是，将供应链中的信息流、商流、资金流以及物流等通过计算机网络技术进行全面的规划、组织、协调以及控制。

目前，大众比较认可的一种观点是基于管理思想和方法集成层面的，认为供应链管理主要是一个计划与控制的过程，主要针对的是供应链上的节点企业供应商和需求商之间的资金流、物流、信息流。实质上，供应链管理就是以市场和客户需求为导向，以核心企业为盟主，以提高竞争力、市场占有率、客户满意度和获取最大利润为目标，以协同商务、协同竞争和双赢原则为商业运作模式，通过运用现代企业管理技术、信息技术、网络技术和集成技术，达到对整个供应链上的信息流、物流、资金流、业务流和价值流的有效规划和控制，从而将客户、研发中心、供应商、制造商、销售商和服务商等合作伙伴连成一个完整的链状结构，形成一个极具竞争力的战略联盟。要想达到降低生产成本，使企业不断保有新的核心竞争力的目的，仅仅只是从企业组织内

部进行改进与优化是远远不够的，必须从供应链的角度考虑企业的改进问题。因为，基于高效设计的供应链，能使供应链的节点企业之间有着良好的信息共享率，也使得物流运作更有效率，从而可以不断调整库存，减少库存水平，以及通过协商达到缩短生产准备周期的目的。

二、供应链管理的演变过程

1. 供应链管理的制度本质

信息化早已成为企业发展的一个重要手段，纵观国内外企业的发展，可以说企业信息化已经或正在步入供应链管理的阶段。自从供应链管理的概念出现以来，人们从不同的角度对供应链管理有不同的认识和结论，导致对于供应链管理至今都没有一个公认的、完整的定义。美国资源管理协会对供应链管理的定义是："指一个整体的网络用来传送产品和服务，从原材料开始一直到最终客户（消费者），藉由一个设计好的信息流、物流和现金流来完成。"公司对供应链管理的定义是："借助信息技术和电子商务，将供应链上业务伙伴的业务流程相互集成，从而有效地管理从原材料采购，产品制造、分销，到交付给最终用户的全过程。在提高客户满意度的同时，降低成本、提高企业效率"。

从以上的定义中我们可以发现，供应链管理是一种跨企业的信息化模型，其目的是利用信息技术实现企业与企业之间的协同。目前对供应链管理的研究大多停留在技术层面，很多观点认为供应链管理与传统的牷犤摩的区别仅仅是一种新技术的应用，认为供应链管理仅仅是一种管理系统。事实上，供应链管理从本质上来说应该是一种新的规则，是一种新的制度，是一种跨企业的制度安排。从这个意义上来说，它是利用信息技术固化了一套管理制度和管理规则，技术仅仅是供应链管理的表现形式，而制度才是供应链管理的本质。制度是指一定的物质生产力基础上，人和组织相互博弈而形成的并约束人和组织的经济行为选择，以及调整相互利益关系的一般规则。根据该定义我们可以清楚地认识到，供应链管理实际上就是供应链上企业之间通过相互博弈而最终形成的一套规则。

2. 供应链管理的演变模型

（1）制度变迁的基本模型

根据新制度经济学的观点，制度本身是不断进行变迁的，制度变迁的代表人物和观点主要包括诺斯的"建构主义"和哈耶克的"演进主义"，建构主义认为那些具有预知、判断和选择能力的"精英"组织或个人，可以理性主义设计出完备的制度，而演进主义认为相对于复杂的社会演进，个人的理性是非常有限的，人类理性对社会的演进存在一种“必然性的无知”。无论是建构主义还是演进主义，它们在分析制度变迁的时候都忽视了对制度变迁过程的研究，而对制度变迁过程的研究才是研究制度变迁中最核心的问题。

所谓利益集团，就是指具有共同利益的一个群体，例如企业、组织、国家等，利益集团是制度变迁过程中的组织角色，在制度变迁的三个阶段中起着至关重要的作用。

僵滞阶段是制度变迁的起点，它指的是这样一个状态：现存制度是多数人都不满意的，但是这种不满意的制度又能够得到较长期的维持，不仅导致社会不发达，而且导致不同利益集团的收益极度不均衡。在僵滞阶段整个社会是不能获得新增利润的，或者说获得的新增利润非常有限，在这种情况下，处于主导地位的利益集团为了获得新增利益，就必然要损害其他利益集团的利益，即所谓的“零和博弈”，我们把这种利益集团称为“独占型利益集团”。独占性利益集团由于能够通过侵占其他利益集团的利益来获得收益，因此它就不可能有激励去改变现有的制度，而其他利益集团虽然对现有制度不满，但由于自身能力有限，也不可能改变现有的制度，因此使得制度陷入了僵滞阶段。创新阶段是制度变迁的第二个阶段。在僵滞阶段独占型利益集团虽然能够通过独占获得收益，但是由于整个社会的收益是有限的，因此独占型利益集团获得的收益也必将越来越少，最后将没有收益甚至变为负收益，这时居于主导地位的利益集团为了获得收益，也必然要进行创新，制度变迁也就进入了创新阶段。在这个阶段，处于主导地位的利益集团表现出了极大的创新性，因此可以称之为“创新型利益集团”。根据交易成本理论的观点，制度创新就是选择一个能够有效降低交易成本的制度，而明确的产权又是降低交易成本的最优选择，因此制度创新就是能够有效降低交易成本的产权创新。个人对资产的产权是有消费这些资产、从这些资产中取得收入和让渡这些资产的权利或权力组成，产权的实质是从拥有的财产中获益的能力，衡量产权的是它的经济价值。在创新阶段，利益集团通过对产权规则的创新来使自己和其他的利益集团都获得了新的收益，是一个明显的“帕累托改进”的过程。

均衡阶段则是制度变迁的第三个阶段，也是制度变迁的完成阶段。在制度的创新阶段，新的制度安排还仍然处在一个博弈的过程之中，还没有处于一个稳定的状态，创新的产权制度虽然已占社会新增收益的绝大部分，但是新的制度还没有得到完全的确定，这种被创新的制度完全有可能重新回到旧的制度规则中去，而只有当创新的制度规则成为基础性的社会规则之后，制度变迁的阶段才处于完成状态。在制度变迁的均衡阶段，制度的收益在各个利益集团之间有一个均衡的分配，处于主导地位的利益集团能够和其他集团分享新的制度所带来的收益，因此可以称之为“分享型利益集团”。均衡阶段是制度变迁的一个过程，是一种动态的平衡，是一种“帕累托最优”的状态，

即没有任何一个利益集团能够在不损害其他集团利益的情况下还能获得新增的利益，因此在均衡阶段利益集团要想获得新增的利益，就必然要损害其他集团的利益，最终使均衡阶段向下一个僵滞阶段演进，从而使制度进入下一个变迁的周期。

事实上制度变迁就是僵滞阶段、创新阶段和均衡阶段这三阶段不断循环演进的过程，如图 2-1 所示。

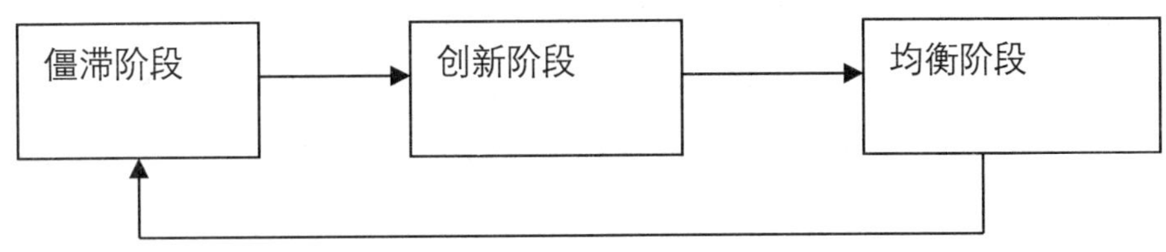

图 2-1　制度变迁的基本模型

（2）供应链管理的僵滞阶段

根据制度变迁的理论，供应链管理之所以要发生某种程度的变化，一定是由于现有的管理制度和规则不适合供应链管理本身的发展。很多专家已经提出未来企业的竞争是供应链与供应链的竞争，企业已经进入了一个供应链时代。但作为供应链上的企业来说，并不一定都认识到这一点，它们仍然把单个的企业作为在市场上竞争的主体，因而在信息化建设的过程中这些企业必然只考虑自身的利益，仅仅建立基于企业内部的信息系统，由于各个企业建立的信息系统不尽相同，就必然会导致整个供应链上的企业信息交流和数据交换出现问题，使得供应链得不到很好的协同，降低了企业和整个供应链的竞争能力。

（3）供应链管理的创新阶段

供应链管理的创新阶段是供应链管理演变过程中的一个非常重要的阶段，也是供应链管理僵滞合乎逻辑的发展阶段，也就是说，供应链管理僵滞的程度越深，其暗藏的危机也就越大，因此创新的机会也越大。当供应链上的收益降低到一定程度时，独占型利益集团也必然会寻求制度上的创新，通过制度创新来创造新的收益，这时核心企业就转变成了创新型利益集团。前面已经提到，供应链管理之所以陷入僵滞阶段，有一个很重要的原因就是因为供应链上的核心企业不可能自己投资建立一套供应链管理系统，虽然自建系统可以拥有系统的所有权，但是企业自身也要投入大量的成本，事实已经证明自建系统的成本是远高于收益的，因此这种产权制度并不适合供应链管理的发展。在这种情况下，核心企业可以换一种思路，即不需要拥有系统的所有权，只需拥有其使用权，通过对供应链管理系统产权的重新安排，把信息系统的所有权和使用权进行分离，这样核心企业由于不拥有信息系统的所有权，所以并不需要花费大量的资本来建设系统，系统的建设则交给专业的系统提供商，节省了企业相当大的一笔费用；同时企业拥有系统的使用权，只需支付相关的租金即可。

这种全新的供应链管理实现方式可以称为平台模式。平台模式是由专业的供应链管理系统和服务提供商来建立一个第三方供应链管理平台，并负责对其进行专业的维护，核心企业和其供应链上的企业则通过租用的方式来使用这个平台。

平台模式是供应链管理的一个重大变革，它通过产权的创新成功地使供应链管理走出了僵滞阶段。在这种模式下，供应链上的企业都通过同一个平台进行信息交换，极大地降低了企业之间的交易成本，使企业之间的行为更加协同，从而直接增强了整个供应链的竞争能力。同时供应链上的核心企业通过平台模式也获得了大量的收益，因此核心企业必将作为创新型利益集团来推动供应链管理的发展。

（4）供应链管理的均衡阶段

供应链上的核心企业作为创新型利益集团采用平台模式实现了供应链管理的变革，但是要使这种平台模式成为供应链管理的一种均衡状态，还必须进行大范围的推广，使得平台模式成为众多企业所公认的一种供应链管理的最佳实现方式。而供应链管理能否进一步创新，也取决于创新型利益集团是否愿意将自己的利益拿出一部分与其他利益集团分享，从而获得其他集团对进一步创新的同意，此时核心企业又扮演了分享型利益集团的角色。通过这种新的产权规则，供应链上的各个企业都能够获得较大的收益，并最终使各自的收益达到均衡，使供应链管理处于一种帕累托最优的状态。当供应链管理进入到均衡阶段之后，必然缺乏通过制度的进一步创新而获得新增利益的机会，再加上还有“搭便车”的作用，因此各分享型利益集团都不愿从事新的供应链管理制度规则的创新，利益集团要想获得新增收益，就只能从现有供应链管理制度安排的总收益中去获取更大的份额，在这种情况下，分享型利益集团中将逐渐演变成独占型利益集团，供应链管理的均衡阶段也有再一次向僵滞阶段演进的可能。

三、传统采购与供应链采购的区别

传统采购管理相对于供应链下采购管理而言更为简单，因为前者主要在于就采购产品与供应商进行交易谈判，而后者经历了行业的发展以及相关的理论不断完善后，更为注重的是追求最优化的利益，将采购管理上升到了战略的层面而不再局限于以往的事务性的工作层面上。它主要表现在以下几个方面：

1. 从利益谈判转向合作共赢

在传统的采购管理模式下，采购方与供应商之间是作为单纯的买卖双方而彼此独立的。然而在供应链管理模式下，采购管理最终所寻求的状态是彼此都能使利益最大化，形成双赢的合作伙伴关系。强调合作、信息共享、共同提高生产效率是这种模式下采购管理致力于达到的目标。具体表现为供应商之间互相在信息、产品需求、产品设计上提供支持，共同研究客户需求，开发新产品，并建立稳固的、互信的伙伴关系，在长期合作模式下将交易成本降到最低，实现合作各方的共同获利。

2. 从为库存而采购转变为客户导向型

采购经过深度调整的建筑业尤其是房地产行业已经告别粗放型的发展模式，建立客户导向型采购将会成为其必然的选择，客户导向型采购就是坚持“以客户为中心”在供应链各环节的导向作用，加快企业对市场变化的反应，全面提升供应链各环节的竞争能力；也是新经济形势下“以人为本”这一科学发展观核心在企业层面的基本体现。基于供应链的采购管理，它的主要驱动因素是客户需求，实现采购计划、供应计划、制造计划执行的同步化，供应链各节点企业通过整合各自的优势和信息共享，通过最低的生产成本，迅速地使客户的个性化需求得到满足，以客户的需求来促进整个供应链的持续发展。在传统采购管理模式下，采购管理人员对企业的生产过程以及市场对产品的反应并不重视，或者说大部分企业采购管理工作的内容不涉及这些方面。这就导致传统采购管理模式下所制定的采购计划缺乏对企业的适用性和对市场变化的应对，而单纯是为了保证原材料的库存，质量和交货期只能通过时候把关的办法去控制。

3. 从关注内部资源转向内外部资源统筹管理

传统的采购管理关注将主要的重点都投放在企业内部资源上，且仅关注与对内部资源的统计和归类，对市场环境的反应较迟缓，且产品的质量把控、更新换代也难以实现较好的效率。在供应链管理模式下，更加注重协调、集成和同步，在这种思想和管理模式下，要求采购管理提高对外部市场的响应能力，并增加战略层的供应商关系管理职能。因此，供应链管理模式下的采购管理更加注重对企业外部资源的协调，致力于建立完善、系统的供应商资源库，并协调和维护供应链上个企业间的合作关系，同时，积极配合或参与供应商的产品设计和质量管理，对供应商提供培训资源的支持等。

第三章　物资采购与管理基本概述

第一节　采购的基本概述

一、采购的定义

所谓采购，从狭义上来讲，是指在一定的外在和内在条件下，企业从供应市场获取产品或服务作为其资源，用以保证企业经营和生产活动正常开展的一项企业经营活动。从广义上来说，采购是指组织或个人、团体等单位，在一定的外在条件和内在条件下，从供应市场获取服务或产品作为资源，用以保证开展生产经营活动或满足其自身需要的一项经营活动。

采购的内涵，包含如下三个方面。

1. 获取资源的过程

能够提供这些资源的供应商，形成了一个资源市场。为了从资源市场获取这些资源，必须通过采购的方式。也就是说，采购的基本功能，就是帮助人们从资源市场获取他们所需要的各种资源。

2. 物流过程

采购的基本作用，就是将资源从资源市场的供应者手中转移到用户手中的过程。在这个过程中，一是要实现将资源的物质实体从供应商手中转移到用户手中。前者是一个商流过程，主要通过商品交易、等价交换来实现商品所有权的转移。后者是一个物流过程，主要通过运输、储存、包装、装卸、流通加工等手段来实现商品空间位置和时间位置的完整结合，缺一不可。只有这两个方面都完全实现了，采购过程才算完成。因此，采购过程实际上是商流过程与物流过程的统一。

3. 经济活动

在整个采购活动过程中，一方面，通过采购获取了资源，保证了企业正常生产的顺利进行，这是采购的效益；另一方面，在采购过程中，也会发生各种费用，这就是采购成本。我们要追求采购经济效益的最大化，就是不断降低采购成本，以最少的成本去获取最大的效益。而要做到这一点，关键的关键，就是要努力追求科学采购。科学采购是实现企业经济利益最大化的基本利润源泉。

二、采购发展的背景

1. 全球的采购发展历程

随着由世界经济危机带来的宏观经济学的发展，多数发达国家政府采购的政策功能逐渐发生变化，从以节约财政资金支出为主的单一目标向兼顾考虑经济和社会发展的综合目标转变，到了 20 世纪 30 年代，政府采购政策功能逐渐具有现代特征。政策目标由节约财政资金支出转变为兼顾经济和社会发展。以美国为例，美国的政府采购就兼顾了多方面的经济和社会目标：落实宏观调控、促进产业发展、鼓励自主创新、扶持中小企业等。制度规定由自发松散走向规范化、系统化。20 世纪 90 年代后，主要发达国家逐渐完善政府采购体制和规则，政府采购制度规定日趋规范化、制度化。如英国关于政府采购的法律包括《政府拨款条例》、《采购政策指南》等；在机构设置上，监督机构有议会和财政部，政府部门采购的商品和服务必须在财政部授权支出范围之内，且所有支出必须向议会负责。

2. 我国的采购发展历程

新中国自 1949 年建立至 1978 年的近 30 年间，一直实行的是高度集中的计划经济管理体制。1979 年以后，我国实行了对内搞活、对外开放的政策，宏观经济环境开始发生根本性变化。企业经营自主权增加，多种经济成分进入市场，国民经济步入高速发展时期。与此同时，中国的物资分配体制、商品流通体制、交通运输体制也发生了重大变化。政府逐步放开了对企业生产、物资、价格的管理，工业企业开始摆脱传统计划经济的束缚，自主决定其原材料的采购和产品的生产与销售。进入 90 年代以来，随着改革开放的进一步深化，我国经济体制逐步转型，经济总体实力明显增强，基础设施建设步伐加快，社会商品供应日益丰富，综合运输体系初步形成，供求关系由“卖方市场”转向“买方市场”，整个生产、流通和消费领域发生了深刻变革。

尽管采购具有非常悠久的历史，但采购日益得到人们的重视并得以高速发展，也只是上个世纪伴随着现代工业发展起来的事情。到目前为止，企业的采购发展过程，大概经历了四个发展阶段，这四个阶段分别以采购产品、运作过程、采购关系及采购绩效为主题。采购的发展过程如表 3-1 所示。

表 3–1　采购的发展过程

阶段及主题	特征
第一阶段以采购产品为中心的采购	强调产品本身。采购过程关心价格的“R”即“合适”，只强调对具体产品的采购，只强调采购结果的重要性
第二阶段以运作过程为中心的采购	强调产品本身。采购开始衡量形成结果的过程，从产品中心的只注重结果，往前提升了一步
第三阶段以采购关系为中心的采购	强调过程关系。采购过程加入了供方和需方的关系，并研究怎么利用供需双方的关系，来加强供方产品或服务的质量管理
第四阶段以采购绩效为中心的采购	强调最佳产品管理方法。综合管理的方法论，被供方和需方联合采用，用来处理关系、运作过程和结果

三、采购方式

从不同的角度进行分类，采购可以有不同的分类方式。本文重点研究传统采购和科学采购，这两种方式，是按照采购的科学化程度来进行分类的。传统采购，是指采购者根据其需求，包括采购物品的质量、数量、规格和品种等方面在内的采购需求，通过寻找供应者，向供应者进行询价，再经过“货比三家”及谈价议价，最后成交的采购方式。

1. 传统的采购方式

传统采购方式，主要包括三类，如表 3-2 所示。当然，在实际采购中，企业很少是以一种方式进行采购的，通常是将几种采购方式结合起来使用进行采购。

表 3–2　传统采购方式的含义

方式	含义
询价采购	采购人员询问信用可靠的厂商，将采购条件通过电话或者寄发询价单等方式进行询价，经过比较价格后，现价采购
比价采购	采购人员找数家厂家报价，然后对这些报价进行比较，最后决定向哪个厂家采购
议价采购	采购人员与厂家进行谈判，经过讨价还价，最后谈定价格，决定购买哪家产品

（1）传统采购方式的缺点

1）物料采购与物料管理为一体

绝大多数企业行使采购管理的职能部门为供应部（科），也有企业将销售职能与采购职能并在一起，称为供销科。在这种模式下，其管理流程是：先由需求部门提出采购要求，然后由采购部门制定采购计划 / 订单、询价 / 处理报价、下发运输通知、检验入库、通知财务付款。

该流程主要缺点是：物料管理、采购管理、供应商管理由一个职能部门来完成，缺乏必要的监督和控制机制。

2）业务信息共享程度弱

由于大部分的采购操作和与供应商的谈判是通过电话来完成，没有必要的文字记录，采购信息和供应商信息基本上由每个业务人员自己掌握，信息没有共享。其带来的影响是：业务的可追溯性弱，一旦出了问题，难以调查；同时采购任务的执行优劣在相当程度上取决于人，人员的岗位变动对业务的影响大。

3）采购控制通常是事后控制

其实不仅是采购环节，许多企业对大部分业务环节基本上都是事后控制，无法在事前进行监控。虽然我们承认事后控制也能带来一定的效果，但是事前控制毕竟能够为企业减少许多不必要的损失，尤其是如果一个企业横跨多个区域，其事前控制的意义将更为明显。

（2）传统采购的手段

传统采购模式在操作方式和透明度等方面相对落后，其规避采购风险的手段也有自身的特点。

1）信息保密工作要严格

供应商的选择、价格的确定，多半通过比质、比价、招标、采购和商务谈判来完成。因此，需方为了通过供应商的多头竞争，从中选择合适的供应商，往往会保留自己的许多信息。同样，供应商为了在竞争中获胜，赢得市场份额，也会隐瞒自己的信息。由于供需双方均不能进行有效的信息沟通，很少披露乃至不披露有关信息，所以，采购风险也会相对较小。

2）注重事后的把关

在传统的采购模式下，因为采购一方很难参与供应商的生产组织过程和有关质量控制活动，因而相互工作是不透明的。因此，质量和交货期的控制一般是通过签订合同、按标准条款验收、催交催运、到货复检、事后质量验证等方法把关，以达到降低采购风险的目的。也就是说，在传统物资采购模式下，供需双方基本没有质量控制方面的合作。

3）多追求眼前利益

在传统采购模式下，供需关系是临时的或短期合作的关系。采购中，需方更多的时间是消耗在讨价还价、解决日常问题的过程中，往往频繁更换供应商或只考虑当前行情，调整采购计划和库存储备量，供需双方缺乏需求信息的沟通和长期的合作机制。

2. 科学采购方式

企业的生产离不开设备和生产资料，在产品的生产过程中，物质的需求是产品的第一需要，所以生产是离不开采购的。根据采购物资的资金来源、项目特点、额度、交货方式的不同，物资的采购方式分为：招标采购方式和非招标方式，各种采购方式有不同特点和适用范围，我们需要按照采购物资的类型和工程项目的特点选择采购方式并严格按照《招标投标法》、《招标投标法实施条例》实施。

（1）招标采购方式

1）公开招标和邀请招标

根据《招投标法》第十条，公开招标，是指招标人以招标公告的方式邀请不特定的法人或者其他组织投标。公开招标采购主要适用于采购批量或金额大、能够形成充分竞争的物资。国有资金占控股和主导地位依法必须招标的项目，应当公开招标，公开招标是项目生产建设项目采购的主要方式。在实际工作中，也是最为规范最为常用的采购方式，对保证采购过程的规范化操作，降低采购成本发挥重要作用。

邀请招标是指招标人以投标邀请函的方式要求特定的法人或其他组织投标。适用于技术复杂、特殊要求、环境限制只有少量投标人可供选择；涉及国家安全、国家秘密、抢险救灾不宜公开招标；公开招标费用占项目合同金额比例过大的项目。拟采用邀请招标的项目属于按照国家有关规定需要履行项目审批手续、核准手续的项目，由项目审批、核准部门在审批、核准项目时作出规定；其他项目由招标人申请有关行政监督部门作出认定。如某民营企业盖厂房，可以采用邀请招标。

2）国内招标和国际招标

公开招标按照招标的竞争范围和程度，可分为国际竞争性招标和国内竞争性招标。国际竞争性招标是在全球范围内进行的公开招标活动，国内竞争性招标是在中华人民共和国境内进行的公开招标活动。

3）招标的方式和手段

分为传统招标和电子招标；一阶段一次招标和二阶段招标；框架招标等。在实际工作中，还有两阶段招标，中油集团还有两步法招标等方式。

①框架物资招标采购方式

框架物资招标采购是企业或政府采购招标人采用集中一次组织招标，为下属多个实施主体在一定时期内因零星、应急或重复需要，应分批次采购的技术标准、规格和要求相同的货物，通过招标与中标人形成货物采购框架协议，各采购实施主体按照采购框架协议分别与中标人分批次签订和履行采购合同协议，框架物资的主要特点是分批交货。

②两阶段招标方式

两阶段招标采购是一种特殊的招标采购方式，即对同一采购项目要进行两个阶段招标。第一阶段：投标人按照招标公告或投标邀请书的要求提交不带报价的技术建议书，招标人根据技术建议书确定技术标准和要求，编制招标文件。第二阶段：招标人向在第一阶段提交技术建议书的投标人提供招标文件，投标人按照招标文件的要求提交包括最终技术方案和投标报价的投标文件。

③电子招标：

电子招标是指招标投标主体按照国家有关法律法规的规定，以数据电文为主要载体运用电子化手段完成的全部或部分招投标活动。电子招标系统是指用于完成招投标活动的信息系统，由公共服务平台、项目交易平台和监督管理平台组成。在电子商务环境下，企业之间网上贸易越来越频繁，对适当的项目实施电子招标采购是必然的选择，其与纸质招标投标相比有高效、低碳、节约、透明、采购信息量大的特点。

（2）非招标采购方式

1）竞争性谈判采购

竞争性谈判采购是指在选定三家以上供应商的基础上，由供应商经几轮报价，最后选择报价最低者的一种采购方式。一般有两种情况：第一种：公开招标或邀请招标进行两轮失败所采用的。另一种是竞争性谈判使用的条件，实质上是一种供应商有限条件下的招标采购。符合下列情形：

①招标后没有供应商投标或没有合格标的，或重新招标未能成立的。

②技术复杂或性质特殊，不能确定详细规格或具体要求的。

③非采购人所能预见的原因或非采购人拖延造成的采购招标所需时间不能满足用户紧急需要的。

④因艺术品采购、专利、专有技术或服务的时间、数量不能确定等原因不能计算出价格总额的。其优点是：节省采购时间和费用、公开性透明性较高、采购过程有规范的制度；缺点是：可能出现轮流坐庄或恶性抢标现象，使预期的采购目标无法实现。竞争性谈判采购方式是公开招标方式的有益补充。可以解决因产品的复杂性、技术的复杂性、设计得不充分性、价格的多样性、时间的不确定性造成的采购的不确定问题。与此同时通过多次的谈判和报价，采购人可以买到性价比高的产品。

2）询价采购方式

询价采购又称选购。是指采购规格标准统一、货源充足、价格变化幅度小的物资采购方式。由成立询价小组、确定备询价供应商名单、询价、确定成交供应商几个程序组成。询价采购可以通过对几个供应商的报价进行比较，以确保价格具有竞争性，是一种简单而又快速地的采购方法。适用于合同价值较低的一般性货物采购。特点：邀请报价的供应商至少为3个，只允许供应商提供一次报价，而且不许改变其报价，不得同某一供应商就其报价进行谈判。其缺点：

①询价信息公开面较狭窄，局限在有限少数供应商，排外现象较严重；

②询价过于倾向报价，忽视对供应商资格的审查和服务质量的考察；

③确定被询价的供应商主观性随意性较大，询价对象应由询价小组确定，但实际中往往由采购人在确定询价对象时凭个人好恶取舍，主观性较大。

④询价通知书内容不完整、不规范、不明确，影响询价公正性，不少询价采购不签订合同，权利义务不明确，引起不必要的纠纷。

⑤价值比较过程不公开，缺乏透明度，不现场公布询价结果，容易形成暗箱操作。

3）单一来源谈判采购方式

中央预算单位在下列两种情况下采用单一来源采购方式：财政部将进行审核前公示。只有公示后供应商无异议，才能采用单一来源谈判采购。

①达到公开招标限额以上，且采购人认为只能从唯一供应商处采购。

②公开招标失败或废标符合专业条件或对招标文件作出实质性响应的供应商只有一家。单一来源采购产品渠道单一，没有竞争性，采购人形成弱势状态，最终会导致采购价格较高。所以单一来源采购只能解决一些特殊情况下的采购。一般情况下很少采用。特别是对大量可以形成竞争的产品，如果选择单一来源采购，不仅提高采购成本，而且不符合招标法，属于违规操作。

在众多的采购方式中不论采用何种采购方式，目的都是最大限度的用最少的资金，购买到性价比最高的产品。只有在一个公平、公正、合理的采购方式下，供应商才会将工作重点放在产品的质量提高、成本降低、价格优惠以及售后服务等方面，而不会采取贿赂等方式，采购人员也会恪尽职守，在一定程度上减少暗箱操作和灰色采购行为的发生，防止假公济私。

四、采购的发展趋势

企业和企业采购人员对新时期面临的挑战和压力，在采购思想、采购方法、采购手段和采购平台上改革创新，使采购领域内出现了很多新事物或新趋势，还有一些新趋势正在形成和完善之中。

1. 建立采购团队

在现代企业运作当中，各部门的职能界线正在变得模糊，各部门的员工越来越多地交织在一起，但这并不意味着各部门职责不清，而是充分发挥团队的力量去把企业内的每一件重要的事尽可能地做得最好。可清楚地看到并不只是其他部门的人员参与到采购活动中对采购人员施加工影响，采购人员同时活跃在其他部门的活动中，比如：对供应商的品质监管，参与到新产品的开发活动中去等等。

2.E －采购与因特网

从全球的采购发展趋势来看，E －采购将越来越广泛地被企业管理者接受。而事实上，许多跨国公司已通过电子采购方式获得了它们想采购的相当部分物品，一些公司一年通过电子采购的金额就达数百亿美元之巨。实行了 E－采购的企业认为 E－采购比传统采购方式有更多的优点，一方面，因特网给采供双方提供了更广阔的选择余地。另外，在采购单价及采购管理费用上的开支也可降低或较大幅度减少。其次，EDI 的应用合同使交易可在更短时间内完成，这正可满足企业实行柔性制造的需要，同时提高采购效率。

3. 供应商的选择将趋向本地化

由于跨国公司到中国大陆建厂或设立销售处越来越多，生产各种类型产品的厂家越建越多，所以国内的采购人员可以取近舍远以取得更大的主动性及降低采购成本。而对于国外的采购人员来说，中国这个大市场已成为他们进行国际化采购的一个重要地区。

4. 减少供应商数量

太多的供应商不仅让采购人员难以应付，而且供应商的总体表现往往差强人意，采购人员越来越强烈地意识到供应商的数量不在多而在于精。不难想象，把一样多的精力放在 200 家供应商上和放在 100 家供应商上，它们之间的效果差异。人们在越来越多思考由多家供应商来供同一物品的弊病，与其让三家供应商来供货不如让一家品质优良价格公道的供应商来供货，这样采购人员及其他相关人员就可以把更多精力放在对这一家供应商进行培训及监管。由于订单的集中，还有可能获得供应商给予的价格折扣，并可减少采购业务处理费用。

5. 建立新型的采供关系

和供应商建立战略联盟关系固然可以让双方长期从中获利，但要在采供双方之间建立起这种关系需要双方高层管理者的深层次沟通，只有双方拥有相同或相近的经营理念及达成一致的长期发展目标，才有可能走到一起。

6. 采购业务外包采购的发展趋势

随着科学技术的发展燕尾服及全球产业结构的进一步调整，采购还会不断吸收新方法、新技术而引起采购方式上的变革，谁在这场变革中走在了前面，谁就能取得主动权并因此从中获取更多利益。

五、采购人必备的职业素质与管理能力

随着工业互联网技术、人工智能和增材制造等新技术的高速发展，传统制造业发生了天翻地覆的变化，传统的供应链也在向数字化转型，企业管理层对战略采购提出了更高的期望。

1. 采购人的基本职业素质

众所周知，采购成本的控制和战略合作供应商的开发对于一家企业的综合竞争力提升极其重要，所以很多企业对采购的重视程度越来越高。同时，采购又是一个敏感的岗位，采购人员除了掌握贴近业务的专业知识，还必须秉承诚信正直的原则，守护和倡导公平公正、公开透明地良性竞争环境。道德素养是每一位采购从业人员需要培养的基本素质。另外，企业还需要建立相对分权的组织和透明的采购决策流程，包括但不限于设定合理的 KPI（关键绩效指标）、人员轮岗和重要部门的早期介入等。

采购专业知识和技能是采购职业发展的核心优势。外行可能认为采购只是简单地买东西、砍价。其实，战略采购是一个从采购申请、寻源、供应商审核、生产制造、产品交付到最终付款的复杂过程，需要找到价格合理、质量可靠、交货及时、服务周到的产品和服务提供商，不仅涉及对内的跨部门沟通、对外的供应商管理，而且要面向市场制定采购战略。金勇认为，专业的采购人员除了具备必要的采购技能、生产运作技能、财务技能和技术技能，还必须加强以下 3 种关键能力。

2. 业务目标导向

随着行业的整合与发展，现在的采购越来越向销售端和市场端靠近，对掌握供应链市场行情的要求越来越高，需要从用户出发，发掘他们的痛点和需求，再进行高效采购工作。例如，采购消费电子产品时要重视生产周期，加强对新产品及时上市的把控力；采购 OEM（原始设备制造商）贴牌产品时，涉及寻源能力、多种材料和领先技术的复合能力、资源和优势竞争力的整合，以及供应商关系管理能力等。

3. 开发优质供应商

开发优质供应商是采购工作的主旋律。第一步是战略寻源，根据波特五力模型分析行业环境和本企业在竞争环境中的差异化优势。第二步是掌握供需市场战略，筛选并对比各家供应商的匹配度，根据其所处的供应链位置和市场竞争形势进行细分，可利用卡拉杰克模型。第三步是供应商管理，深入工厂考察供应商实际情况并持续关注其现金流、运营状态和各方面的绩效表现，把控风险指数并制订相应的发展计划。对于核心供应商，也可以使用 SWOT（优势、劣势、机会、威胁）分析法制定相应策略，知己知彼，百战不殆。利他才是最好的利己，在技术变革加速的时代，寻找到具有创新技术并能互补战略资源的供应商，降低企业风险，进而协同发展，建立相互信任、稳固的合作伙伴关系，变得尤为重要。

4. 沟通能力和谈判力

沟通和谈判在采购过程中起到至关重要的作用。提高沟通能力和谈判力，首先要区分两者之间的差异。沟通能力主要是人们在分享信息、遇到思想和情感障碍时如何解决问题的能力，包括和供应商的高层沟通、本公司内部的沟通。而谈判力的核心在于身负明确的目标和任务，通过磋商、交换意见寻求解决问题的途径并最终达成一致。

谈判过程中善用 3 种力量可以提高成功率：

（1）借势，把握合理的时机，利用宏观环境和市场信息的支持。

（2）借助所在组织的力量，如团队协作、品牌效应、区域优势和发展潜力等。

（3）借助个人的专业素养和资源。只有分清各方利益，才能说服对方，满足己方的要求，建立健康双赢的可持续合作关系。

5. 采购如何提升综合能力

提高采购专业能力金勇表示，选择的前提是要有过硬的专业能力和信息，工欲善其事必先利其器，自己有足够的能力才能够选择别人，而不是被选择。如何快速提高采购专业能力并让它产生价值呢？可以从以下 5 个方面入手。

（1）利用 PDCA（计划、执行、检查、处理）工具进行复盘，需要时时审视自己，发现自己的不足和缺点，进行针对性学习、持续学习，比如新人可以研习商品品类管理、成本价值工程、供应链金融等。

（2）多维度学习，刻意练习，持续提升自己。金勇分享了一个自己初入职场时遇到的挑战，当时他所在的企业正值兼并发展期，参与了从未接触过的陌生行业的项目。为了深入掌握新产品的信息，他第一时间向身边了解这个行业的同事请教，并善用行业协会专家资源掌握核心供应商信息，制定了有效的方案优化供应链。最终，没有该行业经验的他因为善用身边的资源、多角度学习，通过团队合作实现了产品设计平台化，顺利度过了一个个关卡，圆满完成项目任务。除此之外，还可以通过参加公司内部培训、供应商技术研讨会、行业展会等方式拓展自己的视野，丰富专业知识。

（3）实践是验证专业能力最客观的标准

1）采购从业人员只有在熟知专业知识的基础上学以致用，才能实现知识的增值。风起于青萍之末，在供应链管理中，要时时有风险识别和控制的意识，做到变在变之先。

2）勇于不断地操作与实践，做终身的提问者和学习者。集腋成裘，聚沙成塔，采购人员需要不断地提升认知。具备超强的学习能力，改进工作方法。适应变革，才能真正提升判断、分析与解决问题的能力，打造长久的职业竞争力。

（4）良好的人际关系与协调能力

做事之前先做人，人没问题了，事也就成了。在企业中，采购业务牵涉面较广，完成一个项目往往需要内部跨部门密切沟通，比如与销售计划部沟通采购计划、与研发部门沟通选型和设计优化、与品管部门沟通产品质量等。另外，采购还是企业与供应商之间的桥梁，所以项目能否顺利完成，协调能力是关键。采购可以进一步在文化和生态协同能力等方面构建系统、可测量、流程化的供应链运营体系。

（5）时间管理

采购日常工作接口多，突发事情也多，识别并聚焦关键要务，才能为组织创造更大的价值。

6. 掌握团队管理的秘诀

没有一个人是完美的，但一个团队可以做到。管理是一门艺术，到底该如何锻炼自己的管理能力呢？

（1）提高亲和力

当下属遇到困难时，主动关心并帮助他们排忧解难。这样不仅可以获得下属的敬重与信任，还能提高他们的积极性，打造团队凝聚力，让团队保持工作激情，提高团队力量。

（2）以身作则

作为部门负责人，应该严于律己，营造人人平等的工作氛围，为下属树立良好的形象标杆。当遇到问题时，应该勇往直前，敢于承担责任，有没有担当也是评价管理者管理能力的关键衡量因素。

（3）关注修心，修炼自己，具有分享和奉献精神

团队绩效考核要公平，跨部门协同需要包容，对外部供应商需要公平，合作比对立更管用。

（4）组织设计，资源整合

搭建一支高效运作、充满激情与斗志的专业化采购团队，需要考虑队员的不同能力，就像《西游记》中的四位主角，他们的差异性使得团队更多元化、更具创新思维，由此才具备了高效完成各种任务的能力。另外，作为领导要知人善用，将合适的人放在合适的岗位上，做到人尽其才。

（5）人才计划

教育和人才是重要的投资，要想带出良将如潮的团队，挖掘人才、培养人才是管理者的责任，人才战略始终是企业战略中重要的一部分。要乐于培养自己的接班人，既有前进一寸的勇气，又有后退一尺的从容。

7. 采购职业规划

在这个竞争激烈、市场瞬息万变的时代，采购从业者想要获得一席之地，必须做好自己的职业规划，不忘初心、方得始终。首先，一定要确定自己未来发展的方向，可以问自己 3 个问题：喜欢采购工作吗？这份工作能不能提高自己的收入水平？所在公司和行业的发展前景如何？当你回答了这些问题后，心里应该已经有了一份答案。

采购的发展路线主要有 3 条。第一，纵深发展。把握一个方向，走职业发展路线，成为采购工程师或者采购专家，比如材料采购经理、成本价值工程经理等。走这条路需要不断打磨自己的专业硬实力，做到极致的专注。第二，管理方向发展。可以从采购工程师逐级上升到采购主管、采购经理、首席采购官。选择这条路要注重提高自身的管理能力，比如塑造影响力和领导力、学习 MBA 课程等。第三，跨线发展。脱离采购行业彻底转型，比如财务总监、销售总监、副总裁等。走这条路需要拥有非常广阔的知识面，并且平时就要积累大量优质的社会关系和人脉资源。

8. 数字化转型背景下，未来采购的发展趋势

2020 年新冠肺炎疫情对全球供应链产生了深刻的影响，数字化转型浪潮席卷而来，采购从业者如何跟随时代的步伐，拥抱数字化技术，提升职业价值呢？金勇认为，这是一个快速变革的时代，未来的供应链是端到端模式，是运营高效的生态系统和始终在线的数字化供应链。人工智能、区块链、云计算、大数据是智能供应链的未来驱动力。数字化转型和员工技能的提升是后工业时代企业生存、创新和可持续发展的必由之路，而智慧供应链必将赋能未来。

（1）数字化技术已经成为采购的基本能力，采购需要快速丰富信息技术知识，掌握数据收集与分析能力，借助智能工具辅助采购工作，提升工作效率和战略决策力。

（2）数字化采购不仅仅是采购工具的升级，更要利用大数据辅助提升采购竞争力，在战略上真正向前迈进一大步。采购不仅要适应网络寻源、线上供应审核、电子招投标、EDI（电子数据交换）、自动物料跟进等工作方式的转换，而且整个采购流程要随着业务数字化的转型而实现数字化升级。从需求分析到物料计划，再到自动下单，都会逐步被人工智能替代，由此能实现更快捷、更透明的可持续绿色采购。标准化、模块化、数字化成为新生代采购的常态。

（3）在未来数字化环境中，数据是最重要的生产资料，数据壁垒一旦被打破，数据的流动就会加快，因此采购需要具备 VUCA（易变性、不确定性、复杂性、模糊性）时代的感知力，不断从增值的角度去思考，不仅要运用智能工具解决短期问题，而且要聚焦挖掘价值、创造价值、传递价值。要发现不同数字化采购方案在效益、效率等各个方面产生的不同价值的影响，根据价值排序，筛选出合适的数字化采购解决方案。精益管理是基础，数据分析是关键，流程和资源持续优化才是目的。

（4）在业务层面，企业的本质是效率和增长，数字化只是手段，最终要实现用户直连制造，进行精益生产。绿色制造、绿色供应链、能效管理等都是创造价值的手段。而满足消费者个性化的服务和产品，要求供应链更敏捷、更创新、更关注可持续发展，采购也可以从这个角度来聚焦和思考增值问题。采购需要保持战略前瞻性，定点赋能、

线面协同，最后是整体演进，牢记公司的愿景和目标；要以公司业务为导向，提升公司成本、质量、技术、创新、交付和服务等方面在行业内的领先地位，提高客户满意度，让供应链成为组织的核心竞争力。

第二节　采购管理的基础

一、采购及采购管理内涵评析

在采购管理职能变迁的过程中，采购和采购管理的内涵也发生着变化。目前对采购和采购管理的概念并没有形成统一的认识，学者们通常从不同的角度来定义。下面分别对采购及采购管理的内涵进行评析。

1. 采购内涵评析

对于采购，有广义和狭义之分。从狭义上看，有些学者将其简单定义为“以购买的方式，由买方支付对等的代价，向卖方获取物品的行为过程，在这个过程中发生了所有权的转移。”这种定义方式有些笼统，并没有将企业采购与普通的购买区分开来；还有的学者将其定义为以最能满足企业要求的形式为企业的经营、生存和主要及辅助业务活动提供从外部引入产品、服务、技术和信息的活动（Van Weele， 2000 年）。这种定义站在企业的角度，将企业采购与普通购买区别开来，指出了企业采购的目的与范围。从广义来看，学者将采购定义为企业中一系列活动所形成的过程，这些活动包括购买、储存、运输、接收、进场检验及废料处理等。这种广义的定义与某些文献中对采购管理的定义相类似。

2. 采购管理内涵评析

对于采购管理，不同的学者也是从不同的角度给出了多种定义。基于传统采购管理的一个定义是“5R”管理，即企业为了达到生产或销售计划，从合适的供应商那里，在确保合适的品质下，在合适的时间，以合适的价格，购入合适数量的商品所采取的管理活动。这种定义将采购管理的主要目标定位在维持经营活动和降低成本上，没有体现出从战略的高度来关注采购管理。

有的学者从采购管理的其他目标出发，给出了不同的定义，如将目标定位在消费者需求上，给出这样的定义：在全球和动态环境中，通过产品、服务以及供应网络的革新，来创造、积累、捕捉和满足终端消费者需求，为了达到这一目标，从而制定和执行合理的战略。这样一种经营管理过程，即是采购管理（Harland， 1999）；或将目标定位在供应商管理上，这样来定义采购管理：采购管理，即优化采购基础，选择协调供应商，提升供应商绩效，挖掘供应商潜力（Gillingham，2003）。

此外，有的定义是从运作流程的层面给出：采购管理是计划下达、采购单集成、采购单执行、到货接收、检验入库、采购发票的收集到采购结算等采购活动的全过程。对采购过程中，物流运动的各环节状态，进行严密跟踪、监管，实现对企业采购活动执行过程的科学管理。这种定义罗列出采购管理涉及的一系列活动，比较适用于传统的采购管理，体现不出采购战略与企业战略的融合。

为了从战略的高度来理解采购管理，可以这样来定义：采购管理是计划、执行、评价和控制采购战略的一种过程，在这个过程中，执行采购决策，指导所有的采购活动，利用企业能力范围内存在的机会，从而实现公司的长期目标。相比较而言，这个定义更能体现采购战略与企业战略的融合。

二、采购管理的发展历程

新中国成立 70 年，我国正处于快速工业化、渐进市场化和全球信息化的现代化进程（黄群慧，2018），管理者逐渐认识到采购职能对提高组织运营效率和增强组织竞争力具有重要作用。不同采购主体的采购规模迅速扩张，采购职能和业务流程的规范性逐渐增强。据统计，2017 年我国企采购规模保守估计 10 万亿～20 万亿元左右，占当年 GDP 近 33.3%；2018 年我国政府采购规模 35861.4 亿元，同比增长 11.7%，占全国财政支出和 GDP 的比重分别为 10.5% 和 4.0%。进入 21 世纪后，随着企业供应链竞争意识的加剧，采购管理职能进一步与企业所有业务过程整合，成为衔接供应链上下游的重要环节，采购逐渐从面向交易的战术职能上升到面向增值的战略职能（沈小静等，2010），同时也催生了我国本土化的采购管理理论体系和实践案例的产生和发展。

1. 概念演变及影响情境

自从人类社会有了商品交换，就有了采购活动，采购管理的研究和历史可以追溯至 1832 年（Leendersetal.2008）。尽管采购由来已久，但直到第一、二次世界大战期间，企业由于物资严重缺乏，开始将运作重心由“销售什么”转向“从供应商处获取所需物品和服务的能力”，采购才作为独立的管理活动进入管理者视野。随着社会化分工的不断细化和企业生产经营专业化程度的不断提高，采购工作领域迅速扩大，从原料、辅料、燃料、材料、设备、配件等物资采购，到工程、设计、技术、管理、保险、人力资源等服务采购，及业务外包；采购主体呈现多样化，从企业采购到政府、非营利性组织的采购。

传统的采购功能正在快速演变为降低成本的经营功能、控制风险的管理功能和整合组织内外部资源的战略功能（Kralijic，1983；蒋振盈，2015）。在这个过程中出现了一系列与采购活动有关的概念，如物资管理（MaterialsManage-ment）、物资供应（Materials Supply）、订货 / 订购（Order）、购买（Buying）、采购（Purchasing or Pro-curement）、供应（Supply）、外协 / 外包（Oursourcing）等（沈小静，2016），以及现在更多地将采购与战略管理、供应链管理相联系，提出了供应链环境下采购管理新的概念和内涵。

不同学者对于采购管理给出了不同的界定。Harland 等（2006）认为传统意义上的采购掌管开支与花销，与企业内部战略管理没有相关性；但在新战略管理思想下，采购应确保获取正确的外部资源去准确补充内部资源。VanWeele（2010）将采购管理理解为以最优惠条件，从外部获取公司从事经营、维护和管理等业务活动所必需的商品和服务。Monczka 等（2010）认为采购管理是一种通过有效管理供应基地来计划和获取组织当前和未来需求资源的战略手段。Spina 等（2013）将采购管理和供应链管理进行了辨析，并指出采购管理是供应链管理中面向供应端的重要环节。我国对于采购管理知识体系的系统性梳理开始于 21 世纪初，学者朱水兴（2001）认为传统的采购只是拿钱买东西，然而事实证明采购是供应链中的重要环节，构成了企业经营管理的核心过程，同时对提升企业利润具有明显。学者蒋振盈（2015）认为采购起源于需求的产生，以满足需求为目的，保证按质、按时、按量供应的同时，还需降低采购成本和控制供应风险，是集技术可行性、经济合理性、需求满足有效性于一体的技术经济行为和价值增值过程。学者沈小静（2016）认为采购是为了确保以合理的成本从外部购买各种必要的产品和服务而进行的各种管理与运作活动。

企业、政府等组织对于采购这一职能的认识经历了“购买—采购—供应”等主要的发展阶段，采购管理战略目标从传统注重产品本身和价格，开始向采购过程、供需关系、外部资源和供应绩效上侧重。相比于国外对于采购管理的研究和实践，我国采购管理的理论体系和实践管理起步相对较晚，由于受国内经济发展环境、生产生活资料流通模式变化的影响，我国采购管理的发展呈现出典型的中国特色。

2. 情境因素分析及发展历程

采购管理作为企业、政府等组织的重要业务活动之一，对其发展历程的梳理属于中国管理学问题的范畴，需要将“中国情境”作为一个前置条件，从国家整体环境描述我国采购管理的发展，而不是具体到某个企业或机构。学者 Weber（1964）尝试从物质系统和意识系统与制度系统之间的相互影响来分析国家情境。学者 Whitley（1999）从制度和公司因素考虑了不同商业系统对国家情境的影响。学者 Child（2009）进一步从物质系统（经济和技术因素）、意识系统（文化、宗教和政治价值观）和制度体系（政府、组织机构和政策法律法规）3个维度对国家情境进行刻画。黄群慧（2018）认为“情境”相比于“环境”，更强调主客观因素互动性，以及环境、组织与人交互影响性和时间历史动态性，并从经济、技术、制度等分类视角研究了新中国70年我国管理学的发展历程。新中国成立以来，我国经济发展经历了计划经济向市场经济转变，高速增长向高质量发展的转型，生产、生活资料的生产、流通模式也发生了显著变化；国家信息化步伐加快，人工智能、大数据等智慧技术日益成熟；企业之间的竞争逐渐转变为供应链之间的竞争。

与采购管理有关的上述制度情境、技术情境及企业情境等因素构成了影响我国采购管理发展的国家情境，对近70年我国采购管理的发展产生深刻影响。根据不同情境因素的发展特征，可以将我国采购管理的发展历程划分成5个阶段，1949～1977年的“计划经济”阶段，1978～1992年的“改革起步”阶段，1993～1998年的“市场推进”阶段，1999～2011年的“科学管理”阶段，以及2012年至今的“转型发展”阶段。

（1）1949～1977年：“计划经济”阶段

1949～1977年的“计划经济”阶段，制度情境因素作用较为突出，而技术情境和企业情境因素由于信息化及全球化发展缓慢，作用并不明显。计划经济时期，我国的物资管理和供应体制在不同经济发展阶段曾进行了不同程度的改进和调整，然而，由于国家计划经济的基本制度没有改变，我国经济制度情境主要特征是实行“统一计划、分级管理”的原则，整个经济实行直接计划和间接计划相结合的计划经济制度（柳随年，1991）。

新中国成立初期，我国经济建设面临长期战争造成的国民经济严重破坏和混乱的局面，工业萎缩、资源匮乏、物价飞涨、市场混乱，全国经济市场环境严峻。为稳定社会，组织好物资流通，国家主要采取订货、统购包销的方式控制工业企业原材料和产品的供销。随着1956年起实施定股定息制度，将企业全部生产资料归由国家统一调配、管理及使用，将供应、生产各个环节直接纳入国家计划。

（2）1978～1992年：“改革起步”阶段

1978～1992年是我国制度情境向社会主义市场经济方向探寻阶段（黄群慧，2018）。1978年党的十一届三中全会总结建国以来正反两方面经验教训，决定把党和国家工作重点转移到经济建设上来、实行改革开放。该阶段围绕搞活经济、搞活流通、培育和发展生产资料市场、改善宏观管理等进行了一系列的改革，生产资料流通体制从高度集权模式向市场化分权模式改革，从原本的单一化旧体制转变为双轨制（有待继续改革的旧体制和有待进一步扩展、完善的新体制两者并存的共生状态）（张卓元，1992）。1979 ~ 1984 年，中共中央、国务院对物资流通体制的改革不断提出新的要求。1981 年由“封闭、少渠道、多环节”转变为“多渠道、少环节、开放”的商品流通体制；1982 年建设和形成统一的社会主义商品市场；1983 年采取计划经济和市场调节“主辅结合”原则，采取指令、指导计划和市场调节 3 种相结合的方式组织商品市场；1984 年除某些重要生产资料，其他计划外和非计划商品都可以进行自由购销。该阶段的改革重点是扩大企业的产品自销权和需用物资的采购权，增强了企业活力。1985 ~ 1987 年多种形式、不同层次、一定规模的生产资料市场雏形开始形成。1988 ~ 1992 年，重点贯彻国务院批准的《关于深化物资体制改革的方案》（王佳宁，2017），成立了物资部，统筹规划和管理生产资料流通，对关系国计民生的重要物资进行综合管理，发展生产资料市场，并在进行治理整顿的同时，开发资源，保供报销，推进了物资流通的改革和发展。1992 年 3 月之后，学习贯彻邓小平同志南巡重要讲话精神，物资流通的改革开放加快了步伐。在市场和计划相结合背景下，由国家统配的物资，在 1979 ~ 1992 年的 14 年间内，其品种数由 256 种缩减至 19 种；由国家统一计划收购和调拨的物资品种数由 65 种缩减至 15 种；在工业生产中，国家计委下达的指令性计划产品产值占全部工业总产值的比重由 95% 以上下降至 10% 以内（黄登新，2004）。

该阶段物资计划从主要采取指令性计划的体制向扩大指导性计划和市场调节的方向转变；物资价格从很少反映价值和供求关系变化，开始向自觉运用价值规律调节供求的方向转变；物资购销从条块分割的封闭体系，向发展横向联合的开放体系转变。物资企业从“单纯完成分配调拨任务、政企职责不分”开始向“增强自主经营活力、政企职责分开”的体制转变。为保持格式一致，分号后的语句修改为：经营生产资料的单位从“单一的全民所有制”开始向“以全民为主体的多种经济成分”转变；经营生产资料的单位从单一的全民所有制向以全民为主体的多种经济成分转变。双轨制下企业的自主购销权扩大，产需衔接方式和购销方式逐渐多样化。

20 世纪 70 年代初，全球信息化开始了以个人计算机普及为标志的信息化第一次浪潮（黄群慧，2018）。我国最早使用互联网开始于 1987 年，主要应用于电子邮件等功能，由于我国整体信息化进程起步较晚，该阶段技术情境因素对于我国采购管理发展的影响仍然较小。企业情境因素方面，该阶段企业较注重内部操作及自身利益目标的实现。20 世纪 70 年代以前，企业的竞争力主要体现在成本上，改革开放之后，特别是 20 世纪 80 年代中期以后，我国产品市场进入快速成长期，新产品不断涌现，技术要求越来越高，产品质量竞争成为企业之间的主要竞争方式，我国企业等采购主体进行采购管理的主要绩效目标除了成本又增加了质量要素（波特，1989）。

（3）1993 ~ 1998 年：“市场推进”阶段

在社会主义市场经济条件下，市场交易逐渐代替了计划分配，开放的多渠道流通格局代替了封闭的、少渠道的流通体系。1994 年国家指令性计划分配的物资进一步由 1993 年的 27 种减少为 9 种，实行国家订货的物资由 1993 年的 6 种减少为 4 种，仍保留指令性计划管理的物资也进一步缩小分配比例，如钢材降到 13.4%、木材降到 10.3%、煤炭降到 42.8%、水泥降到 4.3%，扩大了“保量不保价”的比重。特别是进入 20 世纪 90 年代中期以后，我国经济制度情境发生了实质性的变化，长期困扰我国的供不应求局面显著缓解，开拓市场成为企业的首要任务。

随着社会经济转型，我国的财政体制也与时俱进，财政管理重点由收入管理向支出管理进行转变（马海涛，2009）。其中政府采购、部门预算和国库集中支付成为引领财政支出管理体制改革的“三驾马车”。我国政府采购于 1996 年开始试点，1998 年全面启动。该阶段企业成为自主经营、自负盈亏、自我发展、自我约束的经营实体和市场竞争主体。随着国家对物价的逐渐放开和买方市场的形成，生产资料全面放开的初期价格波动大，交易关系呈现多元化特征，采购价格、采购渠道由企业自主决定。企业采购供应管理机制从集中走向分散，无论从地位上还是从监管力度上都有不同程度的下降。

20 世纪 90 年代全球信息化开始以互联网革命为核心特征的第二次信息化浪潮（黄群慧，2018）。1993 年我国开始正式推进国家信息化建设，成立了国家经济信息化联席会议，确立“实施信息化工程，以信息化带动产业发展”的指导思想，国家信息化“三金”工程的启动为企业信息化提供重要基础，电子数据交换（Electronic data interchange，EDI）等技术开始应用于我国部分企业的采购管理业务中。该阶段随着产业环境变化，企业之间的相互协调上升，对采购供应环节重要性的认识开始从企业内部扩展至企业之间，企业的采购管理活动开始囊括从原材料到最终产品的整个生产过程，供应链管理理念逐渐被人们接纳。

（4）1999 ~ 2011 年：“科学管理”阶段

随着社会主义市场经济体制建设和买方市场形成，国家层面通过发布系列政策及规定，从制度情境方面进一步规范采购管理制度。1999 年国家经济贸易委员会印发《关于潍坊亚星集团有限公司购销比价管理经验的调查报告》，在全国范围内进行推广学习，结合实际情况对企业购销管理制度进行改革。同年，国家经济贸易委员会颁布《国有工业企业物资采购管理暂行规定》，对企业采购决策管理、比质比价采购、价格质量监督等作出明确规定，进一步规范了国有企业采购行为，促进国有企业采购管理走上科学化、法治化轨道。

20 世纪 90 年代末，互联网技术催生了电子商务的快速发展，为我国采购管理的发展带来了变革性力量。电子化、信息化方式的使用，使得企业采购环境趋向于公开化、规范化。该阶段涌现出一批开展采购管理信息化的典型企业，如 2000 年 8 月中石化物资采购电子商务网站投入运行，2001 年网上采购超过 100 亿元。

企业情境因素方面，进入 20 世纪 90 年代后期，特别是跨入 21 世纪之后，随着“新经济”时代的到来和全球化进程的加快，我国市场环境发生了巨大的变化，开拓市场的难度日益增强，企业的利润空间越来越小，企业领导者开始认识到采购管理是企业内部成本控制潜力最大的环节之一，将采购管理职能进一步与企业所有的业务过程整合，越来越多的企业将供应商当作合作伙伴，与之建立战略联盟。

该阶段我国政府采购规模进一步扩大。2003 年《政府采购法》正式生效，成为新发展时期政府采购的新起点。截至 2011 年，我国政府采购规模首次突破 1 万亿元，达 11332.5 亿元，约占当年全国 GDP 的 2.4%，占全国财政支出的 11%，节约资金 1500 多亿元。

2001 年，我国第一家物流与采购行业社团组织—中国物流采购联合会（China Federation of Logistics & Purchasing，CFLP）（简称“中物联”）成立，推动中国采购事业的发展；学会进一步成立了采购与供应链管理专业委员会（简称“采购委”），该专业委员会是我国第一个也是唯一一个采购类专业委员会。2002 年 5 月，采购领域首次国际高层峰会“首届中国企业采购国际论坛”成功在上海举行。2005 年 1 月，我国与国际接轨的“采购经理人指数（Purchasing Management Index，PMI）”正式发布，成为反映宏观经济走向的风向标志之一。同年，中物联在北京成功举办了第 14 届以“经济全球化：采购聚焦中国”为主题的国际采购与供应管理联盟大会，年会规模之大和影响之广使其成为我国采购管理发展史上一个重要的里程碑。2008 年，我国第一本《中国采购发展报告》（2008）编纂完成。我国采购管理人才培养体系初具规模，一些院校相继开设采购与供应链相关学科，例如清华大学、上海交通大学、华中科技大学、南开大学、上海海事大学、北京物资学院等，其中北京物资学院于 2010 年正式开设采购管理专业，成为国内第一家开设该专业的高等院校。

21 世纪，随着经济全球化和跨国经营步伐加快，以及互联网信息技术快速发展，采购管理上升至企业战略管理层面，特别是在微利时代，采购这一职能更是成为企业核心竞争力的重要组成部分。自 2001 年我国加入 WTO 以来，大批生产型和流通型跨国公司进入中国，为我国采购管理理念和方法提供了较多借鉴；国内一批企业快速成长，逐渐接近国际企业管理水平，其采购管理措施和手段为国内企业起到示范作用；

国内采购管理集约化步伐加快，市场改革初期国内大部分行业更多采用分散化采购体系，随着产业集约化发展及“船大才能远航”等企业管理理念的推广，更多企业开始尝试推行集约化采购体制，如石油化工行业、汽车制造、商贸连锁经营等，更多侧重采购规模效益和采购方式专业化的提升。在上述因素推动下，我国采购管理进入科学发展阶段，网上采购、招标采购、全球采购等采购方式被越来越多的企业采纳（蔡希有、蒋振盈，2014），博弈论（王文举，2003）、供应链管理、期货套期保值（沈小静，2002）等理论应用到企业采购管理中。

（5）2012 年至今：“转型发展”阶段

党的十八大以来，我国加快转变经济发展方式的步伐，我国制度情景因素发展呈现转型期。该阶段是我国经历了制造业加速转型升级的关键时期，随着当前世界经济复苏缓慢，不确定性、不稳定性增加，我国经济由高速发展进入高质量发展阶段（张军扩等，2019）。特别是党的十八届五中全会之后，在“创新、协调、绿色、开放、共享”的新发展理念指导下，不论是政府采购还是企业采购，都更加注重采购物品的科技含量，更加重视与供应商建立长期合作伙伴关系，绿色采购、联合采购、全球采购、电子采购的比例提高。

党的十九大之后，绿色发展理念更加深入人心，绿色采购得到更广泛的实施。财政部 2017 年 1 月发布《节能环保产品政府采购清单数据规范》。不仅政府采购注重环保，在绿色消费理念的推动下企业主体也推行绿色采购。2014 年 12 月，商务部、环境保护部与工业和信息化部联合发布了《企业绿色采购指南（试行）》，截至 2018 年，环境标志产品采购清单第 22 期已包括 40 个类别。随着国家监管部门对于政府绿色采购制度的改革和补充，我国在覆盖防治污染和保护生态等领域的环保产品也与日俱增，截至 2018 年已达到 3000 多个品种。

大数据、云计算、人工智能和物联网等先进数字化技术的快速发展，使得企业采购的数字化和智能化水平不断提高，极大地丰富了我国采购管理技术情境的场景。我国企业电商化采购领域已由通用型物资（面向企业消费）采购、产品采购扩展至专业化定制化产品和生产资料及企业服务采购。据统计，2018 年，我国企业电商化采购市场规模约为 3600 亿元，同比增长率达 80%。其中消费通用型产品和服务的电商化采购交易额超过 1500 亿元，同比增长率达 62%，远高于传统 B2B 交易。同时，国家积极推进招标采购与互联网深度融合，促进我国政府采购主要采购方式—招标采购朝着电子化方向发展，降低采购交易成本的同时，进一步提高采购的效率、规范性和透明性，从而推动政府职能转变。目前，部分交易平台已经开始尝试将“交易”与“大数据”技术相连接。

随着互联网时代的到来，供应链管理理念开始急速推广，企业之间的竞争开始由单一的成本竞争、品质竞争转向“为客户创造价值”的竞争。随着国家“一带一路”倡议的推动，我国的资本输出将会进一步加快步伐，我国的产能与国际市场的对接也在逐步深入，越来越多过去在中国境内生产的产品逐渐地转移到境外生产，对外贸易机制由出口导向型向进口导向型转变，我国不仅是世界的采购中心，同时也将面向全球采购。2018 年 11 月首届中国国际进口博览会的成功举办进一步展现了我国经济从以出口为基础的“卖全球”模式向以进口为基础的“买全球”模式的深刻转变，标志着我国全球采购平台的进一步提升。

3. 阶段特征、存在问题及政策举措

1949 年至今，随着我国制度情境因素的渐进市场化、技术情境因素的全球信息化，以及企业情境因素的供应链协同化，采购各发展阶段呈现出不同的阶段特征，上述不同采购发展历程阶段，呈现出不同的阶段特征，同时也表现出相应的问题，我国针对不同阶段存在的问题采取了一系列的政策举措进行宏观调控。

（1）“计划经济”阶段的特征、存在问题及政策举措

从新中国成立到改革开放以前，中国一直实行高度集中的计划经济体制。“物资”、“计划”、“分配”、“订货”等是该阶段采购管理的主要表述。物资作为特定经济制度下的概念，主要是指处于国家统制之下直接用于生产消费的工业品生产资料。对物资实行计划分配是计划经济体制下物资管理的基本制度。该阶段我国企业和政府采购基本上是执行国家对于物资的分配计划。国家通过制定物资管理的方针、政策，指导重要物资的平衡计划、分配计划以及流通计划。其中物资平衡计划是物资计划部门在对计划期内物资资源按需要进行综合平衡的计划，根据可供分配的物资资源量和社会的需求量，在确定的计划期内，按照统筹兼顾，保证重点，照顾一般的原则，对不同使用方向的需求作出积极适度的安排，达到供求的相对平衡，实现资源配置。物资流通一般包括物资订货、物资供应以及物资储运等基本环节。订货是实现该阶段物资供应的途径。企业及采购需求部门通过参加国家订货会和地区平衡订货会获取物资。

在计划经济时期，物质资源短缺、价格统一、质量相当，采购可选余地小。采购的主要任务是把企业生产建设需求的物资提前采购回来、储存保管起来以保障供应。这种环境下的采购工作功能相对简单、复杂程度低，采购部门普遍被定位为企业生产建设的辅助性后勤部门。计划经济时期，由于计划分配指标的控制和供货方生产能力及生产技术水平的限制，供求之间在品种、规格上始终存在着矛盾，尤其是短缺品种矛盾体现得更为突出。为解决这一矛盾，需要在供应计划中贯彻执行不同经济发展时期的倾斜政策，来保证重点基本建设项目和重点产品的需求。国民经济调整时期，针

对企业内部物资供应多级审核运转、物资供应机构重叠及物资供应手续繁琐等弊端，中央对企业内部物资供应体制进行了改革，缩减内部物资供应机构、减少供应层次，简化物资供应手续，提高了物资供应率。

表 3-3　新中国成立初期影响采购管理文件汇总

发布时间	发布机构	文件名称
1950 年 3 月	中央人民政府政府院	《关于统一国家财经政治经济工作的决定》
1955 年 11 月	中共中央	《关于资本主义工商业改造问题的决议（草案）》
1959 年 9 月	中共中央、国务院	《关于组织农村集市贸易的指示》
1961 年 5 月	中共中央	《关于改进商业工作的若干规定（试行草案）》

表 3-3 中列示了新中国成立初期影响采购管理的部分重要文件。1950 年 3 月中央人民政府政务院发布《关于统一国家财政经济工作的决定》，决定统一由中央贸易部进行商品调度（包括生产、运输和收购），在政府监督下进行集中交易。1955 年 11 月中共中央通过《关于资本主义工商业改造问题的决议（草案）》，开始推行全行业公私合营。1956 年起实施定股定息制度，通过以上举措将企业全部生产资料归由国家统一调配、管理及使用，将供应、生产各个环节直接纳入国家计划。随着人民公社多种经营的发展，社员交换和调剂商品需求越来越大，中共中央、国务院于 1959 年 9 月发出《关于组织农村集市贸易的指示》，规定人民公社生产队生产的第一类物资（国家计划收购和计划供应的物资）和第二类物资（国家统一收购的物资）以及国家规定有交售任务的第三类物资，在完成国家任务后，可拿到集市上交易；社员家庭和个人生产的产品，都可在集市出售。1961 年 5 月，中共中央拟定了《关于改进商业工作的若干规定（试行草案）》（简称“商业 40 条”）。这个规定明确指出，国营商业、供销合作社商业和农村集市贸易是现阶段我国商品流通的 3 条渠道。

（2）“改革起步”的阶段特征、存在问题及政策举措

这一阶段仍延续统一计划和分级管理的原则，但随着经济体制改革的深入，这一原则已逐渐被市场和计划相结合的原则所替代。该阶段的市场化改革是“存量不变、增量开始”，即国有企业产品仍以计划分配为主，但企业对于超产的部分产品可以拥有一定的定价权和自销权；同时生产资料的生产和流通领域开始对非国有资本开放，按市场规则运行，形成了计划与市场并存的“双轨制”。

改革起步阶段整体物资短缺，对于物资计划管理处于实物采购阶段，注重保障供应，对物资成本关注较低。“双轨制”的实施也呈现出两面性：一方面该制度的实施刺激了供给量的增加，激发了市场活力；另一方面由于当时仍处于改革起步阶段，市

场经济经验不足，一些制约权力寻租的机制尚未完全建立，使得该阶段出现一些信息不对称的现象，信息不对称和制度不健全导致社会腐败现象。且 1978 ~ 1984 年期间的改革尚未触及到计划分配体制这一根本问题，大多是从生产资料的供销方式入手进行局部改革、先行先试，对按计划分配的产品实行更为灵活的措施，并尝试给企业一定程度的产品自销权。

对于上述问题，政府开始实施存量改革：①对国有企业的管理体制甚至所有制进行改革；②缩小计划分配物资范围，包括品种、数量和价格管理方式。1984 年以后改革进入重点突破阶段。1984 ~ 1992 年是改革计划分配体制的重点突破阶段，1984 年 10 月中共十二届三中全会作出《中共中央关于经济体制改革的决定》，促使物资计划管理由指令性计划管理形式转变为指令性计划、指导性计划和市场调节 3 种管理形式。1988 年改革国民经济管理办法，国家物资分配权开始向控制权转化，统配物资从 256 种减少到 27 种。国家编制的社会物资综合平衡计划只列入了煤炭、原油、钢材、木材、水泥、铜、铝等 16 种物资。1988 年第七届全国人民代表大会发布《中华人民共和国全民所有制工业企业法》，规定企业有权自行选择供货单位，购进生产需要的物资的权利。在人大会议上决定成立物资部，作为国务院下属专门负责管理全国物资的部门，其存在期间（1988 ~ 1993 年）发布了一系列物资管理方面的政策文件，如《国家组织产需衔接物资管理暂行办法》、《物资部关于加强物资流通行业管理的通知》、《关于物资企业经营中若干政策的意见》以及《物资部门服务守则》等，比较明确地规定了物资订购、流通方面的政策。1992 年 7 月国务院发布的《全民所有制工业企业转换经营机制条例》，规定企业享有物资采购权。随着国家指令性计划进一步缩小，除保证国防军工等特殊需求外，1995 年国家仅仅控制 10 种重要物资，生产资料市场基本上放开，需求基本上依靠市场解决。

（3）“市场推进”阶段特征、存在问题及政策举措

进入市场经济时期以后，物资的计划分配由市场交易所取代，封闭、单一的流通体系由开放、多渠道的流通体系取代。该阶段企业物资采购已应用多种科学方法，通过建立物资计划体系（按物资计划的性质作用分为物资需要、申请、采购、平衡、分配调拨及供销计划），进行物资计划管理。采取设置主要计划指标后运用综合平衡法对物资计划进行编制（物资需要量指标，物资资源量指标，物资消耗定额，物资储备定额，物资采购量指标，物资分配量指标）。需求量的确定通常采用直接计算法、间接计算法和预测分析法。企业物资订购大致分为准备、决策、供需衔接和进货作业 4 个阶段，各个环节中存在着计划分配和非计划分配物资相结合的特点。企业物资订购已应用多种科学方法，如订购物资采取价值分析（ValueAnalysis，VA）法，选择供货

单位采取直观判断法、综合评分法、采购成本比较法、招标方法和协商选择方法等，订货批量的确定则采取定量订购、定期订购等方法。

随着国家对物价的逐渐放开和买方市场的形成，极大地增加了生产资料的供给，生产资料市场竞争越来越激烈，价格差异性越来越大，价格形成机制也相对多元。很多企业的决策管理层对采购工作的价值依旧缺乏正确认识，普遍认为采购只是一种辅助性、支持性和服务性的工作，不属于企业的核心业务，导致企业界和理论界对采购活动—企业最大的资金流出口和最大的供应资源输入口缺乏应有的重视，实质上就是对企业大量资金的使用效果和企业生产运行的资源风险控制缺乏足够重视，没有意识到采购对企业运营的重大影响，造成采购理念滞后、采购人员素质普遍偏低、采购手段落后、采购运行不规范等现象，出现了黑箱操作和灰色交易等一系列问题。为加强和规范企业的采购管理工作，国务院、国家经贸委企业改革司通过调研相关省市和企业，在全国范围内推进学习了一系列典型经验，如亚星经验、济南第二机床厂和江西赣北化工厂等，多省市进行了很多有益的探索，如山东省、福建省、河北唐山市、广西柳州市等（郑斯林，1999）。上述经验的推广学习，为企业采购管理趋向“职能分离”的组织结构提供了思路，有效降低了企业采购成本，提高了供货质量和效率。

（4）“科学管理”的阶段特征、存在问题及政策举措

1999年，国家经济贸易委员会在亚星调研基础上，在全国国有工业企业推广学习。2001年，我国企改革和脱困实现预定目标，我国采购领域的改革与发展逐步过渡到以企业为主角的“科学管理”新阶段。随着我国社会主义市场经济体制的建设和卖方市场的形成，交易关系呈现多元化特征，采购价格、采购渠道由企业自主决定，分散管理体制更注重人际关系，管理漏洞和盲区给企业带来了严重损失，采购管理重成本轻质量等现象逐渐严峻。在相当一部分企业的采购环节中，收受回扣和贿赂、舍贱求贵、以次充好、肥私损公的现象相当严重（郑斯林，1999）。加强和规范企业采购管理成为一个日益突出的问题。

1999年国家经贸委印发《关于潍坊亚星集团有限公司购销比价管理经验的调查报告》至各省、自治区、直辖市、计划单列市及各委管国家局，在全国范围内进行推广学习，结合实际情况对企业购销管理制度进行规范化改革。为规范国有企业采购行为，促使采购管理科学化和规范化，1999年5月国家经贸委颁布《国有工业企业物资采购管理暂行规定》，针对企业“采购决策管理”、“比质比价”和“价格质量监督”等作出了明确规定；为了规范招标投标活动，1999年8月，全国人大颁布《中华人民共和国招标投标法》，对招投标中各参与方及采购流程提出明确性规定；为有效规范政府采购行为，2002年6月，全国人大颁布《中华人民共和国政府采购法》，并根据该法于

2015 年 3 月签发《中华人民共和国政府采购法实施条例》。为了加强各个行业政府采购的管理制度，针对国防、医疗、工程、航空、教育、金融等各行业出台了专门的采购与招标政策，规范各行业采购行为，加强采购制度建设。

（5）“转型发展”阶段特征、存在问题及政策举措

该阶段企业开始意识到采购管理作为企业价值链中的重要一环，对企业竞争力的提升具有重要意义。新技术发展、多种业态、绿色环保、供应链理念的推行给采购管理带来了新的机遇与挑战，采购主体的管理更加精细化、规范化，采购方式逐渐多样化和规范化，从原本的公开招标逐渐发展到单一来源、竞争性磋商等多种非招标方式。

然而，“转型发展”不是一蹴而就的，仍有相当多的企业尚未对采购管理形成合理认识。据统计，当下我国企业的采购关注点仍然是成本导向，92% 的受访企业将成本控制列为企业采购重点工作，质量、交付期等绩效指标选择较小，采购主体亟须树立现代化采购理念，建立健全科学的采购管理模式。同时，采购队伍专业人才缺乏、业务水平有待提高。在政府采购方面，由于我国政府采购工作起步较晚，采购人员缺乏系统采购培训，采购专业性、规范性有待提高。

为此，我国出台了一系列政策举措，不断强化采购管理领域的专业化和精细化管理理念和方法。如《政府采购品目分类目录》、《政府采购代理机构管理暂行办法》、《政府和社会资本合作项目政府采购管理办法》等将政府采购分为政府部门、政府代理机构以及政府和社会资本合作等。《中华人民共和国政府采购法实施条例》和《政府采购货物和服务招标投标管理办法》将政府采购范围和规模不断扩大。《政府采购竞争性磋商采购方式管理暂行办法》、《政府采购非招标采购方式管理办法》等文件使非招标方式有据可依。《“互联网 +”招标采购行动方案（2017 ~ 2019 年）》大力发展电子化招标采购，促进招标采购与互联网深度融合，助力供给侧结构性改革。《全国政府采购管理交易系统建设总体规划》、《政府采购业务基础数据规范》、《政务信息系统政府采购管理暂行办法》等诸多政策，利用先进技术对采购进行信息化管理。

三、采购管理的目标

企业采购管理是对采购行为的规范，是为了保证企业正常活动而对采购信息、采购人员、采购资金、采购物资和采购决策进行的综合管理。

企业采购管理基本目标是遵循基本原则和政策法规，通过严谨规范的程序，控制总成本、质量和进度，采购到适宜的货物、工程和服务。具体为：

1. 控成本、提升管理

价格是组织市场竞争力的核心影响因素，采购管理必须努力降低产品原料的采购

成本，成本失控将严重影响产品最终利润。

衡量采购管理是否有效的主要指标是采购总成本的高低。采购成本通常包括直接采购成本和间接采购成本。

2. 提高质量、防控风险

高质量的产品采购，是企业风险管理的重要环节。采购部门应通过严格的采购管理建立严格质量管理制度，制定衡量质量的标准，通过贯彻全员质量管理和风险管控的理念确保质量管理制度的落实和执行。

3. 保证及时供应、提升管理效率

采购管理部门应与供应商建立良好联系，建立并有效管理供应链、确保企业物资来源。既要实现按时按量的采购目标，避免不必要储存和保管费用，又要保证供应。确保采购成本在市场波动中实现最小化，尽可能提高企业资金利用率和采购管理效率。

4. 促进管理创新，提升采购管理水平

采购部门需要广泛收集供应商对产品和市场的意见，在保证供应的同时，协助企业进行新产品创新开发、提升采购整体管理水平。

四、采购管理的发展趋势

企业采购管理核心是供应商开发和管理，其基本准则是“Q。C。D。S”原则，即质量、成本、交付、服务并重的原则。企业采购管理发展的过程就是企业和供应商之间关系逐步强化和完善的过程，从低价值的隔臂关系到高价值的合作关系的发展，双方在互信交易的基础上营造无障碍的｀沟通环境，建立良好、长远、双赢的供应商伙伴关系。

1. 交易管理标准化

交易管理是初级的采购管理，企业与供应商之间为简单的买卖关系，供应商充当贩卖商的角色。其特征为：围绕着采购订单与供应商进行较容易的讨价还价；仅重视如价格、付款条件、具体交货日期等一般商务条件；被动地执行采购和技术标准。其核心思想为订单管理。

公司的采购是通过采购员进行的。首先由采购员组织供应商的认证工作，通过上门调查、产品认证、试生产、供货跟踪等手段，在供应商资料库中确认能供应产品的供应商。之后，在某一约定的时间段内，通过电话询问或招投标的方式，得到供应商的报价并挑选其中报价最低的作为中标者，与之进行后续的合约工作。该采购过程较长、重复工作很多，一般适用低值、常用物品的采购，并已经形成了一套标准的采购流程控制。该阶段企业应该重视对供应商的合约履行及准时付款，达到获得供应商最佳配合的目的。

不过该模式在面临新兴技术和产品快速更新的时候，它不适应于价格变化快的产品，往往会使企业在经济上受到损失。

2. 竞争管理集中化

竞争管理是中级的采购管理，企业与供应商之间为传统的竞争合作关系，供应商充当合格供货商的角色。随着对前期大量订单的经验总结以及管理技能的提高，管理人员意识到供应商管理的重要性和集中采购的必要性。欢迎关注采购从业者微信的公众号其特征为：围绕着一定时间段的采购合同，试图与供应商建立长久的关系；加强对供应商其他条件的重视，如订单采购周期、送货、经济批量、最小订单量和订单完成率；重视供应商的成本分析；开始采用投标手段；加强了风险防范意识和成本控制管理。其核心思想为以团队运作为主的区域集中采购。

公司的采购是把采购需求汇总起来，由各个采购团队负责特定领域内的物料采购，寻找合适的供应商，达到节约成本的目标，确保材料的充足供应。①一是引入竞争机制发挥批量采购优势，实行以招标、议标、电子商务采购的方式。②二是对不符合招标条件的物料实行会签制的自行采购，使采购业务公平、公正、公开。③三是建立健全采购决策、采购权限、采购审批等程序，指定专门部门对采购计划和采购全过程的审核和监督，更好地规范了采购行为，降低了采购成本。该阶段企业应该重视集中化采购，达到节约采购成本的目的。

不过该模式在面临世界经济的网络化和全球化的时候，公司之间的竞争变成供应链之间竞争的时候，怎样在供应商不断增多的同时有条不紊地管理供应商？怎样在压低供应商价格的同时和供应商保持良好关系？怎样在降低物料采购成本的同时保持产品的优异质量？怎样在统一供应商标准的同时不失采购的灵活性？

3. 供应链管理共享化

供应链管理是中高级的采购管理，企业与供应商之间为伙伴型合作关系，供应商充当合作伙伴的角色。

其特征为：与供应商建立策略性的伙伴关系；更加重视整个供应链的成本和效率管理；与供应商共同研发产品及其对消费者的影响；寻求新的技术和材料替代物，OEM 方式的操作；更为复杂和广泛的应用投标手段。其核心思想为与供应商建立战略合作伙伴关系，让供应商早期参与采购需求的分析和开发。

公司的采购流程划分为战略采购和订单协调两个环节，战略采购包括供应商的开发和管理，订单协调则主要负责材料采购计划，重复订单以及交货付款方面的事务。战略采购就是合理选择供应商，并与之建立战略合作伙伴关系，要求供应商进入制造商的生产过程；小批量采购；实现零库存或少库存；交货准时，包装标准；信息共享；

重视教育与培训；严格的质量控制，产品国际认证。该阶段企业应该重视供货商的先期参与运用供货商的专业知识以及经验来共同设计开发新产品，达到降低成本和加速产品上市时间的目的。

随着企业全球化采购的深入，供应商早已不是以前的小供货商，而是企业的战略联盟者(Strategic Alliance)。欢迎关注采购从业者微信的公众号对于这些不再俯首帖耳、有时甚至还会高高在上的“伙伴”们，如何才能让它们为公司的业务做更大的贡献呢?

4. 战略采购随需而变

战略采购是高级的采购管理，企业与供应商之间为策略联盟合作关系，供应商充当联盟者的角色。

其特征为：集成采购战略；加强供应链管理；优化解决方案；高效的项目管理；深层次的战略管理；针对公司和客户需要，对自身关键性材料或服务的需求进行战备部署，与认证的供应商结成战略联盟，在研究开发阶段进行合作，以减少制造中的意想不到的问题，共同面对市场的竞争与挑战，取得市场上的购买优势。其核心思想为增强企业核心业务，对自身没有能力做或虽有但成本高于业界水平的业务进行外包管理。

公司的采购是以基于网络技术的电子采购，从根本上重新构架企业的采购模式，彻底改变企业的供应链，在企业与供应商之间形成无缝的订单履行信息流，从而优化采购流程、提高工作效率、缩短采购周期、减少过量库存、降低采购管理成本、降低采购产品价格、增进企业间的合作，使交易双方均能获得长期的收益。而且，电子采购的过程是与企业其他系统优化整合的过程，从而使成本节约的幅度及改进过程的效益更加凸显。该阶段企业应该重视对供应商的培训，视供应商为在外工厂的延伸，与供应商拥有共同的语言，达到企业和供应商联合的持续性改善的目的。

战略采购的具体形式是企业和具有“战略联盟伙伴”地位的供应商确立相对长期稳定的供需关系，而不是每一次采购均实施招标操作程序，以此降低双方乃至整个供应链的营运成本，达到“双赢”目的。应该说，“战略采购”是“竞争采购”的深化，是一种更高层面的、企业之间形成供应链关系的、双方“双赢”的采购模式。

五、采购管理绩效评价理论

1. 采购管理绩效评价的定义

绩效的定义不同的学科有着不尽相同的界定。从管理学的角度来讲，绩效是指一个组织为完成既定目标而所做的各项工作，而对于这个目标的完成是个人和组织两方面共同努力的结果。个人绩效的实现为组织绩效的实现打下了基础，但组织绩效的实现必定不只是一个人努力的结果。从经济学的角度来说，绩效是员工与企业之间进行等价交换的结果，员工为了得到薪酬从而承诺企业帮它达到它的预期目标。从社会学的角度来讲是表示社会上的不同成员应该根据自己在社会上所扮演的不同角色去承担与自己所对应的不同责任。

尽管对于绩效不同的学科有着不同的定义，但就采购管理的绩效而言，大致可以分为个人绩效和组织绩效两个方面。绩效是体现项目的完成水平优劣的重要指标。绩效评价的目的就是为了能为管理部门在项目的实施过程以及日后的改进过程中提供有效的决策信息。建筑企业的采购管理绩效评价是指在设定的科学的指标体系环境下，建立特定的绩效评价程序，在一个合理的考核期内，根据统一的绩效评价标准，本着客观、公正、准确的原则对其进行定性和定量的分析。

这项工作的目的是建立一套完整的采购管理绩效评价体系，能对采购管理工作进行准确有效评价从而对采购工作起到监督和改进的作用，使得采购工作能低成本而高效率的进行。

2. 采购管理绩效评价的标准

采购管理绩效评价的优劣与否需要有一定的参照物进行对比，如果参照物缺乏，则该项工作无法进行。因此，非常有必要进行参照物的设定，也就是采购管理绩效评价标准的设定。鉴于此，企业在设定绩效评价标准是就必须要考虑指标的客观性，这样才能真实地反映实际绩效情况，同时也能推动采购管理工作开展起到一定的积极作用。对于常见的绩效标准有以下几种：

（1）历史绩效

尽管将企业的历史绩效与现期绩效进行纵向对比是评价现期绩效的一个有效方法，但是这种方法具有一个限制条件就是企业无论是采购管理组织还是采购策略都没有发生任何重大的变化，也就是说企业在采购管理方面不能有任何大的改变，因此，它并不适用于所有企业。

（2）预算或标准绩效

预算或标准绩效是在历史绩效的获取相对来说并不容易，或者是采购管理工作出现了较大的变动而使历史绩效变得不适用时的一个有效方法。

（3）行业平均绩效标准

对于设定行业平均绩效标准并不是毫无原则的，它的设定所需遵循的一个前提是与同行业相比，本企业内的采购管理组织、人员的设定、职责分工等方面都大致相同，这样的情况下以行业绩效标准作为企业采购管理的绩效考核标准才是行之有效的。在这样的前提条件下，不仅个别公司可以采用这样的标准数据作为参考依据，整个行业都是可以将其作为参考依据的。

（4）目标绩效标准

目标绩效不同于行业标准绩效和预算绩效，它所体现的是公司领导层对公司员工所能达到的最佳绩效的期待值，这个期待值必须员工通过努力才能达到，而标准绩效或预算绩效则是根据员工的现有工作状态而设定的。

六、企业采购管理案例

采购发展是一个渐进的过程，到 20 世纪 90 年代以后，采购才被广泛认为是企业成功的一个关键因素。建筑企业对采购活动以量化的方式进行绩效评价，是具有重大的现实意义的，因为它有利于对采购活动的全过程进行把控以及持续而有效的改进。大多数建筑企业对采购管理的关注的重点都放在通过什么样的方式降低成本，进而达到企业利润最大化的目的，因此对于采购管理的绩效评价也主要从各项财务指标进行分析，从而忽略了一些非财务指标。

1. 建筑企业的采购管理

（1）建筑企业采购的内容

建筑企业采购也有广义和狭义之分，广义建筑企业采购是指在具体工作中融合服务和技术的无形采购；狭义采购是指实际操作过程，如工程项目前期手续办理、规划设计、成本测算、勘察及施工、购买建筑材料及设备等环节中各类产品、服务、技术的采购。建筑业采购的产品种类繁多，采购的内容不再只局限钢筋和水泥，而是扩张到且运营及发展相关的材料、设备、服务。

主要包括以下几个方面内容：

1）有形物品采购，包括直接使用于建筑施工所需的建材、设备及各类部品的采购，同时包括与这些采购物品有关的服务，如供货运输、安装调试、后期维保等。

2）工程采购，这类采购即是指建筑总承包企业中常见的分包商选定的过程，通过招标或其他方式确定合格的分包商，承担各类工程建设中的专业服务。

3）咨询服务采购，属无形采购，采购的内容是建筑总承包企业工程承建中所需要的各类咨询和服务，如项目前期报批报建服务，设计服务，造价咨询服务等。

（2）建筑企业采购管理的特点

建筑企业的采购管理，就是要在正确的时间点、准确无误的、将有质量保证的物资供给建筑企业使其能顺利施工的一种经济活动。它作为保证施工生产活动能顺利进行的必要条件，为施工企业完成计划目标和获得项目效益奠定了基础。建筑企业的采购相比于普通的制造业，它所具有的特点是数量需求较大、品种规格繁杂、技术性能要求较高。然而，伴随着市场经济的千变万化，物资采购管理的内容以及采购的方式策略，也在不断发生着变化。

结合建筑企业自身的特点，建筑企业的采购管理主要具有以下几方面的特点：

1）建筑产品的位置具有固定性，因此，建筑企业的施工生产活动地点就必须根据建设项目位置的变化而变化，这就导致了建筑材料的供给必须跟随施工生产活动进行转移。

2）对于一般建筑产品而言由于它形体庞大的原因，它所需要的材料设备数量也就相对更多，品种规格更加繁杂，运输量相对来说也较为巨大。根据施工进度计划安排，建筑材料、机器设备必须要保证各分部工程、各分项工程有序进行。而建筑施工现场常出现交叉作业的场景，在这样的情形下应用于不同分项工程的材料设备极有可能出现在同一个施工操作面上，如果现场缺乏统一的管理则势必会出现杂乱的现象。然而，由于这些材料设备大多数时候都并不是属于同一施工队伍的，因此，想要对其进行统一管理也并不是一件容易的事。

3）每一个建设工程项目都可以进行层层细分，最后划分为很多个分部分项工程，每个分部分项工程所要求的施工工艺与材料要求却不尽相同。因此必须按工序分期将不同工艺所要求的不同材料、设备有序的安排进施工现场。对于出场工作也要进行合理安排，对出场材料设备与下一步将要进场的材料设备做好统筹规划工作。

4）由于甲方对施工要求的调整、设计变更等类似不确定因素对建筑施工所造成的影响将会进一步地影响到采购管理工作，使它变得更繁杂，因为这些影响会导致施工工序或是施工工艺的变化，从而导致材料设备的采购数量、规格等发生变化。

5）施工现场缺乏行之有效的管理方式，导致浪费现象严重。最能体现这一现象的就是清理垃圾的工人只要对垃圾进行分类整理后倒卖就能获取丰厚的盈利。造成这一现象的主要原因是建筑施工企业管理人员缺乏成本意识，技术人员又大多缺乏管理能力。

（3）建筑企业一般采购组织

建筑企业关于供应链的总体运行由供应链总监进行统筹规划，其下辖采购部门、质检部门以及物流公司三个部分。采购部门承担了采购工作的主体部分，它需要积极寻找能满足公司生产运营需求的合格的供应商，并在完成采购工作后对该供应商进行评价。质检部除了要在采购工作开始之初即将合作的供应商资质进行审核，更要在后续供应商的制造的过程中对其进行监控，以及对最后交付产品的质量进行严格把控，最终确保所采购的产品能达到公司所需要的质量以及技术各项要求。物流公司就是主要负责对采购的材料或者机器设备进行运输工作，其中也包括一些进口设备的报关工

作。建筑企业的采购组织机构图，如图 3-1 所示。

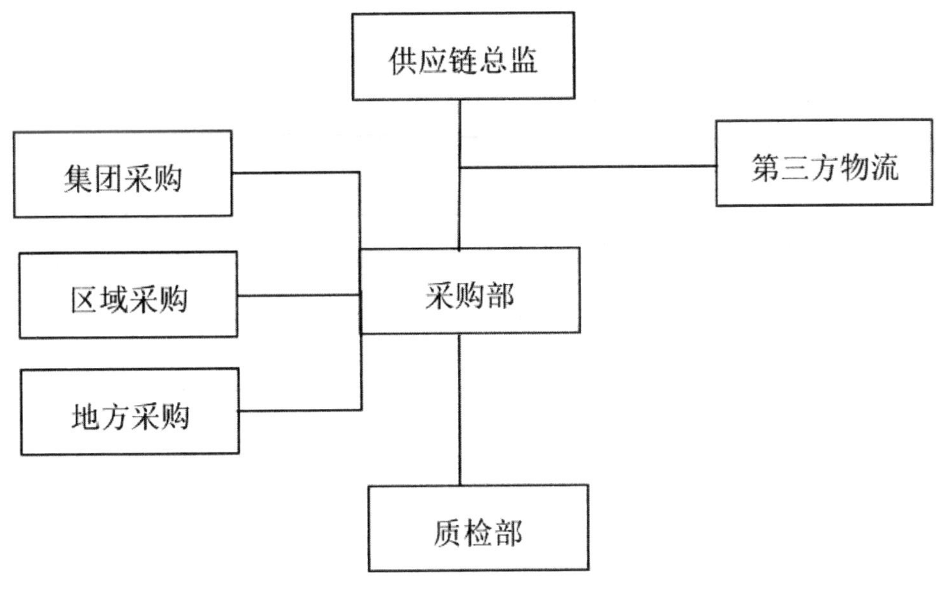

图 3-1　采购组织机构图

（4）建筑企业采购流程介绍

采购活动的实施必定要按照一定的流程，由于企业的不同及其所采购产品的不同，会使得采购的具体程序有所差异。但是通过总结，可得到建筑企业传统采购活动所要遵循的基本流程：首要任务就是确定采购计划书，其次是与选定的供应商签订采购合同，依照合同对后续采购进行管理，最后是对供应商进行评价。具体来说，各环节的具体内容介绍如下：

1）项目需求汇总

设计方在与业主单位协商好之后，提供最初的汇总材料单和设备材料相关的数据清单。通过以上数据制定的所需采购物资类别包含在招标或者非招标的范围中。

2）编制采购计划

采购计划中可以体现对采办的原则、具体的工作范围、费用限制以及进度控制等内容的要求。本条主要是指具体项目的实际需求所制定的采购计划。采购计划中应包含工作方法、协调程序以及其他需要说明的问题的解决方法。制定符合整体工作进度的采办计划是采购计划的基本工作。除此之外，对于一些诸如关键物资、需要提前采办的、现场安装调试的、不能按一般物资采购程序采购的特殊物资问题，在采购计划中也要制定相应的解决方案。

3）物资订货

当物资的成本在万元以上时，招标、投标、评标等工作都需要严格认真地执行。

在评标工作结束之后，根据评标委员会提交的书面评标报告确定中标人。与中标人进行进一步的技术、商务谈判之后，签订采购合同。对于一些非招标的物资，在编制询价文件的基础上，与三家以上（包含三家）的供应厂家进行技术交流与商务谈判，经过综合评比。选择最适合的一家签订采购合同。

4）物资监造与督办

物资的监造与督办，一般要委托专业的监督机构来进行。监督机构监督、处理制造过程中可能出现的问题，从而使设备材料符合相应的设计规范。一般需要监督人员与供货商保持联系，从而确保物资安置按量按时到场。在此基础上进行检查，满足施工要求。

5）运输

运输部门在选择运输方式时，必须在自身的运输条件的基础上根据施工进度来选择。最大程度地提高运输效率。

6）检验

检验主要在货物出厂之前进行。由具有专业资质的第三方机构，根据设计和订单合同为依据。对质量和规格进行重点检验。

7）现场验收和管理

物资运达现场之后，由运输人员、仓库管理人员以及管理人员对物资的数量和外观质量进行验收。验收合格后出具验收单，之后存库。

8）订单付款结算

在订单和现场验收单确认的基础上，与供货商进行付款结算等工作。

9）现场安装调试

根据现场施工环境和订单的规定，组织协调安装人员进行设备安装与调试。

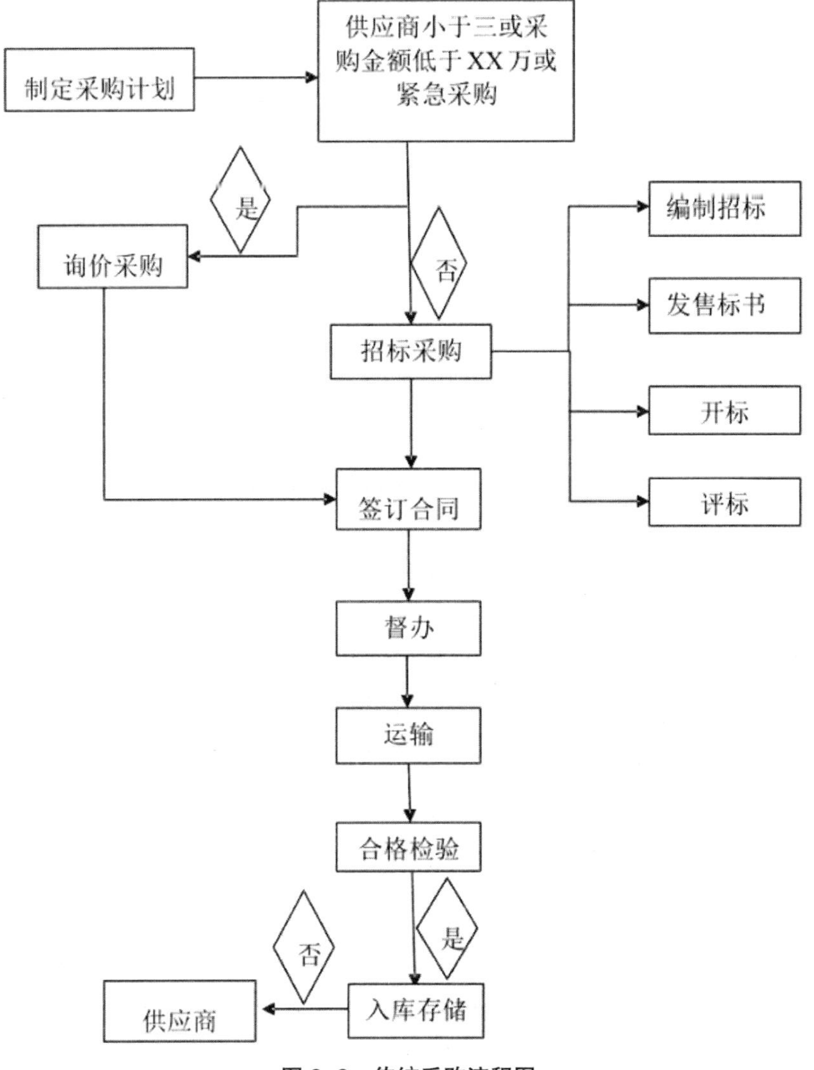

图 3–2　传统采购流程图

在供应链环境下，建筑企业对采购的主要要求是：在确保质量的情况下，通过对采购流程的改善，使交易过程简化，缩短反应时间。通过对采购过程中不能使得采购价值链得到增值的工作流程的简化，使采购质量得到提升，同时缩短交货期。

另外，就是可以通过供应链采购优化采购流程使建筑企业达到降低交易成本的目的，从而使得建筑企业能在获取较高利润的同时，增加企业的核心竞争力。在供应链环境下，为了使用户的应变能力得到提高，双方应尽量保证信息的真实性，因此，最好能使双方的信息形成共享的模式。这样也就要求采购的过程变得公开化，才能达到避免因信息不对称而造成风险的目的。为了使采购的业务流程通畅且高效，则依托信息技术对其进行优化也是势在必行的。图 3-3 即为优化后的采购流程图：

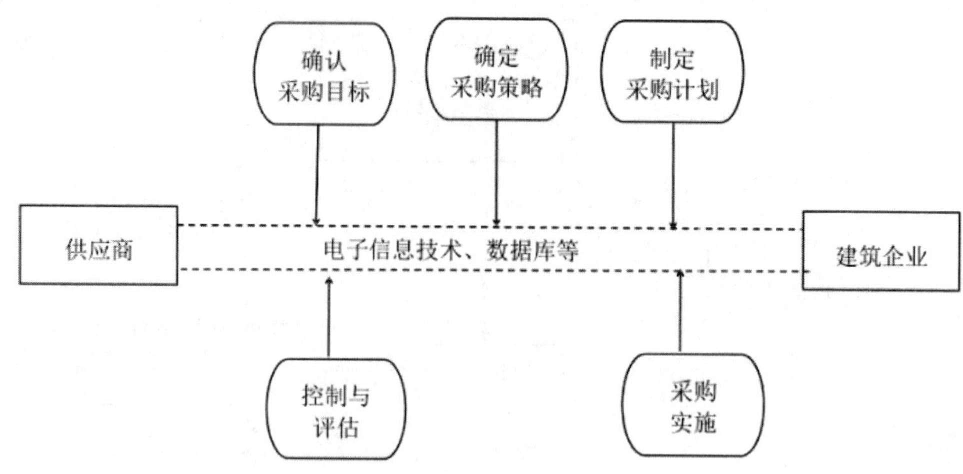

图 3–3 基于供应链的采购流程

2. 评价指标体系建立的基本原则

绩效评价指标及标准的制订不仅要正确引导考核对象，而且能客观地评价采购部门，作为建筑企业采购管理绩效评价的重要部分。所谓绩效评价就是依照一定的绩效评价标准，按照一定的流程，同时采用合适的绩效评价方法，结合定性与定量的原则，在公平、公正、客观的基础上，对采购部门的工作进行评价。评价指标的选定显得尤为重要，总的原则是精简适宜，如此才能客观真实的反应评价结果。一般来说，用来评价工程项目采购绩效的原则具有以下几个方面。

（1）系统全面性原则

只有系统全面的评价指标才能真实有效地反映项目的采购绩效。所谓系统全面是指该指标应该涉及到工程项目采购的各个环节，能从多方位、各层面反映工程项目的采购绩效，而且各指标之间还应具一定的逻辑关系。

（2）目标一致性原则

简单来说，绩效评价是为建筑企业服务的，必须保持绩效评价目的与企业的战略目标、绩效评价的高度一致。绩效评价最基本的一个要求是保证评价指标与系统目标的一致性，该一致性既能正确评价系统的发展程度，又可以引导系统正确发展。

（3）可测性原则

所谓可测性，包含了两个方面，其一是指标本身的可测性，另外就是指标的现实可行性。其中，前者是指可以直接用量化的指标或者定性的描述来表示或者测量，也可以通过间接的指标来表达，总之都是可用操作化的语言，且具有灵活性。后者的意思是说，是否能在评估过程中获取指标充足的信息，以及评估主体能否对指标作出相应的评价反应。

（4）可行性原则

是指评估指标具有可操作性，要根据实际情况设定指标，确保指标建立在切实可行的基础上，只有这样才能充分调动采购人员的积极性、创造性，进而最大限度地挖掘潜力，提高绩效。

（5）定性与定量相结合原则

为了保证评价结果全面有效，评价指标必须要结合定性和定量这两种。其中，定量指标和定性指标各有优缺点，定性比较全面，但不够直观，定量指标则正好相反。两者相结合，相互互补，扬长避短，能够达到最佳的评价效果。

3. 绩效评估期的设定

对于建筑企业采购管理的绩效评价而言，站在建筑企业的角度，绩效评估期的设定是非常关键的，评估期的设定对建筑企业采购管理绩效评价指标的可行性以及最终评价结果的准确性有着直接的影响。不同的评估期所对应的评价指标也不尽相同，反之，不同的评价指标也有着与之所相对应的评估期，因此，不同的评估其也就会导致不同的采购管理绩效评价结果。对于大多数的企业来说，评估期的设定都是根据时间来的，例如以月、季度或者年作为评估期。但对于建筑企业所具有的复杂性、阶段性以及不固定性的特点而言，根据时间来设定评估期将采购不便于使用到采购管理的绩效评估工作中。建筑企业采购管理绩效评价体系评估期的设定要考虑以下几方面的问题：

（1）考核目的考核

目的应该在既定的考核期上确定，考核期的合理设定是考核目标正确实现的前提。工程项目采购绩效考核是为了：确保采购目标实现、降低采购成本、提供绩效改进依据，同时作为奖励或惩罚的依据。建筑企业确定的考核期范围，应能使以上目标实现。例如：当考核期设定为一年时，在考核期末（年底），有可能存在着采购工作没有结束、某些材料设备已经提前采购的情况。此时进行考核，考核结果存在着不准确性。工程项目可以划分为不同的分部工程。如果将分布工程作为考核期，当分布工程的采购工作完成后对其进行评价，如果出现问题，可在下一个分部工程的采购工作中进行改进。因此分布工程采购绩效的良好实现将会对整个项目采购绩效产生积极影响。根据项目的组成来划分考核期，进行绩效评价，每个局部（分部工程）采购目标的实现将会促进整体（工程项目）采购目标的实现。

（2）工作任务完成方向

根据项目实际情况，工作任务与考核期的方向应一致。对于具体的工程项目，采购绩效考核应结合工程项目的实际完成情况进行考核。换句话说，考核期应该是动态的，并不能局限于月度考核和季度考核。建筑企业采购工作应该按照分部工程不断向前推进。不同的分部工程的工作内容、工程量不同，采购的内容也不同，因此完成工作的时间不同，采购的时间也不同。因此采购绩效的考核期设定为固定时段明显不合理，应该以分部工程为对象进行采购绩效评价。分部工程为对象进行采购绩效评价，可以全面评价现阶段分部工程采购绩效的优劣，还能提升接下来的分部工程绩效。以分部工程为对象进行采购绩效评价，考虑了项目的实际情况，评价结果准确，具有实践意义。

（3）指标性

指标特性不同，其所适应的评估期也不同。两者之间应该匹配。尤其是对于建筑企业来说，某些指标并不适应考核期为时间的考核。例如，评估期末一些库存材料设备是下个考核期提前采购的，如果用库存周转率作为指标，会使评价结果出现偏差，其可参考性下降。根据建筑企业的具体情况和特点，将分部工程设定为考核期，将会使绩效评价指标体系适应实际考核。采购绩效评价体系与实践相吻合。提高评价结果的准确性。

4. 评价指标体系的建立

（1）评价指标的选取

依据恰当的绩效评价体系和制度的建立，不仅是能促进企业关键资源集约化的管理，更能加强组织建构，积极助力组织实现战略目标。通过对相关文献的研究，一般有两种方法去建立采购管理绩效评价指标体系，一种是通过平衡计分卡的方法来建立指标体系，还有一种是从效率和效果角度出发来建立评价指标体系 .

对于采购管理的第一步也是占统筹地位的一步就是制定采购计划，因此采购计划的准确率对后续的各项事宜都有着深远的影响。而对于后续环节的执行情况是否良好则体现在采购计划的完成率上，各环节的衔接是否顺畅则体现在采购信息化率方面。对于订单准确率、采购计划完成率以及采购信息化率都是以数量来衡量，因此，数量是影响采购管理绩效的一个重要因素。

在中间环节合同的招标与签订中，则将有可能出现某一方没有很好地履行合约的情况，对于建筑企业来说有可能面临供应商违约或遭遇供应商投诉的风险，因此风险也是一个影响建筑企业采购管理的重要因素。而建筑企业所面临的风险除了上游企业的供应商所带来的外还有自身内部以及下游企业所带来的，自身内部的表现为员工离职，而下游企业表现为业主进行投诉。

在入库存储以前将会进行的一个环节就是验收，检查产品是否合格，数量是否正确，既是否缺货。产品合格率与缺货率是对供应商的一个质量评价指标，而建筑企业

要对业主保证工程质量的合格率。

影响建筑企业时间进度的，除了受天气、施工工艺等因素的影响外，还有一个原因是受材料设备的限制，因此，供应商能否准时交货以及对于设备的维修反应时间也就进一步地影响着施工企业的施工进度。

对于成本实在整个采购过程中都要考虑进而对其控制的一个重要因素。衡量成本多少的一个最直观的指标就是采购总额。其次要考虑的因素就是会对成本总额造成影响的采购价格的变动，以及因银行利息等附带性的费用。而建筑企业进行绩效管理的最大目的就是为了节约成本，因此采购资金的节约率也是一个需要考虑其中的必不可少的因素。

所谓采购管理的效率主要是指在为了满足建筑企业工程项目的需求，最终的计划耗费与实际耗费之间有着什么样的区别，因为这是采购管理工作程度水平的表现。完成既定目标所需要的资源以及达到这个目标所需要进行的相关工作，例如相关的组织工作和管理工作都将影响采购的效率，并且这一类工作做得越完善，资源的利用率越高，采购管理工作也就越有效率。而最直接影响采购管理效率的就是采购管理人员情况与采购管理部门的管理方式。

建筑企业采购管理绩效评价指标体系的总体框架如图 3-4 所示。

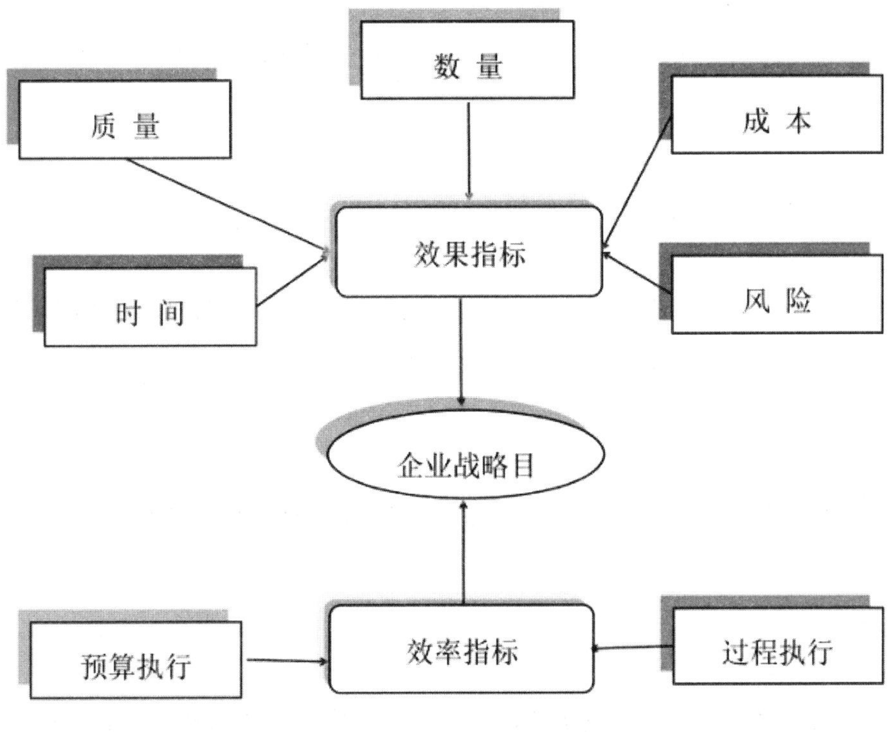

图 3–4　评价指标体系的总体框架

（2）各评价指标的含义

1）数量

①采购订单信息准确率。

②采购计划成率。

③采购信息化率。

2）质量

①产品合格率。

产品合格率 = 合格产品数（价值）/ 产品总数（价值）×100%。

②缺货率。

缺货率 = 产品缺货次数 / 产品订货次数 ×100%。

③工程完工质量合格率指标。

是指一定时期内，采购产品用于分部分项工程建设所产生的工程质量合格率。质量合格率 = 工程合格数量 / 全部工程数量 ×100%。

3）成本

①企业的采购规模指标。

采购总额（年 / 季）= 集中采购总额 + 各项目部的零散采购总额。

②采购资金节约率。

采购资金节约率 =（项目采购预算总额 – 实际支出总额）/ 项目采购预算总额 ×100%。

③采购费用率。

利息支出比重 = 利息支出 / 资金总额

④采购价格变动。

主要是指在一个采购周期内，由于通货膨胀或供应商的原因，导致的采购价格的变动大小。采购价格变动 = 本期加权价格 / 上期加权价格。

4）时间

①准时交货率。

准时交货率 = 准时交货次数（价值）/ 总交货次数（价值）×100%。

②维修反应时间。

5）风险

①供应商投诉率。

②业主的投诉率。业主在接收房子后，对房子的质量是否满意，其表现出来的对产品质量和服务的投诉率，直接体现采购中心的顾客服务情况。

③员工离职率。

员工对企业是否满意，会直接影响企业的采购效率，一般表现为员工的离职率。

④供应商违约率。

违约率 = 违约次数 / 订货单次数 ×100%。

6）预算执行

①预算调整次数。

在项目评估期内，项目总共进行预算总额调整的次数。

②预算差异额度。

指实际采购额与预算采购额差值占预算额的百分比。

7）过程执行

①采购人员比例。

购人员数量考核期内项目上从事采购人员比例 = 同期内项目总人数 ×100%

②订单处理时间。它主要是通过采购管理部门对采购的订单进行处理时消耗的平均时间，表现了该部门的工作质量和工作效率的优劣。

③采购计划编写的及时率。

第三节　采购与供应链的关系

采购管理在供应链体系中的所起的作用和造成的影响都是很大的。从微观层面来说，采购管理作为企业生产经营中的一个环节，合理地采购能用合适的价格购买合适的原材料，保证原材料的质量，从而提高产品质量，保证了生产的持续进行；同时，合理有效的采购也能加快资金的周转速度，减少库存成本，提升企业的竞争力。

从宏观层面来说，采购又是供应链中非常重要的一个环节，一般来说，生产型企业通常要用销售额的 30%~90% 来进行原材料、零部件的采购，平均水平在 60% 以上，例如汽车行业的采购成本约占一辆车成本的 80%。在销售量不变的情况下，提高产品价格能增加销售额，而采购成本的降低可以直接为企业带来利润，可见采购在企业生产中的重要性。另一方面，企业作为供应链组成部分，采购成本及策略的选择会对供应链中下游企业的成本与定价产生影响，乃至影响整个供应链的竞争力和最终的获利情况。

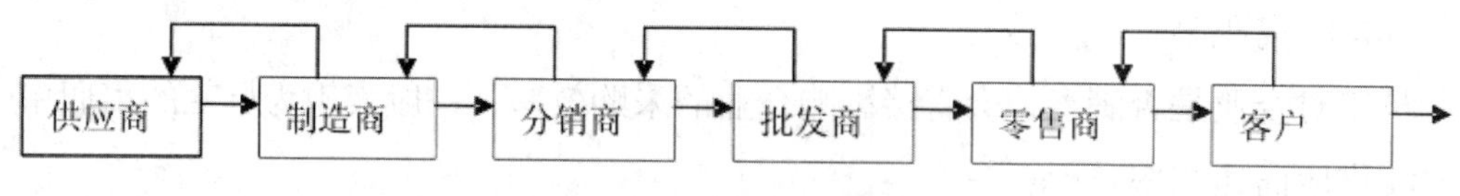

图 3–5　供应链示意图

如图 3-5，采购管理在供应链体系中是产品过程中的最初环节。在供应链管理模式下，采购管理工作需要做到准时采购策略。即做到：恰当的数量、恰当的时间、恰当的地点、恰当的价格、恰当的来源。由于环境的不同，在供应链环境下，企业的采购管理和传统的采购管理的方式和传统的方式是不同的。因此采购管理在供应链体系中的作用与影响自然也与它在以往传统的系统不同中所体现的不同。

随着信息技术的不断发展，单个企业势必融入到供应链整体中去，各企业间的依赖进一步加强，采购对降低供应链成本，提高供应链竞争力起着重要作用，因此，研究采购管理对完善供应链体系具有重要意义，首先就是要先分析采购在供应链体系中的作用。

一、传统采购模式与供应链

采购管理在传统的采购模式中，采购管理的目的很简单，就是为了补充库存。也就是为了库存而进行采购的。采购部门较为的独立，只是与库存部门保持联系，根据其需求采购。并不用了解关心企业的生产过程。不了解生产的进度和产品需求的变化。我国很多企业的采购部门目前还沿袭着传统的采购方式，其业务比较零散，缺乏联系性和整体性，而不能发挥较高的效率。采购部门与其他部门的分离，使得采购出现诸多问题，比如采购时间长，库存多，资金利用率低，人手有限等；传统的议价、招标采购等过程繁琐，造成资金周转慢，导致较高成本；买卖双方的合作关系是临时的或短暂的，一旦供需关系不平衡时，合作体也分解，联盟体很脆弱。在供应链的体系中。采购管理的是有主动性的，采购的方式也是与订单紧密地联系在一起。制造订单的产生是用户需求订单产生的结果。制造订单决定采购订单，采购订单再决定供应商。这也就使整个过程一体化，不再像原来传统的系统那样缺乏主动性。这样，采购管理在供应链体系的要求下，真正地做到对用户的需求准时响应。这样就可以使库存成本得到大幅度地降低，提高物流的速度和库存周转的速度，提高库存周转率。在竞争日益激烈的今天，企业间意识到了建立供应链合作伙伴关系的重要性，供应链中各制造商通过外购、外包等采购方式从众多供应商中获取生产原料和生产信息，采购已经从单个企业的采购发展到了供应链上的采购。在供应链的环境下，采购的模式也逐渐向集中采购、全球化采购和 JIT 采购模式发展。

二、采购在供应链管理中的作用与影响

供应链管理就是指对整个供应链体系进行计划、协调、操作、控制和优化的各种活动和过程，其目标是要将消费者所需的产品，在恰当的时间，保证质量、数量等的条件下，送到正确的地点，供应链管理体系描述了物流在供应商、生产商、批发商、零售商和消费者之间的移动，最终目标是商品从供应商到消费者实现其价值，而采购是这一条链中的起点。为了增强渠道的竞争力，供应链成员之间建立了合作伙伴关系，因此采购管理在供应链中发挥着作用，主要表现在以下的四个方面。

1. 实现信息共享，降低采购成本

传统的采购模式只是实现了采购部门的事务性职能，各部门之间信息不沟通，各企业之间更是屏蔽采购信息，因此造成采购行为的盲目性，导致缺货成本或库存成本过高。采购管理要求供应链企业之间实现信息的共享，也就是说采购的战略是可见的，这样有利于上下游企业之间共同制定合理的采购计划，降低采购成本，提升供应链的竞争力。采购管理在供应链管理的体系中其作用和意义已经不同于传统的体系了。不仅仅是以采购的形式。采购物资直接进入制造部门，这样一来，可以减少采购部门的工作压力和工作流程，而且作为采购和库存这样不增加价值的环节和过程可以减少，这样就降低了运作成本。

2. 建立供应链伙伴关系，提高物流过程的效率

在供应链的体系中，供应商和制造商之间建立了一种战略联盟的关系，形成一种特殊的合作伙伴关系，因为这种战略合作伙伴的特殊关系的形成，可以使供应合同签署的手续大大的简化，不再需要双方反复的协商，无论是时间，还是价钱上，都使交易成本大大地降低。采购管理与供应管理可以协调整个供应链体系中的各个计划的执行和完成。因为供应链体系的特点导致了各个环节的连续性和实时性，各个环节的管理和执行都由原来的批量化被细分。所以可以做到整条供应链就是个有机的体系，在不停地连续运作。正因为此，可以实现制造计划、采购计划、供应计划的并行，这样就可以缩短各个环节的响应时间，对时间这个稀缺资源进行有效的管理，从而提高效率，实现供应链的同步化。

由此可见，采购管理在供应链整个体系的运作过程中起着很关键的作用。

例如戴尔公司与上游的供应商实现信息共享，实现“7 小时”库存，大大降低了库存成本。戴尔供应链高度集成，上游或下游联系紧密，成为捆绑的联合体。戴尔公司在直销模式下，根据顾客的订单来定制生产。当戴尔汇集顾客订单后，供应链系统软件会自动地分析出所需原材料，由于戴尔与上游供应商实现信息的共享，因此通过比较公司现有库存和供应商库存，创建一个供应商材料清单。而戴尔的供应商仅需要

90 分钟的时间用来准备所需要的原材料并将他们运送到戴尔的工厂，戴尔再花 30 分钟时间卸载货物，并严格按照制造订单的要求将原材料放到组装线上。由于戴尔仅需要准备手头订单所需要的原材料，因此工厂的库存时间仅有 7 个小时。而上游的供应商也能根据戴尔的库存信息及需求预测来生产，并向上上游供应商采购原材料，这样大大降低了库存成本，优化供应链，提高竞争力。正是戴尔的这种信息共享的采购模式使其成为主要计算机销售商之一。

3. 降低了采购风险

在传统的采购模式下，采购渠道中存在诸多的风险，例如供需双方的信息不对称造成货物的损失或库存成本。分享信息的采购管理还能减少与库存投机密切相关的风险。采购风险是指采购过程可能出现的一些意外情况，包括支出增加、推迟交货、货物是否符合订单的要求、呆滞物料的增加、采购人员工作失误或和供应商之间存在不诚实甚至违法行为。在传统的采购模式中，企业间缺少交流，也不愿意共享采购战略，因此会引起诸多的风险。采购管理通过建立对供应商的考核机制，利用供应商的专业优势充分发挥企业的优势，增强企业的竞争力。供应链体系中的采购管理要求信息共享，各供应链企业形成战略联盟，企业的库存与采购信息是公开的，供应链体系中企业共同制定采购策略，避免由于不可预测风险带来的损失。

4. 不断细分的采购过程，促进供应链体系的稳定性和精细化

由于供应链管理体系下，企业的信息传递方式发生了变化。在供应链的环境下，信息传递地发生了变化。在供应链的体系中，基于战略联盟的合作关系，供应商和制造商能够共享信息。供应商共享制造部门的信息，从而提高供应商应变能力。同时可以使得供应商与企业之间形成动态的供应关系，不断地修改订货计划，进行信息的反馈，使得订货与需求保持同步的关系。因此在这个角度来看待采购管理的任务，事实上这个已经不同于传统的采购管理的观念了。在供应链的体系中，采购管理这个不能增值的过程追求成本最小化的过程中，其实充当了一种连接或者说是纽带的作用。采购管理的作用主要是沟通供应与制造部门之间的联系。协调供应与制造的关系，为了实现过程不断细分的采购提供基础。事实上供应链体系，实现面向流程的管理，就是不断地细分了采购管理的过程，使得其更精细化。因为采购管理的不可增值性，尽量细分其过程，降低其成本的同时，为其他增值的过程提供服务。因为供应链体系事实上是条增值链，而且因为很多企业是将自己的核心业务外包出去，导致整条供应链在盈利分配下是不平衡的，所以在供应链内部也存在竞争的关系。也是因此，整条供应链也是动态的。而采购管理的细分，虽然是供应链体系的管理方式影响的结果，也是这种管理模式的要求。但是细分的供应链，精细的采购管理，起到了纽带的作用。就

说与供应链体系相匹配的准时采购策略。包括供应链体系下的采购管理实现了外部资源管理，与企业的上下游企业实现互动，等等。这也成为了供应链上下游企业之间的弱的结合力，使得动态的供应链比较稳定的存在。

三、采购与供应链案例

以 YT 为核心的采购供应链条，对采购品类分类、伊泰集团信息化系统下的采购方式和采购流程、供应商管理进行分析研究，进行伊泰集团采购战略的优化。

1.YT 集团采购环境分析

（1）YT 集团内外部环境分析

1）优势分析

YT 集团始建于 1988 年，截至目前已经初具规模，具有一定的行业优势。YT 集团拥有全国先进的开采技术和能力，具备开采 – 运输 – 营销体系，实现自产自销，产销结合。同时，YT 集团逐渐向非煤行业方向转化，公司的主要产品—煤炭的发热量较高及低含硫，且极具环保性，并把开采挖掘进行了外包，一定程度上降低了生产成本。内蒙古自治区的酸刺沟煤矿，拥有先进的洗煤厂和专业的铁路运输线路，年产量达千万吨，该煤矿在 20 世纪初期出资进行重组，将内蒙古、北京和山西等地的公司合成为 YT 集团京粤酸刺沟矿业有限责任公司，其中 YT 集团煤炭公司是控股股东，掌握 50% 以上的股权，YT 集团通过引进先进技术和设备，可以实现长壁开采作业，达到国家一流水平，年收入几十亿元。

灰熔点煤炭是 YT 集团的主打产品，该产品具有发热量高的特点，可以进行特殊发电，所以是国内电厂的青睐产品。YT 集团拥有专线运输铁路，是公司自己的铁路，是大秦线、大准铁路、呼和局铁路连接鄂尔多斯准格尔旗的重要线路，二大秦铁路是我国主要煤炭运输干线，也是京包线的重要通道。YT 集团铁路属于国家规划的铁路大同—石嘴山线路的一部分，是鄂尔多斯地区煤炭发运的主要铁路干线之一。YT 集团收购了内蒙古 YT 呼准铁路有限公司，现在成为注资约 14 亿元的大型铁路货物运输公司。内蒙古 YT 煤炭股份有限公司以 15 亿注册资本，成立了煤制油公司，并掌握了 84% 的股权。煤制油公司具备先进的生产线，进行煤炭深加工，进一步提高了煤炭使用效率和环保性能，是我国能源改革的标志企业，标志着我国煤基合成油技术自主化的发展。

2）劣势分析

由于煤炭不属于清洁能源，随着环境保护政策的不断完善，煤炭开采成本不断增加。现在，虽然是机械化综合开采煤，但人工成本以及环境治理费用非常高。另外，以煤炭为主的YT属于高风险行业的企业，其工人津贴相对其它行业较高。YT集团拥有的煤矿较多，生产规模比较大，作为内蒙古大型综合性集团公司，上述成本给企业发展带来严重限制。由于市场供需信息不对称，港口、铁路等设施尚未满足市场需求，运输成本相对较高。随着国家提倡低碳、环保和清洁能源政策的提出，YT集团治污成本和生产税收比较高。YT集团现有人员文化程度比较低，整体素质有待加强，需要务实人才、创新人才和技术人才。

3）机会分析

煤炭行业利润较高，属于资源性垄断行业。然而，全球各国调整资源战略，特别是高污染行业，YT集团也要响应这一号召进行资源整合。YT集团要采用强强联合的方式，增强行业集中度，保证行业的长远发展。YT集团始终保持较高的营业利润，却牺牲了下游行业的利益，特别是原料成本方面。目前，YT集团的规模效应已经形成，并利用地缘优势和资源优势，加强与周围国家的贸易往来。YT集团不仅非常注重产业链发展，而且加强了相关探索，以此保持自身的长远发展。YT集团拥有充足的资金，整体实力位于百强企业。YT集团拥有一项国家“863”高新技术项目，该项目被中科院收入知识创新工程的名单中。该项目使用间接液化技术，将煤转换成煤气，再将煤气转化成各种烃，形成最终产品合成汽油及柴油等。YT煤制油公司2009年顺利进行生产，通过相关测试符合国家要求，并接连三次进行测试，以及技术改进。目前，YT集团掌握了成熟的生产技术，为后续生产奠定基础。这项技术不仅让YT集团公司提高了市场竞争力，而且填补了我国自行自研发煤间接液化装置的空白。

4）威胁分析

山西是我国传统的煤炭产区，并享受国家的各项优惠政策。内蒙古最近成为国家发展的重点区域，相关优惠政策尚未完全落实，这在一定程度上限制了YT集团的发展。另外，国外煤炭进口量的不断增加，也给YT集团带来一定的威胁。我国目前正在寻找可以替代煤炭的清洁能源，YT集团面临替代风险。煤炭行业作为重要的战略资源，被多方资本所关注。目前，国家鼓励强强联合，将电力、冶金和化工引入到煤炭领域，让煤炭成为各方面追逐资本的目标，进一步增加了煤炭行业的竞争压力。

（2）YT集团整体战略分析

1）市场多元化发展战略

YT集团由原来的只生产煤炭逐渐转向煤的深加工行业，由各种煤化工、煤制油以及太阳能新能源等项目，公司现在的战略发展重点也是新疆各分子公司，有YT新疆能源公司，新疆煤化工项目等。YT集团依托其完善的铁路公路运输枢纽，顺利完成市场扩展定位，将煤、煤化工产品，煤制油产品等资源进行高效的运输，不断拓展重工业城市的市场，细化现有市场。煤炭一直被人们认为是快速聚集财富的产业，然而，YT 集团处于转型时期，逐渐从资本拓展向跨越式发展转变。在市场经济初期，YT 集团主要依据国家政策进行发展，并实行资本拓展战略，以此增强市场竞争力，拓展发展规模。YT 集团在全国范围内采用跨越式运作方式，放弃被动接受的局面，积极提高自身竞争力。

2）多元化产品发展战略

YT 集团立足于煤炭产品，实现多元化产品发展战略。煤炭作为工业社会的初级产品，属于产业链最上游部分，其影响因素比较多。YT 集团想持续发展，需要发展非煤业，践行多元化产品政策，实现多元化产品的优势。同时，各种煤炭产业之间可实现规模效益，在技术、人才等方面共享，相互支持和促进，保持 YT 集团自身的可持续发展。

①煤制油产品

YT 集团的煤制油项目属于国家创新项目，是国家“863”重要项目，该项目采用间接液化技术，利用关键技术完成煤炭气化、煤气转变成轻质烃，在进行加工，形成汽油及柴油等产品，产品具有高附加值。YT 煤制油 2009 年第一次生产，通过相关测试符合国家要求，并接连三次进行测试，以及技术改进。目前，YT 集团掌握了成熟的生产技术，为后续生产奠定基础。

②煤化工项目煤炭作为核心，可以衍生出诸多相关项目，诸如，YT 集团的煤制油，这是公司的科技含量最高的煤化工项目，涉及精细化的产成品，包括化工产品甲胺等。上述产品的市场进入要求比较低，导致市场竞争异常激烈。虽然煤炭行业中出现很多产能过剩的项目，诸如，合成氨及焦化，但仍有很多企业将其作为重点项目，诸如，中石油、中石化等大集团。YT 在合成氨及焦化方面，研发技术处于中等水平，并成为明星产品。

3）渠道多元化发展战略

①大力发展循环经济

近年来，YT 集团加大循环经济的发展，完成了煤炭资源的深加工转化和利用。在鄂尔多斯准格尔旗、杭锦旗、新疆甘泉堡建立三大工业园区，产品包括煤制甲醇等项目，YT 集团煤深加工是不同于其他公司的煤化工项目，具有煤高效利用及环保性，不但具有高的转换率，更能实现煤的多次利用，如 YT 集团的大路工业园区项目，其一期产能是年产 20 万吨的煤制油项目，目前正在扩建 200 万吨二期煤制油项目，项目实现了煤的多次转化利用，同时年生产乙二醇 30 万吨，60 万吨的煤制烯烃。

②现代物流体系的建设

随着 YT 集团的不断发展扩大，公司物流体系的建设也不断在完善，物流作为 21

世纪的热门和发展较快的行业，其在营销网络中起到不可代替的作用，是产品销售畅通的外运渠道。YT 集团在铁路、公路物流运输中不断发展，目前具有 5000 万吨的铁路运力。同时，YT 集团在沙圪堵物流园区建设有铁路集装站，可以成为大宗商品、原材料的仓储基地，很好地实现集约化管理模式。

③一体化水平的提升

在一体化经营管理上，YT 集团形成了良好的发展格局，从 2006 年开始，公司在财务管理、人事管理、物资采购管理等方面实行集中管理，旨在提高其一体化运营水平，公司依据“管控集团化、产业专业化”的思路，发挥了自身集中、专业以及协调作用。公司不断消除自身的短板，发挥自身的优势，形成协同发展的格局。

（3）YT 集团集中采购战略

YT 集团实行集中采购战略，就是对总部和子公司的采购资源进行整合，实现供应链的上下游延伸一体化方案。YT 集团总部通过对供应商、产品、物流、存储经营，以及信息服务资源进行整合，形成具有自身特点的优势资源，以此实现与供应商的战略性合作。同时，YT 集团通过完善分销网络，加大产生的销售深度和广度，以此提高子公司对分销环境的控制能力，最终实现公司与供应商和物资购销的一体化管理。YT 集团煤炭流通是将产品销售给分销企业，实现供应链上的持续流动。大多数煤炭企业不具备全国直接配送的能力，因为这样带来的物流成本比较高。因此，一般的煤炭产品只有运输到各个一级销售商，再进行二次分销。如果一级销售商的自身能力比较强，就会将产品直接分销到企业，完成二级分销的业务。由于一级分销商的网络覆盖能力有限，可以将煤炭产品配送到第三终端市场。当然 YT 集团希望更好地接近销售终端，给各个大型企业直接提供产品。

YT 集团拥有丰富的渠道与网络资源，可以满足不同的需求。YT 集团集中采购过程中，涉及谈判，订单操作、物流配送、货款结算、信息提供、服务标准，下面进行详细分析：

①集中采购中的谈判

YT 集团需要进行统一、集中的商务谈判，并派遣专人负责。同时，各地子公司也派遣专人与总公司人员组成采购小组，与供应商进行商务谈判。在谈判时，供应商派遣的谈判人员需要具备一定的决定权，保证采购项目的顺利采购。YT 集团进行集中采购的时候，需要注意以下问题：

a. 总部脱离子公司自行谈判

YT 集团子公司遍及内蒙、北京和新疆，而各个地区的政府政策和市场情况不同，子公司更加了解当地的实际情况。另外，总部派遣的采购人员不能全面掌握实际情况。因此，在集中采购谈判过程中，总公司与子公司脱离，就会导致物资采购推荐困难，影响子公司的正常生产。

b. 谈判成功后忽略后续跟踪

YT 集团集中采购谈判效率较高，在进行集中采购购谈判时，往往只关注了谈成多少业务，忽略后续与供应商的配合问题。YT 集团能否从供应商那里获得相关物资，不仅与供应商的生产能力，而且与实际市场供需有关。因此，协议签订以后，YT 集团与供应商之间的配合非常重要。

c. 集中谈判就等于总部总经销

YT 集团集中采购的大多是内部消耗性物资，以及办公物资，采购模式为总部统一谈判，统一购进，统一结算。该模式被实力比较弱的供应商所青睐，其可以借助总部的资金实力进行生产或经销，并降低相应的风险。然而，YT 集团子公司的采购需求不能得到很好地满足，所以要参照子公司的需求实施采购，各子公司都使用的物质要进行集中谈价，以获得集中谈判优势，进行统一给供应商下订单，供应商根据每个子公司物资需要周期分别送货，另外，对于财务上独立核算的子公司可以进行独立付款。

②集中采购订单

操作订单包含总部订单和子公司订单，集中采购的订单操作都是由总部发起订单，由总部人员操作完成，在经过集中商务谈判后，其中有一个节点就是订单操作，这里的订单操作主要是指采购订单的发起，完成订单操作就达成相应的采购内容。总部订单是由总部唯一签署，无论以后是子公司代签，还是总部签署，都是由总部进行操作。

③集中采购中的货物配送

集中采购不仅通过大量订单获得优惠的价格，而且可以降低运输成本。供应商依据集中采购协议，进行总仓运输，也可以进行多仓运输。例如，总部集中采购的物资，就可以运输到总仓内，再由总仓运输到各个下游客户。由于 YT 集团拥有自己的分销平台，可以在总部授权的情况下，供应商进行多仓运输。例如，YT 集团进行集中采购，并由总部向供应商担保，各个分公司就可以分开订货，物资分别运输到多仓。简单地说，Y 采购团集中采购物资的运输原则为，谁付款，遵循谁意见。

④集中采购中的货款结算

集中采购的结算方式灵活，一种是统一结算货款，另一种是由子公司进行货款结算，当然是子公司要有独立结算能力。其中出入库管理问题影响货款结算，YT 集团仓储管理是各子公司管理，总部缺乏对出入库的管理，这样就造成采购货款的结算风险。子公司凭借内部关系，延长账期，拖欠货款，会给YT集团总公司造成巨大影响。YT集团总部应该统一建立标准的仓储管理制度，对其实施监管，进行事前管控，也可以把出入库的标准化纳入考核范围，对子公司进行考核，做到事后控制，也就可确保货款结算无误。

⑤集中采购中信息共享

YT供应商与公司合作的基础是，YT集团可以向供应商提供整个公司的商品信息，以及相关信息流向。由于YT集团的庞大销售渠道，可以提供更具价值的商业信息数据。YT集团定期对供应商库存、煤炭流向信息进行汇总，掌握整个公司的信息数据。未来，YT集团将建立数据仓库，以及智能管理系统，对外提供电子商务、供应链服务平台，以及供应商信息平台，进一步收集相应的数据。YT集团在采招中，逐步建立了自己的供应商信息库、价格信息库、评委专家库，这些信息库是由统一的标准制定，在集团总部和子公司进行共享，这些数据库由专门的科室负责，在公司供应商管理，采购谈判中发挥出一定作用。

（4）采购战略与公司整体战略的相关性

YT集团对集中采购战略和公司整体战略进行整合，推进上下游产业的一体化进程，并积极进行全球范围内的产业规划和布局。实施采购战略和整体战略的整合，可以有效保障YT集团的市场竞争力。采购战略和整体战略整合，就是将产业链完整地执行下去，包括：运输、采购、订单操作、仓储、经营和最后的销售，以此提高YT集团的运营效率。采购战略和整体战略整合可以更好地适应外界市场环境，提高YT集团在与下游客户贸易中的领导地位，保证预期目标的实现。现代企业进行成本控制的手段就是进行有效整合，节约运输、劳务费用，并加快资金和产品的流通。

近年来，我国铁路建设投入在不断增加，建成速度越来越快，铁路整体运能增强，迫于经济环境的压力，国家电网在逐步完善，开始实现“煤从空中走”的设想。自2013年开采购铁路运输行业在煤炭领域成为买方市场，并成为限制煤炭企业发展的致命因素。YT集团为了提高企业煤炭的运输能力，自主建立多条铁路线路，准东电气化铁路（1全长35.4公里），呼准电气化铁路（全长124.18公里），算周线（酸刺沟煤矿到周家湾），全长26.8公里，现有122公里的曹羊公路，是煤炭转运线路。在秦皇岛、曹妃甸港口、京唐港等地区建设了煤炭发运货场以及转运站，又建立专门的销售机构网络，包括秦皇岛、北京、上海和广州等地区，实现煤炭产品产生、运输和销售一体化体系。

YT集团正在建设更多的铁路运输线路，以此改变能源运输的单一格局。YT集团自2014年实行了“煤从空中走”的发展策略，在“十三五”期间，在横跨内蒙古、河北等地建成几条特高压电线，实现了能源的输送。可以将内蒙古的电力输送到南方地区，实现装机容量 3000 万千瓦，相当于 1 亿吨煤炭。目前，我国处于经济快速发展时期，对煤炭需求量不断增加，相对于国内煤炭企业来说，国外煤炭价格优势明显，所以我国企业大量从国外进口煤炭。原先是从就近澳洲、印尼、和越南进口，现在从美国、哥伦比亚和加拿大等国家进口。和中国一样发展的印度，也需要大量煤炭，这样的环境加剧了中国和印度对煤炭资源的掠夺。因此，我国应该不断完善相关基础设施，包括：生产基地扩建、配套设施建设、综合物流服务、人才服务、商务以及培训服务。

1）煤炭产业链的整合路径

产业链整合理论在 YT 集团有很好的应用，公司通过合并产业链中的相似部分进行产业链的整合，提高公司整体的竞争能力，并在短时间内获得更大的收益。YT 集团不再进行单一的产业链合并，而是从不同角度综合整合产业链，主要围绕以下 3 种类型资源展开：

①产业链的垂直整合

YT 集团可以实现纵向和横向的垂直整合，对公司产业链上游和下游进行合并，实施整合。纵向整合概念是将不同企业之间的生产线进行上下整合，让各个企业接受一体化合约，实现整个产业链效益的最大化。煤炭产业链的形成，对煤炭企业来说，可以共享资源，节约成本，所以垂直整合是必需的，鄂尔多斯具有优质的煤炭产品，现在我国更需要清洁的能源，是煤炭产业链的整合的发展机遇，通过整合，优化产业链；通过整合，实现资源最大化的利用。YT 集团的垂直整合涉及煤炭、煤气化、煤制油、焦炭、煤洗选、电力等，其中煤炭—电力—市场将迎来更好的发展机遇具体的操作方法是：第一，以煤炭转换率和利用价值的最大化为原则，建立模型和定量分析，计算相应的产业价值长度。其中的价值方面主要考量社会价值、环境价值、自然价值、劳动价值、以及经济价值等。第二，结合公司的实际情况和各分子公司所在地区的实际情况，如当地的煤炭资源的储量和质量，结合相应的产业方式，进行合理的延续和整合。

②产业链的水平整合运用

水平整合方式，对 YT 集团的煤炭开采区进行整条产业链的整合，其产业链和开采区生态产业链的形成是一样的，具有复杂的机构关系，每个节点相互关联。公司以环保和经济性为主要原则，以煤炭和煤炭衍生品为物质基础，进行水平整合。环保性要求首先考虑减少废弃物的二次排放，废弃物的排放必须满足节能要求，接下来考虑经济效益。公司充分衡量外部生态情况和煤炭开采情况，以产业链的垂直整合为基础，以产业链的水平整合为辅，水平整合涉及煤矸石、粉煤灰、高岭土、煤泥、煤层气等煤矿产品，其中煤层气—发电—市场的产业模式将迎来更好的发展良机。YT 集团不但追求规模经济，更追求环保经济，要将两者于一炉，形成集成经济。其动态过程是环保经济→规模经济→成长经济，形成 YT 集团的产业链的整合模式。

④产业链的混合整合

对一个公司来说，产业链的整合往往混合整合模式，YT 集团的混合产业链整合将不同的产品整合到一起，主要分为三种整合类型：第一，YT 集团产品扩张型整合，通过拓展整个企业的生产线，符合集团现在的经营情况；第二，YT 集团市场扩张型整合，将新疆、北京、山西等地区的子公司经业务进行整合；第三，YT 集团“纯粹”混合型整合，将煤炭、煤气油、汽油、煤气等不相干的业务进行整合。随着 YT 集团子公司的不断发展，子公司在物流、机械、化工等方面进行经营，存在经营业务混乱，规模不大的问题。YT 集团需要对上述子公司进行产业链整合，实现产业升级。YT 集团既要尊重其所处的生态环境，又要对子公司在物流、化工和轻工业方面的业务进行整合，为采煤塌陷区和非煤产业提供良好的发展环境。YT 集团对采煤塌陷区修复，建设城市公园，或者发展生态旅游，而非煤多烃工厂，应该按照循环思想，实现产业链整合，实现线性循环发展。例如，煤炭—铁路—港口—市场，设计—勘探—矿建—煤炭。综上所述，YT 集团在了解自身所处的环境，包括：资源情况、矿井情况，以及矿区地形等信息，进一步开展技术研究。同时，形成信息集成、物质集成和能量集成，分析产业之间存在的共生关系。

2）煤炭产业链的整合模式

通过对 YT 集团进行了解，并查阅国内外相关资料，总结了三种适合集团的方式，即战略联盟、产业聚集和股权并购。

①战略联盟型

战略联盟型主要是 YT 集团产业链上的各个节点企业之间形成战略联盟，以此提高产业链的竞争实力。目前，产业链整合形式比较多，各个企业之间既竞争又合作。目前，很多大型企业普遍采用新型模式，进行产业链整合。YT 集团通过战略联盟模式，实现与其他企业之间的优势互补，实现水平整合。

②产业集群型

YT 集团可以利用自身的国家“863”高新技术项目，整合新疆、山西和北京地区的小企业，通过市场机制和资源配置生产链上的要素，并将中小企业内化成为产业链上的组成部分。然而，该模式不利于实力强大的企业，是适合上述地区中小非煤企业，实现混合整合。产业集群可以通过 YT 集团总部控股，实现对上下游企业的管理，并加强与其他企业的战略联盟，完成对下属子公司的整合。YT 集团通过产业集群形式，

将整个产业变成一个整体，风险和利益由整个产业链共担。

③股权并购型

YT 集团可以实现股权并购型产业链整合模式，对想要并购的企业进行股权并购，达到控制上下游企业的目的。通过对股权并购，形成完整的产业链条，并保持煤炭产业链结构的问题。

2.YT 集团采购战略分析

（1）采购品类的分类管理

YT 集团需要采购的物资种类比较多，涉及十大品类，2000 多小品类，如果采取相同的采购方法，可能会比较困难和复杂，增加采购管理策略的繁杂性。YT 集团为降低采购成本、为保证顺利生产经营，以采购物品重要性和供应市场的风险程度为指标，对采购物资进行分类。下面就以 YT 集团所需的设备配件等物资进行分析：

1）供应市场的风险程度

市场供需属于外部因素，是影响 YT 集团物资采购的重要因素，其决定了物资采购的及时性、充分性。市场供需直接关系到 YT 集团在物资谈判中的话语权，以及采购风险。本文通过双方的数量进行风险程度分析。

2）采购物资的重要性

YT 集团应该对采购物资进行衡量，并按照其对集团生产的贡献度进行排序。

① YT 集团物资供应市场的风险程度分析

依据市场供需的格局可以分为三种形式，供大于求、供小于求、供需平衡。按照 YT 集团的市场特点、供需双方的需求数量，可以分为 9 种类型。由于 YT 集团所处煤炭行业的特殊性，其所需物资专业性比较强，以及煤炭生产市场的通用性比较强，导致需求垄断有限，需求方市场垄断比较罕见。

a. 双边垄断市场

对于有些物资，供需双方仅有一家，YT 集团也有部分这种物资，如集团公司用于煤制油项目的专业煤气转化设备、煤矿洗选厂用的高压隔膜板滤布等，这些物资都是 YT 公司向唯一的一家供应商定做，只有 YT 集团一个需方使用这些物资，属于专属物资。双边垄断市场特点是双边垄断，在这种情况下 YT 集团（需方）处于劣势，供方处于优势地位。

b. 有限的供应方垄断市场

销售此类产品的供应商只有一家，使用者（需方）有 2-5 家，导致供方占有较强的优势，而需方处于一定的劣势。诸如，YT 集团需要的三相异步电机摆线针轮减速器，就会受到供应商销售策略的限制，供应商以提高产品质量为理由，向集团提出更高的合作条款，如提前付款、不负责换货等等。YT 集团（需方）处于相对劣势，大部分情况下要按供应商的条件进行合作。

c. 供应方垄断市场

销售此类产品的供应商只有一家，使用者（需方）有很多家，导致供方占有绝对的优势，而需方处于绝对的劣势。在这样的垄断市场条件下，供应商在与 YT 集团（需方）合作中，一般都提出更为苛刻的供货条款，如先预付 100% 的预付款后才可以进行产品生产等条件，是供应商垄断市场，如煤矿使用的火工品、YT 集团铁路上使用的机车列尾等物资。在这种情况下，采购方必须尽力维护合作关系，虽然是产品出现问题时供应商不予退货。

d. 双边寡头垄断

销售此类产品的供应商只有不多的几家，使用者（需方）也是不多的几家，因供应方有 – 5 家，导致 YT 集团（需方）有一定的选择余地，但还是处于一定的弱势地位，但在这样的市场中，产品可以替代，因为供应商的产品没多大差别。如 YT 公司煤矿所用安全阀，供应商有 4 家，他们虽有自己的产品，但一般相互可以替代。这样在采购中，可以在付款方式、产品质量以及供货价格上得到一些优惠条件。

e. 供应方寡头垄断

市场销售此类产品的供应商只有不多的几家，使用方法很多，采购部门在这种市场中处于相对劣势。但供应方寡头市场与垄断方市场不同，诸如，柴油油品供应商仅有中石油、中石化等具有销售许可，在质量上供应商一般有较好的质量承诺，确保 YT 集团（需方）继续购买自己的产品，保证合作关系。

f. 需求方寡头垄断

市场寡头垄断市场是需求方只有少数，供应方有很多家。由于不同产品之间的差异性，各个供应商都是自身产品的垄断者。同时，供应商要和其他供应商进行竞争，所以要对自己产品的质量进行承诺，而且要对服务水平进行承诺。例如，煤制油的电控气动执行器、大型阀门等属于这类产品，是煤化工上专用的阀门，这类产品需方只有像 YT 集团、中石化、中石油几家，但供方数量比较多，在这样的市场中，公司处于优势地位。

g. 完全竞争市场

在供方、需方数量都很大的情况下就形成完全竞争市场，公司大部分产品属于完全竞争市场，在这种情况下，公司处于一定的有利地位，通过采购谈判可以获得一定的优惠条件，如公司的标准件轴承、电脑等，生产厂家很多，使用单位也非常多，供应商处于劣势，会尽力维护合作关系确保订单不会丢失。电控气动执行器、大型阀门

等属于这类产品，是煤化工上专用的阀门，这类产品需方只有像 YT 集团、中石化、中石油几家，但供方数量比较多，在这样的市场中，公司处于优势地位。

h. 完全竞争市场

在供方、需方数量都很大的情况下就形成完全竞争市场，公司大部分产品属于完全竞争市场，在这种情况下，公司处于一定的有利地位，通过采购谈判可以获得一定的优惠条件，如公司的标准件轴承、电脑等，生产厂家很多，使用单位也非常多，供应商处于劣势，会尽力维护合作关系确保订单不会丢失。

② YT 集团物资分类

依据 YT 集团所处供应市场的风险程度，以及采购物品的重要性，对 YT 集团的采购物资进行分类，分成一般、重要、战略以及瓶颈型物资这四种类型，图 3-6 是 YT 公司常用的物资品类分类图。

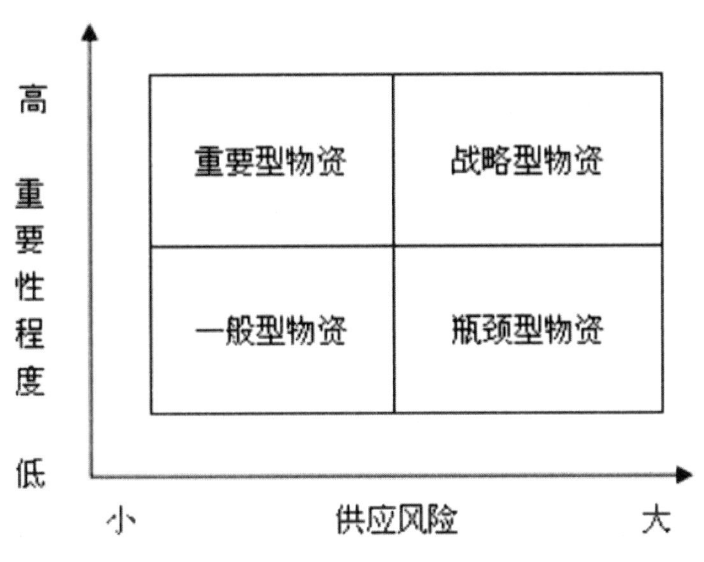

图 3–6　YT 集团物资品类分类图

a. 战略物资

战略物资具有高风险、高成本的特点，YT 公司第三大类配件高压隔膜板滤布属于战略物资，战略物资是公司的重要物资，其采购额比较大。目前，全国有 3 家供应商生产该战略物资，所以对于 YT 集团来说，具有高风险性。从 YT 集团整体来看，柴油和火工产品和产品就是此类物资。

b. 重要物资

YT 煤矿、煤制油等子公司的低风险、高成本物资为重要物资，如公司电控气动执行器、安全阀等。

c. 一般物资

一般物属于低成本、低风险的物资，上文提到的轴承，公司的浮选机定子、托辊等属于此类物品，其采购额所占比例不大，一般物资具有低的供应市场风险以及低的采购金额，一般指公司的一些不重要的零星材料等产品。

d. 瓶颈物资

瓶颈物资对应的市场属于有限的供应方垄断市场，物资特点是低成本、高风险，如上面提到的三相异步电机摆线针轮减速器就是此类物资，一个公司的瓶颈型物资属于少数，采购金额也小，并具有供应市场风险较高的特点。

（2）供应商管理

YT 集团的供应商管理经过几年的完善发展，从采购职能中分离出来，具有一定的独立性，由专门人员负责管理。有供应商准入、供应商选择评价、供应商日常管理、供应商退出机制，这里重点分析公司的供应商准入管理和供应商选择评价管理。

1）供应商准入管理

如果在这里把供应商管理分成合作前期、合作中和合作后管理，供应商准入管理属于供应商合作前管理部分，是供应商入围成为 YT 公司试验供应商的管理过程，在这个准入管理过程中，要对供应商进行一定的基本了解。供应商准入管理重要的一环就是供应商调查，供应商调查有供应商现场调查、互联网调查以及问卷调研三种形式。根据具体情况选择适合的调查办法，供应商现场调查耗费成本较大，只有非常重要的物资才选用这种方式。调查的内容是依据实际需要，一般包含供应商基本资质情况、信誉情况、资金信息及产品的质量情况等，必要时候可以进行主要客户调查。YT 集团供应商准入按照不同的类型，设置了不同的准入标准，包括基本资质情况、信誉情况、注册资金等，分为长期标准和短期标准。YT 公司供应商准入管理现采用物资平台信息化管理手段，管理效率高，并体现出公司的公平、公正原则，这是 YT 集团采购的第一步重要的关键环节，适合的供应商可以为 YT 集团提供充足的、高质量的物资，并给予可以接受的价格和高水平的售后服务。YT 集团供应商准入管理的方法是直观判断法，其选择方法主要有招标法、评分法、加权综合评分法、协商选择法、直观判断法、成本比较法等。

YT 集团依据征询和调查资料，对供应商进行大致分析，以此作为直观判断结果。对比分析法是煤炭企业采购的主要评价手段，依据供应商业绩情况、质量和价格进行准入，并注意以下问题：

①单一与多家供应商准入，应该避免单一一家供应商，发挥集中采购的数量优势。

②国内、外供应商准入管理，应该发挥各自的优势。国内供应商地缘优势比较明显，可以采取零库存策略，国外供应商可以采取更先进的生产技术，以及获得更高质量的

物资，提供更高水平的产品。

③根据采购成本和物资采购的难易选择直接采购与间接采购，直接采购提前联系准入所用供应商。

2）供应商选择与评价

供应商关系管理过程中一项重要的工作是选择与评价供应商，这也是供应商合作关系运行的着眼点。供应商的选择及综合评价包括下面七个步骤，企业需要对各步骤的起始时间进行明确，对企业而言，所有步骤呈现出动态变化，企业能够自主对其起始时间、先后顺序等进行决定，且对企业而言，每个步骤都是其改善业务的重要机会。

①步骤 1：对市场竞争环境展开分析，例如必要性分析、需求分析对市场竞争环境展开分析旨在将利于供应链合作关系开发的最佳产品市场找寻出来，对当前产品的需求有所了解，清楚地知道产品的特征类型等，从而对用户需求及供应链合作关系构建的必要性进行明确。

②步骤 2：供应商选择目标的确定减少成本费用是企业的重要目标，企业需要对供应商评价过程的实施方式及整个信息流程进行明确，且将实际的具有实质性的目标构建起来。

③步骤 3：将供应商评价指标机制构建起来企业在综合评价供应商时，需要从供应商评价的指标体系着眼，供应商评价指标体系能够将企业与环境所构建的复杂系统进行反映。供应商综合评价指标体系的构建，一定要贯彻落实系统全面性、灵活可操作性、稳定可比性及简明科学性等诸多原则。

④步骤 4：评价小组的构建要求企业一定要成立专门的小组对供应商评价进行控制、实施。小组成员选自与采购、生产、质量等密切联系的部门人员，要求生产企业、供应商企业的最高层领导人都要给予评价小组一定的支持。

⑤步骤 5：供应商参与若企业作出了开展供应商评价的决策，评价小组一定要主动联系初步选定的供应商，从而了解供应商与企业建立合作的意愿，考察他们是否具有获得高业绩的野心。

⑥步骤 6：对供应商作出评价对与供应商生产运作相关的全方位的信息进行调查、搜集是对供应商评价的其中一项重要工作。基于对供应商信息的搜集，可借助一些先进的技术、工具等来开展供应商评价。

⑦步骤 7：供应合作关系的实施市场需求在供应商选择期间也会持续地发生变化，可从实际需求着眼及时对供应商评价标准作出修改，或者是重新选择新的供应商，但需注意必须要留有充分的时间让老的供应商适应变化。

（3）采购方式与采购流程

YT 集团物资采购管理实行集中采购管理，包括集中填报计划、集中招标，集中仓储配送、集中考核管理。YT 集团需求部门，依据实际的物资需求，编制统一的物资采购计划。采购专员，按照相关采购流程进行物资采购，并发挥 YT 集团的规模采购优势，实现“阳光采购”，YT 集团制定完善采购合同以后，专人进行验收、保管和管理，按照实际生产需求进行统一配送，保证生产计划的顺利完成，并降低相应的采购成本。个别子公司出现突发事件以后，总部会进行统一调拨，帮助子公司渡过难关。供应链管理伴随信息化发展，让各自信息及时传递，方便物资的统一调配和及时考核，一旦发现问题，采取相应措施进行控制。

第四章　基于供应链的采购计划管理

第一节　物资采购计划

物资计划管理是煤炭经营管理的重要工作内容，也是煤炭物资供应链的关键环节，科学合理的物资计划管理能够有效控制企业物资消耗，降低成本和优化物资储备结构，从而增强管理效益。物资计划管理的目的是精准地判断物资需求，合理计划物资采购及储备量，避免资金浪费和库存积压，对物资采购及调配发挥着重要的调节作用。

一、物资计划管理的概述

物资计划管理在企业管理工作中占据着重要地位，科学合理的物资计划管理能够推动企业实现可持续发展。物资计划管理主要有以下几个特点。①相似性。无论是企业基层部门还是管理层部门，在企业物资计划与审核、上报中都具有相似特点，通常情况下都是物资计划编制、物资汇总、物资审核与物资报告。②紧耦合性。企业基层部门业务处理情况能够为企业领导部门业务处理等各项工作提供科学依据，所以在一定程度上具有紧耦合性特点。③独立性。企业内各部门之间的物资计划编制以及物资审核等各项流程之间存在不同。通常情况下，企业物资计划管理业务主要由计划信息收集、信息分类以及信息编制等几部分构成，企业不同业务处理通常都是由上述功能构成。上述功能又可以分为两类，分别是信息处理与信息控制。信息处理包括收集、汇总、平衡、编制与分类。信息控制包括审核与上报。不同层次之间的业务以及企业处理量存在不同，所以物资计划管理以及使用金额等存在不同。

1. 概述

物资需求计划是根据基本生产计划和企业经营需求，编制企业物资需求清单，控制企业物资调配的一种方式。它为物资需求提供了正确的时间和数量，可以细分为加工计划、采购计划、原材料计划、外部需求计划、备件计划，以满足内部需求、联合需求和外部需求，为生产管理、采购和高层管理决策的日常工作提供信息。

基本生产计划只是最终产品计划，该产品可能包含数百种相关材料。如果企业编制了所有相关的需求，则工作量很大。相同的材料可以用于不同的产品，不同的产品对相同的材料有不同的要求。此外，不同的物资处理周期或采购周期需要不同的时间。要使每一种材料在某一时刻都可用，以满足生产或配送的要求，就需要保证相应的库存，在使用中随时调配，但为了考虑生产成本，人工控制的复杂度太高，通常经营者无法完成物资需求的妥善管理。由于操作数据繁杂的原因，很难解决人工控制下的材料不足和货物库存量大的问题。采用计算机技术引入 MRP 的思想简化了这些问题的解决。

除去资金、厂房、技术设备等，物资、存货在企业的资产中占据近一半，物资、存货能够创造的价值是最大的，是企业提供高价值的一种基础的物质。企业物资、存货的管理好坏直接反映了企业的管理水平，能够映射出企业的生产经营情况，对于投资者和股东了解企业的管理水平提供参考。现在对于物资、存货的计价方式主要是按照成本法，物资、存货的管理一般都会与销售部门分开，在相互之间的沟通过程中由财务部门进行统计与计算，所以物资、存货的计算和管理主要是按照成本法，按照成本的方式管理物资、存货，计算物资、存货的丢失情况与受损情况。

相较于技术、管理等无形因素，物资、存货属于企业中的有形资产。同时，对于物资、存货的管理与内部控制贯穿于企业的生产和销售过程。因此，物资、存货具有极强的变现能力，这也使得物资、存货管理在企业内部控制中占有重要地位。物资、存货管理的目标就是提升企业对于物资、存货的管理水平，通过物资、存货的管理为企业的销售和生产进行协调，在市场千变万化的过程中提升物资、存货的协调性，在销售需求的变化中平衡生产的计划，让生产能够在一个有序的流程中进行下去，也让销售能够具有充足的货源，保证销售的发展。物资、存货的管理原则主要是按照实收实发的原则进行，坚持仓库管理的客观性，通过客观性的特点提升企业的物资、存货管理，通过实际的生产和发放管理提升企业的内部控制。

在对 MRP 系统进行软件设计时，一般的软件设计主要按照系统的功能划分不同的系统功能模块来进行设计，但是对 MRP 系统进行软件设计与开发时，为了更好地满足企业的业务流程需求，使得 MRP 系统能良好应对复杂程度极高的生产业务管理流程，因此，采取领域模型建模进行软件系统构建的形式。领域模型软件设计的主要针对对象是业务流程与业务逻辑，其采用的松耦合模式能为 MRP 系统提供良好的可扩展性与可维护性。由于领域模型设计的主要针对对象是业务流程，因此对业务逻辑进行模型设计与构建是整体领域模型设计的核心。通用的业务逻辑模型架构有以下几种模式：

（1）事务脚本

事务脚本是一个贯穿前端与数据库的组织方式，这种模式的优点在于其中心思想简单，面向过程，能够轻易搭建。缺点在于不适用于复杂业务逻辑；

（2）表模块

表模块类似于数据库中的关系表结构，容易与底层数据库结构进行一一对应，便于管理，但没有关系结构，类与类之间无法直接建立联系。

（3）活动记录

活动记录属于封装的一个对象，类似于数据表中的一行数据信息，优势在于其封装结构可以直接对底层数据库进行访问与数据交换，提高了系统的数据传输效率。公司在管理思想和管理模式上的基本思路，已经转化为对利用 MRP、ERP 系统对当前需求的规划，在 MRP 管理理念的领导下，许多制造企业获得了巨大的利润，并加强了企业管理。MRP 是整个生产管理计划阶段的开始，是所有生产管理的基础。MRP 是基础生产计划的另一个发展方向，也是实现基础生产计划的保障和支持。

2.MRP 的信息源

物资需求的可靠性取决于数据的准确性。从 MRP 整个系统来看，构建物资需求计划系统所需要的信息源主要由主生产计划、独立需求计划、物资清单、主要物资文件，以及库存信息构成。这些信息源所提供的信息、数据正确性将直接影响 MRP 系统的正确运转。

（1）主生产计划

主生产计划 MPS 是 MRP 中的一个重要的计划层次。这一层次下的生产计划和数量计划表示，公司计划根据客户的合同和市场预期进行生产，并确定将通过 MRP 和 CRP 生产和运行的产品。各个分项计划为改变总体计划提供主要支持。在实际的生产制造流程中，主生产计划需要对企业的营销规划以及经营策略进行录入，通过对企业的库存物资以及销售计划等数据的获取，以粗略形式制定生产物资的种类以及生产、投放时间，使得企业产销大体平衡。

MPS 是 MRP 的主要输入。由于主生产计划与复杂而不稳定的市场需求相关联，目前还没有自动生成主生产计划的工具，主生产计划的编制仍然依赖于人为经验。总体生产计划的变更将改变计划的内容要求。

（2）独立需求计划

独立需求计划是 MRP 的第二个信息来源。物资需求按照不同物资层级以及相互联系紧密与否，分为相关需求和独立需求。相关需求指的是该物资的需求与其他物资之间紧密相关，在计算时应该统一考虑，通过耦合的方式建立物资需求模型。典型地，产品零部件需求属于相关需求。独立需求指的是该物资不依赖于其他物资而单独计算需求，与其他物资之间的关系不紧密。例如用于售后服务的备件的需求属于独立需求。换言之，独立需求属于市场对于企业产品供给的需求，企业一般仅能依据上一期的销售统计进行当期的销售需求预估，这种预估严重依赖以往的销售、生产数据，无法进行准确预估，是一种凭借经验预判的需求估计。

MRP 的最终订单计划提供了物资和产品的时间和数量。MRP 主生产计划基于独立需求计划所需的信息，为公司申请独立需求物资的相关辅助物资。

（3）物资清单

物资清单是关于 MRP 的第三个信息来源。物资清单是一个结构化的物资信息表，显示各项物资的组织结构。MRP 系统在应用程序中使用备件和材料需求规范，以符合 MPS 中的产品订单。对于 MRP，需要使用到物资规范、相互关系、物资 ID、物资层级、物资类型、物资属性、物资购置类型和其他信息提供的各项参数。物资需求的准确性和可靠性取决于规范的编制质量。物资清单中包含了有顶层最终产品与各类父、子配件，以及底层原始物资等关系的清单数据表，它在 MRP 系统中有着极其重要的地位，物资信息及装配物件等关系、数量、组装顺序等都在物资清单中得到详细说明，因此保障物资清单的准确性尤为重要。

（4）主要物资文件

MRP 信息的第四个来源包括其他信息，如主要物资文件和过程文件。主要物资文件使用 MRP 图表记录文件内容的许多属性，并提供有关材料、库存状态（例如可用库存、当前库存、计划库存、分配库存等）、生产或采购信息，以及库存管理信息等。主要物资文件一般又称物资主文件，是每一种物资都会有的文件信息。里面记录了每一种物资的标识符、设计、管理信息、属性信息、参数信息等，还包含了该种物资与各个管理部件之间的关系。

除了有关主要物资文件的信息外，还需要工艺流程文件、工作站数据和工厂日历数据。工艺流程文件描述了物资和组件的加工数据，如产品工艺图和内容配额。MRP 系统通过计算工艺流程来确定完成材料生产的时间和时间。工作站数据提供有关 MRP 可用资源的信息。MRP 计划以工厂评估的实际工作日为基础，并作为一天或一周的时间单位来构建物资计划和使用各种物资。

3.MRP 计算理论

在任何生产过程中，生产者都必须解决有关所生产的材料和组件、生产量和生产周期的问题。MRP 是为回答这些关键问题而设计的计算机应用系统。

（1）MRP 的主要任务如下

1）获得与最终产品生产计划有关的物资（原材料、零件等）和时间的需求。

2）按周期计算物资需求与生产实践的排期，确定何时开始生产。MRP 是一种科学平衡需求计划和生产计划方法，是生产信息管理系统成功的关键。MRP 的基本理念是调节物资在生产中的作用，而不是传统的产品订单记录与生产线分配。同时，MRP 是一个随时更新的请求计划。它规定采购和发布计划订单的时间，确定处理优先级，并根据销售情况预测主要生产计划、库存条件、生产规模，为生产过程提供详细的生产计划。MRP 的关键输入信息包括主生产计划、独立需求计划、物资清单、主要物资文件、库存信息等，这些信息主要来源于各组成部分的总需求和净需求。

（2）MRP 的计算原理主要可以由以下几个公式来进行说明。

1）毛需求量计算公式：在 MRP 系统中，毛需求量数据信息主要由主生产计划中的销售计划、库存数据信息，以及订单信息等共同组成，其中销售计划中所列出的独立需求数据，则是根据往期市场需求进行预估得来的。因此，毛需求量是由独立需求量与相关需求量求和得来的。

2）计划库存量计算公式：计划库存量中涉及的计算因子包括上一期生产周期结束后的剩余库存量、本期销售订单预订的生产产品总量、本期的生产周期中利用生产物资生产出的各类产品的入库数量，以及第一个计算公式中的毛需求量。计划库存量的数据就等于前几项计算因子的总和去除毛需求量所得到的数据。

3）净需求量计算公式：在净需求量的计算公式中，当期的毛需求量、上一期生产周期结束后的剩余库存量、本期的生产周期中利用生产物资生产出的各类产品的入库数量，以及安全库存量是该计算公式的计算因子。其中，安全库存量指的是，即使企业不进行产品的生产，或在某些突发情况下，企业的产品需求量突然大增，当遇到这种非常见情况时，企业可以通过库存中的剩余产品保有量，来对市场销售需求进行有效应对，这一部分剩余产品保有量就叫做安全库存。净需求量是首尾两项计算因子之和与中间两项计算因子总和的差值。

（3）传统的 MRP 操作执行如下。

1）BOM 分解算法：根据物资清单对物资需求进行分解。

根据 BOM 的层次结构，不同分项级别的层次结构取决于较低级别的物资状态，因此可以通过查找分解表的方式来访问主生产计划和库存。根据类的级别分别计算物资信息级别、总需求、订单需求、物资净需求等。该算法的优点是使用可靠。

2）BOM 集中式算法

追溯 MRP 的基本思想，以物资清单为计算中心，利用产品的硬性生产规范、生产周期和生产线结构，使用连乘法计算物资需求的时间和数量。该算法计算量小，与产品线结构相对稳定的情况更为适应。在传统的 MRP 计算计划中，大多数工作都是在服务器端的 MRP 账户或客户端完成的。当服务器关闭，或者服务器计算的任务太重时，容易造成服务器资源瓶颈。当组织中有大量迸发服务时，等待时间很长。当客户机关闭时，服务器负载会减少，但是过度的网络流量会在 MRP 过程中造成新的瓶颈。由于 MRP 数据量很大，网络传输延迟会造成 MRP 速度的延迟。

3）分布式计算方案

使用分布式计算，可以充分利用组织内的所有计算资源，改进 MRP 账户的结构，并解决算力不足的问题。在这个优化模型中，从系统的角度来看，许多可定制的对象都是单独配置的，数据库服务器、应用服务器、客户机和软件算法的属性在很多方面可以充分利用，以实现最佳目标。

MRP 计算公式：根据主生产计划、库存计划、物资清单（BOM），生成物资需求计划（MRP）。

主公式：总需求 = 独立需求 + 关联需求

计划库存 = 上期库存 + 当前订单数量 + 当前预期库存—总需求

净需求 = 本期总需求．上期库存．本期预计库存 + 储备库存

BOM= 工艺流程 + 产品结构 + 资源

根据物资间的结构关系，MRP 算法以总需求和当期库存来计算分项物资的净需求，得到实际需求的生产时间和生产数量、交货周期、安全库存等信息，由分项物资净需求再来推算下一层级分项物资的总需求，然后根据总需求和库存信息再次计算次级物资净需求，如此循环往复，直到所有物资计算完毕。

总需求 G（t）是指计划期间所有最终项目的总需求，在本文中作为各项物资的独立需求的汇总，详细解释为：从生产计划的基线数据中按顺序获得产品订单所对应各项物资的总需求。

二、信息技术应用在物资计划管理中的重要作用

1. 有效实现资源共享

将信息技术应用在物资计划管理中，能够实现物资计划的规范化管理，实现企业资源共享。随着信息技术的快速发展，企业对信息资源进行有效整合，能够加强信息控制与管理，各部门以及个工作人员能够及时获取自身想要的数据信息。将信息技术应用在物资计划管理中，成为企业更好发展的重要方式。想要实现企业更好发展，提升物资计划管理水平，需要企业各物资管理部门之间加强交流与沟通，从而才能及时

发现物资计划管理存在的不足，调整与完善物资计划电子信息建设中存在的资源浪费问题以及重复建设问题。同时，相关工作人员能够及时了解采购执行状况以及仓库物资存储，从而使各项物资计划管理有序进行。

2. 提高工作效率

将信息技术应用在企业物资计划管理中，能够在很大程度上减少企业相关工作人员的工作量，提高工作效率。利用信息技术主要是利用计算机等先进技术，所以能够降低纸的需求量，实现无纸化办公，能够为工作人员营造良好的办公环境。此外，利用先进信息技术能够实现企业物资计划管理等各项资源的数字化与信息化，工作人员利用先进技术能够及时了解物资计划管理以及相关信息，从而能够减少工作人员的工作量，节省更多的时间，为且创造更多的经济效益与社会效益。

三、基于信息技术的物资计划管理措施

1. 加强物资领料计划审批

通常情况下，企业进行物资领料计划申请审批工作需要由专门工作人员，通过手工的形式实现大量物资领料的申请审批。尽管该种方式在一定程度上能够推动企业物资领料审批工作顺利开展，但是还存在以下几点不足。

（1）在物资领料计划申请审批工作中，有部分物资需要审批，同样也有部分物资不需要审批，但是需要申请审批与不需要申请审批的物资之间没有明确规定。所以，相关工作人员可能利用这一漏洞做出违规行为，导致无法有效提升物资计划管理等相关工作的效率。

（2）一批物资申请审批工作通常浪费大量时间，从而会对企业物资采购工作造成影响，使企业各项生产工作无法顺利开展。此外，在物资审批工作中需要各部门人员参与其中，从而会浪费企业人力资源。为解决上述问题，企业可以将信息技术应用在物资领料计划申请审批工作中，构建相应的物资领料计划申请审批程序，从而在计算机网络中利用相关程序开展各类物资领料计划申请审批工作。信息技术等应用能够提升工作效率，能够将全部物资进行领料计划申请审批，保证每个物资都能经过审批，全部都处在企业监督管理之下。同时，企业物资领料计划申请审批工作可以在每天的固定时间内进行，不需要企业内更多工作人员参与，不仅能够节省人力资源，还能够提升工作精准度与工作效率，促进企业实现可持续发展。

2. 构建物资计划管理系统

物资出库环节在物资计划管理中发挥着重要作用，通常情况下，物资出库可以从以下几点展开。

（1）保证物资出库与领料计划相同，如果想要实现这一目的，需要构建物资计划管理系统。在该系统中设置相应的领料原则，领料单位便可以录入相应的物资申请计划，接着该计划需要由相关部门进行审批，手续齐全后才可以开展物资采购工作。物资采购计划需要合同签订等全部检验合格后才能入库，从而能够在很大程度上保证物资流动的科学性与合理性。同时，系统还可以设置相应的供货商信誉评价等功能，从而为物资采购工作提供科学依据，保证物资采购工作顺利开展。物资计划管理系统之间不仅相互联系，并且具有较强方向性。用户可以利用该系统查询物资情况，从而提升物资计划管理系统整个操作流程的透明度。

（2）物资计划管理系统能够在很大程度上起到监督与管理的作用，保证物资申请人与物资领料人一致。如果想要实现这一目的，企业需要在物资计划管理系统中添加相关工作人员的档案信息，在进行物资领料时，能够在系统中自动出现领料人资料与照片等，从而能够避免出现冒充领料等现象。将信息技术应用在物资计划管理中，能够构建物资计划管理系统，从而为物资计划管理工作提供保障，实现物资计划管理信息化。

3. 加强市场调研工作

在物资计划管理工作中，相关物资采购部门在其中发挥着重要作用。想要做好物资计划管理工作，企业需要加强市场调查工作，市场调查工作的科学性与合理性与企业成本以及经济效益具有密切相关。随着科学技术的不断进步，先进的信息技术已经应用在很多领域，所以为了顺利开展市场调查工作，同时做好物资计划管理工作，企业需要利用先进的信息技术，从而才能提升市场调研工作的准确性，才能提升工作效率与工作质量。同时，在物资采购中会面临质量风险、交货时间风险等各类采购风险，为避免出现各类采购风险，相关工作人员需要做好前期市场调查工作。由此可见，前期市场调研工作，是物资计划管理工作中的重要组成部分。

四、物资采购计划案例

随着煤炭企业提质增效发展理念的深入，物资计划管理中供应链的价值也更加凸显。应用大数据、云计算等现代信息技术精准分析煤矿企业的物资需求计划，分析其物资需求规律，创新和提高物资采购计划，能够更好地提高煤矿物资计划管理的精准性和高效性。

1. 煤矿物资计划管理中存在的问题

当前，煤矿物资计划管理手段较为滞后，仍是以传统的人工统计及调配为主，对煤矿生产运营中的采购周期、物资消耗规划、定额储备、生产计划、设备使用寿命等都不能进行科学而有效的分析，物资计划缺乏前瞻性和预测性，急需的生产设备备件则出现短缺，同类物资需求重复提报问题比较突出，造成物资采购比较频繁，工作的重复性较高，不但增加了采购成本，非常用物资的库存积压也较为严重。同时，紧急性计划的次数非常多，物资计划管理的主导作用难以有效发挥。

众所周知，煤矿生产作业中所用的辅助设备、运输及采掘设备多为进口产品，其资产总值占比极高，在配件采购中进口配件的采购也比较多，但此类配件采购的环节非常复杂、价格昂贵、采购周期长、成本高、其库存资金占比也非常大。在此状况下，如果不能对物资需求进行科学计划，就很难有效应对物资需求及采购问题，不但会增加采购成本，还会出现物资短缺而影响企业的生产。加之，采购进口物资的环节比较多，如询价、订购及合同的签订、商家的生产周期、运输时间、报关时间等因素都会影响物资计划的执行，物资计划很难做到准确性，也无法及时为企业生产提供物资供应。

物资计划管理中未能对供应商信息进行处理分析，不能及时掌握市场变化趋势。售后服务零配件、维修等信息没能充分利用和分析，控制设备零配件库存依靠经验，大部分零配件按照订单进行生产，难以提前安排生产，且其生产周期较长，若不能合理计划其采购问题，就会影响煤矿企业的生产运营。当然，这些问题的存在，主要是煤矿企业物资计划管理中未能充分应用大数据的采集和分析，导致其管理效率比较低，且缺乏精准性。虽然煤矿企业的信息化程度得到提升，但其作业环节的信息化程度仍不能满足其发展要求。不同作业及工位间传递信息的方式仍是纸质化，物资调度也通过使用部门的上报来实现，物资管理部门不能保证其物资使用的实时性，难以实现物资调配及管理的智能化，进而影响物资计划管理效率及质量。

2. 智慧供应链模式下的物资计划管理体系

（1）物资需求预测分析

大数据技术是现代化的信息技术，利用大数据技术能够对巨量信息及数据进行专业收集、处理和分析，并得出精准结论，为管理者提供可靠的决策依据，能够有效地提高管理的效率、效果和质量。当前，大数据技术被广泛应用到各个领域的生产经营及管理活动中，并推动着其不断创新和变革，给人类的工作及生活带来极大变革。煤矿企业物资管理系统中产生的数据非常多，如采购数据、物资需求计划、供应商数据、仓库存储数据及物料数据、物资使用数据、物资使用寿命等，利用对此类数据的搜集及处理分析，挖掘其价值，找到物资使用规律、采购规律，分析数据后对其进行充分利用，能够有效地提高物资计划管理的效率和质量。

煤矿物资计划管理中的库存需求预测则需要对其过往物资使用数据、采购数据、库存数据、年度投资计划、投资的金额及其资金分配等数据进行充分掌握和分析，将当前数据同过往数据进行比对分析，以发现煤矿物资计划及投资趋势。通过大数据分析，应用差异化分析和数据钻取技术，从物资金额、物资分类、物资应用等维度，对其固化ID应用、标准化应用和物资集中度等进行全面分析。首先对小料物资通用性及其需求的占比趋势进行分析，明确物资标准化应用的范围及程度。其次要分析同一类别下不同物料的应用趋势及其集中度，明确其通用程度。而后对各类物资的需求额变化和需求量变化趋势进行分析。通过优选筛选出常用的物料，并对各类物料的物资进行梳理，按照进口配件、设备、物资使用寿命、物资供应商等内容设计相应的关系模板，以为物资计划部门提供制订计划的依据，进而提高物资计划制订的精准度。

当然，煤矿物资供应中设备类物资的占比非常大，要通过维护项目、技术改造等对设备物资的应用频率，梳理出其常用设备物资型号、类别、采购状况、供应商情况等，对其进行需求预测的同时，还应考虑供货渠道方面的影响。同时，在分析上述物资需求预测时，要对应急物资及抢修物资的采购量、基础设施建设、通用设备等物资采购进行详细计划和科学选择。

此外，在利用大数据平台做好物资计划需求预测后，需要同供应商沟通联系，明确供应计划，尤其是对重要设备、配件等重要物资的供应，常用物资仓储也要按照足额储备和及时补货的原则，实时滚动更新。这就要求各个生产及作业部门、管理部门必须密切配合，各个部门要求加强需求计划的上报，并标明物资使用情况和需求量。

（2）智能供应链下物资计划管理

1）平台的构建平台架构

智能供应链下的物资计划管理平台主要分为计划决策层、平台层、网络层和感知层四个层次，其中，感知层主要是利用条码、嵌入式技术、视频监控、RFID及传感器等技术的综合性应用，以便于准确及时了解物资供应情况、采购情况和需求情况等相关信息，对物资计划管理的各个环节进行全面感知，并实现其管理的可塑性及可视性。网络层主要是利用短距离无线通信技术、移动通信和互联网等技术，将物资管理相关信息准确安全地传输到云存储数据中心，且依据预设机制对非结构和结构性数据进行存储。而平台层主要是存储和分析接收到的相关数据，如供应商管理、内部生产管理、物资库存、物资需求、物资采购等系统模块。而计划决策层主要是通过大数据、云计算及人工智能等技术对网络层、感知层和平台层所采集、上传及存储的数据进行处理分析，通过其深入挖掘来确定物资采购及调配，制定物资计划，并实现物资供应链条的全程智能决策、智慧协同和可溯可视。

2）平台功能优势

此智能供应链下的物资计划管理平台，能够实现管理的可视化。通过物联网及互联网技术，对供应链中的物流状况、供应状况、所购设备及零部件的生产状态、采购状况、物资库存、物资需求等信息进行采集、上传和存储，分析处理，以非常直观的状态进行展示，能够实现其流程的可视化，仓库、物流过程、采购状态、物资需求、物资利用等的可视化。整个物资供需链条节点的信息都是连通的，信息数据较为透明，整个物资管理环节所产生的数据都是共享的和透明的。这样，此供应链下的需求及采购预测都较为精准，利用此数据制订的物资计划也具有较高的精确度。

在此智能化管理中，在大数据及云计算和智能化技术等驱动下的物资计划，其决策及预警都实现了智能化。煤矿企业物资管理部门能够依托此系统，对物资需求、采购、仓库存储、物流、生产状态及物资管理结果、企业运行效果等进行客观评估和预警、预测，能够准确把握企业生产及运营中各个环节、物资管理各个环节的连续，为企业制订物资计划和决策提供可靠依据，进而提高其物资计划的准确性。在决策层，利用大数据及智能技术对海量物资管理数据进行分析，能够最大限度地整合物资资源，对物资管理中的供应链运营时间、成本、质量、市场变化、价格等状态进行实时动态化的呈现，实现物资供应、生产、物流及销售和资金等资源的优化配置。对煤矿企业物资供应及生产运营环节的资源需求进行科学分析，能准确掌握其需求规律、节奏及需求量，为物资采购及调配提供了准确数据，进而提升物资调配及采购的及时性，提高物资管理的效率和效果。

3. 智能供应链下的物资计划管理平台的实现

实现此智能化的物资管理平台，必须提高煤矿企业各个生产及管理系统的信息化程度，制定相应的管理机制，完善物资管理机制，建立物资供应的周预警和月报机制，严格控制物资管理全过程。同时，此平台主要涉及供应商管理模块、企业生产管理系统模块及仓库管理系统、物资管理决策模块。

物资管理决策系统能够实时收到生产管理系统的物资使用及需求状况，并利用大数据对其过往物资使用数据、生产数据等进行分析，挖掘其物资应用规律，并对物资需求进行科学预测，为物资的科学调配及采购提供精准数据。同时，物资管理决策系统根据生产管理系统的物资信息反馈情况调配物资，以满足其生产运营需求。此外，物资管理决策系统还能利用供应商管理系统中提供的市场变化、价格变化、物资生产状态、物流、生产周期、合同签订等数据进行分析，综合生产管理系统中的物资供需数据分析和仓库管理系统的数据来制订物资计划，并依据此计划进行采购，从供应商管理系统中选择合适的供应商及物资。也就是说，物资管理部门能够根据生产管理系统、仓库管理系统及供应商管理系统提供的实时数据，及时准确地判断物资采购及供应状况，进而准确地制订出物资计划，为煤矿企业物资供应管理提供了科学有效的管理手段。

第二节 物资计划的编制依据和分类

一、物资采购计划的编制

采购计划编制是根据范围说明书、产品说明书、企业内采购力量、市场状况、资金充裕度等有关项目采购计划所需的信息，结合项目组织自身条件和项目各项计划的要求，对整个项目实现过程中的资源供应情况作出具体安排，并按照有关规定的标准或规范，编写项目采购计划文件的管理工作过程。

1. 编制的内容

采购计划编制所需的输入包括项目范围说明书、产品说明书、市场条件以及约束条件和假设。

（1）采购计划编制的工具和技术

采购管理的工具和技术包括进行自制—外购决策分析和向专家咨询。

自制—外购决策分析，即决定是在组织内部制作某些产品或进行某种服务，还是从组织外部购买这些产品或服务。它包括估算提供产品和服务的内部成本，同时还包括与采购成本估算的比较。

作为采购计划编制的一个环节，应该咨询内部专家的意见。而公司外部的专家，包括一些潜在的供应商，也能提供一些专家判断。不管是内部还是外部的，专家判断都是制订采购决策的一项宝贵财富。

（2）合同类型

合同类型是应当考虑的重要项目，不同类型的合同在不同的情况下使用。总的来说有三种类型的合同，固定价合同或固定总价合同、成本补偿合同和单价合同。

1）固定价合同或固定总价合同。涉及详细定义的产品或服务的固定总价格，这种情况下买方承担的风险很小。

2）成本补偿合同。是指向卖方支付直接和间接实际成本。直接成本就是项目直接发生的成本，可以通过很经济的方法直接摊销。间接成本是不能通过很经济的方法直接分摊到项目上的业务成本。例如，项目人员的工资和特定项目所需购买的硬件和软件成本是直接成本，而给办公室提供的电力、食堂等是间接成本。间接成本通常用直接成本的百分比计算。成本补偿合同通常包含诸如利润百分比与奖励费（对满足或超过既定的项目目标的奖励）之类的费用。这类合同常用于涉及新技术产品或服务采

购的项目。买方在成本补偿合同中承担了比固定总价合同更大的风险。成本补偿合同有三种类型，按照买方承担风险的大小，从最低到最高依次排列为：成本加奖励费，成本加固定费，成本加成本百分比等。

成本加奖励费（CPIF）合同。买方向卖方支付容许地完成任务的成本以及事先决定的费用和激励奖金。如果最终成本小于预期成本，按照事先谈判好的分配公式，买方和卖方都从节省的成本中受益。

成本加固定费合同（CPFF）。买方向卖方支付容许地完成任务的成本，加上按估算成本一定百分比计算的固定费用。事实上，这种费用通常不会改变，除非合同的范围发生变更。

成本加成本百分比合同（CPPC）。买方给卖方支付容许地完成任务的成本，加上事先约定的总成本的一定百分比。从买方的角度看，这是最不理想的一种合同，因为卖方没有降低成本的动机。实际上，这会促使卖方增加成本，因为这样做可以使利润按照成本的百分比增加。这种合同所有的风险都由买方来承担。

3）单价合同。要求买方向卖方按单位服务的预定金额支付的合同，合同总价就是完成该项工作所需工作量的函数。这种类型的合同有时称为时间和物料合同。任何一种类型的合同都应当包括一些考虑了项目独有问题的具体条款。

（3）工作说明书

很多合同都包括工作说明书（SOW）。这是对采购所要求完成的工作的描述。SOW 详细描述工作，以便让潜在的供应商决定他们能否提供所需的产品和服务，以及确定一个适当的价格。SOW 应当清楚、简洁而且尽量完整，它应描述所要求的全部服务，包含绩效报告。SOW 中的措辞非常重要，比如使用“必须”还是使用“可以”。“必须”意味着不得不完成某件事；而“可以”表示在做与不做之间的某种选择。SOW 还应详细说明项目产品，注意使用行业用语，并参考行业标准。

2. 编制的流程

项目采购计划的编制过程就是根据项目所需资源说明书、产品说明书、企业内采购力量、市场状况、资金充裕度等有关项目采购计划所需的信息，结合项目组织自身条件和项目各项计划的要求，对整个项目实施过程中的资源供应情况作出具体的安排，并最后按照有关规定的标准或规范，编写出项目采购计划文件的管理工作过程。一个项目组织在编制采购计划中需要开展下列工作和活动：采购的决策分析、采购方式和合同类型选择，项目采购计划文件的编制和标准化等。

表 4-1　采购计划编制的流程的主要内容。

输入（或依据）	工具与方法	输出（结果）
项目过程资产资源需求计划项目范围说明其他管理计划风险识别清单事业环境因素	自制—外购权衡短期租赁或长期租赁权衡合同类型权衡专家评估判断招标标准文件	自制或外购决策采购管理计划采购需求计划采购作业计划采购标准化文件采购要求说明计划变更申请招标评估标准

在编制采购清单和采购计划之前，必须做好充分的准备工作。采购准备的重要内容之一是进行广泛的市场调查和市场分析，从而熟悉市场，掌握有关项目所需要的产品和服务的市场信息。对货物采购而言，就是要掌握有关采购内容的最新国内、国际价格和供求行情，弄清楚是通过从一家承包商采购所有或大部分所需要的产品和服务，还是向多家承包商采购大部分需用的产品和服务，或是采购小部分需用的产品和服务，还是不采购产品和服务（常用于研究和科技开发项目）之间做出决策。

（1）采购计划编制的输入（依据）

1）组织过程资产。其主要包括项目的各项管理计划的输出结果。

①资源需求计划。采购是针对需求而言的，因此需要根据成本计划中的资源需求计划明确资源采购的种类和数量。

②项目范围说明。项目范围说明书包括了项目可交付成果的功能和特性要求，应达到的质量标准和技术规范。不同质量的产品，对选用材料的质量等级和工作人员的素质要求会有很大不同。即使同一种产品，军用和民用的质量及成本要求也不同，军用品往往因为质量刚性而不计成本，而民用品则要考虑性价比，对此需要选用不同等级的零配件来生产。

③其他管理计划。采购管理计划除了要求与项目的质量及成本计划紧密相关之外，还需要与其他的计划衔接。例如需要与工期计划衔接，以便保证及时供应；需要与沟通计划衔接，以便建立与供应商的沟通渠道。

④风险识别清单。采购计划还需要与风险计划衔接，以便制订供应链意外断裂时的应对预案。

2）事业环境因素。其主要包括各项外部约束条件、市场行情信息和计划假设前提因素。

①外部约束条件。采购管理计划不但要受到项目质量、成本、时间这三条边界的约束，而且还可能受到国家法规、社会信誉环境、金融环境、法制环境、技术检验手段、交通运输条件、产品供求关系、国际贸易摩擦、价格及汇率水平和波动趋势等诸多因素的约束。这些都将成为制订供应管理计划不可或缺的参考依据。

②市场行情信息。货源和品种的选择，需要建立在对市场信息充分了解的基础上。所需资源从何处可以获得？用什么方式获得？性价比如何？哪个供货商的服务更好？

供货周期能否满足要求？这些都需要通过信息分析做出判断。

③计划假设前提。所有的计划都是建立在某些假设前提之上的，例如采购的成本估算就是基于市场平均价格及货币汇率不变的假设前提下测算的，采购供应的时间计划也是基于当前的运输效率的假设前提下制订的。假设条件的准确度直接关系到计划的精确性，如果假设前提估计不准确，整个计划就是建立在沙滩上的建筑。

（2）采购管理计划的输出结果

1）自制或外购决策。

这是关于采购管理，也是项目管理最根本的决策。当然，项目除了自制或外购决策外，还有短期租赁或长期租赁决策、国内购买或国外购买决策等。

2）采购管理计划，包括对外的采购需求计划和对内的采购作业计划。

3）采购需求计划，即获得资源的总体策略和指标体系。除自己制造的产品之外，哪些资源外购、外包、外租，选择产品和选择供应商的标准，如何确定最佳的订货批量及供应周期，如何争取有利的价格和交易条件等。

4）采购作业计划，即制订实现上述采购需求计划的流程，作为采购供应人员的行动指南。因此，采购作业计划一定要制订得具体明确，它包括执行采购的具体时间、步骤、责任人、执行办法、对具体采购产品的要求及注意事项等。

5）采购标准化文件。为了使采购作业规范统一，减少因采购人员的个人因素而产生的差错，便于统一管理，应当尽量将采购过程中所使用的文件制成标准化的文本。常用的标准格式的文件有标准的采购合同、标准的劳务合同、标准的招标文件等。文档的标准化实际上体现了我们前面曾论述过的框架式思维模式，它可以提高采购工作的效率，减少重复劳动，缩短组织的学习过程。

6）采购要求说明。其是采购方向供应商或分包商发放的正式文件，是今后与供应商和分包商进行谈判的基础，也是为他们以后的投标提供的决策依据。一般情况下，每项独立的采购工作都应有各自的采购要求说明文件，但这些说明文件并不是硬性规定，它应当具有适当的灵活性，当市场行情发生变化时可以及时调整，还可以通过和卖方的谈判沟通适当修改。

7）计划变更申请。采购计划的编制有可能引起其他计划的变更，需要提交变更申请以便通过集成变更控制，对所有变更进行综合评估和处理。

8）招标评估标准。其是买方用来对供应商所提供的建议书进行评价、打分（客观或主观）、排序等的标准，往往是采购文件的组成部分。

采购管理计划的信息分析处理和文件编制，会涉及大量技术问题，采购部门主管应会同项目组织内部有关部门主管共同进行。有很多项目组织为此专门聘请外部专业人员，如造价师、设计院、专业咨询机构来协助制订采购计划。

二、采购计划编制的影响因素

1. 年度销售计划

除非市场出现供不应求的状况，否则企业年度的经营计划多以销售计划为起点；而销售计划的拟订，又受到销售预测的影响。影响销售预测的因素，包括两方面：外界的不可控制因素，如国内外经济发展状况（GNP、失业率、物价、利率等）、人口增长、政治体制、文化及社会环境、技术发展、竞争者状况等；内部可控制因素，如财务状况、技术水准、厂房设备、原料零件供应情况、人力资源及企业声誉等。

2. 年度生产计划

一般而言，生产计划根源于销售计划。若销售计划过于乐观，将使产量变成存货，造成企业的财务负担；反之，过度保守的销售计划，将使产量不足以供应顾客所需，丧失了创造利润的机会。因此，生产计划常因销售人员对市场的需求量估算失当，造成生产计划朝令夕改，也使得采购计划必须经常调整修正，物料供需长久处于失衡状况。

3. 物料清单

特别在高科技行业，产品工程变更层出不穷，致使物料清单难做及时的反应与修订。以致根据产量所计算出来的物料需求数量，与实际的使用量或规格不尽相符，造成采购数量过与不及，物料规格过时或不易购得。因此，采购计划的准确性，有赖维持最新、最正确的物料清单。

4. 库存管理卡

由于应购数量必须扣除库存数量，因此，库存管理卡的记载是否正确，将是影响采购计划准确性的因素之一。这包括料账是否一致，以及物料存量是否全为良品。若账上数量与仓库架台上的数量不符，或存量中并非全数皆为规格正确的物料，将使仓储的数量低于实际上的可取用数量，故采购计划中的应购数量将会偏低。

5. 物料标准成本的设定

在编制采购预算时，对将来拟购物料的价格预测不易，故多以标准成本替代。若此标准成本的设定，缺乏过去的采购资料为依据，亦无相关人员严密精确地计算其原料、人工及制造费用等组合或生产的总成本，则其正确性值得怀疑。因此，标准成本与实际购人价格的差额，即是采购预算准确性的评估指标。

6. 生产效率

生产效率的高低，将使预计的物料需求量与实际的耗用量产生误差。产品的生产效率降低，会导致物料的单位耗用量提高，而使采购计划中的数量不够生产所需。过低的产出率，亦会导致经常进行修改作业，从而使得零组件的损耗超出正常需用量。所以，当生产效率有降低趋势时，采购计划必须将此额外的耗用率计算进去，才不会发生物料的短缺现象。

7. 价格预期

在编制采购预算时，常对物料价格涨跌幅度、市场景气与否乃至汇率变动等多加预测，甚至列为调整预算的因素。不过，因为个人主观的判定与实际情况常有差距，亦可能会造成采购预算的偏差。

由于影响采购计划编制的因素很多，故采购计划与预算编制之后，必须与产销部门保持经常的联系，并针对现实的状况做必要的调整与修订，才能达成维持正常产销活动的目标，并协助财务部门妥善规划采购资金的来源。

第三节　计划审批后要进一步核实

物资计划经审批通过后，采办部门按照业务职能分工归口管理，由各主管人员组织实施，严格执行。部门领导负责各项计划的定期检查和落实，确保计划任务的完成。对物资采购计划进一步核实和细化。落实计划有无变更、技术条件有无修改、是否进行相应调整、交货时间地点的详细要求。如果因工程任务的变更，造成需用量的增减，采办部门应根据工程、技术部门或项目部的书面资料及时进行调整，编制调整计划，并按相应程序审批：如果因设计变更，应根据设计变更单对原编制的物资计划及时进行相应的调整，以保证物资供应准确，避免产生物资多余积压。

一、市场信息收集与分析的概念

市场信息收集与分析是指运用科学的方法和合适的手段，有目的有计划地收集、整理、分析和报告有关市场信息，以帮助企业。政府和其他机构及时、准确地了解市场机遇，发现存在的问题，正确制定、实施和评估物资供应策略和计划的活动。

市场信息收集与分析过程中要采用科学的方法和合适的手段来进行。各种调查方法，各适用于收集不同的信息；在整理分析收集来的信息时，采用不同的方法进行筛选、统计与分析。它要求信息收集人员从调查设计、抽样设计到资料收集、数据分析和统计处理等过程都必须严格遵循科学的程序。信息收集并非对物资供应的所有问题盲目地进行调研，而是指为了某项物资供应决策所进行的调查，它的过程是一个系统，包括对有关资料进行系统的计划、收集、记录、分析、解释和报告的过程，企业、政府管理部门、社会团体组织和个人等是市场信息收集与分析的主体。

二、市场信息收集与分析的作用和意义

1. 市场信息收集与分析的作用

（1）有利于企业发现物资供应机会

物资供应机会与物资供应环境的变化密切相关。通过信息收集，可以使企业随时掌握物资供应环境的变化，并从中寻找到企业的物资供应机会，为企业带来新的发展机遇。

（2）有利于企业制定正确的物资供应策略

企业物资供应是建立在特定的物资供应环境基础上。并与物资供应环境达成相互协调的关系。因此，要制定出正确的物资供应策略，就必须全面掌握市场环境与顾客需求变化的信息，而这些信息必须通过信息收集才能获得。

（3）有利于提高企业的市场竞争能力

现代市场的竞争实质上是信息的竞争，谁先获得了重要的信息，谁将会在市场竞争中立于不败之地。对于信息这一重要资源，其流动性远不如其他生产要素强，一般只能通过企业自行调研，才能随时掌握竞争者的各种信息和其他相关信息，使企业制定出具有竞争力的物资供应策略。

（4）有利于企业对其物资供应策略进行有效控制

企业面对的物资供应环境是变化的，并且是企业自身不能控制的。企业在制定物资供应计划时，即使已经进行了深入的信息收集，也很难完全把握物资供应环境的变化。因此，在企业的物资供应计划制定中，必须通过信息收集，充分预料环境条件的变化，研究环境条件的变化对企业物资供应策略的影响，并根据这些影响对企业的物资供应策略进行调整，以有效地控制企业的物资供应活动。

2. 市场信息收集与分析的意义

（1）信息收集既是营销管理的开始，又贯穿于物资供应管理过程。

（2）信息收集是物资供应运营的四大支柱之一。

值得注意的是，市场信息收集与分析虽然在物资供应过程中地位重要，但还是有限制的。正确市场信息收集与分析过程，方能产生正确有效调查结论及行销建议；信息分析报告仅代表调查结果，并不能替代经营决策，最后决策仍然操于决策者手中；

信息收集数据为估算值，仅只代表市场状况可能情况，且由于信息收集方法不同，将有不同结论。

三、市场信息收集的适用范围及内容

信息收集内容是很广泛的，但不同企业和不同行业、相同企业在不同时期内对信息收集的内容会因需要的不同而有所侧重和选择。以下所涉及的是企业在信息收集过程中应广泛收集的各方面的资料和信息，企业可根据确定的信息收集目标进行相应的取舍。企业物资供应活动的成功，主要受三大方面的影响即消费需求、产品设计和物资供应活动的适用程度。而这三方面内容都是在一定的社会环境下存在的，因此信息收集的内容主要涉及社会环境、消费需求、产品设计和物资供应活动这四大方面。

1. 社会环境调查

消费者的任何活动脱离不开所处的社会环境，企业消费者的任何活动脱离不开所处的社会环境，企业的经营活动也一样。一个地区的社会环境是由政治、经济、文化、气候、地理等因素所组成的，而这些因素往往是企业身难以驾驭和影响的，只有在了解的基础上去适应它，并将其为我所用。才能取得经营的成功。对社会环境的调查包括以下几个方面。

（1）政治环境

1）政府的经济政策

一般说来，政府的经济政策（包括）外经济政策）是为了适应本国经济条件和利益而制定的。我国，由于各地区生产力水平、经济发展程度的不同，政府对各地区的经济政策也不同。有些地区的经济政策宽松些，有的严格些。对行业也采取倾斜的政策，对不同的行业采取不同的优惠、扶持或限制政策，这些都会对企业的经营活动产生影响。进入国际市场的企业，还需了解当地政府的对外经济政策。

当地政府对于外国投资是鼓励还是限制；对产品优惠保护、减税或限制、加税的政策如何，对投资方或供应方都会产生有利或不利的影响。此外，在不同时期国家的经济政策也会做出相应的改变或调整，它会波及各个地区各个行业，因此，对企业的经营也会产生影响。

2）政治体制

这方面的调查，是进入国际市场的企业需要认真考虑的问题。外国的体制是否与本国相同，是资本主义还是社会主义，是民主制还是专制，其政党是多党制还是一党制，还是两党轮流制，各派的政见不同，地位不同等等，对国家经济政策、法规的制定和实施都会产生影响，尤其是当地政府对外国产品和投资所采取的积极或消极的态度，是调查中需要考虑的重点。

3）政策的连续性和政府的稳定性

政策的连续性对于企业有一个良好的外部经营环境具有重要作用。政策随着时间和条件的改变会有所变化，但相对稳定性则是必需的。企业应对政府有关经济政策和法规目前的状况、未来一段时间内将作何调整、会在什么时候什么条件下做出调整有一定的了解，当地政府的稳定性直接影响对外经济政策的连续性，由于政府的不断更迭所引起的政策多变、换届政府不继续履行上届政府的诺言或政策、对外国投资采取没收或国有化的政策，会直接影响外国投资的回收和利益。

（2）经济环境

1）经济发展水平

它主要影响市场容量和市场需求结构，经济发展水平增长快，就业人口就会相应增加。而失业率低，企业开工率高以及经济形势的宽松，必然引起消费需求的增加和消费结构的改变；反之，需求量就会减少。

2）经济特征

它包括某一地区或国家的人口、收入、自然资源及经济基础结构等，这些因素都在不同程度上影响市场，如每一地区或国家由于资源条件的不同，总是对缺乏的资源或产品产生需求；此外，重工业区、轻工业区、农业区等某种行业比较集中的地区，因其市场需求也有自己的特点，因此，某种产品的适用程度也会有所不同。

3）贸易政策和法规了

解国外市场的贸易政策和法规是进入国际市场的企业必须了解的情况。有关贸易的政策和法规包括该国的关税情况、配额分配情况、国内税、货币管制措施以及卫生与安全规定等。在贸易保护主义日益加重的情况下，各国的非关税壁垒也日益严重，如果不全面了解当地的有关法规，必然会导致经营的失败。

（3）文化环境

每一个地区或国家都有自己传统的思想意识、风俗习惯思维方式、艺术创造、价值观等，它构成了该地区或国家的文化并直接影响人们的生活方式和消费习惯。对于市场经营人员来说，经营活动必须适合当地的文化和传统习惯，才能得到当地人的认可，产品才能被人们所接受。在构成文化的诸因素中，知识水平影响人的需求构成及对产品的评判能力。知识水平高的地区或国家。科技先进、性能复杂的产品会有很好的销路，而性能简单、易于操作。价格便宜的产品则在知识水平低的国家能找到很好的销路。在文化因素中，还有一个不容忽视的方面，即宗教信仰及传统的风俗习惯，物资供应活动应尊重当地的宗教信仰，否则会引起当地人的极大反感，导致销售活动的失败。

（4）气候、地理环境

气候会影响消费者的饮食习惯、衣着、住房及住房设施。某种气候条件下，消费者的商品选择会带有一定针对性，这种情况并不是人为因素所造成的，所以同样的产品在不同气候条件下，会有截然相反的需求状况，销售方面当然也会有很大差别。地理因素也就是各地区的地理环境，如山区、平原、高原、江河湖海流经地区或远离水资源地区等等。地理环境决定了地区之间资源状态分布、消费习惯、结构及其消费方式的不同，因而产品在不同的地理环境下的适用程度和需求程度会有很大差别，由此引起销售量、销售结构及其销售方式的不同。以上所述社会环境的各个因素并不以企业的意志为转移，因此信息收集首先要就对企业所处的部境进行调查，以便对这些不可控制因素的特征有充分的了解，从而避免在经营中出现与周围环境相冲突的情况，并尽量去利用环境中有利于企业发展的方面，保证经营活动的顺利进行。

2. 市场需求调查

对企业来说，市场就是具有一定支付能力的需求。平时所说的产品市场好坏、容量大小等实际上是针对消费者而言的。市场容量大小制约着企业生产、经营的规模。没有需求也就谈不上具有市场容量。当然就无法进行生产；需求变化、生产也会随之发生变化。所以针对消费者所进行的调查是信息收集内容中最基本的部分。

（1）消费需求量调查

消费需求量直接决定市场规模的大小，影响需求量的因素还有以下几方面。

1）货币收入

消费者需求数量的大小要取决于其货币。入得多少。在拥有一定货币收入的条件下，消费者才可能；. 选和购买自己所需的商品，货币收入主要来自以下几个方面劳动收入如职工的工资收入、奖金；农民出售农产品所获得的收入；从事兼职工作所获得的工资以外的收入；有偿转让或出售自己的发明专利所获得的收入等等。这部分收入是消费者货币收入来源中最基本、最主要的部分，随着国家经济水平的发展、劳动生产率的进一步提高，这部分收入呈不断增长的趋势。从财政信贷系统获得的收入如助学金、奖学金、救济金和储蓄利息等等；其他方面的来源如股息收入，亲属的赠予、接收的遗产等等。需要注意的是，不同的收入阶层，货币收入的多少是有很大差别的。不同的收入阶层会根据自己的收入水平选择适合本人身份及收入的商品。

2）人口数量

人口数量是计算需求量时必须考虑的因素。因为人口数量多，对商品的需求量就大，尤其是日常食品和日用工业品这类的商品，其需求量随着人口的增加必然增加。

但在考察某一产品的市场销量可能有多大时，还要将人口因素与货币收入联系在一起，人口数量大并不意味着对所有产品的需求潜力大。在低工资、低收入或货币收入增长缓慢的情况下，尽管人口数量大，但对某种产品并不一定就形成现实的购买力，它可能要在一段时间或很长时期以后才能体现出来，真正形成购买力。如果只考虑某地区人口数量多，就认为产品肯定好销，很有可能出现事与愿违的情况。此外，在考虑人口数量时，也要把流动人口考虑进去，有些地区是人口流入大于流出量，有些地区则相反。流动人口的比例大，需求量也就大，需求增长量也越多，所以这一因素是不能忽视的。

（2）消费结构调查

消费结构是消费者将其货币收入用于不同商品的比例，它决定了消费者的消费投向，对消费结构的调查包括以下几个方面的内容。

1）人口构成

由于人口的性别、年龄、职业、文化程度、民族等的不同，其消费投向会有很大的差异。就消费者的性别而言，女性消费者在美容、服装、零食方面的开销较大；而男性消费者则在烟酒、社交方面的开销较大，就年龄来讲，儿童在食品、玩具方面的支出占很大比重；青年则崇尚时髦和新奇的商品；对新产品的认可过程很快；老年人则更注意商品的实用性和营养、保健方面的功能。就职业而言，不同的职业收入水平的差异及职业特点的需要，使消费投向的特点也很明显。

2）家庭规模和构成

家庭规模也就是家庭的人口数。家庭的人口数多，对商品的需求量就大。但购买力的大小则要时视就业人口在家庭总人口中的比重而定。

3）收入增长状况

经济增长，收入水平也会随之相应增加。根据恩格尔系数所测算的、消费结构的比重变化，当人们收入增加时，用于吃、穿方面的支出比重会逐渐下降，而用于住、用方面的开支则会呈上升趋势。

4）商品供应状况以及价格变化

商品供应状况指市场上商品的供应是否充足。当商品由于某种原因供应不足或限量供应时，消费者会将其消费投向转移到哪种产品上去？当商品价格提高或提高到一定幅度以后，消费又会转到哪种产品？这种调查一方面使企业了解由于供应和价格的变动，会引起什么样的需求变动；另一方面，也为那些生产替代产品的厂家提供了有用的参考依据。

4. 产品调查

对任何一家企业来说，产品必须要适合消费者的需要，才能促使消费者进行购买。然而这样还不够，还要使产品能够得到越来越多消费者的认可，才称得上成功的产品。推出一种成功的商品，既可以在原产品的基础上进行某种改良，也可以另创一种崭新的产品，究竟应该采用哪种方法，这就需要对有关产品的许多方面进行调查。

（1）产品生产能力调查

1）原材料来源。是否能保证按时供应，充分供应。

2）生产设施的现代化程度，机器设备的先进程度。

3）技术水平情况。采用的是否先进技术，在同行业中技术处于什么样地位。

4）资金状况生产成本与利润，贷款与自有资金的比例，负债情况，资金周转等。

5）人员素质。包括管理人员、设计人员及实际操作人后在以上的调查项目中值得重视的是，生产该类商品的生产技术水平达到了什么样的层次、在企业中高水平技术的利用程度如何，是增强生产能力的最有力的潜在因素。

（2）产品实体调查

产品实体调查是对产品本身各种性能的好坏程度所做的调查，它包括以下几个方面：

1）产品的规格。产品规格大小，会在不同的消费者中有不同的反应，对于一个特定的市场，产品规格必须适合当地人们的习惯或爱好。比如有些市场需要产品的所有规格，越齐全越好，而有些市场可能只青睐某种或某几种规格；

2）产品的颜色及图案。颜色在不同地区会有不同的象征意义，人们对颜色的偏好也会因地而异。而消费者对颜色的偏好会直接影响产品的销售。图案也存在着类似的情况。某些地区受人欢迎的图案，在其他地区可能是忌讳或不祥地表示

3）味道

不同消费者对产品味道的反应是多种多样，既在不同的地区，消费者会偏好不同的特殊味道。所以人与人之间、地区之间普遍存在着对各种味道或口味的不同偏好，如果在这个方面不能符合消费者的需求，产品就可能出现滞销

4）原料

产品的原料构成会因地区、国家的不同而存在不同的需求。如有些国家喜爱用纯天然原料制成的衣服；有的则习惯于用混纺原料；有些地区或国家则喜欢用化纤作为原料，不同的需求和习惯会对某种商品产生出不同的市场容量

5）产品的性能

产品性能是消费者最为关注的问题之一。产品的耐用性、功率的大小、发热量、

防水功能、能源损耗和方便保养等都是消费者在购买商品时会考虑的问题，但不同的消费者对产品的某个或某几个性能的关注程度会有很大差别。有些消费者注重产品的耐用性，有些消费者关心的是，维修是否方便。而有些消费者则关心功率及能源损耗方面的性能如何。

四、市场信息收集与处理的流程

市场调查是一项复杂、细致的工作，涉及面很广，为了使整个调查工作有节奏、高效率地进行，使调查取得良好的预期效果，必须在市场调查中建立一套科学的程序。不同类型的市场调查的步骤都要按照其调查内容的繁简、精确程度、调查的时间、地点、预算、手段以及调查人员的素质等条件具体确定。但一般来说，大致都要经过市场调查准备阶段、正式市场调查阶段和结果处理阶段。

1. 调查准备阶段

调查准备阶段是市场调查工作的开始，准备工作是否充分，将对以后的调查工作的开展和调查的质量起到很大的影响作用。

（1）确定调查问题

确定调查问题，即明确调查目的，主要应明确：调查什么？为什么调查？调查结果的用途、用什么方式、材料说明。这是市场调查首先要解决的问题。因为这一问题明确了，整个调查工作才能“有的放矢”。在企业生产经营活动中不断出现新情况、新问题，如发生销售变化、利润下降等现象，为了扭转局势，就必须查找原因。是商品货源不足，还是购买力投向转移？是服务质量下降，还是顾客购买地点发生变化？或者是企业资金不足，周转缓慢？等等。要考虑这些问题，涉及面较宽，问题也比较笼统，宜先通过初步调查，明确产生问题的原因，选定调查问题的核心。

（2）初步分析情况

在确定调查问题以后，就要对有关市场情况进行初步分析，即市场调查人员对所掌握的有关内外部信息资料，如企业业务活动记录、统计报表、会计报表、产品质量、消费者的消费习惯、流通渠道及新产品情况和竞争对手或市场环境资料等进行分析研究，掌握影响市场变化的原因。如果资料不全，一时难以确定目标，也可以先组织进行非正式的探测性调查类的一般性初步调查，以判断问题的症结所在。也可以邀请有关管理者和专业人员，请他们分析有关问题，拓展思路。在确定调查目的基础上，进一步研究调查应采用哪种方式，调查的具体内容、范围及对象等，为下一步调查工作的顺利进行奠定基础。

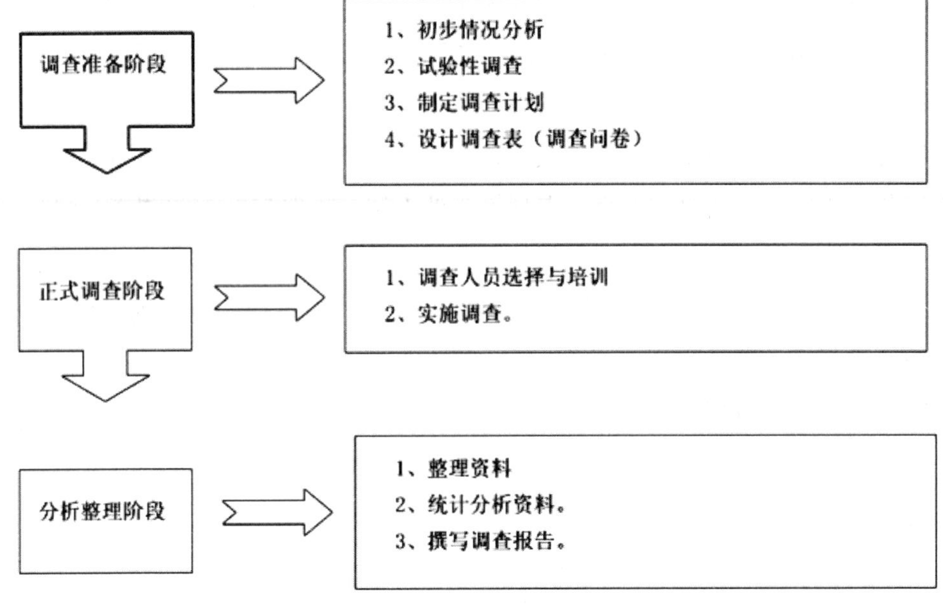

图 4-1　市场调查的流程

（3）制订调查计划

确定调查目标后，就要制订调查计划。调查计划是对市场调查本身的具体设计，主要包括调查的目的要求、调查项目，调查方法、组织领导、调查人员配备及日程安排、经费估计等内容。

（4）调查组织准备

调查计划确定以后，就要根据计划进行人、财、物等的一系列组织准备工作。组织准备工作的好坏，在很大程度上影响着整个调查工作的成败。

1）组织机构和调查人员配备。根据调查的目的和规模，建立相应的组织机构，进行合理的分工，明确各自的责任。根据调查计划配备相应的调查人员，并且注意对调查人员的培训，保证调查结果的质量。培训工作的内容主要包括三个部分：首先是本次调查的意义，使调查人员认识它的重要性：其次是介绍本次调查的工作过程、工作内容、调查项目含义、统一口径等问题，使整个调查工作纳入统一的管理轨道；第三是相应的调查工作技能的培训。

2）资金准备。即所需资金及时到位，能够保证调查人员培训、设备购置等准备工作和调查工作的需要。

3）物资准备。它包括计算机等设备的购置，调查、汇总等表格的设计和印刷，及其他所需物资的准备工作。

2. 正式调查阶段

准备工作完成后，要按计划进入调查资料的搜集实施阶段。这一阶段的主要任务就是组织调查人员深入实际，系统地搜集各种资料数据，它是市场调查的主体和成败的关键。因此，调查搜集的资料必须满足完整、系统、真实的要求。搜集资料一般有两种类型：

（1）原始资料，即调查人员通过现场的实际调查所搜集的第一手资料。实地调查应根据调查的目的和现象的特点，选择恰当的方法，主要包括访问调查、观察调查、实验调查等方法，也可将多种方法有机地结合起来使用，会收到更满意的结果。

（2）现有资料，即由他人搜集、整理的资料。其中包括：企业内部资料，如企业内部的各种记录、统计报表、财务报表、报告、用户来函等；企业外部资料，主要包括政府机关、金融机构、统计部门、咨询机构等所提供的资料、图书、文献、报纸杂志上刊登的有关资料，同行业间的情报交流资料，推销采购人员提供的市场情况等。

3. 分析整理阶段

对市场调查获得的资料进行处理阶段。是整个调查工作的最后一环，也是市场调查能否充分发挥作用的关键一环。它包括资料的整理分析和市场调查报告的编写。

（1）整理分析资料市场调查所获得的资料，大多数是分散、零星的，某些资料还可能是片面的、不准确的，必须系统地加以整理分析，以便取得真实的、能反映问题本质的资料。整理分析工作主要包括：

1）资料的审核、订正。即对调查所得的资料，要审查其是否全面，根据是否充分，是否存在误差。是否有遗漏或重复之处，数据和情况是否相互矛盾，是否有可比性，是否有不完整的答案，以及是否有调查人员自己加入的见解等。一经发现问题，应及时复查核实，予以订正、删改和补充，力求材料的真实可靠。

2）分类汇总。凡经核实订正的资料，应按照调查提纲的要求，进行分类汇总。对资料的分类，要注意研究不同类别资料的差异性和同一类别资料的相同性，有利于把被调查多方面的反映都包括进去，从而可以更好地发挥情报作用。为了便于归档查找和使用，还应编制有关的统计表或统计图。使用微机处理数据，要增加卡片打孔过程，把数据信息变换为代码打在卡片上。

3）综合分析。对大量资料进行综合分析，研究市场活动的情况及其发展变化规律，找出客观事物的矛盾及其内在联系，从中得出合乎实际的结论。对资料的分析，可以运用多种统计方法，以便能有效地进行对比，使人们对调查结果概念清楚。

（2）编写调查报告

调查报告是对调查结果所作的书面报告，是市场调查的最终总结。编写一份有分析、有说服力的调查报告，是市场调查最后阶段最主要的工作。市场调查报告的内容主要包括：调查单位的基本情况；本次调查的原因和目的；调查资料的来源和调查方法及抽样形式；资料的分析及调查研究的结论；根据判断性的结论，提出相应的建设性意见。还可以包括调查方法和步骤的说明。调查时所应用的有关图表，可以作为报告的附件。调查报告的结构大体由导言、正文、结束语三个部分组成。

五、物资采购计划智能审查规则库的建立

当前形势下，电网步入了高压、远距离、大容量的发展阶段，对物资在速度、质量、数量上的要求也随之提高。国家电网公司对“三集五大”体系的构建，意味着对电网企业物资集约化提出了更高的要求。随着近年来的国家大规模电网投资，物资供应的难度也随着卖方市场的扩大而加大，加强物资集约化管理是电网企业市场化发展的必然要求。

目前，很大一部分电力企业都使用 ERP 系统对企业进行精细化管理，信息化系统的应用，有效地提高了企业管理的标准化和规范化水平，有利于企业整体优势的发挥。由于当前电力企业物资管理工作中，物资计划来源具有多样性和复杂性的特点，利用 ERP 信息系统作为技术支撑，能更有利于实现物资采购计划管理的全面覆盖，确保物资及时准确的供应，与企业的管理与发展相适应，促进企业更加健康、持续的发展。在物资采购计划管理工作中，审查工作一直是重点、难点，工作量大且精度要求高。在采购计划智能审查的过程中，审查规则库的建立就显得格外重要。通过建立审查要点规则库、审查策略关联表及专家库、时间准确性评价方法等基本框架，可更完善采购计划智能审查的整个过程，保证审查有理可依，有据可循。

1. 采购计划审查现状

（1）规则引擎技术研究现状

规则引擎目前是系统领域的经典应用，基于规则的专家系统受到各国企业广泛关注。但目前很多商业的规则引擎价格高昂、实用性差，开源的规则引擎技术和模型还没有发展成熟，亟待开发。我国的应用较少，跟国外相比处于落后地位，各企业都处于快速发展的过程。中国近几年尝试创建了一些规则系统，较有代表性的像杭州奇正公司曾开发了一款业务规则定制的平台引擎。东吴大学研究所也开发了一种不精确正向推理引擎，可形成专业强大的专家系统，同时具有良好的应用环境和广泛的通用性。

（2）工作流引擎技术研究现状

随着科学技术的飞速发展，工作流技术也在不断突破。其中最有趣的是自动化办公的实现。通过与引擎软件的不断交互使得办公效率得到大幅提升，这种交互的影响力也在企业间扩散。工作流技术在企业、政府机关或金融领域的各个工作领域都具有优异性能，使得可以通过对流程建模达到摆脱人力的不稳定性，交给系统负责大大提

高效率，也因此受到各个行业的重视。现在的工作流技术已在各行各业深入发展，并都得到很好的发展和应用。无论是传统企业、现代企业、大型企业还是小型企业，工作流技术都无法帮助企业进行业务流程管理。

工作流引擎技术在使用的过程中一般需要三个阶段：建模分析。对流程进行梳理分析，将模型建立的简洁、逻辑性强、稳定性强是整个引擎的重要基础；模型测试。通过测试找出存在的问题，不断改进更新，为具体工作提供改进方向，不断优化打磨；模型优化。这一阶段主要是根据第二阶段的漏洞不断优化及有目的性改进精简，将模型完善。这三个阶段不断的动态更替、相互作用，才能创建一个高效成功的工作流模型。

2. 方法理论依据与内容

物资采购计划智能审查方法的中心内容为根据物资大类、物资种类、物资小类、物料编码等不同物资类别，以及协议库存、招标采购、超市化采购、询价采购、单一来源采购、竞争性谈判等不同采购模式，以物料描述 + 采购模式为基本单位，以历史招标数据为依据，针对不同类别、不同级别的物料对工程名称、物料选用、交货期、单价等审查要点进行结构化、标准化处理，形成物资采购计划标准化审查要点库，并建立物料描述与审查要点匹配表的一种系统化的结构化标准化处理方法。

（1）规则引擎技术基本原理

规则引擎包括推理引擎、规则库、工作内存，整个系统的工作流程为：运行引擎，将数据放入工作内存与规则库内的相应规则进行比较，相符则会执行相应规则。因此，整个引擎的关键在于选取高效的算法快速筛选出对应的规则。匹配的效率决定了引擎的整体性能。所以引擎的问题就是解决匹配性能的问题。

（2）工作流技术基本原理

工作流是业务流程的一部分或全部。借助计算机模型，实现了每个环节的信息交互，实现整个流程的全自动执行，不仅包括信息交互也包括文档任务的相互进度处理。同时，工作流技术的开发可使整个业务与各种其他的程序及应用相互互通，形成业务管理系统网络，同时对不同业务相互管理。可更广泛地应用于其他行业。工作流中的概念更多的是表达整个流程的交互过程，通过对各个业务间的节点和模型的统一管理，提供企业自身的整体工作效率及实力。

（3）审查要点规则库建立

根据采购计划审查要点具体内容，包括项目定义、单体工程名称、初始文号、项目核准文号、综合计划文号、科研文号、大修项目 WBS 元素、大修项目电压等级、运维 WBS 元素、采购组织、物资电压等级、技术规范书 ID 等元素，这些元素的审查原则相似，各批次的审查规则基本一致，对于文本信息进行空值判定、关键字的检索、类型等级的选择就可以进行审查，因此具体的审查规则分为：可否为空；判定有无错误文本，关键字信息是否合格；是否与规则库要求内容相符。根据不同元素要点具体的文本进行编辑，即可形成审查要点规则库。审查策略关联表及专家库建立。由于不同的批次审查规则不完全相同，所以有必要根据不同的批次规定不同的审查规则，针对复杂特殊审查要点还需建立专家库进行内容解释，便于大多数人群使用。以物料编码为例，以输变电批次、输变电协议库存应用批次、省招批次、配网协议库存采购批次、零星协议库存应用批次为区别，进行审查规则的分门别类。而对于物料栏，由于内容复杂，根据电网历史数据和特点构建相应的信息专家栏，具体内容例如，构建“提示栏”，针对输变电批次、输变电协议库存采购批次、输变电协议库存应用批次：物料组为“电容器组串联电抗器”、“集合式电容器组（不含电抗器）”、“框架式电容器组（不含电抗器）”时，提示栏提示“同一工程电容器组与电容器组串联电抗器需配套上报，请检查上报情况及数量”。

（4）时间准确性评价方法

针对时间准确性提出了不同的批次，根据最早交货期判断物资所属批次时间准确性的具体方法。对于输变电批次和输变电协议库存应用批次，日期审查方式为：与“最早交货日期”比对，若晚于该时间则通过，若早于该时间或该时间为空，则进行第二步比对。最早交货日期应晚于“批次拟定开标时间＋合理供货周期+75”，晚于即合理，早于则标注“修改交货日期”；对于输变电协议库存采购批次、配网协议库存采购批次、零星协议库存采购批次、电商化采购批次，日期审查方式为：某一固定的交货日期，不同即报错；输变电协议库存应用批次、配网协议库存应用批次、零星协议库存应用批次，日期审查方式为：批次拟定截止时间（《批次计划安排》中设定）+20天（最长不能超过+50天），避开节假日，大于该交货期的即为合理。

第四节　分阶段对采购计划进行控制

一、系统总体规划

1. 系统需求概述

为了克服物料管理系统运行效率低下的问题，重点解决部分物料需求需要手动处理的问题，并改进物料管理和服务质量的总体水平，物料管理需要开发一套MRP系统，并决定在生产线安装该系统。企业在生产产品的过程中，需要对各类产品的销售数量、各类产品的销售时间、各类产品的生产物料采购等相关环节进行严格控制，这样才能使得企业的生产周期运转流畅。随着企业的发展与产品种类的增多，以及产品制作工序的繁琐，企业在生产环节的控制系统愈发复杂，这使得企业对其物料需求计划系统有了更高的要求。物料需求计划系统的出现就是为了解决企业在生产流程中供给与需求不平衡的问题。

目前，物料管理部分中的主要问题主要与以下六项有关：

（1）协调信息计划、库存和物料处置之间的信息、目前，物资部及相关部门尚未建立物资订单、清单等信息协调机制，ERP 系统无法获取内容的详细信息。

（2）相同物料交换复用与替代规则之间的方案。

（3）输入、验证物料订单信息的问题。

（4）物资跟踪订货的会计处理。

（5）内容信息共享问题。目前，内容管理还没有共享基础信息，部门之间也没有有效的信息交流渠道。无法实时了解物资部的物料需求和库存需求。

（6）人员管理问题。所有物料类型、硬件要求、命令和其他信息都由员工使用所有 Excel 文件进行管理。当员工不在或辞职时，其他人无法理解其管辖范围内项目的详细信息，更换员工和管理风险很高。

2. 系统布局

物料需求计划系统的主要工作是为生产计划和客户需求制定采购计划，使公司的主要活动得以顺利开展。通过对系统生产活动的分析，开发了主数据单元、计划控制单元和采购管理单元。本 MRP 系统作为 ERP 生产管理的主要子系统之一进行运作。根据实际经验，分析不同类型生产厂家的要求和信息管理系统的实施情况，子计划的功能要求主要有：

（1）创建和维护多种形式的 MRP 图，支持的灵活布局参数。

（2）根据工厂评估编制物料需求计划，构建无时段 MRP 系统。

（3）支持“计划订单确认模式”，确保计划相对稳定，保证系统内订单已经确认，并可恢复对历史订单中物料资源的需求，支持引入独立需求。

（4）支持不同的生产模式：直接生产、定量生产、周期定量生产、计划总需求生产、单位成本最低生产等。

（5）维持生产规划和物料需求的历史数据。

（6）支持企业根据历史情况选择异常信息处理，保持固定、一致的交货期，保持备件需求，保持安全库存。

（7）编制时考虑组装和装配过程的良率。

（8）系统支持物料净变动，以及在展望期内重新计算计划。

（9）灵活的响应计划功能：可以根据异常信息手动添加临时任务和更改执行的工作记录。

（10）与运行管理、过程控制、采购等子系统具有灵活的接口。

（11）不同的问题和报告，如物料需求计划的详细报告、物料需求计划周期性报表的摘要信息等。

通用型的MRP系统主要包括三个基础模块：对基础数据、信息的采集、存储与维护，对生产计划、物料需求计划的录入、存储与管理，以及对采购物料信息的生成、存储与管理。在这三个主要功能模块中，对基础数据、信息进行采集、存储与维护的模块是基本的数据维护模块，主要对物料数据信息、产品或商品数据信息，以及使用物料需求计划系统的用户、管理员数据信息进行数据的添加、删除、修改、存储与维护。与该模块密切关联的是数据库系统。对生产计划、物料需求计划的录入、存储与管理模块是整个MRP系统的核心部分，这一模块主要涉及生产计划与物料需求计划的生成、存储与管理，这一模块中包含 MRP 算法的实现，因此对这一模块的设计决定这物料需求计划生成的准确性。

二、系统可行性分析

1. 技术可行性分析

该系统硬件要求较低，可以用普通计算机实现，甚至可以使用原有的企业设备。Oracle119 提供了具有高性能、可扩展性、可用性和安全性，并且易于在低成本服务器和存储网络上运行的数据库。与以前的版本相比，Oracle119 的高速技术可以显著提高文件系统的读取速度。高级数据保护可以获取测试备份数据库的快照。结合数据库复制技术，用户可以执行压力测试来模拟系统上的负载。

在软件开发方面，本研究设计的物料需求计划系统拟采用java编程技术与 MySQL 数据库对该物料需求计划系统进行编码实现。Java 语言在软件开发的发展流程中已经得到了广泛地应用于实践证明，eclipse 的开发环境也能友好支持除了 iava 开发语言外的其他编程语言，如 C+ 等。Java 技术的运用能为软件系统带来更好的可拓展性，且 iava 语言的严谨性也能为该物料需求计划系统的实现提供功能完善性保证 281。同时，MySQL 数据库的使用也是目前的主流数据存储数据库。因此，该项目在技术方面具有可行性。

2. 系统安全性分析

物料管理系统是为不同企业提供共同需求的综合性软件系统。它功能齐全，结构复杂。基本算法包含了大量的功能模块，具有较强的科学性和完整性。对物料需求计划系统进行安全性分析是十分必要的，物料需求计划系统的准确性与可靠性对于企业的生产是关系重大的。物料需求计划系统的安全性主要指该物料需求计划系统对于风险的可承担程度，在软件工程领域叫作容错性或鲁棒性。在常规的大型、超大型软件系统开发中，对于系统安全性的保障往往由分模块开发，各个模块之间有相互独立的系统容错池缓冲来保障。

同时，由于本研究拟采用的开发工具之一为 MySQL 数据库，这种关系型数据库在数据存储方面具有极好的数据隔离性与数据安全性，这对于物料需求计划系统的基础数据管理功能来说是安全可靠的保障。由于 CMS 服务的相互隔离，服务不能相互访问，因此要重新进入相应的模块，需要重新切换，保密性好，但人员操作比较复杂，没有合适的接口设计。针对这一问题，公司在开发内容管理系统时，根据管理要求，采用二次开发或集成开发等方法来提高用户的使用体验。由此可以评估得到，基于当前的开发技术与架构，该系统能保证安全性。

三、系统需求分析

结合制造加工行业生产经营要求的相关特点，提出了以下目标，以确保对物料的及时响应，制定物料需求计划，提高库存管理服务水平，减少中间库存与在制品库存，提高方案的可靠性，减少库存资金的积累，实现一体化生产管理的均衡目标，提高管理效率。目前企业虽然建立了存货内部控制，但由于内部控制环境的限制，如人员的胜任能力、管理者的管理哲学和经营风格、董事会及审计委员会、组织机构、权责划分、人力资源政策及执行等方面问题，存货内部控制的实施仍停留在比较浅显的阶段。该医疗现有的考评办法、管理准则、作业指导和控制手段实施起来很是有限，在对提高存货管理效率方面的帮助不大。如果继续以前的经营模式只关注最后的结果，不注重日常存货内部控制意识的培养，将使得企业在存货内部控制方面遗留许多不完善的地方。例如企业在采购时仍采用无限供给的模式，为持续生产源源不断地提供物料。如此的供应模式导致库存过量，存货积压导致资产流动性变差，占用企业大量资金，导致企业资金链受到威胁。仓储风险也会随之而来，对于大量的存货未能进行妥善安置，造成存货受损，产生不必要的浪费，浪费企业资源，给企业成本管理带来巨大压力。

同时，企业对风险的把控还处于只关注重大但不会经常发生的风险，避免企业经营方向出现失误，企业资产受损。忽视了日常管理中琐碎、细化的风险，如存货的请购、仓储、领退等问题。例如在发生缺货或存货过量时，无法实时、灵活地提出解决方案与有效措施，规避风险降低损失。企业员工也缺少对存货风险管理的认识，部分管理层甚至认为存货内部控制体系的建立只是走个形式，认为只要按既定的业务流程实施控制即可，白白浪费公司的人力、物力与财力。基层人员受到高层管理人员的影响，对于存货风险管理意识几乎没有，对于存货内部控制只是机械执行。企业内部从上到下对风险管理错误的、不足的认识，导致企业制定一系列存货内部控制后，在实施的过程中流于形式，与存货相关的各个部门，需求部门、仓储部门、财务部门，没能合力对存货内部控制的关键点进行把控，使得存货内部控制执行起来没达到应有的效果。

在事前监督方面，企业在存货清购方面没有做到事前监督，没有从源头把控采购数量，过量的采购给仓储工作带来巨大的压力，也占用公司资金流，给公司经营带来危险。在事中监督没有落实到实处，导致内控制度流于形式，仓储部门对于损坏物料的处理不合规，随意处理。领用物料没有相应部门进行复核，领料过多使用不完造成浪费，对于已领物料发放后就没有任何监督机制，对于领料部门是否合规使用都无从知晓。在事后监督方面，缺乏独立有效的存货内部控制考核与评估程序，评定相应人员和部门对制度执行的情况。公司虽制定了存货内部控制但其是否与公司经营相匹配，但实际操作中无法掌控，此时要制定相应的评价标准，合理度量内部控制的效果及执行的力度，把日常的运营管理与监督评价活动区分开来，对监督与评价过程中发现的问题给予相应的改善方案，进一步完善存货内部控制，提高存货的管理效率。

规划需求系统的主要指导方针是为必要的部门在必要时提供材料。换言之，系统应该在需求满足后停止物料的显示，并且必须在物料生产和采购前完成规划，这样库存就得到控制，从而保证物料和资金的高效利用。

在制造、生产和经营活动中，必须使产品和原材料的生产和库存合理化，以满足市场需求。同时，考虑到与库存相关的成本，有必要计划产品或采购数量，以减少库存。系统使用生产计划来解决这些问题，它主导着公司的活动主线。

作为 MPS 主生产计划的输入数据，销售订单、销售预测等数据用于编制主生产计划。在物料需求表中输入物料清单，编制主生产计划。MRP 运行后，生成计划采购订单和计划生产订单。相应地，以采购部和生产部的形式发送给相应的采购与生产管理系统。

使用 MRP 系统，状态图用于显示系统功能和角色之间的对话。系统功能从用户的角度表示系统需求。VRP 系统的功能以上述格式出现，其中包括“特定生产模式下的物料需求”、“能源需求计划”、“物料需求计划”、“确认物料计划”等。角色包括提供或接受系统信息的人或系统。

系统时序图用于显示对对象之间操作的支持。这是一种在对象之间传递消息时显示序列的简单方法。

在对 MRP 系统进行进一步构建的过程中，需要对生产计划中的各个模块间的关系进行清晰表述，因此构建生产计划的类图。在类图中，生产计划中的各个实体之间拥有不同的关系，总的来说，有泛化关系、依赖关系、关联关系，以及实现关系。所谓泛化关系，也就是父类、子类之间的继承，继承关系中的接口的衔接是在实现过程中应重点关注的。依赖关系是单向关系，对于依赖的类而言，被依赖类中定义的改变将会影响其定义的改变，因此，对于依赖关系的使用应尽可能少。关联关系通常是类与类之间或接口与类之间的近似于强依赖的关系，这种关系中通常有数据、功能的调用。而关联关系中又分为聚合关系与组合关系。系统类图是 UML 图的一种，这种图示化的语言能很好地将系统中的类关系及属性等相关信息显示地表示出来，通过图示的方式，系统的开发人员能明确知道类之间的继承关系、关联关系、实现关系、聚合关系、依赖关系等。在系统类图中，关联类之间用实线与空心箭头的方式进行连接，如继承关系，子类用实线与其相应的父类进行连接，同时空心箭头指向父类。在关联关系中，有一种强关联的关系叫作聚合关系，聚合关系一般描述的是整体与个体之间的关联关系。

四、物料清单设计

1. 物料清单的作用与设计理论

物料清单用于描述最终产品的物料结构，是 MRP 系统的重要组成部分。在 MRP 系统中，原始数据由物料清单提供，描述 MRP 系统中的层次结构。特别是，物料清单以产品组件、半加工产品和数据的形式描述了原材料之间的结构关系。物料清单记录了企业生产的产品及其所需要的一切原材料的信息，物料清单里包含的信息内容是 MRP 系统的信息来源之一。物料清单（BOM）不仅仅是产品生产物料信息的承载，也是计算机读取这些信息的载体，同时，通过物料清单（BOM），企业也可以进行产品物料成本的进一步核算，能够辅助企业进行相应的成本控制，有效降低企业生产物料损耗开销。物料清单中的信息可以构成每类生产产品的物料需求树。

为了便于 MRP 操作处理的计算识别和分解，产品结构通过物料清单以图形的形式转换为数据格式。此外，物料清单还负责提供 MRP 系统中有关物料及其组织形式的所有信息。因此，物料清单结构的质量直接影响到 MRP 系统的效率。根据上述分析和计划，设计物料清单时必须遵循以下设计原则：

（1）在同一个 MRP 系统中，每种物料与物料代码一一对应，即：物料是一个具体的定义，物料代码不因物料级别或产品结构而改变；

（2）物料清单结构必须尽可能减少层级，并确保数据后续增加在运算 H，TfN 和存储空间上的效率。

2. 物料清单编码设计

物料清单中编码规范的质量影响物料信息的简单性和服务的标准化。因此，物料编码设计在系统设计中起着重要的作用。物料代码在清单中应该是唯一的，这意味着一个物料只对应一个代码。同时，物料代码应该覆盖整个MRP系统中的所有物料。此外，由于公司的发展可能包括产品或产品类型的变化，这意味着生产材料也会相应地发生变化。为了更好地表示材料的增长或减少，清单必须包含冗余的物料代码。同时，确保物料的编码汇总，也可以降低提供规范信息的复杂性。根据通常的编码规则，可以根据相同或相似的物理性质对材料进行分类，并根据物料对子类别进行划分。

最后，每个物料根据不同的级别用字母和数字编码。由于物料清单中包含有各类产品构成的各种物料信息以及用料工序、时间及数量等信息，因此在对物料清单进行编码设计的时候，要注意区分各种信息，并通过编码设计，使得各种物料具有唯一的标识符。同时，还应注意，物料清单中的物料加工顺序是特定的，需要与实际生产当中的加工工序一一对应，因此在编码过程中也应注意检查编码顺序是否与实际生产当中的加工工序一致。在设计物料清单的编码时，也要注意编码格式的统一，如统一使用 UTF.8 格式进行相应的编码，并且在每层的物料表编码中进行准确性校验，避免因为单个编码错误导致物料表的层级出现错误，从而影响整个生产进程。使用 PHP 对物料表进行编码时尤其注意打开方式，防止由于编码字符规范等原因造成乱码。

五、MRP 的算法设计

本研究的物料要求主要基于产品结构的层次，从上到下，层层递进。使用多级算法，从最高到最底层，最终分解为单项物料。分别计算每个物料层的总需求量，并计算每个物料分项的对应列表。然后计算每层物料的净需求，并结合物料采购的时间周期，实现所需材料的订单。

MRP 的算法对于不同的进销存系统有不同的计算对象，但是 MRP 作为 ERP 系统的核心部分，不管销售、存货、管理的是什么货物，其基本的运算逻辑、计算核心是不变的。MRP 系统的运算准确性与补货预判能力对于整个 ERP 系统是十分重要的，同时，MRP 的计算逻辑重点也在于此。在 MRP 的通用算法中，一般而言，MRP 算法的输入包含主生产计划、物料主文件、物料清单、库存信息以及工作日历。主生产计划中一般包含的信息为：代号（简略标识符）、产品编码（唯一标识符）、产品图号（产品图示的标号）、产品名称、需求数量（由销售订单数据得到）、订货日期，以及需求日期。主生产计划提供了企业生产产品的主要信息，这些信息主要通过企业的销售订单数据以及产品库存数据等得到。物料主文件中包含的则为更细致的信息，这些物料信息是属于生产主生产计划当中的产品所涉及的所有物料信息，一般包含物料编码、物料名称、图号、计量单位、物料类型、物料来源、物料批量、关于该物料的最小订货量、订货倍量（用于安全库存所需）、固定提前量、可变提前量、安全库存、是否独立需求（由往期市场需求按经验得到）、是否虚拟键。在这些物料主文件信息中，对物料主文件信息进行编码时，需要对数据库、订单信息进行一一比对，确保物料主文件数据、信息的准确性，这样也能保证 MRP 算法的执行结果具有准确性。在产品的物料清单中需要包含的信息为产品的物料编码、父物料编码、产品一物料对应的数量关系，以及该物料被应用到的层级。这些输入信息经过 MRP 算法的计算，最终得到采购计划与自制计划。

需要注意的是，要将 MRP 的算法与 MPS（主生产计划）的算法区分开。严格来说，主生产计划算法只是 MRP 算法中的子部分，为 MRP 的后续计算提供信息源。在实际生产当中，主生产计划与经营规划、销售计划等方案计划进行衔接，对于生产的货物种类及数量进行预估计算。这种预估计算是一种粗能力计算。对于运转良好的流水线生产来说，需要将主生产计划中的计算结果与实际生产效力进行平衡。能力平衡的核心有两种方式。一种是有限能力计划，有限能力计划的关键在于为各个工作重心分配不同的优先级权重，从而按照优先级制定相应的生产计划。然而在实际的生产过程中，有限能力计划往往无法实施。因此，大多数企业采用的 MRP 系统都是按照无线能力计划的模式进行设计与构建的。

六、系统数据库设计

1. 数据管理模块

本模块的主要功能是由系统管理员在系统中添加、删除、修改和查询物料信息。这允许客户查看物料信息，以便他 / 她可以确认是否需要。同时，管理用户信息，按照用户角色分发数据。主要数据如下：

（1）物料信息数据

主要显示 ID、代码、描述、计量单位、位置、类型、来源、最小订货量等物料功能。这提供了通过了解物料状态和更改某些属性来计划与每个元素相关联的可能性。

（2）产品细节

本部分主要是为了展示产品的特点，使用户能够理解。

（3）物料数据关系表

主要提供物料与物料之间的关系。例如，对象 A 由材质 B 和材质 C 组成。

（4）用户数据

此部分主要用于管理用户信息，如用户 ID、姓名、联系方式、出生日期、角色等。

MRP 系统的正常运行离不开信息源的数据准确性，而信息源的数据准确性又依赖于基础数据的准确性，因此，对基础数据进行管理与维护是整个数据库设计、构建的核心。由于在 MRP 系统中，输入的数据与读取的数据体量庞大，因此，在数据的输入与提取中，对于数据的完整性与合理性需要有适当的结构进行维护。在对不同的数据进行输入时，可以根据实际情况规定输入数据的格式，使数据录入员可以按照既定的格式进行数据的录入。这样既方便后续相应数据的提取，也对输入数据的准确性提供了一定的保障。在对 MRP 系统进行数据管理功能编码时，将数据进行分类然后整理，进行模块化编码，能有效增强数据库系统对格式众多的数据进行统一管理的效果。基础的数据管理功能可以借助 MySQL 数据库的白带封装包。

除此之外，对于数据的存储，也应当保障数据的准确性与时效性。对于存储的数据要进行及时的更新查询，如若数据值进行变更，需要立即在相应的存储地点进行数据值的刷新。同时，在数据存储的过程中，对于数据的检查必不可少。有了数据输入的格式限定与数据存储中的二次检查，对于录入数据的准确性也有了相应的保障。

2. 计划管理模块

本模块中的物料计划是基于客户对生产计划的要求，客户可以在计划系统中正确规划物料订单。当客户发出请求时，公司根据当前生产状态记录订单。如果批准，生产计划将根据客户要求和物料库存编制。当客户需求变更时，必须及时修改生产计划。为此，为了应对灵活的业务变化，需要一个大型的计划管理模块。

计划管理模块主要负责生产计划的制定和维护，主要负责在分配产能之前进行任务分解，并决定生产、时间安排、物流、资源、工作技能和其他标准是否适当，并根据决策结果制定计划。计划管理模块中需要对企业的销售订单以及库存数据等相关信息的录入，通过企业的销售计划以及需求规划，能借助主生产计划等模块进行相应的计划的制定及管理。在计划管理模块中，计算的需求物料主要根据客户实际下单的货物订单，以及往期堆积的货物订单，来对物料管理系统的物料需求作出精细计算。然而仅仅凭借客户的原始货物订单来计算所需生产物料，在实际的生产中显然是不可行的。计划管理模块除了纳入客户的货物订单与往期订单数据，还要接收物料库存信息以及正在生产计划中的物料信息。因此物料计划管理模块主要有以下四个子功能：

（1）生成主生产计划

主生产计划的生成需要订单数据与库存物料信息等，通过对已有的必须数据进行收集、统计，计算出所需要生产的物料种类与数量，并且结合销售预测数据与经营计划，制定生产的时间。最终形成具有系统结构的各个所需生产物料的生产计划列表。

（2）主生产计划的数据维护

主生产计划的数据准确性关系到整个物料需求计划系统的运行情况，对于主生产计划的数据维护是必不可少的。由于主生产计划的数据随时都可能出现变动，因此在设计计划管理模块时需要关注模块间以及模块内部的消息响应机制。一旦数据出现变动，就能在主生产计划相应的模块中进行对应的变动。数据在传递的过程中要有准确性保护机制，即防止数据在传输的过程中丢失或被篡改。

（3）生成物料需求计划

根据主生产计划提供的数据信息源，按照物料需求计划算法的相应流程，形成符合实际要求的物料需求计划。物料需求计划的生成设计关键在于对物料需求计划系统的核心算法逻辑的设计。虽然每个企业的物料需求系统所管理的物料信息不一样，但是基本上所有的物料需求计划系统的计算逻辑都是相同的，因此良好的物料需求计划系统的计算逻辑设计是整个物料需求计划系统的设计核心。

（4）物料需求计划的数据维护

与主生产计划一样，物料需求计划中的数据也面临着随时变动的挑战，因此需要及时更新、维护。

3. 采购管理模块

首先，系统检查缺少的物料，并根据最低库存要求购买物料。然后保存采购计划，通过该计划可以清楚地指示订单号、物料清单、采购金额、采购日期、采购方和采购现状。采购部门可根据采购报表更改采购数据，并完成采购。采购管理模块主要是对采购计划进行相应的管理。在采购计划中，除了程序算法自动的缺料判断等，还要设计人工干预的情况，比如采购员对采购计划的修改，或新增采购计划、删除采购计划等。因此，对于采购数据的维护，以及对采购计划的增加、删除、查找与修改功能的便捷性是采购管理模块的设计重点。同时，对于采购计划中的物料名称、采购日期、采购数量等重要数据，也应进行单独的存储，以便保护数据的安全。对于采购订单来说，应该单独对其进行编号，这样方便操作人员对于采购订单的查找，同时也利于系统内部的管理。不仅如此，对于采购人员对采购管理模块的操作，要使得该模块设计便于操作，快捷安全。当采购人员需要对采购计划进行查询时，可以按整个采购计划进行查询，也可以通过单独的数据项对某个采购计划中的物料进行信息查询。这里就需要对关系数据之间的主键等进行合理设计。

第五章 基于供应链的采购成本控制

第一节 采购市场调研与分析

一、供应市场调查及其目的

“供应市场调查”主要针对某个影响较大的特定产业，如印刷电路板（PCB）、电子零组件、塑胶原料、螺丝扣件及半导体等产业，就其供应市场中供应商所处的环境，以及目前市场上供需的状况与供应商技术发展的方向，进行全面性的认识、了解与分析。这是在进行供应商评选前的一个准备工作，采购人员可借由供应市场调查来逐步缩小可能的供应来源，并发掘有潜力的供应商。

供应商经营的最终目的在于追求利润最大化，但是供应商所处的供应商市场会影响供应商对产品的定价，并无法随心所欲地对价格作任意的订定；而真正决定市场价格的因素仍需视供需双方的情况。因此，了解供应商市场的结构有助于采购人员在面对供应商询价与议价谈判时的准备，对于维持与供应商良好的关系也有很大的助益。

在进行调查时，应将“供应商市场”（supplier' s market）的结构视为一个整体的供应链来分析，其中包括供应链的上游市场（如原料、机器设备的来源等）与下游市场（如主要的买方竞争对手、影响需求的产业因素等）；其目的是为了选择最具潜力的供应商，并使采购发挥最大的效能。为了选择最具潜力的供应商，无论是在新产品的开发阶段，或是在正常生产的供货期间，供应市场的调查都扮演了具有影响关键性决定的角色。

在新产品的开发阶段，供应市场调查可以确保所挑选出的供应商班底，有能力达到请购人员所要求的规格及品质水准。对于那些已经存在的现有产品，供应市场调查能使我们更易于评估目前供应商的绩效，同时也能找出需要改善的部分，特别是在降低采购成本方面。

透过供应市场调查，使我们能更深一层地了解到供应市场的结构情况，然后才能在每个不同的技术领域里，确认出哪些是最具有竞争力的地区。而这类的供应市场调查研究可以是全球性的，也可以只限于某个特定的地区与国家。

“全球性”（global）的供应市场调查研究之进行，一般是由公司内部的“商品小组”（commodityteam）所主导，其调查结果可以提供各“商品经理”（commoditymanager）规划出主要的采购策略方向，并让采购的重点转移至那些最具竞争力的供应商身上。

而“区域性”（regional）的供应市场调查研究，则可由公司内部某个事业单位来主导，或是配合位于不同国家所设置的事业单位“国产化”（localization）之计划来进行。其调查结果可使设在当地的子公司能借由国产化而达到成本降低的目的，对公司获权力（profitability）的提升有实质的激励效果。

由于进行供应市场调查必须动用许多资源，故多数公司均是在面临以下状况时，方会考虑进行：

（1）评估何处是最具竞争力的供货来源（地区或国家）

（2）构思并开发最新型的产品。

（3）面临目前供应商无法在生产力上满足竞争的问题（即价格没有竞争力）。

（4）面临“自制或外购”（makeorbuy）的决定。

（5）在新的国家设置生产基地。

（6）在无法找到供应商的地区进行所谓的逆向行销（reversemarketing），亦即由采购人员主动出面邀请，并说服具有潜力的供应商共同参与开发。

（7）评估当地采购或国产化方案。

（8）因应变局并改善目前供应商的结构，这可能是因为：

1）目前的供应商为独占（monopoly）或寡占（oligopoly）的情况。

2）与目前的供应商不确定是否能保持长期的合作关系。

3）不满意现有供应商之绩效（包括服务品质或技术水准等方面）。

4）现有供应商已成为自己的竞争对手。

5）不满意现有供应商的产能（capacity）表现。

二、企业采购市场调研的分类

实地调查方法有多种形式，每种方法独具特点、各有利弊。工作中选用哪种要结合调查目标、调查对象和调查人员素质而定。目前采用较多的是直接访问法、现场观察法和实验调查法三种。

1. 直接访问法

直接访问法包括家庭访问和个人访问，他是调查者与被调查对象面对面交谈，收集资料的方法。可以采取按提纲顺序提问的“标准式访谈”，也可以围绕调查主题进行“自由式交谈”

（1）直接访问的优点及适用范围

1）直接访问的优点

①调查有深度。调查者可以提出许多不一在人多的场合讨论的问题

②直接性强。由于是面对面的交流，调查者而已采用一些方法来激发调查者的兴趣，如图片、表格、实物演示等。

③灵活性强，调查者可以根据情况灵活掌握问题的次序，随时解释被调查者提出的疑问。

④准确性强。调查者可充分揭示问题。

⑤拒答率低。这是直接访问法的最大优点。遇到拒绝回答时，也可以通过访谈技巧使问题得到回答。

2）直接访问的缺点

①调查时间长、成本高。由于访谈需要的时间较长，人员素质要求较高，最终会使调查成本加大。

②调查的质量易受到气候、调查时间、被访问者情绪等因素的干扰

3）直接访问的适用范围

①适用于调整范围较小、调查比较复杂的情况。

②适合于要得到顾客对某个产品或某种广告样本是否有购买想法的情况。

③适于了解某类问题能否通过解释或宣传取得谅解时。

（2）其他直接访问法

1）堵截访问法

堵截访问法又称为街头访问法，主要有两种形式；一种通过经过培训的调查员在事先选定的若干地区选择访问对象，征得其同意后在现场按问卷进行面访调查；另一种是先选定地点，然后由经过培训的调查员在实现选定的房间内进行面访调查。计算机直接访问呢（DGE）是堵截访问法的心的发展形势，它是指调查人员堵截到被调查者并征得其同意后，直接将其带到放有计算机的地方，告诉其操作法后，让被调查者按计算机上的提问自行输入要回答的问题。在回答问题时，调查人员应随时检查被调查者是否按要求回答问题，或在一定的情况下由调查人员代为输入。

堵截法的优点是：克服了入户访问的不足。由于访问地点比较集中，时间短，

可节时间每个样本的访问费和交通费，堵截也便面了入户困难，同时也便于对访问员监控。另外，调查的答案正确率高。

堵截法的缺点主要表现在三个方面：一是堵截访问法不适于内容较长、较复杂或不能公开的问题的调查；二是由于调查对象在调查地点出现带有偶然性，会影响调查的精确度；三是堵截调查法拒访率高，因此在使用时应附有一定的物质奖励。

2）电话访问法

电话访问是指通过电话线向被调查者询问有关调查内容一种调查方法。这是为解决带有普遍性的急需解决的问题而采用的一种调查方法。电话访问程序：

①根据调查目标及范围划分地区。

②每区确定要调查的样本单位数。

③编制电话号码单。

④按地区分给调查者，调查者一般利用晚上或假期时间与被调查者通电查看或采用全自动电话访谈（CATS），使用内置声音回答取代调查员的分别通话。

电话访问的优点是：在集中调查方式中，电话访问法成本较低。快速与节省时间，例如某一种商品广告播出后若想了较其收视率，以打电话方式来调查是最快速的。统一性较高，用电话调查，大多按已拟好的标准问卷询问，因此资料的统一程度较高，易控制。电话发音的声调、语气及用字等是否正确，可由控制员纠正。

电话访问的缺点是：问题不能深入，电话访问法询问时间不能太长，因而调查内容的深度远不如直接访问和堵截访问；调查工具无法综合使用；由于调查员不能在现场辨别真实性，准确性较差。

3）CATI 法（计算机辅助电话调查）。CATI 法是指在一个中心地点安装 CATI 设备，其软件系统包含 4 个部分；自动随机拨号系统、问卷设计系统，自动访问安装系统、自动数据录入和简单统计系统。

计算机辅助电话调查的特点是：

①速度快。计算机辅助访问可向研究分析人员迅速提交数据。因访问过程中既不需要数据地再输入，也不需要再做数据编辑，其速度方面的优势十分明显。

②质量高。计算机访问可避免调查人员的逻辑性错误。计算机的自动跳问功能可控制调查员在适当的时候和适当的条件下提出正确的问题。

③效率高，计算机系统可以随机或配额抽样。如果已经知道被调查者的背景资料，则计算机可根据要求自动抽出符合条件的被调查者。

④灵活性。计算机除了对数据和访问员进行控制以外，其辅助访问系统还具有处理复杂情况的供能。

4）邮寄方法。邮寄方法也可以说的堵截的一种特殊形式，他是指调查人员将印好的调查问卷或调查表格，通过邮政系统寄给选定的被调查者，被调查者按要求填好

后再寄回来，调查者通过对调查问卷或调查表格的整理分析，得到市场信息。

邮寄调查的优点是：调查的区域较广，问卷可以有一定的深度。调查费用低，在没有物质奖励时只需花少量的邮资和印刷费实物回答问题准确，调查者有充分的时间填写问卷，可以较准确地回答问题。被调查者所受的影响小，被调查者可以避免受调查者的态度、情绪等因素的影响，回答问题更客观，无需对调查人员进行专门的培训和管理。

邮寄调查的缺点是：调查表回收率低，造成这一结果的因素很多，如被调查者对问题不感兴趣、问卷过长，造成这一结果的因素秀多，如被调查者对问题不感兴趣、问卷过长、调查者的个人原因等。调查时间长，由于需要联系、等待、再联系、再等待，使调查的时间过长。由于无法交流，故不能判断被调查者的回答问题的可 * 程度，如被调查者可能误解问题的意思或受他人的影响，问卷不是被调查者本人填写等。

邮寄调查的应用范围较窄。对于时效性要求不高、费用比较紧张的调查可能考虑使用这种方法。如果公司有几次邮寄调查的先例，积累了几个不同的样本群体，并建立了良好的合作关系，使用这种方法就变得比较简单。

使用邮寄调查法应注意：用电话或跟踪信件提醒；注意提前通知和致谢；需要有物质奖励；附上回信并贴足邮资的信封；增加问卷的趣味性，比如填空、补句、判断、分析图片等；最好由知名度较高又受人尊重的机构主办。

2. 无需场观察法

现场观察法是调查人员凭借自己的眼睛或借助录像器材，在调查现场直接记录正在发生的市场行为或状况的一种有效的收集资料的方法。其特点是被调查者是不知晓的情况下接受调查的。

（1）现场观察法分类

1）直接观察法

就是在现场凭借自己的眼睛观察市场行为的方法。直接观察法又称“顾客观察法”和“环境观察法”。

2）顾客观察法

顾客观察法是指在各种市场中以局外人的方式秘密注意、跟踪和记录顾客的行踪和举动以取得调查资料的方法。顾客调查法常常要求配备各种计数仪器，如录音摄像器材、计数器材、计数表格等，以减轻调查者技术的负担和提高资料的可信度。为使调查更深入，往往辅之以堵截访问的方式。

3）环境观察法

环境观察法就是以普通顾客的身份对调查对象的所有环境因素进行观察以获取调

查资料的方法。这种方法是让志门接受过训练的“神秘顾客”作为普通的消费者进入其调查的环境，一是观察其购物的环境，二是了解服务质量。

4）间接观察法

就是通过对现场遗留下来的实物或痕迹进行观察以了解或推断过去的市场行为。如果国外流行的食品厨观察法，即调查人员通过查看顾客的食品厨，记下顾客所购买的食品品牌、时间和品种，来收集家庭食品的购买和消费资料。这种方法对一些家庭日常用品的消费调查非常重要。再如通过对家庭丢掉的垃圾等痕迹的调查，也是较为重要的间接调查方法。

（2）现场观察方法的优缺点

观察法的优点是：自然、客观、准确。观察者对被观察者的活动或可能影响观察者的因素，皆不加以干预，使被观察者动作极为自然，毫无掩饰，所获资料准确性高；直接、简单、易行。观察法是对现场发生的现象的观察和记录，或通过摄像、录音如实反映，直接观测、记录现场的特殊环境和事实、直接性非常强。

观察法的缺点是：时间长、费用高；观察深度不够，观察只能看到最后的行为；限制性较大，观察一般只适用于较小的微观环境卫生，且同时受到观察人员自身的身体条件、观察能力、查看能力、心理分析能力的限制。

（3）采用现场观察法应注意的事项

1）为了使观察结果具有代表性，能够反映某类事务的一般情况，应选择那些具有代表性的典型对象，在适当的时间内进行观察。

2）在进行现场观察时，以保证被调查者有所察觉，尤其是在使用仪器观察时更要注意隐蔽性，以保证被调查事物处于自然状态。

3）在实际观察时，必须实事求是、客观公正，不得带有主观偏见，更不能歪事物实真相。

4）调查人员的记录和观察项目最好有一定的格式，以便尽可能详细地记录调查内容的有关事项。

3. 实验调查方法

访问法和观察法一般是在不改变环境的情况下收集资料，而实验调查方法是从影响调查问题的许多可变因素中选出一两个因素，将它们置于同一条件下进行小规模的实验，然后对实验结果作出分析，确定研究结果是否值得大规模推广。它是研究问题各因素之间因果关系的一种有效手段。实验方法的最大特点是把调查对象置于非自然状态下开展市场调查。实验方法的核心问题是将实验变量或因素的效果从众多因素的作用中分离出来并给予鉴定。

（1）实验方法的工作程序

1）根据调查项目的要求，提出所研究的假设，确定实验自变量。

2）进行实验的设计，确定实验检定方法。

3）严格按实验设计的进程进行实验，并对实验结果进行认真观测和记录。

4）对观测结果进行整理分析，得出实验结果。

5）写出调查报告。

（2）实验调查法的优缺点

实验调查法的优点是：调查结果具有较大的客观性和实用性。此方法具有因素改变市场的主动性和控制其变程度的可控性，可以探索在环境中不明确的市场关系。实验的结论具有较强的说服力。

实验调查法的缺点是：时间长、费用大。由于影响环境的因素是多种多样的，要想比较准确地掌握环境，需做多组实验，综合分析，才能真正掌握因果变量之间的关系。有一定的局限性，实验只能掌握因果变量之间的关系，而不能分析过事物未来的情况。有一定的时间限制，影响环境的因素会由于其他干扰的变化而发生变化，故其实验结果用于实际推广必有一定的时间限制。

三、企业采购市场调研注意事项

企业的采购需求制定是否完整、科学、合理，关系到整个集中采购项目的成效，而采购项目前期市场调查又是保证采购需求制定得完整、科学、合理的重要前提。因此，我们对集中采购前期市场调查工作进行了探索和研究。

1. 注意把握好市场调查的内容、对象、途径等

确保市场调查的有效性市场调查的内容主要包含采购项目的供给情况，供应商（包括生产厂家与代理商）数量、资质、实力及市场价格等内容；调查的象包括采购并实施过类似采购项目的其他采购人、生产厂家、区域代理商、地方各级采购部门等；调查途径包括网上查询（包括查询生产厂家网站、中央及地方各级政府采购部门网站、各专业网站等）、到采购人项目所在地现场考察、到供应商现场考察、与供应商召开座谈会、出席各品牌的产品宣传推介会、向相关供应商发调查函等途径。在实际工作中，这几年在一些大型的类似于物业服务等采购项目中效果明显。

2. 注意做好市场调查信息的收集和整理

加强市场调查的针无需一般市场调查信息的来源主要包括采购并实施过类似项目的其他采购人的相关经验（包括具体技术方案和采购价格等重要信息）、采购项目市场供给情况、供应商情况、市场价格情况等。这些信息，如果是通用性、市场成熟度

较高的项目，可较容易在各级政府采购部门的网站、相关专业网站、实体市场等地方取得；如果是专业性较强、非通用性的、市场上信息量较少的项目，则最好能够找到采购并实施过类似项目的其他采购人，详细地向其取经。

同时，可通过在相关网站和报刊发布公告的方式邀请尽可能多的符合要求的供应商参与，并对报名供应商通过资格预审的方式确定出供应商名单。例如对某个特定行业的技术信息、产品信息和供应商信息，首先应认真了解清楚该特定行业的以往需求单位，这些需求单位肯定会有类似项目的采购及实施经验，可通过访问、现场考察等方式向尽可能多的相关需求单位取经，了解这个行业的技术信息、产品信息和供应商信息。

如果我们有某个特定行业的采购需求，则可以在市场调研的同时发布公告，邀请相关供应商，并对报名供应商进行考察，并在供应商那里尽可能详细的了解该行业的技术信息、产品信息、需求单位信息、行业刊物信息，并在了解这些信息的基础上再铺开考察，采用由点到面、由小面到大面的方式逐步深入地展开市场调研工作。

3. 注意发挥需求部门在市场调查中的作用

确保市场调查的专业性虽然市场调查应该由采购中心实施，但由于采购中心人员客观上存在一定专业的缺失或者局限，在市场调查人员的组成中，就要注重考虑市场调查项目的专业性问题。而由于大多采购需求部门同时就是使用部门，他们对采购项目的质量、性能、维保等方面的了解，应该在一定程度上是比较有发言权的，甚至是比较专业而熟悉的。因此，采购中心在组织市场调查时，应注意吸纳需求部门参与，在市场调查工作过程中做好分工合作，以达到采购的最好效果。例如：一些电子产品、发行机具类货物、网络服务、工程维修等。

4. 市场调查应注意的其他事项

市场调查工作的重点应该是尽可能详细地了解市场上满足我方采购需求的供应商及其产品的完整情况；而难点则是对于部分非通用、垄断性的产品，较难通过市场调研工作详细了解到产品的详细信息和价格情况，进而无法科学的制定需求方案和预算，并最终影响采购和实施的效果。因此，在市场调查工作中，需要注意：

（1）在做市场调研前，需要对采购项目进行分类，对于通用型的采购项目，技术参数比较成熟、各品牌产品差异性不大且价格较为透明的产品，可直接通过网上查询及向代理商或厂家发调研函的方式进行调查，调查重点主要是价格。对于非通用采购项目，应先尽量明晰采购意图，通过借助相关单位经验，做到心中有数；同时可在前期做市场调查时，就发布公告，寻找符合要求的供应商，并在选择到足够的供应商后再要求各供应商制定各自方案，然后再综合分析这些方案，最终制定出符合实际需

求的较优方案。

（2）在平时要注意各大生产厂家的产品信息更新，尤其是多注意参加生产厂家的产品发布会、地讲会，实时了解最新的行业动态。

（3）针对金额较大的具体项目，前期的市场调查工作包括需求方案的整个制作过程，应该注意集思广益和发挥专业优势，由集中采购涉及的相关部门联合组成需求制定小组，去进行具体的市场调研工作和需求方案制定工作以及供应商的选择工作，而不应该只有业务主管部门自行负责。

（4）要根据专业复杂度、市场成熟度及通用性程度来分级管理。对于专业复杂度较低、市场较为成熟、通用性强、市场价格较为透明的采购项目，由于可选择的品牌和供应商较多，因此，市场调查时主要是以市场价格为调研重点，并在制定采购需求的技术标准时避免限制性、排他性条款。由于这类项目市场成熟，调研与需求方案制定较为容易，因此，建议放在上半年进行采购。反之，对于专业复杂度较高、市场不成熟、通用性弱的采购项目，则应该认真花时间和精力去进行市场调查，调查时，要争取去有相关项目采购和实施经验的单位去取经，要认真考察和收集符合要求的供应商，要分别与尽量多的供应商充分沟通后再制定采购需求方案和预算。由于这类项目复杂度较高，需要花费较多时间进行市场调查和需求编制，因此，这类项目应该放在下半年进行采购。

（5）供应商管理方面，对通用性采购项目（包括采购完成的专业性较强的、非通用类的采购项目），应建立供应商库，供应商库应尽可能丰富，包含尽可能多的品牌产品供应商，每个采购项目需求编制前，就应由市场调查小组按照相关规定先选择好供应商名单，然后制定采购需求，需求制定时应充分与所有被选供应商充分沟通，确保技术标准无限制性、排他性条款。对于初次开展采购的专业性强的、非通用类的采购项目，则应由市场调查小组在充分了解市场的基础上选择供应商，也可以在相关网站报刊发布采购公告，邀请相关供应商。

5. 注意应用市场调查信息来把握建立好采购文件中的关键部分

如评分细则、技术指标，充分发挥市场调查的作用市场调查的最终目的是采购到符合实际需要同时又物美价廉的货物、服务或工程。评分细则、技术指标等是采购文件的关键部分之一，是投标人编制投标文件的重要参考，也是评标委员会进行评审的重要依据。因此，充分利用和恰当运用好市场调查的信息，做好评分细则、技术指标等尤为关键。在采购实践中，我们认识到，评分细则的制定需要考虑以下因素：

（1）对于通用类产品，供应商资质要求不必要太高，对于专业性较强的采购项目，供应商资质则可以相应提高些；

（2）对于专业性较强的、复杂程度较高的采购项目，应该给予稍微高一点的业绩分，因为这类项目，需要较高的专业团队和经验积累，能够有较多的相关业绩，本身就能够说明该供应商在该行业的地位和能力；

（3）要重视售后服务，给予售后服务大点分值，考察售后服务时要具体考察其售后团队力量，以及是否在采购人所在地有售后办公场所，同时，应该建立起售后服务管理制度，在合同细则中也要详细明确售后服务要求，特别是对质保金约定条款，如比例、支付条件等；四是技术评分标准要明确、清晰、客观，不能够模糊化，尽量减少主观判断对评审结果的影响。技术指标方面，主要还是应该避免限制性、排他性条款。

四、市场调研与采购案例

随着现代网络建设的普及，数字信息化校园建设已经成为高校教学改革的必经之路。近些年，部分高校的教务管理数字平台由于软件自身功能、角色用户的对接、实施方案不彻底、售后维护不完善、频繁更换平台等因素，造成频繁发生教学事故，影响正常的教学秩序，对教学产生负面的冲击。

1. 高校教务管理数字平台市场调研

截至 2020 年 6 月 30 日，全国高等学校共计 3，005 所，其中：普通高等学校 2，740 所，含本科院校 1，258 所、高职（专科）院校 1，482 所；成人高等学校 265 所。经过对教务管理数字平台研发公司的市场数据调研，几乎所有的高校都引进了教务管理数字平台进行教学的日常管理，占有率达 99% 以上，可见教务管理数字平台在高校的教学管理工作中的核心地位和不可替代。教务管理数字平台是高校在教学管理中所使用的一款教学办公软件，其主要功能是将教学管理的工作数字化，改变了以往的手工记录的方式，面向的对象包括学生、教师、管理人员、学校领导、家长等。教务管理数字平台的数据模块内容比较纷繁复杂，涉及多个子系统，一般汇集了系统管理模块子系统、学籍子系统、成绩子系统、考试子系统、排课子系统、选课子系统、评价子系统、数据分析子系统，等等。平台的用户应用模式一般分为 B 端系统和 C 端系统两部分来组成，也有单独的 B 端的系统。

对黑龙江省内的 25 所高等院校进行调研，具体数据如下：

（1）教务管理数字平台的品牌

教务管理数字平台目前市场上的主流品牌有杭州正方、湖南青果、湖南强智、北京清元优软、长春凌展、上海智隆、北京盈科、大连乾豪、上海树维、江苏金智、广州乘方、超星等等。

（2）教务管理数字平台主流品牌的全国市场占有率（截至 2020 年底）。（表 5-1）

表 5-1　教务管理数字平台主流品牌前五名市场份额调研一览表

序列	教务管理数字化平台品牌	高校用户	市场占用率（%）
1	主流品牌 1	约 900 多所	29.95
2	主流品牌 2	约 700 多所	23.29
3	主流品牌 3	约 400 多所	13.31
4	主流品牌 4	不超 100 所	3.33
5	主流品牌 5	不超 50 所	1.66

2. 高校教务管理数字平台采购标准

（1）教务管理数字平台的后期维护及售后服务标准

教务管理数字平台的运行稳定周期漫长，平均需要 3 ～ 5 年时间，经过对部分品牌的调研，目前高校在使用教务管理数字平台中，每年出现的问题或个性化需求，平均为 43 次左右，软件更新次数为平均每年 62 次左右，如此频繁的更新与教务系统庞大的数据面有关系。另外，属于自主研发类的教务管理数字平台的高校，经常出现重大事故，而且由于没有后期稳定的研发人员，经常出现严重的教学事故，运行规则通畅，耗费大量的财力物力，某国内著名高校自主研发教务管理数字平台，由于研发团队的不稳定性，经常出现维护中断现象，后来学校为了稳定软件的稳定性，长期高薪聘用了一整套研发团队进行软件的维护更新，10 年下来耗费资金近 5，000 万元，这笔费用足可以购买 50 套高校的教务管理数字平台，所以得不偿失。既然避免不了问题的产生，教务管理数字平台是一个需要与工程实施密切相关的软件，软件后期维护效果会促进软件版本的更新，同时也不断地弥补软件的不足，以便加强软件的稳定性，考察教务管理数字平台一定关注软件的后期维护、更新以及报错率等间接数据。那么，一个软件的后期维护和售后服务就是能够保证软件稳定运行、长效发展的前提条件，采购一个教务管理数字平台的重要参考依据。

（2）教务管理数字平台与校一卡通、数据共享平台等多平台的兼容协议

由于数字化校园的建设需要，教务系统的很多数据都提供给学校的数据平台作为交换数据的核心，例如学生学籍信息、课表信息、教师信息、教室信息等，这就需要教务管理平台与学校的数据共享平台及一卡通等软件平台进行无缝连接，而其他软件供应商的厂家和教务管理数字平台的厂家往往是不同的公司，那么教务管理平台与主流一卡通和数据共享平台的数据兼容协议就很重要，需要考察软件的数据输出通用接口和规范模式，如果本身不存在兼容协议，那样就需要花费昂贵的兼容费用来完成数据对接工作。

（3）教务管理数字平台开发公司的综合实力

教务管理数字平台的使用是一个长期的过程，这就需要软件的开发公司必须具有一定的稳定性、持久性，所以就要选择一个研发团队、售后团队具有一定规模的公司，这样公司的经济实力、研发实力才能持续地保证软件的稳定使用。这就需要高校在考察时要从公司的人员配比、市场占有率、工程实施、后期维护、研发能力等方面着手。市场占有率是考察公司的重要手段，我们可以从主流品牌里选择，这样的品牌因为用户比较多，市场占有率高，经验更加丰富。教务管理数字平台是一个复杂的、多功能的庞大数据平台，由于数据的错综复杂，这就需要软件开发公司必须要有足够成熟的实施经验和足够数量的实施案例，所以对市场占有率的考察就显得尤为重要，因为市场占有率越大的公司，由于分担的客户多，这样就决定了公司的经济实力、售后保障、研发团队就一定会规范且具有规模。工程的实施方面主要包括硬件架设、软件架设、数据库架设、基础数据的大批量录入、软件调试、个性化需求更新、角色分配及培训、多系统兼容对接等，这些工作都需要有公司的工程实施人员进行长期的驻扎以便进行软件的调试、培训等工作，至少需要有 2 人一年以上的住校服务，直到软件平稳运行为止。研发能力和维护团队出色的公司可以保证软件的长期发展，给用户带来良好的体验。

（4）教务管理数字平台对学校个性化问题的开发原则及费用

各高校培养方案与管理制度的不同，高校在教学管理过程中，会存在较大的差别，这样标准版本的教务管理数字平台就很难适应每一所高校的个性化需求，所以高校在采购完教务管理数字平台后都会进行个性化的需求申请，软件开发公司再根据学校所提出的需求进行版本的个性化变更，所以对软件个性化的需求变更在采购高校教务管理数字平台的过程中需要重点考察，软件公司是否会对个性化问题进行标准版本的二次开发，是否会无偿地进行个性化需求变更，变更是否有时间约束，如果收费，是否合理等，都需要认真考量比较。

（5）教务管理数字平台子系统兼容问题

教务管理数字平台包含多个子系统，一定要考察教务管理数字平台和子系统兼容问题，特别是实践、实验子系统，部分软件将实验子系统、实践子系统独立，但是由于系统的底层数据设计达不到通用的能力，系统间的数据兼容差强人意，数据在流转过程中容易出现错误，造成部分功能的丧失。数据编码和规则不是统一的，不是标准化的，并且系统之间存在“信息孤岛”。一个优秀的教务管理数字平台，其分支子系统的数据平台是共享的、通用的，完全可以进行无缝连接。

（6）教务管理数字平台的架构设计

教务管理数字平台的设计平台分为 C/S+B/S 和纯 B/S 两种形式，（C/S）是指一个或多个客户和一个或多个服务器与下层的操作系统以及网络系统所形成的一种允许分布式计算、分析和表示的复合系统。（B/S）模式是一种新型的数据库信息系统的设计模式，这种基于 WEB 的模式是通过 ASP 技术，利用 A – DO 对象来访问数据库。C/S 与 B/S 结构各有利弊，为充分发挥它们的优点，高校在采购时可根据学校自身的教学数据容量来选择。教务管理数字平台的对象分为教师、学生、管理人员、学校领导、学生家长等，教师、学生、家长的使用平台基本在 B/S 模式下进行，而教务管理人员使用基本在 C/S 或 B/S 两种模式应用途径，由于浏览器的兼容、安全设计、数据处理等问题，纯 B/S 模式数据处理明显要慢于 C/S 模式，所以考察教务管理数字平台的时候，不要一味地放弃 C/S 模式的使用理念。运用 B/S 与 C/S 相结合的方法进行设计、开发并具体实现的，具有良好的可维护性、可扩展性。同时，随着 Web 技术和基于浏览器开发工具的日益成熟与完善，实现完全基于 Web 的教务管理系统将是今后发展的主要方向。

（7）教务管理数字平台的排课选课功能算法

排课选课是教学工作的核心工作，在学校的日常教学工作中占有很大的比重，教务管理数字平台在 90 年代末引入高校最先想要解决的问题就是排课和选课的问题，因为这部分工作如果用人力手工去做的话，非常的复杂而且容易出错。解决排课问题的方法有模拟手工排课法、图论方法、拉格朗日法、二次分配型法等。排课系统的核心是处理排课问题的算法，这是保证排课的合理性、正确性、通用性的基础，通过使用有效的算法，还可以大大提高系统的性能。考察一个教务管理数字平台的重要依据也要看其对排课选课的核心算法架构、出错率、功能是否复杂、完善、算法是否足够优化，运算速度是否理想、处理选课人数的能力是否满足学校要求等。

第二节　采购方式选择

常用的采购方式有：招标采购、竞争性谈判、询价采购和单一来源采购。针对不同物资，合理运用多种采购方式，可以最大限度地降低采购成本，还可以实现对供货商队伍的动态管理和优化。

一、招标采购

招标采购是指采购方作为招标方，事先提出采购的条件和要求，邀请众多企业参加投标，然后由采购方按照规定的程序和标准一次性地从中择优选择交易对象，并与提出最有利条件的投标方签订合同的采购方式。

1. 招标采购的概念

招标采购是指采购方作为招标方，事先提出采购的条件和要求，邀请众多企业参加投标，然后由采购方按照规定的程序和标准一次性的从中择优选择交易对象，并提出最有利条件的投标方签订协议等过程。整个过程要求公开、公正和择优。招标采购是政府采购最通用的方法之一。招标采购可分为竞争性采购和限制性招标采购。它们的基本的做法是差不多的，其主要的区别是招标的范围不同，一个是向整个社会公开招标，一个是在选定的若干个供应商中招标，除此以外，其他在原理上都是相同的。一个完整的竞争性招标采购过程由供应商调查和选择、招标、投标、开标、评标、决标、合同授予等阶段组成。

2. 招标采购的方式

（1）公开招标（即国际竞争性招标、国内竞争性招标）。

设备、材料采购的公开招标是由招标单位通过报刊、广播、电视等公开发表招标广告，在尽量大的范围内征集供应商。公开招标对于设备、材料采购，能够引起最大范围内的竞争。

其主要优点有：

1）可以使符合资格的供应商在公平竞争条件下，以合适的价格获得供货机会。

2）可以使设备、材料采购者以合理价格获得所需的设备和材料。

3）可以促进供应商进行技术改造，以降低成本，提高质量。

4）可以基本防止徇私舞弊的产生，有利于采购的公平和公正。

设备、材料采购的公开招标一般组织方式严密，涉及环节众多，所需工作时间较长，故成本较高，因此，一些紧急需要或价值较小的设备和材料的采购则不适宜这种方式。国际竞争性招标就是公开地、广泛地征集投标者，引起投标者之间的充分竞争，从而使项目法人能以较低的价格和较高的质量获得设备或材料。我国政府和世界银行商定，凡工业项目采购额在 100 万美元以上的，均需采用国际竞争性招标。通过这种招标方式，一般可以使买主以有利的价格采购到需要的设备、材料，可引进国外先进的设备、技术和管理经验，并且可以保证所有合格的投标人都有参加投标的机会，保证采购工作公开而客观地进行。国内竞争性招标适合于合同金额小，工程地点分散且施工时间拖得很长，劳动密集型生产或国内获得货物的价格低于国际市场价格，行政与财务上不适于采用国际竞争性招标等情况。国内竞争性招标也要求具有充分的竞争性，程序公开，对所有的投标人一视同仁，并且根据事先公布的评选标准，授予最符合标准且标价最低的投标人。

（2）邀请招标（即有限国际竞争性招标）

设备、材料采购的邀请招标是由招标单位向具备设备、材料制造或供应能力的单位直接发出投标邀请书，并且受邀参加投标的单位不得少于3家。这种方式也称为有限国际竞争性招标，是一种不需公开刊登广告而直接邀请供应商进行国际竞争性投标的采购方法。它适用于合同金额不大，所需特定货物的供应商数目有限，需要尽早地交货等情况。有的工业项目，合同价值很大，也较为复杂，在国际上只有为数不多的几家潜在投标人，并且准备投标的费用很大，这样也可以直接邀请来自三、四个国家的合格公司进行投标，以节省时间。但这样可能遗漏合格的有竞争力的供应商，为此应该从尽可能多地供应商中征求投标，评标方法参照国际竞争性招标，但国内或地区性优惠待遇不适用。

采用设备、材料采购邀请招标一般是有条件的，其条件主要有：

1）招标单位对拟采购设备的制造商在世界上（或国内）的分布情况比较清楚，并且制造厂家有限，又可以满足竞争态势的需要。

2）已经掌握拟采购设备的供应商或制造商及其他代理商的有关情况，对他们的履约能力、资信状况等已经了解。

3）建设项目工期较短，不允许使用更多时间进行设备采购，因而采用邀请招标。

4）还有一些不宜进行公开采购的事项，如国防工程、保密工程、军事工程等。以上内容告诉大家招标采购的方式都有哪些。招标采购是采购方选择较高性价比产品的一种十分好的方式，一方面可以降低采购的成本；另一方面可以确保产品的质量。此外招标采购也为采购方省去了一些中间价，降低了成本。招标方最终可以根据实际情况选择对自己有利的一方作为投标方进行采购产品。招标采购必然会涉及一些法律知识，专业的法律建议必要时联系律师确定采购合同等材料。

3. 信息时代的招标采购

随着互联网技术的日臻成熟，中国经济正向“互联网+”方向快速发展，“互联网+招投采购”迅速成为一种全新业态，它利用先进的网络技术可以实现招标采购业的跨区域、高效率、低成本和更透明，让招标采购监督管理水平跨上一个新的台阶。

（1）“互联网+招标采购”发展的难点

电子招标投标是一种建立在互联网平台上的新型招标投标方式，以网络技术为基础，把传统招标、投标、开标、评标、合同签订及价款支付等业务全部实现数字化、电子化、网络化、高度集成化。2015年7月，国务院发布了《关于积极推进“互联网+”行动的指导意见》，明确提出“要按照市场化、专业化方向，大力推广电子招标投标”，进一步推动了“互联网+”时代招标采购业的创新和发展。“互联网+招标采购”通过互联网与招标采购的融合创新，在招标采购中互联互通，信息共享；公开透明，阳光服务；监督创新，平等竞争，其优势不言而喻。但是，从近年发展态势来看，电子招标投标的实施也面临着诸多突出问题，要真正地、全面地实现“互联网＋招标采购”的路径仍然任重而道远。

1）原有习惯思维影响创新发展转变落后

发展方式的核心是习惯思维的改变。现在，我国很多地区，尤其是市县一级的招标采购工作还停留在传统的模式上，未建立起电子招标投标体系，传统纸质招投标文件还占有很大的比重。一些基层招投标管理部门及其工作人员从心里抵触电子招投标为其带来的工作便利，工作人员觉得“手递相传、身临其境”的线下工作才能真正体现出自己的工作价值，而很多评标专家的阅读习惯导致其更愿意翻阅纸质文件，习惯思维使得全面落实“互联网＋”缺乏坚实的基础。

2）电子招标投标平台建设参差不齐

“互联网＋招标采购”的外在支撑是电子招标投标平台，由于我国招标采购电子招标投标化处于进行时，各级政府、各地方电子招标投标平台建设没有一个统一的标准和规范，各级平台从规划、建设到运行，良莠不齐，普遍存在投入成本大、收费高、升级改造慢、功能单一的现象，距离国家的规范标准还有较大的差距。

3）网络技术限制影响实践操作目前，我国很多地方已建立了电子招标投标系统，但仍主要集中在发布招标公告、标书文件下载与上传、答疑、补遗、中标公示等容易实现的功能上。由于技术的限制，招标投标过程的关键环节，项目前期审核、电子招标文件、电子投标文件、计算机辅助评标和远程异地评标等先进手段均无法线上完成，距离在线完成招投标全部交易过程，实现招投标完全网络化、信息化还有一定距离。

4）信息孤岛造成资源无法共享

我国招标投标电子化的发展非常迅速，但是缺乏相互连联和对接，特别是各类平台在不同时期和不同地域建设，由不同的软件提供商开发，不同平台之间存在封闭性和相互排斥的问题。大部分只是在有限的行政区划范围内实现网络化和互联化，并未从整体上实现标准、高效和互联互通，信息不能互相流通，导致各种“信息孤岛”和“网络盲点”的形成，各自独立的信息平台所积累的信息资源也都被禁锢在各自系统之中，造成极大的浪费。

5）网络信息安全影响深度发展

“互联网＋招标采购”的电子招投标平台作为依托互联网运行的网络信息系统，必然面临着互联网的安全环境问题，存在不容忽视的安全隐患，易受到黑客、病毒的攻击，造成信息被盗、数据被篡改或丢失等严重后果。一旦发生数据泄露或篡改，将直接损害招标投标各方的合法权益，严重的会造成恶劣的社会影响。

（2）“互联网＋招标采购”的创新思路

1）构建规范有效的电子招标投标应用系统

全面推进“互联网＋”应用系统建设，构建完善的电子招标投标平台，是建立公正透明的竞争环境、提高工作效率和遏制腐败行为的重大举措。因此，要引导积极各类主体按照市场化和专业化要求有序建设和运营交易平台，使国家“互联网＋招投采购”战略落到实处。未建立电子招标投标平台的，应充分利用现有的基础网络、硬件设施、应用支撑系统、监控设施等资源，按照国家统一标准和要求进行建设；已建立的应引导其经国家相关部门统一检测和认证，对不符合标准及技术规范要求的、不具备市场资源配置功能的进行整改、合并或撤销，以推动招标采购业由传统纸质模式向全流程电子化模式全面转型。

2）创建科学合理的网上交易方式

“互联网＋招标采购”的落地生根更多需要的是实操层面交易方式的创新和改革，让先进网络信息技术真正成为招标采购电子化的坚实基础。

①要创新招标投标电子化服务

进一步开发基于电子招标系统的项目登记、电子标书编制递交、虚拟开标大厅、电子开标和网上评标系统，将 CA 认证、电子签名、网上支付、可信时间戳、加密技术等一系列先进信息技术充分运用到系统平台中，把招投采购过程中最核心的开标、评标过程都实现电子化和网络化。

②创新招标投标信息共享服务

要建立信息双向共享发布系统，系统会自动将招标人发布的项目信息推送到法定发布媒体或招标人指定的媒体上，让更多的潜在投标人获悉，大大增加了招标人的选择范围。而且，只要是已注册用户，系统会自动推送与投标人相关的招标信息；同时，招标人如寻找类似项目信息或某类通用物资，系统又会自动抓取国内相关电子招标投标平台中类似项目信息、承包商情况、物资报价并提供比对结果，极大地方便招标人进行选择。

③创新招标投标网络金融服务

针对投标人，可以和银行深度合作，由银行直接提供各类电子保函，让投标人从大量资金占压中解脱出来，将有限资金投入到更加有益的事情中去；针对招标人，也可通过银企直连的方式将传统的支付手段提升为网上支付，完成标书发售、保证金收取退还、服务费收取、评标专家费等环节的在线结算，减少人为操作，大量节约人力，提高工作效率。

3）搭建互联互通的“互联网 +”网络体系

互联互通的“互联网 +”网络体系可以实现所有电子招标投标平台间双向的、多向的、无障碍的交流和沟通。但我国已经建成电子招标投标平台分别隶属于不同的地方、不同的行业及不同的企业，要真正实现互联互通，难度极大。这就需要从顶层设计上做工作，建立起全国统一的标准体系，制定以交易平台为基础，以公共服务平台为枢纽，以行政监督平台为关键的三平台建设规则；应成立国家级公共服务平台，各省、市地方成立区域性公共服务平台，按照国家层面的统一标准开发大数据交换接口和方式，作为各级交易平台信息交换的枢纽，基于此枢纽，各级平台双向推送项目交易所需的数据，提供数据分析工具，推动信息共享的电子化和现代化，使得全国的招标投标数据大集中，打破信息孤岛状态，营造公开、公平、公正的市场竞争环境。

4）创新招标投标监管体制机制

大力推进行政监督由现场监督转变为在线监督，更好发挥出社会监督作用。建立起招标投标全过程的线上动态监管机制，电子化将招标流程全部固化在网上，操作过程将留有痕迹，永可追溯，通过使用 CA 锁使用痕迹追踪、文件夹解密等功能，压缩人为操作的空间，遏制围标串标现象的发生。同时，各地方级电子招标投标平台也可以和当地党风廉政电子监察系统对接，通过双向的信息交流、分析和预警，对关键流程、重要数据、办理状态等进行实时监督，及时纠错整改，确保监督检查的公正公平和权力运行的规范透明。

5）营造良好招标投标制度环境

电子招标采购的应用及推广必须要有法律提供有力的保障。要加快出台《电子招标投标系统检测认证管理办法》、《电子招标投标公共服务和行政监督办法》等规章制度，各地方应贯彻落实国家有关法律法规，完善本地区的配套制度和政策措施，组织对不适应电子招标投标发展的规章规范性文件进行全面清理，为电子招标投标交易平台完全市场化竞争、实现互联互通信息公开共享、规范市场秩序创造良好的制度和体制环境。

6）加强信息安全体系与运维体系建设

招标采购过程需要绝对的数据保密性和安全性，打造电子招标投标平台的安全防线是平台系统能否长足发展的关键。为确保电子招标投标的信息安全，必须要加强安全保密性能。

①要从制度、技术和管理等方面构建安全防护系统，采用先进的身份信息认证、关键数据加密、日志信息记录和 CA 认证接口等安全技术措施，进一步提升系统的安全等级。

②要定期对系统进行检测，对信息安全状况进行动态管理，定期维护、查漏和升级，及时发现和排除平台系统的安全隐患；

③建立起一支熟悉信息技术的专业技术队伍，进行技术支持、日常服务、持续改进及应急保障等，提供不间断的系统安全保障，才能最大限度地保障电子招标投标业务的顺利开展。

二、竞争性谈判

竞争性谈判是《政府采购非招标采购方式管理办法》（财政部令第 74 号）规定的政府采购方式之一，该采购方式是指谈判小组与符合资格条件的供应商就采购货物、工程和服务事宜进行谈判，供应商按照谈判文件的要求提交响应文件和最后报价，采购人从谈判小组提出的成交候选人中确定成交供应商的采购方式。这种方式评审过程简单、易于操作。

1. 竞争性谈判实际采用现状

竞争性谈判通常系指邀请两家以上的材料和服务的供应商，在竞争的环境下与需求方通过协商达成一致的行为和过程。这种采购方式在国际上已广泛流行，联合国、欧盟、美国等都通过相关法律、法规详细描述了这种被视为完全和公开的竞争性采购方式，并出台了详细的操作细则，以使其在公开、公正和公平的原则下规范地开展。然而，在我国竞争性谈判还处于起步阶段，国家既无专门的立法，更无统一的定义，其规定仅散见于有关政府采购的法律法规之中，如《政府采购法》、《政府采购货物和服务招标投标管理办法》等。但近年竞争性谈判已逐渐被中石油等国内大型企业所采用，并出台相应企业管理规定，为竞争性谈判在国内推广和发展奠定良定基础。

在采办管理制度中，一般竞争性谈判方式适应的情形主要有以下几种：

（1）招标通过资格预审或有投标意向的供应商不足三家的；

（2）项目技术较复杂或性质特殊且实施方案不确定；

（3）材料规格和要求无法具体的；

（4）按招标方式采购时间不能满足用户需求的。同时，在采用竞争性谈判采购过程中，竞争性谈判结果其评价方法通常要求一律采用“两步评价法”进行评价，即先对谈判对象的技术和无价格商务部分进行评价，评价后对技术和商务合格的谈判对象进行价格评价，技术和商务评价不合格的谈判对象不再报价。

竞争性谈判采购方式所采用的“两步评价法”其主要包括以下两个阶段：

第一阶段：谈判。谈判评小组根据谈判文件要求，对所有响应文件的商务、技术响应性和价格合理性等进行充分、详细的评审，并就各谈判对象待澄清问题准备进行谈判。经过与所有谈判对象进行相同轮次的谈判，当具有两家以上响应文件符合谈判商务和技术要求的合格谈判对象，且商务和技术响应性均具备可比性，谈判小组出具谈判商务和技术评审结论。

第二阶段：报价。技术、无价商务合格的供应商在规定时间内按谈判锁定的技术商务方案进行密封报价，且要求项目单位对报价的技术标准、范围、工作量、格式应明确要求，并具备可比性。

2. 竞争性谈判采购方式注意要点

根据招标法及其他相关法律、法规，竞争性谈判采购方式在实际运用中笔者应该注意以下几点：

（1）谈判文件的发售、谈判操作程序不能等同于邀请招标的招标书的发售和评标

在竞争性谈判采购过程中，对谈判文件的发售不能等同于招标采购过程招标书的发售。竞争性谈判采购过程中无须响应参与谈判的供应商在规定时间、地点、密封提交参与谈判的文件。如此操作程序与招标采购过程中的招标书的发售和投标相同，则有两阶段投标之嫌，即先开谈判文件等技术和商务标书，谈判后再要求合格供应商进行密封报价，再开价格标书。两阶段投标及开标与招标法规定要求不符，招标法规定："招标人在招标文件要求提交投标文件的截止时间前收到的所有投标文件，开标时都应当当众予以拆封、宣读"，由此可以看出，招投法要求开标应拆封所有投标文件。同时两阶段投标还存在两个投标截止日期，即技术和商务标的截止日期和价格标的截止日期，而招投法规定："开标应当在招标文件确定的提交投标文件截止时间的同一时间公开进行"，且在实际操作过程中，两阶段投标其截止日期到底以哪个为准？如以前技术和商务标为准，则后面的价格报价应属对投标文件的实质性补充，招标人不应接受，但是一个不带报价的投标又缺乏构成"要约"的基本要件；如价格报价为准，则根据招投法投标人在投标截止日前有权任意地修改、撤回其技术和商务投标，而且招投法规定投标截止日前不得开启标书，不得向他人透露潜在投标人名称、数量以及其他有可能影响公平竞争的情况，然后两阶段投标时招标人在第一次先开技术标和商务标并对之进行评审和澄清的行为显得不合理。因此，谈判文件的发售、谈判只是对相应供应商提交的谈判文件进行接收及谈判。

（2）谈判小组所有成员与每个应该供应商分别进行谈判

在竞争性谈判的谈判过程中，谈判小组所有成员与每个应该供应商分别进行谈判，且参与谈判小组不得透露与谈判有关的其他供应商的技术资料、商务资料和其他信息。如违反，则可能使得不同技术水平的供应商可以利用谈判后报价的机会调整自己原设

想报价，对其他谈判人参与方不利，不能确保“三公原则”。

（3）谈判文件有实质性变动的，谈判评审委员会应以书面形式通知所有谈判对象

此点主要是保证所有谈判参与方在同一基础上进行谈判及评审，确保后续综合评审的公平、公正。

（4）密封报价，且不能二次报价

谈判完成后，技术、无价商务合格的谈判参与方在规定时间内按谈判锁定的技术商务方案进行密封报价。如不密封报价或在前期谈判泄露价格，则谈判各方都有存在泄露谈判任何一方标底的可能，即可能损害其谈判方利益，也同时无法保证有效的竞争性，损害招标人利益。同时，在实际操作过程中出现过价格开标后，谈判小组对价格也进行分别谈判，并让供应商进行二次报价。此做法笔者认为，是严重的错误，一、对价格分别谈判难免会泄露供应商的价格信息，二、二次报价会导致恶性竞争。

3. 竞争性谈判采购案例

传统的方式需要供应商与评审委员会针对项目进行面对面谈判，但是受到新冠疫情的影响，如果开展见面方式的谈判活动，在评审过程中的谈判过程将存在因人员聚集而发生传染与被传染的风险，这给传统谈判采购活动的组织带来了诸多不便。那么，在疫情防控期间如何保证竞争性谈判采购活动顺利进行？可以采用“不见面”谈判方式可以解决这个难题。“不见面”形式是指在采购活动全过程通过电子网络设备、现代通信等工具或方法实现文件的传输以及采购活动各方的沟通，减少或避免人员面对面接触的一种采购活动组织形式。

（1）竞争性谈判的法律法规

政府采购活动的组织必须遵守相关的法律法规规定。因此第一步需要分析关于竞争性谈判的法律法规是如何规定的。《政府采购法》第三十八条规定：“采用竞争性谈判方式采购的，应当遵循下列程序：

1）成立谈判小组

谈判小组由采购人的代表和有关专家共三人以上的单数组成，其中专家的人数不得少于成员总数的 2/3。

2）制定谈判文件

谈判文件应当明确谈判程序、谈判内容、合同草案的条款以及评定成交的标准等事项。

3）确定邀请参加谈判的供应商名单

谈判小组从符合相应资格条件的供应商名单中确定不少于三家的供应商参加谈

判，并向其提供谈判文件。

4）谈判

谈判小组所有成员集中与单一供应商分别进行谈判。在谈判中，谈判的任何一方不得透露与谈判有关的其他供应商的技术资料、价格和其他信息。谈判文件有实质性变动的，谈判小组应当以书面形式通知所有参加谈判的供应商。

5）确定成交供应商

谈判结束后，谈判小组应当要求所有参加谈判的供应商在规定时间内进行最后报价，采购人从谈判小组提出的成交候选人中根据符合采购需求、质量和服务相等且报价最低的原则确定成交供应商，并将结果通知所有参加谈判的未成交的供应商。”

《政府采购非招标采购方式管理办法》第三十条规定：“谈判小组应当对相应文件进行评审，并根据谈判文件规定的程序、评定成交的标准等事项与实质性响应谈判文件要求的供应商进行谈判。未实质性响应谈判文件的响应文件按无效处理，谈判小组应当告知有关供应商。”

《政府采购非招标采购方式管理办法》第三十一条规定：“谈判小组所有成员应当集中与单一供应商分别进行谈判，并给予所有参加谈判的供应商平等的谈判机会。”《政府采购非招标采购方式管理办法》第三十二条规定：“在谈判过程中，谈判小组可以根据谈判文件和谈判情况实质性变动采购需求中的技术、服务要求以及合同草案条款，但不得变动谈判文件中的其他内容。实质性变动的内容，须经采购人代表确认。对谈判文件作出的实质性变动是谈判文件的有效组成部分，谈判小组应当及时以书面形式同时通知所有参加谈判的供应商。供应商应当按照谈判文件的变动情况和谈判小组的要求重新提交响应文件，并由其法定代表人或授权代表签字或者加盖公章。由授权代表签字的，应当附法定代表人授权书。供应商为自然人的，应当由本人签字并附身份证明。”

纵观各省及地市相关法律法规，仅有贵州省财厅发布的《关于竞争性谈判方式有关问题的规定》（黔财采 [2006]34 号）一文中规定竞争性谈判必须采用面对面形式。该文中要求“查验被邀请参加谈判的供应商资质、资格是否符合谈判文件要求，并确定合格供应商后再进入面对面谈判。”

由此可见，不论是上位法还是部门规章，都未对谈判的具体形式作出规定。因此，除了贵州省外，其他省份从法律法规层面都未禁止采用“不见面”方式组织谈判采购活动的。在广西，采用“不见面”形式组织竞争性谈判采购活动并不违反法律法规的规定。

（2）开展“不见面”方式谈判活动的途径

可以通过以下两种途径实现不见面方式的竞争性谈判采购活动的组织。

途径一为选择采用全流程电子化采购，即通过电子交易系统完成竞争性谈判采购活动全过程。包括发布采购公告、谈判文件下载、供应商提出提问或质疑、发布澄清及修改、响应文件上传、在线截标、在线评审、在线谈判、多次报价（或最后报价）、发布成交公告、发送成交通知书等。供应商通过电子交易系统下载谈判文件，使用电子交易系统制作响应文件、递交响应文件，在线签到、线上参加截标及谈判。参与竞争性谈判采购活动的各方人员整个过程均无面对面的接触。因而可以减少交通成本，降低企业交易成本，也避免了疫情防控期间人员聚集的风险。

全流程电子化采购是疫情防控期间不见面方式组织采购活动的完美解决方案，但对于部分还未实现全流程电子化采购的地区或机构而言，则需要通过其他途径达到疫情防控期间“不见面，少接触”的要求。笔者通过实践的总结及分析，认为未实现全流程电子化采购的情况下可以采用途径二解决这个问题。途径二为在传统采购活动即非全流程电子化采购的基础上，将传统的面对面递交响应文件、参加截标会议、谈判、多次报价等做法调整为采用电子网络设备、现代通信等工具或方法实现“不见面”方式，来实现文件的传输以及采购活动各方的沟通，从而完成竞争性谈判采购活动。

传统的谈判采购活动，可能出现“见面”的场景主要有以下几个环节，分别为采购文件的领取、响应文件的递交、截标环节、评审环节、谈判报价环节、成交结果通知的领取。对于采购文件的领取，可以通过电子化交易平台发布、邮寄或者发送电子邮件等方式解决“见面”领取的问题。

对于响应文件的递交，可以通过上传电子化交易平台、邮寄等方式解决“见面”递交的问题。采用邮寄方式的，可在采购文件中注明“响应文件递交时间以快递签收时间为准，供应商应合理估计邮寄时间以确保按时送达，发送快递时应注明项目名称和项目编号”。

对于响应文件的编制可以在采购文件中要求供应商在其响应文件的外包装上注明联系方式，包括授权代表姓名、手机号码、电子邮箱、微信号码或 QQ 号码等。注明联系方式是为了方便采购代理机构工作人员在接收响应文件的快递时在快递员在场的情况下及时与供应商取得联系以便确认响应文件收件的外部状态。采购代理机构工作人员如果发现因快递等非供应商原因出现包装破损，可以在不拆封响应文件的前提下通过拍照、录制短视频等方式记录寄件收到时的外部状态并与供应商寄件人通过微信或 QQ 联系进行确认，以避免或消除后续出现因快递包装影响响应文件密封性问题争议的隐患。

对于截标环节，根据《政府采购法》第三十八条中关于竞争性谈判的规定，竞争性谈判的报价不可以公开唱标，因此截标环节最主要的事项为检查响应文件的密封性情况。对于截标会议，可以采用直播方式邀请供应商远程观看，无须见面。采购人或采购代理机构应该提前在截标会议所用电脑上安装直播软件并确保能够正常运行，并提前告知供应商或在谈判文件中写明拟使用的直播软件，以便供应商可以提前安装。在截标前，采购人或采购代理机构应告知供应商直播会议号。截标会议现场，由采购代理机构工作人员在摄像头下进行全方位展示响应文件密封性以及拆封响应文件。未到现场的供应商对截标有异议的，可通过直播软件客户端提出，项目负责人通过直播软件与其通话联系，当场作出答复并制作记录。采购人或采购代理机构应该做好截标会议现场及直播画面的录音录像。

目前主流的在线会议应用大致上分为两种形式，一种是以腾讯会议为代表的便捷在线会议，参会人员下载手机端或电脑端的 APP，供应商无需进行注册，在会议 APP 中直接选择“加入会议”，输入代理机构提供的会议号，填入自己所代表的供应商名称和姓名，选择“加入会议”即可参加会议。另一种就是以钉钉会议为代表的标准在线会议，参会人员需要注册钉钉账号下载相应应用，并告知采购代理机构账号名称，采购代理机构在开标当日通过账号邀请参会人员进入截标大会。

目前这两个会议应用都是免费的，供应商不需要额外付费或购买即可使用。相较于标准型在线会议，便捷型的优点在于方便参加，即开即用，只需输入对应的会议号就能进入会议。它的缺陷在于一般不自带会议录像功能，如果需要完整的截标大会记录，只能使用额外的设备进行录屏录像录音，这就意味着要投入更多的设备和人员。采购代理机构和采购人可结合自身情况和要求选择在线会议的类型。

对于评审谈判环节，如采取不见面方式进行则需要对授权人的身份、报价文件的盖章及递交、澄清答复等细节问题在采购文件中明确规定。谈判小组向供应商提出对响应文件中含义不明确、同类问题表述不一致或者有明显文字和计算错误的内容作出必要的澄清、说明或者纠正的，可要求供应商在合理时间内通过电话、电子邮件或传真等方式进行。为避免供应商不作回应，可在谈判文件中写明逾期未做澄清、说明或者纠正的，经电话催告仍不澄清的，视为放弃。谈判过程的提问及回答均可通过电话、传真或电子邮件方式进行。供应商根据谈判情况和谈判文件修改书面通知需要对原响应文件进行修改的，应将经签字扫描后以电子邮件方式发送至采购代理机构。为了节约评审时间，报价环节可以采取电话报价方式，先由采购代理机构的评审现场工作人员与供应商电话连线进行报价，再让供应商将报价文件经签字扫描后以电子邮件方式发送至采购代理机构。对此，需在谈判文件中明确规定如电话报价与书面报价不一致，则以书面报价为准。

为了及时联系到供应商，采购人或采购代理机构可以在响应文件格式的“响应函”中要求供应商务必填写法定代表人或委托代理人的电话联系方式、传真号码或电子邮箱。并且明确规定：如供应商未按谈判文件要求填写联系电话、传真号码或电子邮箱，致使采购代理机构或谈判小组在项目评审期间无法与其取得联系的，或因自身原因未能保持电话畅通或未谈判小组要求提交澄清、说明或者补正的，后果由供应商自行承担。

除了竞争性谈判外，政府采购项目还有公开招标、竞争性磋商、询价、单一来源采购等方式，依法必须招标的项目还有公开招标、邀请招标等方式，这些方式的采购活动的组织同样也适用于需要解决“见面”环节的问题。在当前新型冠状病毒未能完全控制和消除的情况下，新型冠状病毒需要长期防控，招标采购行业面临着考验，为减少人员聚集、防止疫情传播，推行“不见面”的采购方式很有必要性和紧迫性。以上为笔者对于“不见面”方式开展竞争性谈判采购活动的一些经验总结，希望能给同行提供一些参考。

以上所阐述的途径二的方式是在传统采购活动即非全流程电子化采购的基础上，将传统的采购活动中涉及面对面的环节调整为采用电子网络设备、现代通信等工具或方法来实现文件的传输以及采购活动各方的沟通，从而完成竞争性谈判采购活动。该途径一定程度地解决了“见面”的问题，但实践中仍不可避免地存在不足。直播方式双向沟通的便利性相对于传统的见面方式仍存在不足，具体来说就是存在供应商发言、截标会议纪律的组织不够便利以及直播视频不一定能保存等问题。因此，该途径是在技术层面未能完全解决全流程电子化招标投标的情况下的“权宜之计”。

三、询价采购

询价采购，是指只考虑价格因素，要求采购人向三家以上供应商发出询价单，对一次性报出的价格进行比较，最后按照符合采购需求、质量和服务相等、报价最低的原则确定成交供应商的方式。这种方式操作简单、随意性强、能快速实现采购、有效降低采购成本，是企业采购常常采用的采购方法。

1. 询价采购工作的基本流程

（1）询价准备

1）计划整理。采购代理机构按照政府采购执行计划，结合采购人员的急需程度和采购物品的规模，编制月度询价采购计划。

2）组织询价小组。

询价小组由采购人的代表和有关专家共三人以上单数组成，其中专家人数不得少于成员总数的三分之二，以随机方式确定。询价小组名单在成交结果确定前应当保密。

3）编制询价文件

询价小组按照政府采购有关法规和项目特殊要求，在采购执行计划要求的采购时限内拟定具体采购项目的采购方案、编制询价文件。

4）询价文件核对

询价文件在定稿前需经采购人核对。

5）收集信息

按照采购物品或服务等特点，通过查阅供应商信息库和市场调查等途径进一步了解价格信息和其他市场动态。

6）确定被询价的'供应商名单

询价小组通过随机方式从符合相应资格条件的供应商名单中确定不少于三家的供应商，同时向其发出询价通知书让其报价。

（2）询价

1）询价时间告知市招标办、资金管理部门等有关部门。

2）递交报价函

被询价供应商在询价文件限定的时限内递交报价函，工作人员应对供应商的报价函的密封情况进行审查。

3）询价准备会

在询价之前召集询价小组召开询价预备会，确定询价组长，宣布询价步骤，强调询价工作纪律，介绍总体目标、工作安排、分工、询价文件、确定成交供应商的方法和标准。

4）询价

询价小组所有成员集中开启供应商的报价函，作报价记录同时签名核对，按照符合采购需求、质量和服务相等且报价最低的原则，按照询价文件所列的确定成交供应商的方法和标准，确定 1~2 名成交候选人同时排列顺序。

5）询价报告

询价小组必须写出完整的询价报告，经所有询价小组成员及监督员签字后，方为有效。

（3）确定成交商

1）采购人按照询价小组的书面谈判报告和推荐的成交候选人的排列顺序确定成交人。当确定的成交人放弃成交、因不可抗力提出不能履行合同，采购人可以依序确定其他候选人为成交人。采购人也可以授权询价小组直接确定成交人。

2）成交通知。成交人确定后，由采购人向成交人发出《成交通知书》，同时将成交结果通知所有未成交的供应商。

3）编写采购报告。询价小组应于询价活动结束后二十日内，就询价小组组成、采购过程、采购结果等有关情况，编写采购报告。

2. 询价采购的注意事项

询价采购，顾名思义是对 3 家以上供应商提供的报价进行比较，以确保价格具有竞争性的采购方式。这种采购方式以其简便、快捷、效率高的特点而被采购人广泛采用。那么，采用询价采购方式时应注意哪些问题？

（1）货比三家

1）邀请报价的供应商数量至少三家。

2）供应商一次性报出不得更改的价格，这种方法适用于货源丰富且价格变化不大的通用类采购项目，而非按采购人要求的特定规格提供的产品和服务。

3）实践中发现询价采购方式存在一些不规范的做法，表现在将一些可以招标或者规格标准不统一的货物也实行询价采购，这就是制度规定不尽完善的地方，也有钻政策空子的嫌疑。

4）对询价采购要严格规范，防止询价效果难以保证（有的凭关系、凭感觉，操作随意性大，缺乏统一标准等）。

5）询价时，有通过电话、传真方式的，也有直接谈判的，这就需要对询价采购方式的程序作出硬性规定（因为不具备竞争性，必须从法律上给予必要约束）。

6）被询价的供应商在确定报价时，一定要慎之又慎，因为价格是一次性报价，没有更改的余地。

（2）询价小组组建科学合法

1）在目前市场产品质量参差不齐的情况下，鉴于质量不合格产品未列入询价范围，为此法律规定要成立一个不少于三人以上的单数询价小组（既有采购人代表，还要有专家；专家应占询价小组成员总数的三分之二以上）。

2）询价小组成立后，在询价采购前，要确定采购项目价格内涵（报价所包括的费用等）、评定成交供应商的标准（价格最低成交，还是综合评审成交等）。

3）根据采购要求，制定被询价供应商的资格条件（重点考察供货品种、信誉、售后服务网点等），然后根据资格条件确定被询价供应商名单，并以公开公平的方式从中选择三家以上作为被询价对象。

4）向供应商发出询价通知书，通知书中载明采购要求、价格构成、评定成交供应商的标准、报价截止时间等事项。

（3）采购需求精准到位

询价文件中，一定要说明所采购物资在共性标准上的个性差异及特殊要求，确保采购的物资标准明确、规格统一和型号无误，更要利于最低价格的选择。坚持询价文件中的报价标准，严格最终中标、成交供应商的基数价在规定框架内选择。

（4）合同条款不走样

在签订政府采购合同时，要严格遵循询价采购文件中提出的合同主要条款，杜绝随意改变条款现象的发生。监管部门、采购人要认真履行各自职责，时刻注意询价成交供应商执行所签订采购合同的情况，坚决遏制履行合同时的任何改变原合同条款的行为。

（5）合同履行不打折

询价文件要对采购物资的供货、安装、调试、验收、质量保证、售后服务和付款方式等相关要求进行明确，为供应商提供公平的知情权，使供应商合理制定报价。明确采购合同的主要条款，中标后顺利签订政府采购合同，以减少不必要的质疑投诉。

（6）报价不得随意更改

1）询价小组完成询价工作后，要形成询价报告提交采购人，由采购人确定成交供应商。

2）采购人在确定成交供应商时，必须严格执行事先确定的成交供应商评定标准。采购人确定成交供应商后，要将结果通知所有被询价的未成交供应商。

3）要注意在询价采购中，被询价的供应商在确定报价时，要谨慎行事，因为报价是一次定“终身”，没有更改余地。

4）程序上要操作得当，决不能随意降低标准，必须规范化运作，达到节约、节能、高效，确保采购物有所值。

（7）成交人的确定合法

合规确定询价采购的成交供应商时，为避免供应商报价泄露，采购人一要采取邮寄或专人送达方式报送报价文件，不使用传真报价的形式；二要坚持询价小组成员共同拆启报价文件，必须在公证人员、用户代表、采购中心人员共同在场的情况下拆启全部报价文件，按“满足询价要求条件下，最低价中标”的原则，确定成交供应商，确保定标的公正和程序合法性。

（8）询价公告及时发布

在询价采购项目确定后，首先要在政府采购指定媒体上发布询价采购信息公告，扩大询价采购范围，为所有潜在供应商提供平等竞争商机，增加询价采购的公开性和信息发布的高透明化，避免仅由询价人推荐报价供应商带来的局限性和片面性。

3. 询价采购信息化手段的应用

询价采购信息化管理系统合理设置了管理节点，实现分权制衡管理；设计了标准化通用格式模板及评审监督功能，可以从源头上规范采购管理，防范采购风险。系统的使用极大提升了采购流程管理、实施的效率，从而实现了询价采购集中管控的目标，满足了体制改革及管理创新的需求。

（1）系统技术框架

1）程序架构及开发工具

为了方便系统的使用、维护和升级，询价采购信息化管理系统主程序采用 B/S 模式的基于网络的 web 应用程序架构。接口程序采用 B/S 模式的基于 web 服务的程序架构。服务器采用 Windows Server 2008 R2 作为平台，使用 SQL Server 数据库作为后台数据库，VS 作为开发工具，C# 为主要开发语言。

2）开发模式

根据实际需求，询价采购信息化管理系统开发选择快速原型法开发模式，第一阶段针对采购与物资管理效益尽早建立系统原型，在使用和交流过程中再启动第二阶段的建设，并预留出改进和完善的时间，系统建设过程也证明了这一模式的行之有效。

（2）系统主要功能

信息系统询价采购全流程管理包括采购计划填报、采购文件编制、审核，发布询价、在线评审、创建订单。各环节设置不同管理节点，系统实现自动流转功能。

1）计划填报

采购计划填报由各采购单位计划员发起，填报内容包括采购项目的具体信息。系统开发设置了标准录入格式，大部分填报项目录入为下拉可选项，方便填报人员操作。

2）采购文件编制及审查

采购文件随同采购计划一并上报。系统提供关键字段录入模块，方便填报及审查，录入模块包括评审办法、资质业绩要求、主要技术规范等。

系统提供了标准采购文件模板，并默认有通用格式条款，计划员按照标准模块录入关键字段后，系统会自动生成完整版的采购文件，使采购文件的编制更加高效、规范。系统实现了包含采购文件的采购计划自动流转到下一环节接受审核。审核不通过的申请填写修改意见返回；审核通过后自动流转到采购环节。发布询价单。审核完成的、包含合格采购文件的采购计划流转进入采购环节。采购管理员根据各采购员业务量具体分配采购任务，系统可根据设定好的条件自动将采购项目分发给某个采购员。采购员收到任务单后，可在指定电商平台发布询价单。

3）在线评审

在线评审功能是询价采购信息化管理系统开发的重点。其功能是实现采购项目评审过程全部在线完成。主要流程为：询价单报价结束后，进入评审阶段，在线组建评审小组，评审小组成员登录系统后可查看各应答人文件，根据应答情况在线打分、签字，所有评审人员打分完成后评审结束。

在线评审优点一是降低评审成本，不需要评审人员集中办公，省去了差旅等费用；二是提高评审效率，评审人员可随时登录系统进行评审，充分利用碎片化时间，不耽误其他工作，各评审人员打分系统将自动统计汇总。

4）生成采购报告

评审完成的采购项目，系统具备自动生成采购报告功能，工作人员根据模板整理上传审核材料，提交采购领导小组审核。

5）发布订单

经商会审核完成的采购项目，采购员在系统点选发布订单功能，订单将自动上传电商平台，并通知中选供应商。

（3）系统应用效果

系统开发完成后，经过调试及试运行，各项功能达到了预期效果。后期使用过程中对部分界面做了进一步优化，满足管理使用需求。

1）实现集中化管理创新

随着大型企业集中采购范围的不断扩大和集中采购模式的不断创新完善，大型企业集中采购正朝着专业化、信息化、标准化、规范化发展。询价采购信息化管理系统利用最先进的计算机及网络技术，把实体业务与信息手段相融合，在不增加机构人员和成本的前提下，通过信息化管理系统把公司所属各基层企业询价采购统一管理起来，实现了集团化管控的目的。

2）采购规范性极大完善

在询价采购信息化管理系统开发建设之初即考虑完善了过程痕迹管理。按照业务管控要求，询价采购全程设置了 6 个管理节点，各节点管控人员岗位分离，职责明确，互相制约监督，避免权力集中带来违规风险。各节点人员操作记录及审查意见在系统中永久保存，实现管理痕迹可追溯。采购文件编制及计划填报设计了格式化模板，方便采购文件编制及审查。标准的格式化模板也能避免由于人员素质能力差异造成采购文件质量参差不齐。规范的采购文件不仅有利于供应商正确理解采购内容，也能避免采购人与应答人串通，从源头上规范采购管理。在线评审系统设计了标准打分模板，评审人员必须根据应答人文件要求逐项进行对照打分，降低评审人员主观印象分的影响。在评审过程中，采购监督人员可实时跟踪各评审人员打分情况，对偏离实际情况的打分进行纠正，防范评审人员徇私舞弊。

3）采购效率大幅提高

询价采购信息化管理系统正式运行以来，按照集团化集中采购管理，月均完成采购订单 90 项左右，全年累计完成较大金额询价项目 1000 余项，总金额达 5.4 亿元，与采购计划金额对比节资率为 11%。根据公司集中采购人力配置情况，采购员每月人均完成 30 项。如果按照以往各单位线下组织采购文件编制审查，线下组织询价结果评审，人员需要多配置 3 ~ 4 倍。询价信息管理信息系统的开发使用极大节省了人工管理成本。系统还具有业务量的无限扩展可能。根据公司总体集中采购规划，按照合理人员配置，可实现全口径采购管理，为进一步深化采购体制改革铺平了道路。

四、单一来源采购

单一来源采购又称直接采购，是指采购方直接从某一供应商处采购所需产品，普遍存在于各国的政府采购法律中，这是由其客观性决定的。

1. 单一采购的基本要求

中国《政府采购法》第 39 条对单一来源采购方式的程序作了规定，即采取单一来源采购方式采购的，采购人与供应商应当遵循采购法规定的原则，在保证采购项目质量和双方商定合理价格的基础上进行采购。采取单一来源采购方式应当遵循的基本要求，具体包括：

（1）遵循的原则

采购人与供应商应当坚持采购法第三条规定的“政府采购应当遵循公开透明原则、公平竞争原则、公正原则和诚实信用原则”开展采购。单一来源采购是政府采购方式之一，尽管有其特殊性和缺乏竞争，但仍然要尽可能地遵循这些原则。

（2）保证采购质量

政府采购的质量直接关系到政府机关履行行政事务的效果，因此，保证采购质量非常重要。虽然单一来源采购供货渠道单一但也要考虑采购产品的质量，否则实行单一来源政府采购本身就没有意义。

（3）价格合理

单一来源采购虽然缺乏竞争性，但也要按照物有所值原则与供应商进行协商，本着互利原则，合理确定价格。

2. 单一来源采购的程序流程

（1）采购预算与申请

采购人编制采购预算，填写采购申请表并提出采用单一来源采购方式的理由，经上级主管部门审核后提交财政管理部门。其中，属于因货物或者服务使用不可替代的专利、专有技术，或者公共服务项目具有特殊要求，导致只能从唯一供应商处采购的，且达到公开招标数额的货物、服务项目的，应当由专业技术人员论证并公示，公示情况一并报财政部门。

（2）采购审批

财政行政主管部门根据采购项目及相关规定确定单一来源采购这一采购方式，并确定采购途径—是委托采购还是自行采购。

（3）代理机构的选定：程序与公开招标的相同。

（4）组建协商小组：由代理机构协助组建协商小组。

（5）协商、编写协商情况记录：采购小组与供应商协商。由于单一来源采购缺乏竞争性，在协商中应确保质量的稳定性、价格的合理性、售后服务的可靠性。由于经过了技术论证，因而，价格是协商的焦点问题，协商小组应通过协商帮助采购人获得合理的成交价并保证采购项目质量。协商情况记录应当由协商小组人员签字认可。对记录有异议的协商小组人员，应当签署不同意见并说明理由。

（6）签发成交通知书：将谈判确定的成交价格报采购人，经采购人确认后签发成交通知书。

3. 单一来源采购案例

在医疗设备行业，由技术创新带来的单一来源采购方式，类似于竞争性垄断市场的概念。本文拟深入探讨医疗设备的单一来源采购方式，以指导医疗设备采购人员选择合适的采购方式。

（1）单一来源采购的适用情形

根据《中华人民共和国政府采购法》，单一来源采购方式的适用情形有 3 种：

1）只能从唯一供应商处采购的。

2）发生了不可预见的紧急情况，不能从其他供应商处采购的。

3）必须保证原有采购项目的一致性或者满足服务配套的要求，需要继续从原供应商处添购，且添购资金总额不超过原合同采购金额 10% 的。

（2）单一来源采购的性质分析

1）客观性

在“只能从唯一供应商处采购的”适用情形下，选择医疗设备时，功能是最主要的衡量指标，其次是性能、使用的便捷性等。若某生产企业以全新的原理、方法、工艺生产出某种高、精、尖的设备，在某一时期内具有绝对的先进性，没有其他任何产品可以替代，那么这个项目就属于单一来源。因此，单一来源项目是客观存在的。

2）竞争性

“只能从唯一供应商处采购的”情形表明采购方合理的采购需求在别处无法满足。

那么单一来源地产品在采购活动实施之前便已经在竞争中脱颖而出，这是竞争的结果。虽然采购的谈判现场不存在竞争的形式，但是产品中蕴含了竞争的本质。对于医疗设备而言，单一来源采购主要是技术或者服务意识上的创新带来的结果。单一来源采购不仅是竞争的结果，更是竞争的原因。它和竞争性垄断市场的概念极其相似，竞争性垄断市场是指某一市场主体即使取得了垄断地位也无法消除竞争，且经营者必须通过取得市场垄断地位才能获得高额利润。在这种市场结构中，垄断是暂时的，垄断主体和潜在的竞争者之间可以不断转换角色，垄断也在不断建立和被打破。

3）单一来源采购和公开招标的关系

从采购的流程上来看，单一来源采购和公开招标都需要进行采购需求的公示。在采购需求充分合理的前提下，应标供应商的数量仅仅是一个结果，因此单一来源采购可以看作公开招标的一种特例。

从竞争的角度来看，两者既对立又统一。单一来源采购不具有竞争的形式却蕴含竞争的本质，因此两者在形式上对立，而在本质上统一。从产品发展的过程来看，从单一来源建立到单一来源被打破，然后新的单一来源建立，这是产品竞争演变的完整过程，而公开招标适用于单一来源被打破的阶段。故单一来源采购和公开招标是完全并列的 2 种采购方式，分别适用于产品竞争的不同状态。

（3）单一来源采购实施的困难

在实践中，判断单一来源采购方式是否适用，主要从 2 个方面进行论证：采购需求的合理性和有无替代产品。

1）采购需求合理性评判标准的缺失

在医疗设备采购实践中，采购需求往往由某一具体的产品触发。在现代，科学技术和生产呈现出一体化的趋势，两者是互为条件、相互促进的共生关系。在医疗设备领域，制造商代表的是科学技术，医疗机构则代表生产。在这对共生关系中，科学技术的指导性表现得更为突出，因为科学技术往往走在临床需求的前面，为临床提供先进、高效的诊疗方法。因此，采购需求的制定容易受到具体产品的影响。采购需求的合理性是主、客观因素的混合体，体现了不同的采购层面在业务（战略）目标、设备功能以及设备具体技术参数上的整体诉求。在实践中，采购需求是既根植于具体的产品之中又凌驾于具体的产品之上的属性，这使得对采购需求的合理性评判具有很高的专业性，导致相关标准的缺失。

2）替代产品有无举证困难

在采购需求确定的情况下，替代产品的有无是一个纯粹客观地判断，尽管如此，在具体实施的过程中依然存在举证困难的现象。面对一个无限的市场，试图精确证明有无替代产品的可能性微乎其微。公示是目前实践中采用的方法之一，可通过延长公示期来提高精确性。其次为调研人主动获取相关信息，通过网络或者人际交流主动查找类似产品，论证其可作为替代产品的可能性，但这种方式的实施需要耗费大量的时间和资源。此外，通过产品自身特点进行判断。然而拥有专利亦非单一来源采购的充分条件，因为尽管医疗设备的原理或者采用的技术不同，但均能实现同样的功能。

（4）医疗设备采购的难度与风险

1）专业性强

随着医学事业的发展，对于医疗设备的需求不仅在量上迅速扩张，还逐渐朝着高、精、尖的方向发展。同时，研发者和生产者在医疗设备行业中占据主导地位，信息的不对称性使得医疗设备固有的性能难以评估。采购调研者只能通过医疗设备的外围信息进行考量，如市场占有率和临床使用者的反馈等。

2）主观影响大

判断医疗设备是否适用，使用者主观因素占很大成分。要客观地衡量医疗设备的适用性比较困难，临床使用者的专业知识、文化程度、技术素质、操作习惯等都会影响医疗设备是否适用的判断。因此，只根据临床使用者的反馈意见很难对医疗设备的适用性作出客观评价。

3）多重复杂关系

医疗设备的采购存在五大关系的博弈—国产与进口的关系、量与价的关系、设备与耗材的关系、采购与售后维护保养的关系、裸机与相关配置及软件的关系，因此需要综合考虑多方面因素以找到合适的平衡点。

医疗设备采购本身所具有的难度使得采购调研者更容易决策失误而陷于风险之中，这亦是单一来源采购方式被回避的关键因素，因为在单一来源采购方式中，采购调研者有着比公开招标更大的参与度。

第三节　采购渠道及评审成员选择

一、采购渠道的选择

物资采购渠道的选择是整个采购过程的关键一环，也是许多企业在采购方面的薄弱环节。在物资采购管理中，首先考虑从哪个单位采购，渠道选择好了就会为企业增加效益，对当前和以后的采购都有利，若选择不当，就会给企业造成损失。

1. 渠道选择的标准

（1）物资质量使用达到一定的质量标准

所需采购物资能够保证企业产品质量，这是选择供货单位时首先应考虑到的。因此要根据企业产品对物资功能的要求，规定合理的质量标准，以此来评价选择供货单位。

（2）价格低

采购物资价格低，对于降低企业产品成本有着明显的作用，因而它是选择供货单位的又一个重要条件。

（3）运距短，费用省

在同质、同价的情况下，要选择离本企业运距短的供货单位，这样不仅供需联系方便，到货迅速、及时，而且可以节省运输费用。同时，还要全面衡量及比较运输费用。定购费用、中转供应环节管理费用和存储费用等项支出。

（4）交货及时

供货单位能否按供需双方商定的交货期限组织供货，将直接影响本企业生产的正常进行。交货及时、信誉高的供货单位、自然是选择的对象。

（5）服务好

供货单位所能提供的服务项目和条件，如服务态度、方便用户、技术服务等，也是供应渠道选择的重要条件之一。

（6）供货能力、管理水平

如生产规模、技术能力、设备工艺、管理措施、经营状况等也是应考虑的重要条件。为了便于优选供货单位，企业物资供应部门业务人员应进行市场调查，广泛收集资料，建立供货单位档案。

2. 采购渠道选择的方法

（1）直观判断法

是通过调查征询意见，根据掌握的情况，综合分析和判断选择供货单位的一种方法。其一般适用于资料齐全的老供货单位、情况熟悉的单位和供货好的单位。

（2）综合测评法

对所选供货单位对照标准打分，进行综合测评、优选。测评的方法多种多样，主要是根据企业自身的需要，有侧重制定方法。

（3）成本费用比较法

通过物资采购成本比较分析，供货的价格及各种费用支出选择供货成本低的单位。这种方法适用于物资质量、交付时间均能满足要求的供货单位。

（4）招标法

这种方法竞争性强，能广泛地选择供货单位，并获得有利的、便宜的、适用的物资，但手续较繁琐，程序多、时间长，不适宜紧缺物资采购，且一般采用邀请招标法。

（5）电子商务

是在现代网络环境下实现商流、物流、信息流一体化的新型比价采购方法。它拓宽了物资采购渠道，促使信息高速传递，缩短采购周期，降低采购成本，但必须提高业务人员素质，掌握网络知识，增加网络硬件配置。它适宜通用、数量、金额较大物资。

3. 物资采购渠道选择案例

武汉新冠肺炎疫情暴发以来，国内口罩、防护服等防疫物资需求量巨大，医院需求与民众需求旺盛，而在疫情暴发初期国内供给严重短缺、产能短期（季节性）不足的情况下，进口物资的“远水”有效缓解了“近渴”。其中，跨境电商等外贸新业态充分发挥了极速进口的优势，成为全球采购急缺物资捐助国内的重要渠道。

疫情暴发以来，跨境电商企业自发将援助医院工作升级，充分发挥全球集采优势，到全球各地紧急采购防疫物资，捐赠给疫情危重地区的医疗机构。与此同时，以海关总署、财政部、税务总局以及国家药监局等为代表的各级进口管理部门主动作为，为防疫物资的一般贸易进口开辟绿色通道，给出比跨境电商零售进口政策更优惠的近乎“0关税壁垒+0非关税壁垒”的特别优惠政策，让急缺物资的进口一路畅通无阻。据海关总署公布：1月24日至2月2日，我国共进口疫情防控物资9.4万批次，2.4亿件，价值8.1亿元。其中防护用品占74.9%，共2.3亿件，价值6.1亿元，主要包括口罩2.2亿只，防护服252.9万件，护目镜27.9万副。在国内口罩、防护服等急缺防疫商品产能尚未恢复的形势下，进口医用物资为医院一线抗疫工作起到了重要保障作用。

例如，以阿里巴巴天猫国际平台为代表等跨境电商企业开创了防疫物资的“海外直采—医院直送”模式，仅用一周时间就完成了防疫物资的全球集采、国内通关和定点捐赠，在进口物资捐赠上展现出端到端的巨大优势。其背后是国内监管部门“低准入门槛＋快速通关通道＋企业高效”的全球供需匹配能力的大协同，充分展现出自由贸易的效率和中国开放速度。

（1）进口物资难解医院急需

自2014年国家开放跨境电商零售进口试点以来，我国跨境电商平台在长期的海外集采过程中逐步积累了全球供应链优势，但在国内流通环节仍面临较多政策限制，在此次疫情中，跨境电商平台所售商品仅能满足民众个人自用的部分需求，而难以满足医院等机构大批量医用物资需求。究其原因主要有三点：

1）医用商品不允许通过跨境电商零售进口，国家对跨境进口实行正面清单管理，而医用物资如 OTC 药品、处方药、医疗器械等不在跨境电商正面清单范围内。目前可通过跨境电商平台进口销售的防疫商品仅有普通非医用口罩、家用体温计、消毒液等产品，仅能支持少部分的民用需求，无法支持医院一线防护需求。

2）跨境进口商品不允许在国内进行 B2B 的流通。根据现行跨境电商零售进口监管制度，跨境进口商品仅可通过线上渠道销售给消费者个人，因此其在国内很难进行供应链调度和跨地区分配，同时跨境电商零售进口设有交易金额限制（单次交易限额不超过 5000 元，年度交易限额不超过 26000 元），因此在面对部分医院、学校等公共机构的临时紧急采购需求时无法做出响应。

3）跨境进口商品转捐赠限制较多。虽然国家出台了捐赠物资免税退税政策，但捐赠物品清关仍需要商品提供相应许可证件，符合我国相关产品的标准，然而跨境进口商品主要适用境外原产地标准而非国内标准，在进口捐赠环节无法提供相应许可证件，造成跨境电商企业无法捐赠部分跨境保税仓到货商品。此外，疫情防控期间多个跨境电商平台尝试向武汉消费者提供 1 元甚至 0 元购买口罩等急需物资的特殊关怀服务，但受限于口岸政策，跨境进口商品无法以低于 1 元价格销售。

（2）发挥跨境电商先发优势

当下，我国现行跨境电商政策，制约了该行业在抗击疫情、应对突发事件的作用发挥。

1）在数字贸易时代，应充分利用并进一步巩固和扩大我国跨境电商发展优势，进一步扩大进口，减轻对跨境电商进口的束缚，充分释放跨境电商的消费潜力和全球化资源配置能力，积极推动国际体系互信、数据共享、监管互认，在高度组织化的物流动态中实施有效监管，增强我国对外贸易竞争力，助力贸易强国建设。

2）进一步扩大跨境电商进口医药试点的区域和种类，充分重视海外成熟非处方药（OTC）、医疗器械通过跨境电商零售进口业态对于一般贸易的补充作用，将 OTC、医疗器械列入正面清单。

3）把跨境零售进口作为我国国家标准接轨国际主流标准的试验田，等效采用国际主流标准，简化准入机制，同时建立在非常时期应急采用商品境外上市证明作为进口准入许可的常态化机制，并逐步扩大该机制适用范围至跨境电商和一般贸易，成为长期机制。同时，全面落实一般自用物品准入便利，取消对正面清单内商品注册、备案、许可等前置要求，首次进口免予注册登记，简化并明确操作细则，促进全国海关执法的统一性和规范性。

4）取消跨境电商进口交易限额，不再设置单次交易限额和年度交易限额规定，同时放开跨境进口商品公共机构定向销售及价格申报，充分释放跨境电商的潜力，培养和保护我国外贸新业态的国际竞争力。

5）建议有序放开跨境电商线下自提店这一创新业务，顺应数字经济时代，零售业数字化转型的发展趋势，提升消费者对于跨境电商进口商品的体验，激发实体商业活力，为跨境电商乃至整个零售行业注入新动力。

6）建议进一步完善疫情防控期间紧急进口相关政策和配套规定，例如对于财政部等三部委发布的《关于防控新型冠状病毒感染的肺炎疫情进口物资免税政策的公告》中的捐赠企业退税操作规定，希望尽快明确操作流程；对湖北省市场监督和药品监督部门近期发布的允许未在境内上市的进口和出口转内销口罩在省内市场销售政策。

二、采购评审成员的选择

1. 明确采购人在评审中的主体作用

政府采购的主体是采购人，通过评审程序合理选择采购质量好、服务优、价格合理的产品或供应商，是规范财政性资金购买行为的具体形式。因此，采购人代表在评审活动中要充分发挥主体能动性，要围绕着依法合规实现采购目标、保证采购质量、选择到中意产品这一根本目的开展评审活动；要依规处理好评审争议，正确解答采购文件有关事项；发现评审专家有显示失公平公正情形的，要及时报告采购监督部门和采购代理机构，请求依法及时制止；对评审中发现的供应商违法违规行为，要及时报告采购监督部门。

（1）介绍采购项目背景和采购需求制订编制情况

虽然采购人已经在采购文件中将采购需求进行了描述，但可能有不全面或难以描述清楚、准确的地方，通过采购人代表的再次介绍，可以使采购需求更加明确和准确，可以帮助评审专家更好理解采购项目的内涵，有利于帮助评审专家正确顺利评审。

（2）依规沟通，正确行使采购人评审决策权

当评审活动出现异常情形时，可以代表采购人意志行使表决权，尤其是针对采购文件有不明确、表述不清事项，评审委提出需要采购人做进一步解释明确时，采购人代表可以代表采购人做解释说明，这样能有效促使评审活动顺利进行。在谈判、磋商和单一来源采购活动中，采购人代表可以代表采购单位意志与供应商进行谈判或磋商，可以代表采购人变更采购文件合同商务条款、技术服务条款等事项。

（3）对供应商澄清过程中，当采购文件中的采购需求、合同商务条款等表达内容存在评审委、供应商有不同的理解时，采购人代表作为使用方，对采购需求和采购文件内容理解更透彻，可以现场解答有关争议性问题，从而形成统一认识理解，便于提高评审效率，能最大限度地提高一次性采购成功率，降低政府采购成本，也能更好

保障各方权益。

2. 采购人代表专业水平高、责任心强

（1）拟派进入评审委的采购人代表来源要合法

采购人可以委托本单位职工，也可以授权委托本单位以外的具有完全民事行为能力的自然人代表采购单位参加评审。这里需要注意的是，不能委托已经抽取组建的评审委成员中的专家担任采购人代表，但是可以委托其他取得了政府采购评审专家资格的专家担任本单位采购人代表。

（2）拟进入评审委的采购人代表一定要有责任心、政治素质高、要熟悉政府采购法规制度和拟评审项目的专业知识

这对于保障采购评审活动顺利进行，保证采购质量非常重要。我们在采购实践中，往往遇到一些采购人代表进入评审委后对参评项目一问三不知的情况，弄得泣笑皆非。采购人代表在评审中出现极左或极右的情况：要么采购人代表超越法律、法规之规定出现影响评审活动公平、公正的言行；要么怕担责任（主要是怕被误认为干预评审）默不作声任由专家评审，对专家评审异常情况、甚至明显违规问题也视而不见。采购人代表在评审活动中的这两种做法，都是采购人代表不负责任，不认真履职的常见情况。

（3）评审前做足功课，有利于正确评审保证质量

政府采购活动的评审委是临时抽取组建的，评审委成员的专业能力、认知水平、综合素养等差异较大，滥竽充数、责任心不强等现象客观存在。从采购实践看，评审专家很难在较短时间内完全读懂采购文件、透彻理解采购需求，常处于“似懂非懂”状态时就开始评审。另一方面，采购文件对采购项目（产品）参数、采购需求的描述是“死”的，但是供应商对采购文件的理解和投标响应是“活”的，评审委对采购文件和投标文件的理解也是“活”的。

因此，这对拟委托进入评审委的采购人代表提出很高的要求。采购人代表一定要提前研读采购文件、要弄懂采购项目所属行业技术规范、市场生产或销售行情等综合因素，还要明白本单位的采购目标和最终功能用途等，要做到胸中有丘壑，评审活动方能高效准确。

例如：对一些关键性参数，如果出现供应商投标响应与采购文件表述、评审委理解不一致引发评审争议时，作为采购人代表如何依规正确解释应对等等。

否则，采购人代表就会在评审现场出现临事而迷，被评审专家一问三不知，甚至会被评审专家牵着鼻子走的情况，也难以无法实现采购目标，甚至引发质疑投诉。

总之，采购人是政府采购活动的第一责任人，对采购活动全过程负总责。采购人

在评审活动中，只有不断强化采购人代表在评审活动中的主体地位和主体责任，才能有利于评审质量控制，有利于提高采购效率、防范采购风险，更有利于保证采购质量，实现采购目标。

三、采购评审案例

随着国家对招投标工作的重视程度越来越高，进而相继颁发了一系列相关的法律法规。在这之中，评标环节作为采购工作中十分关键的一个环节，受到各个方面的广泛关注和重视。而怎样才能够保证评审过程的合法合理以及提升评审效率，则就成为我国采购行业必须得重视的一个问题。

1. 评审环节中主要存在的问题

（1）评审人员的职责不够明确

参与采购评审的人员主要包括采购经济、评委以及招标代理等等，而这每一个人员所承担的工作都是不一样的。不过当前还没有明确的文件来进行界定，进而导致评审人员的工作职责比较模糊，这样也就存在着一定的风险。

（2）缺乏标准化的操作流程

现如今，依旧还没有标准化的开标操作流程来进行正常工作的指导，完全依靠工作人员的经验来开展工作，这样也就导致评审环节中出现多种违法或者是违规操作，还有可能导致工作顺序混乱等问题的出现，受到操作人员的素质以及能力等相关因素的极大影响。

（3）评标澄清的内容不够明确

《招投标法》中明确指出，对于投标人所提出的问题，招标单位有义务为投标人进行解惑，不过哪些内容不需要回答，哪些问题必须得回答还没有一个明确的标准，而这问题的存在严重影响评标的效率。

2. 构建评审标准化的体系

（1）制定标准化的流程操作手册

要想有效地解决评审人员职责不明确的问题，可以制定标准化的制度，将各个参与对象的工作职责明确地进行标注，具体如下：

1）采购经理

采购经理属于招标人代表，其最为主要的工作职责就是维护好自身企业的合法利益以及监督好现场的开评标，对于这一过程中出现的违规违法行为应该及时予以制止，保障评标过程的合理合法；

2）招标代理人员

其属于评标以及开标会议的组织者，主要的职责就是为评委评标提供相应的协助

服务以及专业咨询等。

3）评委

评委的主要职责就是根据相关的标准以及规定来进行独立的评审，并且还需要在将评标经济得分录入系统中。

（2）采购过程标准化

首先，相关人员需要确定在现场是否存在着采购经理，然后再以工作流程标准当作是基础来进行工作的开展，在这之中，具体包括竞谈、比选以及招标等操作流程。

1）标准化的操作流程

根据采购经理在不在现场来进行操作流程的安排：

①在现场，这时候可以按照职责分工来安排采购经理、招标代理和评委这三个角色。

②不在现场，这是可以根据职责分工来安排评委和招标代理这两个角色。必须得注意的就是这两个计划的工作流程都是一样的。

2）标准化过程文件

在采购标准化的过程中，过程文件范本是其中十分重要的一个环节，并且还是企业规章制度以及法律法规的承接载体。而统一文件范本能够很好地维护各方面的利益，要求所有人员都严格按照标准来进行工作，以此来有效地解决采购工作技术和管理不统一、效率低下以及互相推诿等相关问题。此外，标准化的现场文件中包括招标、单一、竞谈等标准化文件。具体应该根据采购方式的不同来对它们进行分别编制，范本应该覆盖整个开评标过程所涉及的文件。

（3）开评标必须得回避的情况

1）开标环节开标必须得有招标人进行主持，然后邀请全部的投标人前来参与。除了开标工作人员、投标人、监督人员和公证人员以外，其他不相关的人员应该予以回避。如果进行某一标段项目进行划分且对其唱标时，没有参与投唱标段的人员必须得回避。

2）评标环节

具体包括以下两个方面：

①招标人和招标代理人员在实际招标的过程中，招标人员和投标人有着以下任何一种关系的，都必须得予以回避：

a. 参加投标活动之前的三年以内和投标人有着劳动关系。

b. 参加投标活动之前的三年以内担任过投标人的监事或者是董事。

c. 和投标人有着直系血亲、近姻亲等相关关系；还有就是如果投标人觉得有招标人员和其他投标人员可能有着影响到招标活动公平公正关系的时候，可以向招标代理机构提出让招标人回避的申请，不过必须得将自己申请的理由表达清楚。然后再由相关人员进行查询，确定之后应该让被申请人进行回避。

②评标委员会评标主要就是由招标人依据相关法律法规所组成的评标委员会负责的。和投标人有着一定利害关系的人员绝对不允许进入到评标委员会中，而对于已经进入的则是应该马上更换。

除此之外，如果评标委员会中有工作人员知道自己和某一投标人有着影响到招标活动公平公正等相关关系的时候，自己也应该主动的回避。

利害关系包括但不限于以下这几种情况：第一，评标专家在某一投标人单位中兼职、任职或者是持有一定的股份；第二，评标专家有亲属在某一投标单位中担任相关职务；评标专家任职的单位和招标单位的法定代表人是同一个人。

有以下情况中的一种则不能够担任评标委员会中的成员：和投标人之间存在着经济利益关系；和投标人有着近亲属关系；是行政监督部门或者是项目主管部门中的一员；曾经因为在招评标活动中从事过违法行为被刑事或者是行政处罚过的。

第四节　采购价格管理及成本控制

一、企业采购成本控制概述

1. 采购总成本概念

采购的总成本，即在采购供应活动的一系列流程中所发生的全部费用，也称总拥有成本，它包括企业的外部支出和内部支出。内部支出包括企业付出的质检成本、仓储成本、库存资金成本、使用成本、弃置费用；外部支出不仅包括物料的采购成本、物流成本还包括因处理与供应商的关系而产生的治理相关事务所发生的交易成本。

交易成本来源于企业同采购供应链上相关企业由于相互交流而产生的关系治理所带来的成本，包括采购信息系统的开发、保护费用，采购人员的人力成本，采购部门发生的差旅费、通讯费等治理费用。由此可见，采购价格只是采购总成本浮出水面的“冰山一角”。因此，采购的成本控制职能不仅仅在于对采购价格的控制，还应进一步承担对与采购供应相关的全面成本治理的责任。

站在企业和供应链竞争的角度来讲，采购总成本概念又被提升到具体的生产工序、

在产品或者产成品的采购成本构成比例或份额。总成本治理就是要追求这种采购成本构成比例或份额的最低。

影响总成本有两个重要的因素：价格和结构。低价格可能导致高的总拥有成本，虽然这是尽人皆知的事实，但却在一定时间内受到许多企业的追捧，通过对采购总拥有成本的考虑，更加凸显出企业采购和供应过程治理的重要性。采购价格的变动受采购物料所处的生命周期、采购的批量和规模、供需之间的关系等因素的变动而变动。

（1）产品在市场从导入期、成长期到成熟期，价格往往会从低到高，再由高到低。

（2）企业的议价能力受采购的批量或规模决定。单笔采购与一揽子采购由于交易成本的不同，其议价能力也是不一样的。

（3）供需之间的关系决定着企业对成本的分享方式，由于成本的分享方式不同，价格自然不同。也就是某物料或某工序的采购成本占总成本的比例，主要和采购物料的技术性能、消耗水平等密切相关。

2. 采购供应成本分析

采购供应成本分析是企业经营预算和成本控制的重要组成部分，其目的是在满足生产经营需求的同时，以最少的投入，发挥最大的供应效应，实现对企业物料的存量控制，保证企业生产的产品优质、高产、低耗、高效益。企业在进行采购供应成本分析评判时，应注重以下三大原则：

（1）实事求是原则

采购供应成本要真实地反映市场供求关系，反映采购供应各环节的成本组成变化情形，反映总成本项下的成本升降结构变化。只有这样，才能为采购决策提供正确的依据，从而确保决策的正确。

（2）同行可对标原则

企业内部分析选用的指标，应遵循一贯性原则，前后时期不能发生大的变化，比如与企业以往的实际对标，即纵向比较，是具有可比性的；除了纵向比较之外，还要横向比较，即与同行对标，如果企业不能与同行对标，就容易对企业自身的绩效产生错觉，甚至盲目乐观。事实上绝对可比也是难以达到的，这就需要同行之间加强交流和沟通，分析相互之间的差异，寻找其相关关系，以实现彼此之间的可对标性。

（3）双赢原则

分析的目的是为了改进工作。因此通过成本数据的佐证、对比后揭示差异，找到造成差异的影响因素、量化影响程度。通过分析让用户和供应商知晓实际情形，达到增加懂得、共同解决困难、各自消化不利因素的目的，为共同制定降本增效行动方案提供支持。

3. 采购供应成本的控制

控制采购供应成本，就是要控制、减少所有与采购供应相关的成本，包括直接成本和间接成本。这里的直接成本，就是物料的采购价格。间接成本，包括采购供应物料所占用的资金成本、采购供应的人力资源成本等等。采购供应成本治理就是要追求供应链的总成本最优，就是要求采购供应部门、采购人员在成本分析的基础上，研究制定可行的采购政策和策略，将物料成本、人力成本、资金成本等采购供应流程中发生的系列成本控制在最佳的状态。

（1）物料成本的治理

单纯的压价只是控制采购成本的方法之一，但如果一味追求低价，其结果往往适得其反，因此必须系统策划，寻找并且打造企业自身的优势点，从而达成价格中意、总成本最优的目标。

1）充分利用采购供应预算的指导作用。通过与不同对标口径比较，发觉差距，寻找缩小差距的途径，提高采购供应的成本竞争力。

2）进一步挖掘潜在供应商。通过创造或者扩大竞争采购的平台，利用市场机制，促使供应商不断提高产品的价格竞争力。对于目前处于卖方市场的资源，采购人员需不断努力，积极寻找、开发新的资源，缓解供求关系，逐步创造出一个有利于采购的市场环境，从而控制使用成本和弃置费用。

3）建立和供应商的战略合作伙伴关系，充分利用信誉或者规模采购，获取优待价格。要采购量形成批量或者规模，需方必须尽可能归并型号规格，加强对物料的标准化、系列化治理，整理合并较长时间的采购需求，实行集中采购；与此同时，寻找有共同需求的企业，实行联合采购或者联合谈判。企业的议价能力实际上是由采购批量和规模决定的。

4）对采购价格实施避峰就谷的策略。利用可能的仓储条件和长期积存的专业采购供应体会，挑选适当的时机，调整物料的采购量，利用市场价格的波动，达到降低采购价格的目的。

5）加强与供应商的业务协同，增加相互之间的懂得和信任，减少不必要的关系治理支出，控制交易成本、质检成本和社会成本。

6）使采购物料的性价比最优。应用价值工程的方法设计采购物料的技术质量特点，一方面要防止因质量问题产生的质量成本，另一方面要防止因质量过剩而增加的不必要的成本。

（2）人力成本的治理

就是要使采购劳动生产率最大化按照采购供应内在的治理规律，科学设置组织机

构，优化岗位设计，加强协同与合作，实行风险可控条件下的集中采购治理；不断提高采购人员的素养和能力，积极引导采购人员职业化发展，加强绩效治理，优化人力资源配置；利用先进的现代信息技术，挑选或者开发适合企业自身特点的采购供应信息系统，提高采购工作效率。

（3）资金成本的治理

就是要求采购供应物料的库存周转最快。注视物流和资金流，采用合适的库存治理模式，优化物流路径和仓储配送模式，商定合适的付款条件，规避汇兑风险，控制物流成本、库存成本、资金成本。综上所述，企业的采购活动其实就是通过完整地、周密地、科学的市场策划，进行市场运作，从而实现其价值创造的过程。

二、企业采购成本控制的问题分析

1. 采购成本控制存在的问题

（1）管理流程过于复杂

所有项目，无论大小，按照管理规定，都需要经过层层审批，手续繁杂，审批缓慢，涉及人员众多，大大增加了采购的管理成本。目前的实际采购流程中基本都涉及到审批流程，大到所级领导批示，小到计划员与采购员之间的互研究背景与意义国内外研究现状采购成本控制存在的问题及原因分析企业采购成本控制的方法采购成本控制对企业成本控制的重要性相审批。因此，就算是有些流程是看上去很简单的需求产生过程，常常也需要 1 个月甚至更长时间才能完成。

除此之外，在采购方面的环节太复杂，程序太多，所以费时费力，无形之中在原料购买时增加资金投入例如：在采购过程中，按照规定，订单金额在一万元以上需要签订采购合同，采购合同中包括了采购物资的详细技术要求、产品价格、交付时间、付款方式及比例等条款。合同由使用部门领导、物资处领导、财务处领导共同审批，金额超过五十万的还需要所级领导审批。在合同执行的付款环节，即使是严格按照合同约定的比例和时间节点付款，依然需要履行付款审批手续，由审批合同的各个部门领导甚至所领导再次审批，如果合同约定付款分 3 次完成，则需要履行 3 次付款审批手续。每一次繁琐的审批流程都大大增加了采购管理的成本，严重影响采购工作效率。

（2）时效性差

由于审批手续复杂，导致工作效率低下，审批过程中如果有关键人物出差，则需要等待很久，严重影响采购进度。例如，某次 XXX 项目招标采购大批集成电路等元器件，数家供应商应标，由于集成电路类物资市场状况变化较大，各家报价时都标明了报价有效期 5 天或者 1 周。然而，在招标结束后，报领导审批时，耽误了大约 10

天左右，等到通知中标供应商供货时，那批货早已经没有了，前面招标所做的工作全部白费，又要重新询价。而且，最终采购价格也比中标价高出了约5%。

（3）缺乏有效的监督管理机制

虽然目前采购制度众多，看似没有什么漏洞，但是整个采购体系中却缺少有效的监督管理及奖惩机制。各种规章制度只是说明如何操作，并没有明确规定如果违反，如何惩罚。因此，采购相关人员在处理问题时，对规章制度的重视程度不够，主观随意性较大，常有违反规定的事情发生。

（4）采购人员专业素质不强

现在企业当中，采购方面员工学历较高，可是在其他相关专业部门的员工不仅人员较少，而且学历普遍较低，例如物流和管理方面。在采购管理的具体执行过程中，由于大多数人员没有接受过采购相关的系统培训，采购人员多是凭借工作经验和自身的能力来应对采购过程中所遇到的问题，无法借助专业知识技能解决问题。

2. 采购成本控制存在问题原因分析

在现在的形势下，每个企业的终极目标是获得利润，所以说对于企业必须尽最大努力减少采购成本，减少资金投入，运用创新思维，走出固有观念的束缚，从大局意识上下功夫，追求企业长远目标。更新采购理念，充分运用项目管理的相关的知识、技能、方法进行采购成本控制。

（1）对项目管理的认识不够深入，管理方法不合适

一个企业是否具有前景，是否具有提升空间，关键是这个企业的项目有多少。而项目的产生是在创造力的前提下形成的。有了项目如果没有加强项目管理，将会导致项目不能达到预期的效果。所以说，公司的每个项目必须认真对待，提高重视度，无论着企业处在同行业的什么位置。在企业的所有活动中，采购项目是一个关键部分。所以说现在企业必须借鉴国内外先进的管理理念和理论，使得曾经的单一等价交换变为战略规划，提高企业的整体采购能力，增强采购效率，明确采购项目的具体远景，这样企业的交易成本在完善的管理制度下变得相对较低，对企业来说获得了更多的利润。所里领导参照了一些批量生产企业的管理方法，推进零库存管理、实施订单采购的模式，其实这种模式是不适合这种科研生产型企业的。由于所有的物资都没有库存，时常会发生因为某一种关键元器件或设备采购周期较长，导致项目延期交付的情况；也有碰到和甲方合同刚刚签订完成，就遇到原材料价格大幅度上涨，结果项目利润严重缩水的情况。而且在实际工作过程中，每一个项目的采购流程都是相对独立的，不能将资源合理整合，在采购的过程中造成了极大的浪费。结合项目管理理论，将采购过程视为一个项目来管理。则上述问题表现为项目的启动和计划阶段工作没有完善，

对于项目的论证和策划不周全，导致实施过程中出现各种问题。

（2）企业整体管理模式不健全，缺乏全局观念

与之前的采购方式不同，当下的采购不再是简单的等价交换，而处于一种动态的商业交往之中。并且在国际上有着很大的影响力，现在的采购方和供应方不再是单纯的买卖关系，而是战略伙伴，彼此都作为一种资源，他们的目标集中于双方的合作和利益共享。供应链的管理模式的在管理学领域早就研究与提倡了，但在企业界真正被重视和应用的所占比例并不是很高，影响了供应链整体优势在采购控制方面的发挥，供需双方信息不能及时传达到对方，导致企业采购成本不能有效进行控制。由于各个研究部基本上独立完成项目任务，缺乏横向联系与管理，采购过程中的各个相关部门缺乏全局观念，各自为政，遇到问题只能从自己的角度考虑，忽视了各部门之间是一个整体，而不是相互独立的部分，使得投入资金增多，购买原材料的资金大大增加了。

（3）对供应商的选择缺乏科学的选择方法，随意性比较强

在供应商管理方面，所里虽然有自己的合格供应商目录，但是对于此目录的管理没有明确的要求和制度，采购人员和供应商目录管理人员缺乏沟通，供应商的相关信息滞后，不能做到实时更新，选择供应商时提供的参考价值不足。在实际的招标询价过程中，采购人员往往本着价格第一的原则，将供应商的产品报价作为选择供方的唯一依据，而忽视了产品的性价比。一些实力雄厚、管理规范的优质供应商因此失去了很多和我所合作的机会。因此也常有在采购中节约了 1% 的资金，后续生产环节中却多花了 10% 的事情发生。

（4）采购人员的素质方面的问题

企业要想获得更多的经济效益，必须把好采购这道关。而采购人员的素质高低起到很关键的作用。采购的门槛并不高，不过想要做好这个行业的工作，如果没有过硬的知识和过人的能力真的没法完成。可是现阶段南京电子工程研究所对采购人员的素质重视程度不足，不论是学什么专业的都可以进入采购行列里，在对采购规则制度、法律法规、市场行情、产品检验、采购技能等等都不够了解与掌握的情况下，就开始进行采购管理工作。

在实施采购操作时因为对采购业务和技巧不够熟悉，就无法与供应商和使用部门很好的沟通，采购过程中遇到问题全凭主观思维处理，或直接报送领导；对供应商的情况和产品质量把握不准，在选择供应商时就只能依据价格；对市场信息的搜集、分析能力不够强，就无法对采购物资的未来趋势做出正确判断；缺乏项目管理和采购管理的相关知识，就无法利用专业知识或方法来分析解决问题；没有较高的基本素质和职业操守，在采购过程中就很容易受到各种诱惑，甚至铸成大错。由此可见，采购管

理人员对于采购成本控制的重要性。在采购管理的岗位上，有一批具备专业素质与能力的采购人员，能使得企业的采购管理和成本控制事半功倍，反之，就会使得本来就已经客观存在的采购风险不但没有得到控制，反而被放大。

三、采购成本控制方法

1. 传统的采购成本控制方法

传统企业采购成本控制的研究由来已久，从内容上来看，采购成本控制有以下几种一方法：根据定义分析采购成本进行控制，根据价格管理对成本进行控制，根据产品的分类对成本进行控制，以及战略性采购成本控制。在传统思维里，采购就是拿钱买东西，目的就是以最少的钱买到最好的商品。然而，跟随者市场的发展，技术的进步，竞争日益激烈，采购者有一个简单的商品交易成为一个函数，一个企业可以节约成本，增加利润，获取服务功能。采购成本是企业成本管理中的主体和核心部分，采购成为了企业管理中“最有价值”的部分。传统的采购方式申请跨越部门多，效率低下。采购单据的审批经常因为部门管理者的签核人数太多而被耽搁，这对部门费用的控制不力，也对审计部门对采购活动的查询和审计产生不便。鉴于传统采购管理的特性，传统的采购成本控制方法也是相对有限的。

传统的采购成本控制方法，大致可以归纳如下：

（1）成本的控制只与采购部门相关

对于传统的采购管理来说，它成本的最终决定权和最初的参与权，都在采购管理人员手中，其他部门只是各司其职，并不真正参与到能够对成本控制起到作用的实质性工作中。这种局限性很大程度地降低了成本控制的力度，是现代采购所摈弃的。

（2）一味强调价格，商品的单价

传统的采购中，管理人员认为成本的控制就是价格的降低，很少考虑到采购商品的质量和属性是否能最大限度地满足需求。这不利于企业的长期发展。

（3）关注眼前利益

传统的采购成本控制，只看到了眼前的利益，并没有考虑到企业的长远目标，因此所采取的采购成本控制策略大都不利于企业长远发展，所采取的只是控制成本的策略，而非战略。

2. 现代的采购成本控制方法

（1）理论基础

随着时代的进步，企业管理人员观念的更新，采购管理已经发生了非常大的变化，相应的采购成本控制方法也有了新的转变。采购管理的相应转变具体如下：1. 在产

品的开过程中，关注各部门的共同责任。在项目开发过程中，由供应商、研发部门、采购部门、生产部门、使用部门和营销部门人员等组成的项目小组对项目开发的成败负直接责任，不仅仅是研发部门一个部分负责。

（2）从追求功能的追求过程中的合作。

强调沟通的重要性，不同的人之间的协调，不同的利益相关者之间的协调等。

（3）从追求利润到追求可获利能力。

在和供应商的合作过程中，通过不断的试探与合作，建立一利，双方都满意的关系—战略合作伙伴关系，从而获得更大的利润。

（4）从产品到用户服务。

从面向用户为导向出发，客户的需求是采购管理的出发点，也是最终目的地。

（5）从交易转移到两者之间的关系的建设。

尝试建立一个长期稳定的合作的供应商的关系。

（6）从业务产品清单到业务信息。

通过信息的共享，提高利益相关者对各方需求的响应程度，实现优势互补，共同提高产品价值和竞争力。

总的来说，采购管理的转变从根本上转变了采购成本控制的视角，现代企业对采购成本的控制已经开始从战略采购的视角去进行控制了。战略性采购需要企业认清它所处的当下环境，摸清市场的需要，及时洞察客户的需求，并对自己的产品特性进行把控。它是指在充分的使企业内部和外部资源得到平衡后，为保证企业的终极目标—采 9 均总成本的最优和最合理能够实现的前提下，并保证所获取物资的质量的同时所形成的企业整体性的战略目标所进行的采购的过程。买方与供应商的战略合作是当今社会环境的需要，为获取更大利润和长远发展空间的企业都会为之而努力。

3. 信息化环境下的采购成本控制方法

采购的信息化顾名思义，就是利用信息技术手段，来获取企业所需物资的一种采购形式。它从根本上摈弃了传统采购的不足，实现了时间和空间上的统一，使得企业的采购活动更加便利和透明。即通过信息化的手段进行采购管理和实施采购活动，诸如采购计划的提交、预算的管理、招投标、合同管理等等采购活动。

传统的采购在如今个性化的市场下无法满足客户的需求，中小企业的采购大部分都存在着采购效率低下，流程不规范的问题，而且采购环节的中间成本也增大了企业的成本，信息化采购管理也非常缺乏。中小企业在同大型企业在竞争过程中进程会处于相对较马马的地位，它自身的技术水平和人员素质的不足加上市场的不稳定，以及信息化采购有一定的安全隐患，它所进行的信息化采购就更加不完善，且在一定程度上并不重视电子化采购，对信息化采购的实施没有过分的关注。

从中小企业的长远发展考虑，不要被眼前的利益，提高电子采购管理的投入，真正发挥联盟，小型和中型的企业信息管理系统平台的作用，让中小企业的信息管理系统真正成为企业发展的良好平台。采购的这种电子化管理能提高中小企业的采购效率，降低采购成本。通过电子化的采购能够提高采购对供应商的管理水平，扩大合作者的范围以及合作者的满意度。这也促使企业的决策者能更好地了解企业采购供应情况，便于决策者对未来的市场进行预测。

四、采购战略

1. 制定采购战略的意义

随着技术、设备等领域成本降低空间的大幅度减小，以往被忽视的通过加强采购供应过程治理而降低成本的方式对企业降本增效的作用越来越明显。对大多数治理者而言，降低采购物料的成本已经成为十分具有吸引力的方法，越来越多的治理者期望通过对采购供应过程的治理来提高公司的盈利水平。在某种程度上，采购治理已经成为能够明显改善投资回报率的最后一种方式。在当前企业供应链一体化治理的推动下，采购的观念必须上升到战略的角度，与企业的战略治理相结合，用供应链治理的思想重新注视采购。实施合理的采购战略，可以使企业比自己的竞争对手以更快捷有效、更低的成本获得更恰当的外部资源，使企业在更短时间内满足客户的需求，并且能够充分利用加强采购治理对利润的杠杆效应，使采购活动成为企业价值创造的先行者。

2. 制定采购战略的影响因素

采购供应是关系到企业战略的核心业务，通过对采购治理的战略规划，企业不仅可以连续优化采购成本从而提高自身的盈利能力，在此过程中还可以与供应商建立采购战略合作伙伴关系并一同对供应链治理进行优化，促进企业的可连续发展。所谓企业的采购战略，是指采购供应活动中所采用的具有指导性、全局性、长远性的基本运作方案。从企业治理的角度来看，企业成功制定和实施采购战略必须考虑以下四个关键要素：

（1）分类

“分类”要素是指企业要明确实行战略采购治理的物料种类。第一，企业要确定需要采购的物料种类。采购供应部门需根据物料需求进行分析：

1）外购物料种类：技术含量低、市场成熟的物料；

2）自制物料种类：涉及企业核心技术或者自主知识产权的物料。其次要决定实施战略治理的物料种类。对于那些在供应市场中风险程度高、成本价值的比重高的物料应当进行战略治理，因为这些物料不仅需要花费巨额成本，而且具有很高的风险性，如果治理不善企业将会蒙受庞大缺失。

（2）关系

“关系”是指企业要明确并建立与供应商不同的关系。对于实施战略采购的物料，企业应该同此类物料的供应商建立互助、共赢的战略伙伴关系。

1）在合作的初期阶段，供需双方应当通过信息平台建立沟通机制，需方提交给供方采购物料的数量及交货时间等信息数据，双方通过共同分析这些数据，培养彼此合作的信任度和默契感。

2）战略合作阶段，企业将供应商作为自己的制造部门，把自身的活动与供应商集成起来，从产品的开发设计开始，双方共同参与、相互促进，分担风险和共享利益，互利共赢。

（3）成本

“成本”是指企业在采购物料时应以成本作为评判指标。传统的采购治理中采购价格是主要的业绩评判指标，但当采购治理被提升到战略高度，采购供应的总成本更应被企业关注。按是否可以直接对象到产品，采购成本可以分为两类：直接成本和间接成本。

1）直接成本：即采购物料时发生的直接支出，如支付的采购价格、仓储费用等等；

2）间接成本：即采购过程中发生的间接支出，如支出的治理费用、业务费用、花费的时间成本等。降低直接成本，可通过引入竞争、采用经济订货批量等方式来进行；对于间接成本的控制，则可通过对采购流程的优化、电子采购的实施、人力成本消耗的减少等方式来进行。

（4）适用

“适用”是指由于成本的要求，企业采购的物料只需满足企业所需要的既定用途和功能，而并不要求质量越高越好。采购的物料若不能达到企业所需要的质量要求，不仅会影响企业的正常运行，还会影响到整条供应链的表现；但如果采购物料的质量大大超过了实际需要，又会造成浪费，导致企业经济效益的低下。

3. 采购战略

采购战略决定成本未来提升物流和供应链治理在经典治理学理论中被视作是企业价值链上的一个有机环但是这种思想由于竞争环境的恶化和市场的剧烈变动，通常被搁置一旁。造成此局面的原因有两方面：一是，由于产品定价过低，采购部门不得不和供应商展开讨价还价的拉锯战，以满足企业的价格要求；二是，目前很多企业的生产制造部门还只是纯“任务型”的单元，为确保科研生产的进度，认为超前、大批量供应原材料是采购供应部门应尽的责任，从而忽略对成本的控制。

传统采购治理中，采购供应部门的价值可以由质量提高或成本降低等单个指标来衡量，但在“向采购要利润”的今天，要对采购的总成本进行精细化治理，单凭某一项或几项指标的降低或提高，已经不能评估采购部门真正的价值。由此，我们引入了总体拥有成本的概念，以总体拥有成本作为评估采购供应部门的综合评判指标。

采购供应过程中的总体拥有成本反映的是物料在整条供应链上的全寿命周期成本，包含了从供应商开始到企业组织供应，再到企业进行生产运营，最后直至残值处置这一系列采购供应过程中发生的总成本。作为一种评估工具，总体拥有成本为企业对采购供应部门的业绩评判提供了综合评判的依据：① TCO 不仅要求产品质量满足顾客的需求，同时也关注企业的外部供应能力，这两个方面的匹配应保持在合理的水平；② TCO 注重供应的“保全性”，要求控制好供应过程中可能显现的种种风险；③ TCO 对采购供应活动的准时性和及时性有较高的要求；最后，顾名思义，TCO 说明企业对整条供应链的成本可以进行猜测，所以，要将整条供应链的成本降至最低，企业必须策划一种优秀的 TCO 控制方案。对 TCO 的策划也就形成了采购供应部门对采购供应活动的战略规划。

五、采购计划与预算

1. 采购供应计划

采购计划是日常工作中对采购战略的落实。采购供应计划，是企业根据自身的生产经营特点，对采购供应的需求状况进行的猜测，它不仅反映用户的需求情形，同时也是采购寻源、签约订货的依据。

采购供应计划的编制不是随意的，需对企业内外环境进行充分分析。确定影响计划编制的因素是第一步。这些影响因素主要有：企业年度销售计划、生产计划、物料需求计划、存货以及生产效率，还有采购环境等等。作为效益创造的先驱，采购活动的猜测必须具有前瞻性，因此，除了制定中长期计划外，还必须分解落实到年度、季度和月份。采购供应计划第一应该解决企业所需资源的落实，除此之外还应制定相应的策略以获取供应商的优待条件，降低采购价格，从而控制采购成本。

年度采购资金计划是必须第一确定和控制的。正确地制定采购计划，搞好供需平稳，合理安排采购资金，是解决资金需要和供应之间矛盾的重要方法，在编制年度采购资金计划时，第一要根据年度物料消耗量，确定年度的物料采购量。供应部门对企业年度耗用的物料总量是依据各种物料消耗定额和生产任务确定的。因此，季度和月份的物料耗用量的分解就必须及时把握消耗定额、生产进度和其他物料的投入和使用情形。把握了物料的耗用量，企业就可以平稳采购、消耗、库存三者的资金占用比例，把库存资金占用控制在合理范畴之内。

物料采购数量的确定要综合考虑以下因素：

（1）对物料的消耗情形进行分类。为保证科研生产任务的进度，优先安排用于科研、生产的关键物料和产品配套物资的采购，然后分别轻重缓急程度，统筹安排辅助性物料和其他物料的采购。

（2）合理安排采购计划，及时关注订货和在途物资的信息，避免重复采购。

（3）修旧利废，并积极内部挖潜，通过代用或者自制的方式，减少外购。

（4）加强对积压和超储物料的治理。

对储备相对较少的物料实时补充，对积压的物料通过调剂使用等手段积极处理，并禁止采购。经主管领导批准后，年度采购资金计划就成为企业控制、考核采购资金的依据。采购供应部门根据年度采购资金计划，根据企业的科研生产进度将资金指标分解到季度和月份，编制季度、月份采购资金使用计划，同时依据物料类别把采购资金计划指标分别落实到各专业采购小组，各专业采购小组再按业务分工将资金指标落实到每个采购员。各采购员在签订采购合同和对外采购物料的过程中，严格控制采购资金的支出，如支出超出计划，必须办理相应的手续，由相关部门和主管领导批准。确定最佳的采购批量也是采购供应部门必须解决的问题。

要确定经济合理的采购批量，就必须了解物料的采购批量和存货费用之间的关系，因为每次的采购批量将直接影响库存的数量和资金的占用。物料的采购费用和储存保管费用是存货费用的主要构成部分。采购费用主要是采购人员的差旅费、办公费和库存物料的到货检验费和运输费等；储存保管费用主要有库房固定资产折旧费、修理费、库存物料的流动资金利息，库存物料的保险费，库存物料的合理损耗，仓库职工的办公费以及人工成本。要减少储存保管费用，就需要缩小采购批量，增加采购次数；要降低采购费用就必须加大采购批量，减少采购次数。在一定时期内，物料采购总量和费用水平不变时，采购批量和储存保管费用成正比，和采购费用成反比。要使存货费用最低，就必须挑选一个最佳的采购批量。

在采购供应计划的编制过程中，需要对一些细节的问题特别关注：

（1）时间节点和确定的地点

采购供应计划对于企业内部而言就是进厂计划，即计划的时间节点、地点均为到厂的时间和到厂的地点。如果与供应商的合约不是进厂交付，采购供应部门则要负责治理从供应商交付到物料进厂这一段物流时空。此种情形下，采购人员要补充编制采购供应交付计划。交付计划、进厂计划是连动而匹配的。多数合同条款、付款都是与交付关联的，所以交付计划也是付款计划的依据。

（2）厂内库存的治理

如果采购供应部门负责厂内库存的治理，就要关注与使用部的计划接口。采购供应计划除了考虑使用部门的需求计划外，还要考虑库存的运营及应对市场波动的策略。

（3）资源分布

由于供应风险的存在，对重要的采购供应物料，要采取分散风险的策略，构建多供应商、多地域的供应格局。因此，有时需要增加分地域的采购供应计划，例如按国别的采购供应计划、国内按行政区（省、市、自治区）的采购供应计划。按国别的计划也是外汇预算编制的基础。

2. 采购供应预算

基于 TCO 的理念，企业对采购供应成本必须进行全面的估量和猜测，对全盘资金必须事先进行统筹规划，因此在具体实施采购行为之前，企业需要制定采购供应预算。采购供应预算不仅能对采购供应资金进行合理地配置和分发，同时也对资金的使用建立了标准，企业可以依据采购供应预算随时监测和控制采购资金的使用，确保采购供应部门合理配置和使用资金。有了采购预算的约束，能提高资金的使用效率，优化采购供应治理中资源的调配，查找资金使用过程中的一些例外情形，有效地控制资金的流向和流量，从而达到控制采购供应成本的目的。采购供应预算，是企业经营预算的重要组成部分，是采购供应部门为配合年度的销售猜测或生产安排，对所需物料的数量和成本进行详细的计划，使整个企业的目标顺利实现。在编制采购预算时，应对物料的价格涨跌、市场情形、汇率变动等进行猜测。由于是猜测，不可避免地造成采购预算的偏差，因此要根据市场变化及时进行调整。预算编制的原则是，先自上而下确定企业、采购供应部门的预算目标的初案，再自下而上根据目标初案编制物料、物料类、各科室、采购供应部门的预算，并上报总部。采购供应预算一样是在采购供应计划的基础上制定的，预算的时间范畴及相关节点要与计划保持一致。

采购供应预算的编制包含以下几个步骤：

（1）按照企业统一部署，制定预算工作计划，明确编制范畴和关键时间节点，落实各层级编制预算的主要责任人。

（2）按照初步的采购供应计划，进行市场分析。采用意向性询价，或者直接与供应商就市场走势进行交流、初步磋商等方式，并结合相关的政策法规，分析市场。分析的结果，应形成专门材料，作为企业经营预算的前提条件之一。

（3）根据企业、采购供应部门审定的预算前提，采购人员对计划采购的物料进行采购到厂的成本测算。根据以往合同采购的条款，列出从交付价格开始到进厂为止

的价格组成，得出最终的到厂价格和到厂成本。到厂成本，不包括增值税、并扣除了可抵扣的运费，为采购成本预算备用；到厂价格，包括全额运费，并含增值税，为采购资金预算备用。

（4）与使用部门沟通，提供到厂成本的猜测数据及最大可供资源量，协商采购供应计划的初步优化方案。

（5）从各物料、物料类开始，分别编制采购到厂的成本预算，再汇总成各科室的采购成本预算、采购供应部门的成本预算。

（6）聚集采购供应部门层面各类预算，形成文字报告。由采购供应部门治理者组织预审，确认准确的预算数字，保证其达到一定的准确度要求。

（7）将采购供应预算提交企业经营治理部门或治理者审定。

（8）必要时结合公司经营预算编制的新要求，不断优化编制采购供应预算。

六、信息时代企业采购成本控制案例

A企业从战略高度来考虑采购模式，有机地结合市场变化和采购业务发展的需求，随着社会的不断前进、科技的不断发展而逐步完善采购管理，保证采购价格合理，发挥信息化采购对整个企业发展应有的作用与功效。

1. 采购人员的信息化管理

企业实现信息化采购，从根本上说是一种管理思想的转移。如今市场竞争激烈，许多企业都在努力需找措施来进行采购成本和采购交易成本的大幅削减，从而降低采购的总成本，提高效率，增强竞争力。A企业员工要转变之前陈旧的思想，接受当下的观念，从根本上提高对采购信息化的重视，采购管理人员则应该通过引导，去使采购业务去不断适应市场的变革、不断向前发展。

（1）采购信息的数据化

A企业的高管领导等，对采购部门不够重视，对信息化采购的意识并不强烈，在工作过程中并没有充分利用现代化的工具来为企业的采购信息化进行改善，导致了采购工作效率的底下等情况的发生。同时采购内部员工的采购方式比较守旧，也没有跟上时代发展的步伐。如要改善这一点，应该首先从A企业智能化事业部的领导处着手。人的观念很多都是在漫长的岁月长河中累积而成的，短时间内要求其改变是比较困难的，那么需要其能发生快速转变的一个比较有效的方法就是：用数据说话。采购员工手中都有参与项目的数据，中标项目的数据，采购金额的数据等等。采购部门员工应主动将所参与数据进行整理，定期（可每季度）对数据进行汇报。在汇报过程中，将采购人员的降价策略，所用时间，以及最终取得的成效进行最大化地展示，使采购部门经理认识到采购员工的价值所在。久而久之，采购部门经理的观念会被采购数据所影响，届时采购人员要求的公司地位自然会提高，当然这还需要采购人员在日常的业务活动中做到最好，努力地为公司节约成本，使公司效益最大化。

（2）采购员工信息化采购意识

在 A 企业智能化事业部的日常工作中，针对销售部门的培训，针对设计部门的内部培训，以及供应商厂家对设计的培训等等都非常常见，而采购部门人员因为项目众多，询价、采购任务异常繁忙，没有针对性地培训。因此，在采购部应增加相应的针对性地培训，且需要定期展开。培训内容需要针对询价、以及采购各阶段的不同特点进行选择；另外需要由采购经理对公司现阶段采购的状况进行分析，并在全部门内部进行通告，找出其不足和需要改善的地方。

（3）项目参与模式的转变

采购部门在参与项目的设计阶段时，应转变之前的参与模式。之前陈旧的模式，使得采购在中变后与供应商谈判时处在不利大的地位，不能够或者利益的最大化，不能做到采购成本的更好控制。这需要采购部门在参与项目设计时与设计部门人员进行必要的沟通。设计项目使自己企业中标，这一方面是给企业的带来利润—设计费用（但相对于项目施工中标来说，少之甚少），另一方面则为企业带来潜在利润—后期参与项目施工标的投标，获取更多利润。

作为智能化行业安徽地区的龙头老大，A 企业一直是放长线钓大鱼的，他需要设计标的第一层利润，但是更需要的是第二层利润。那么这就要求项目在设计阶段时朝着获取更大利润的目标前进的。设计项目阶段，采购人员需要与设计人员探讨项目需要多少个智能化系统，每个智能化系统需要安放多少个品牌，安放什么档次的品牌等，都是需要共同决策的。这一阶段 A 企业之前的做法是：将项目中会使用的品牌的供应商召集来进行探讨，确定每个系统的具体需要产品和数量，并确定最终的设计方案。整个过程，供应商的参与占了 1/3，因此项目在设计阶段，供应商所获得信息至少是此项目的 1/3。1/3 的信息获取量使得供应商在中标后占据有利地位，因此 A 企业需要在项目设计阶段对供应商的参与程度进行削减，如只参与品牌讨论以及系统划定，并不涉及具体产品与数量。这样在项目中标后，在理想的情况下，采购部门与供应商进行谈判时将更加有底气，因为决定最终产品数量和价格的将是 A 企业的采购和设计，并不再是供应商。

总之在项目设计阶段，保证内部信息的完整性和权限性，不过多给予供应商，对企业来说，就多一份胜算。

2. 梳理并合理化采购流程以及中标前后的采购信息化管理

（1）制定规范

在项目的整个进行过程中，每个阶段都是非常重要的，因此每个阶段的规范也是不可少的。参与投标阶段的规范可以有采购部、销售部、设计部三个部门进行参与，并最终制定；项目实施和验收阶段须加入项目部，且由项目部进行主导来进行规范的探讨和制定。规范制定后，由各部门领导进行宣贯，打破那些约定俗成和不明文的规定。提高员工警惕，避免灰色地带的产生，使得公司的利益不受损害。另外，采购部门还需要由审计部门和财务部门制定相关的监督制衡条例的约束。采购部门在日常采购活动中，每天都要发生请款、签订合同等重要活动，没有必要的监督制衡，就不会有安全的采购活动发生。在这些规范、条例的制定结束后，A 企业相关人员需要严格遵守它、维护它、并最终完善它，充分利用它来保证 A 企业的正常、安全、高效的运转。

（2）建立采购成本信息化评估系统

A 企业的每一位采购人员都有很多项目的各种数据，而这些数据大部分都处于保存状态，而非利用状态，这对于需要进行信息化采购的智能化行业来说简直不可思议。在 A 企业，打开任何一位采购员工的电脑，都会发现各种各样的充满着价值的信息安静地躺在电脑中，甚至其中很大一部分都没有被二次打开过。而且每位采购员工电脑中的信息都是不一样的，因为在 A 企业的采购部门，参与项目的分工是非常明确的，一名员工拥有的信息，另外一名员工是不会有重复的信息的，这也充分说明他们的信息沟通和利用率非常低下。

因此，A 企业急需建立一个能够将众多信息汇集在一起，并能够随时方便查阅和利用的系统。这个系统需要依附于 A 企业现有的信息化采购平台—集采宝，采购成本信息在集采宝上体现，方便采购员工查询与使用，而且能够在必要的时候做简单的成本分析。它所需要的功能和作用简单阐述如下：

1）此系统需要有采购询价界面模块

采购人员将中标项目的询价过程中所有厂家的每个阶段的报价都在中标后的一个工作日内输入系统，这样既方便工程部相关项目负责人进行项目预算的制定，也方便在后期项目参与过程中有类似产品、相同供应商报价时的及时对比。

2）采购询价界面要求输入的内容可以依据项目询价时表格进行制定

这样既方便后期搜索时只输入关键字即可查询，也使界面更加简洁明了。

3）此系统需要有权限的设定

系统内信息并不是每一位采购员工都可查，在中标前，只有参与项目的采购前端人员可查阅：中标后工程部负责人、项目主采和辅采被添加权限，可以查阅。这些都会企业的采购成本控制提供了依据，使采购成本控制信息化起来，更加便捷、快速、有效率。

（3）合同管理的信息化

对于A企业来说，采购成本的信息化管理和控制不只是在投标前的询价阶段，它还体现在中标后的采购阶段，且这一阶段是采购成本能够得到降低的重要阶段。信息经济的时代，企业应该与时俱进，合同的签署流程可以不改变，但形式上的变革势在必行。这种－设想可以从以下几个方面进行：

1）在集采宝中添加合同管理模块。

2）采购人员在于供应商完成谈判后，将合同信息输入集采宝。

3）合同签署的流程设定需要在集采宝中添加。

4）合同签署的模式与OA系统中员工请假模式类似，这样可省去中间适应过程，也使得签署更加便利。

5）完成这种信息化系统的设定后，采购人员与供应商签订的纸质合同也需要保存。电子信息的及时传递和查阅是A企业信息化采购在整个采购环节着重改善的地方，但同时纸质信息的保存和处理也需要做好坚强后盾。

第六章　基于供应链的采购供应商选择

第一节　供应商在供应链中的地位

构建与设计供应链的核心是要选择供应链合作伙伴并建立供应链合作伙伴关系，而供应链合作伙伴的选择与供应链合作伙伴关系的建立是密切关联的。

一、供应链合作伙伴关系的定义与意义

1. 供应链合作伙伴关系的定义

供应链合作关系（Supply Chain Partnership）是一种企业间的联盟关系，主要表现为供应商－制造商（Supplier-Manufacturer）关系。指在一定时间内，供应商与制造商之间的共享信息、共担风险、共同获利的协议关系。

供应链合作关系在最终用户需求的拉动下，通过最终需求信息和合作企业间信息的共享，以及合作企业在最终产品形成过程中的功能划分与协作，以提高最终产品形成过程的效果与效率。供应链合作关系的实施包括新产品 / 技术的共同开发、数据和信息的交换、市场机会共享和风险共担。在供应链合作关系环境下，制造商选择供应商时不再只考虑价格。而是更注重与供应商在优质服务、技术革新、产品设计等方面的良好合作，以便于在最终产品形成的过程中能更快地响应最终用户的需求并有效地降低运作成本、提高产品的质量。

2. 供应链合作伙伴关系

与传统供应商关系的区别在当前全球化的背景和企业竞争不断加剧的竞争环境下，供应链合作关系强点直接的长期的合作，强调共同努力实现共有的计划和解决共同问题，强调相互之间的信任与合作。这种供应商与制造商之间的关系，与传统的买主－卖主关系模式相比存在着根本的不同。为了清楚地说明它们的差别，表 6-1 给出了供应链合作伙伴关系与传统供应商关系的比较。表 6-1 中，所谓传统供应商关系指 20 世纪 60~70 年代以前存在于上下游产业之间的买主－卖主关系；而供应链合作伙伴

关系指按照供应链的概念和本文对供应链管理的理解而提出的一种期望的关系。

表 6-1　供应链合作伙伴关系与传统供应商关系的比较

	传统供应商的关系	供应链合作关系
相互交换的主体	物料、货币	物料、信息、服务、货币
关系涉及的范围	供应商 – 制造商上下两层	从最初的原材料到最终的产品形成的所有企业
关系的基本性质	主从关系	平等合作关系
供应商选择标准	强调价格	多标准并行考虑（交货的质量和可靠性等）
稳定性	单一	长期、稳定、紧密合作
合同性质	大	开放合同（长期）
供应批量	大量	小
供应商规模	小	少（少而精，可以长期紧密的合作）
供应商数量	当地	大
供应商定位	信息专有	国内和国外
信息交流	提供 / 不提供	信息共享
技术支持	输入检查控制	提供
质量控制	投标评估	质量保障（供应商对产品质量负全面责任）
选择范围		广泛评估可增值的供应商

在表 6-1 中，值得特别注意的差别在于供应商与制造商相互交换的主体从传统供应商关系的物料、货币变为供应链合作关系物料、信息、服务、货币，而且关系的层次从供应商 – 制造商上下两层变为从最初的原材料到最终的产品形成的多有企业，只有这样才可能进行供应链管理的全局优化，实现从最初的原材料到最终的产品形成过程中所有企业竞争力的提高。另外供应链合作关系要求的合作企业间关系平等性，主要体现在信息的共享与合作成果的共享方面，合作成果的度量与共享机制是供应链管理方面的一个前沿研究课题。

3. 供应链合作伙伴关系的意义

建立供应链合作伙伴关系可以获得多方面的成果，从供应链合作伙伴关系中的供应商 – 制造商一个环节看，总体上有以下主要成果。

（1）对于制造商的主要成果如下：

1）降低合同成本、实现数量折扣、稳定而有竞争力的价格。

2）改善时间管理。

3）交货提前期的缩短和可靠性的提高。

4）提高面向工艺的企业规划。

5）更好的产品设计和对产品变化更快的反应速度。

6）强化数据信息的获取和管理控制。

（2）对于供应商的主要成果：

1）保证有稳定的市场需求。

2）对用户需求更好地了解 / 理解。

3）提高运作质量、提高零部件生产质量。

4）降低生产成本。

5）提高对买主交货期改变的反应速度和柔性。

6）获得比非供应链合作伙伴关系更高的利润。

（3）对于供应商 – 制造商双方的主要成果：

1）改善相互之间的交流、实现共同的期望和目标

2）共担风险和共享利益

3）共同参与产品的工艺开发，实现相互间的工艺集成、技术和物理集成

4）减少外在因素的影响及其造成的风险

5）降低投机思想和投机概率

6）增强矛盾冲突解决能力

7）减少管理成本

8）订单、生产、运输上实现规模效益以降低成本

9）提高资产利用率

这里需要说明的是，上述成果是多层次之间共同协作成果在供应链合作伙伴关系中的供应商 – 制造商一个环节上的反应，而不能由此将供应链合作伙伴关系的范围理解为买方 – 卖方的两层关系，这也是供应链合作伙伴关系与传统的供应商关系的重要区别。

二、建立供应链合作伙伴关系的重要性

与供应商建立合作伙伴关系就意味着新产品技术的共同开发、数据和信息的交换、市场机会共享和风险共担。在供应链合作关系环境下，核心企业选择供应商不再是只考虑价格，而是更注重选择能在优质服务、技术革新、产品设计等方面进行良好合作的供应商。供应商为制造企业的生产和经营供应各种生产要素（原材料、能源、机器设备、零部件、工具、技术和劳务服务等）。供应者所提供要素的数量、价格，直接影响到制造企业生产的好坏、成本的高低和产品质量的优劣。

1. 原材料供应商与制造企业合作关系分析

传统模式的原材料供应商与制造企业的关系是供应与被供应的关系，在这种关系

中制造企业总是致力于在保证一定原材料质量的前提下尽量压低进货价格，与供应商形成非常明晰的买卖关系。而在供应链的环境下，供应商与制造企业之间是密切合作的伙伴关系，他们知道自己企业的盈利多少不仅由自己的表现决定，还取决于相关企业的配合，只要做得好，就会实现“双赢”。

成功建立供应商合作伙伴关系应当关注下面几点：

（1）建立与原材料供应商伙伴关系的前提

合作伙伴关系是否可以为合作伙伴双方创造真正的价值，是核心企业决定是否与供应商建立伙伴关系的一个重要前提。

因为与供应商建立伙伴关系时，企业必须投入很多的时间、经历与资源，以使双方能共享机密信息、理解对方事务，或者在设计与制造上需要额外的投资，而这些投入在传统供应商关系中是不需要的，所以，企业必须确认能够真正从伙伴关系的建立中得到相当特别的成效和超值的收益，而这些成效是传统供应商关系中无法提供的。只有这样，企业才能有的放矢地建立伙伴关系。

（2）建立与原材料供应商伙伴关系的稳定条件建立供应商合作伙伴关系要求双方都为共同的目标进行正式的承诺和对双方利益的明确界定，以建立稳定的供应合同，这也是合作伙伴关系稳定的条件。

与供应商的共识分为两个层次：较低的层次是以短期关系为基础，以满足顾客现有的需求为导向的目标以及行为准则，双方需要就所进行的事业的经济利益，满足顾客需求的能力、事业进行的方向以及为其精心设计的行为准则达成共识；较高的层次是以长期关系为基础的，由于企业与供应商保持的是长期合作、共同发展的关系，需要双方将各自的企业文化与对方的企业文化协调甚至融合起来。同时，作为企业文化的最核心的层次的价值观也必须相互交流、融合，以形成对未来发展一致的价值观。“双赢”观念就是伙伴关系不可或缺的重要的价值观。核心企业必须真诚地相信供应商有权要求公平的报偿；同样的，供应商必须承认制造企业有权从伙伴关系中获得利益或价值。这样才能使合作伙伴关系稳定发展。

（3）建立与原材料供应商伙伴关系的关键

供应商与核心企业必须有共同的战略和运作目标，这一点是与供应商合作伙伴关系发展的关键。比如，制造企业要开发一种新产品，就应该建立一个有关产品的定位，尤其是怎样将它推向市场的目标，这个战略思想必须被供应商认可，并作为双方共同努力的方向。双方共同的战略目标可以是提高顾客的服务水平、扩大产品的市场份额等，也可以通过一系列的指标进行量化。在具体的运作过程中，核心企业进行产品的设计开发时，应该和供应商企业互派工程师，保证过程的一致性。

（4）建立与原材料供应商伙伴关系成功的关键

供应商合作伙伴关系能够成功，一个最大的挑战是如何培养企业间的信任关系。供需双方的传统关系是一种对立关系，缺乏应有的信任，使企业成本居高不下。而供应链合作伙伴关系一定要建立在相互信任的基础上，动摇了这个根基，供应链的伙伴关系就无从谈起。为了增进相互之间的信任，企业需要表达自己的诚意，并开诚布公的交换各自的情况，告诉对方企业开展的业务，实力如何，希望达到的目标。

2. 制造企业与经销商的合作关系分析

供应链中的另一个重要的合作关系是制造商与经销商之间的合作关系。现在很多的制造企业都不是自己做市场，而是靠各种性质的经销商来铺市。尤其是对于中小生产企业来说，他们的核心专长在于生产，在销售方面力量不足，如市场灵敏度不高，销售网络不健全等，因此，在将产品推向市场之前，应通过一定的标准选择合适的经销商，作为开拓市场的切入点，这就涉及到与经销商的合作问题。比如一个新产品进入市场时，应扬长避短，从小处着手，先找到立足点再展开成线，最后连成面，这是一个生产企业进行市场开拓的思路，而其中的每一步都离不开与经销商的合作。所以制造企业与经销商的合作是供应链企业合作中十分重要的一个环节。

成功建立经销商合作伙伴关系应当关注下面几点：

（1）成功建立与经销商合作伙伴关系的前提

制造企业与经销商合作中面临的第一个问题，是如何在市场上找一个立足点，是拉拢大经销商还是培植小经销商？这个立足点的选取也是成功建立合作伙伴关系的前提。

在这里以分析制造企业是中小企业的情况为例。其他情况根据分析的理论和思路可以很容易的得出。制造企业是中小企业的情况下，如何选择立足点？如何在大经销商和小经销商之间进行选择？

大经销商信誉高，网络宽广，进入市场快，但他们大都是由大的生产企业多年培育形成的，经营的品牌稳定，不会轻易放弃原来的厚利品牌和产品，对不知名的中小企业的产品往往不屑一顾。即使接受了中小企业的产品也会置之于次要的地位，不会作为主打产品去推广。而且大经销商凭借其市场影响力和知名度，往往提出非常苛刻的条件，如要求大规模的供货，赊款，高额的折扣或者大幅度的降价等，这些都是中小企业无法接受的。因而往往可能浪费时间和精力却得不到预定的效果。小经销商虽然网络小，需要加以培植，常常延迟了产品进入市场的时间，并且开始难以形成运货规模，运输成本大，但是他们对老品牌的依赖情结较弱，容易改变其经销的品牌，只要保证他们有盈利的机会，他们便会接受产品，并努力提高市场占有率。

所以中小企业应当根据自己的实际情况根据需要选择的不同类型的经销商，以什么样的立足点推销自己的产品到供应链的下游，是与经销商合作伙伴关系的成功建立的一个前提条件。

（2）建立与经销商合作伙伴关系的稳定条件

在制造企业站稳市场立足点之后，就需要转化经销商这个“点”为具有局部市场影响力的直接客户这条“线”。只有形成具有局部市场影响力的直接客户规模，才能保证与经销商的合作伙伴关系稳定下来。具体的方法有下面几种。

1）帮助经销商寻找二级经销商，帮助二级经销商寻找直接用户。

制造企业要确立扶持经销商、培育经销商的思想。但是不要不顾效果地大面积寻找经销商，因为只有一部分经销商是长久的，对其发展有实际支持意义的。

2）帮助经销商寻找直接客户。

寻找直接客户的方法有：业务员直接拜访；帮助经销商做宣传；直接面向客户开展让利促销；对直接用户技术指导，通过座谈会，技术讲座等办法培育直接客户的信任。

3）制造企业加强销售服务，提高企业的知名度。

这几个方面的每一个环节的工作都需要经销商与制造企业密切合作。核心企业必须树立正确的经营思想，正确对待经销商，实际上，这里仍然是“双赢”的关系。

（3）建立与经销商合作伙伴关系发展的关键

制造企业与经销商在销售的各个环节上的合作，是合作伙伴关系发展的关键。包括共同制定促销策略和宣传策略，比如说任何一项的促销策略都不能忽视这样做是否有助于解决经销商在做市场中遇到的难题，是否进一步调动了经销商的积极性，是否能优化制造企业与经销商的关系，在现实中有很多制造企业与经销商缺乏合作而导致经销商无法面对市场变化影响到产品销售的例子。因为制造企业与经销商在销售环节的密切合作，是下游伙伴关系发展的重要因素。

3. 供应链合作伙伴关系的影响因素

供应链企业间的合作伙伴关系并不是一成不变的，而是动态的，会受到来自许多方面的影响。影响合作伙伴关系的因素大致来自于三个方面：客户自身、供应商自身、合作本身。而供应商自身因素与客户自身因素也将对合作因素产生影响（见图 6-1）。图中的合作因素包括：相互信任度、忠实度、目标一致、有效交流、理解清晰、资源共享等；客户自身因素包括：合作范围、成本结构合理、全面质量观念、长远观念、高水平管理等；提高竞争力包括：总成本减少、服务水平提高、技术水平提高、质量成本减少、质量改进、需求反应快、抗风险能力增强等方面。

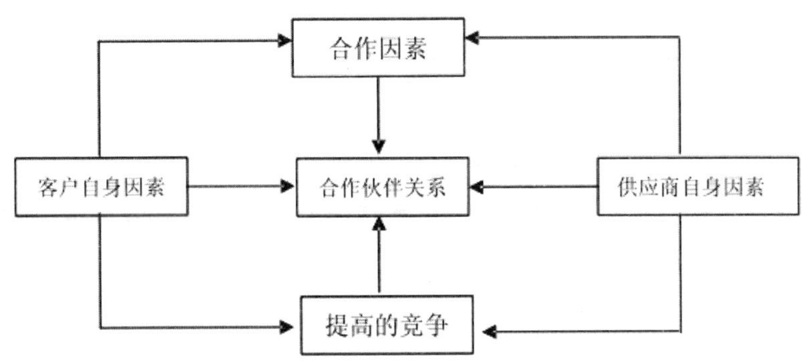

图 6-1　供应链企业间合作伙伴关系的影响因素

4. 供应链合作关系中的问题

供应链的良好运作是以供应链成员企业相互间充分信任和相互合作为基础的。缺乏这种信任和强烈的合作愿望，供应链的有序运作是不可能的。但是，供应链合作伙伴不可能永远是一团和气。供应链中的企业都是独立的利益个体，虽然相互间存在战略伙伴关系而且同时存在自身的利益关系，而这些企业加入供应链的最根本的想法也就是为了获得更多的利益。由于存在利益的分配问题，不免存在着异议、矛盾、甚至冲突。要保证供应链合作伙伴良好的信任和合作，就必须意识到这些问题的客观存在和找到相应的解决办法。

具体地讲，供应链企业间合作关系中存在以下几个方面的问题。

（1）核心企业充当事实上供应链管理中心的运作方式带来的问题

这种运作方式虽然表现很好，但是在实际运作中仍然存在许多问题。首先是在法律上存在许多问题使得供应链的信任和合作缺乏有力的保障，其次是由于对信任和合作没有良好的保障不免损失了供应链的功效。

（2）合同问题

供应链企业间的合同有两种：一种为长期合同，即原则性合同，确立两企业间的长期合作；另一种是短期合同，如订货合同，这种合同几乎每天都会发生。这两类合同从根本上规范了供应链企业间的行为。但是，由于这两类合同仍然存在一些设计上的缺陷，所以有时会让合作双方都对对方不满，而同时双方又都感到很委屈。这是需要进一步研究解决的问题。

（3）知识产权问题

图 6-1 供应链企业间合作伙伴关系的影响因素合作伙伴关系提高的竞争客户自身因素供应商自身因素由于供应链和知识产权各自的特点，知识产权问题是供应链中所涉及的一个重要法律问题。供应链中的知识产权包括商标权的使用、专利权的使用、专属知识产权等。

（4）利益协调问题

供应链上合作企业之间的产品传递时必须有一个合理的价格。目前产品定价有两种原则；①成本价，即以成本为基础制定价格；②市场价，即依市场竞争结果而形成价格。供应链从根本上说也是一个市场，供应链上产品传递价格理应以市场价为准。但供应链上产品成本构成清晰，交易双方相互间极为了解，隐藏成本价也常常被使用。然而，成本定价对一些优势企业是极为不利的，特别是掌握了某些稀缺资源（核心技术）的企业，想获得一些超额利润很可能不被供应链认可。供应链定价反映共同利润在企业间的合理分配。在供应链环境下，各个企业在战略上是相互合作关系，但是各个企业的利益不能被忽视。供应链获得一个总的利润需要在供应链中各个企业之间进行合理的分配，这种合理的分配主要体现在价格上。产品传递价格的高低实质反映了企业分配利润的多少。

三、供应商在供应链管理中的作用

在整条供应链中，供应商是物流的始发点，同时又是资金流和信息流的终点。也就是说，任何一个需求信息都要最终分解成采购信息，而需求的满足程度则要最终追溯到供应商对订单的实现程度。从厂商的角度来看，合格的供应商是其正常生产的保证。零件或原材料运送的延误、缺货、次品或废品等都会给企业带来严重的后果。

供应链管理可以使企业通过成本最小化导致的企业收入最大化来实现利润最大化。企业要优化供应链，选择适当的供应商是非常重要的。

影响供应商性能的因素是多方面的，这使得供应商的评价工作比较复杂。企业在进行合作伙伴的评价时必须全面衡量各种因素，而其评价准则是随着许多因素而变化的，因此，合理地确定评价准则，选择影响供应商绩效的主要因素是研究的重点。系统研究供应商评价准则开始于 1996 年 Diskon 的工作。他整理出了 23 项供应商所具有的属性，随后向美国经理协会的 273 位采购经理与采购代理进行了调查，根据调查结果，对 23 项评价供应商的准则的重要性进行了排序。1991 年，Weber 在对研究文献统计的基础上，对评价准则进行了系统的分析对 23 项准则的重要性进行了重新的排序。

表 6–2 供应商评价准则

Diskon 排序	Diskon 重要性	影响因素	Weber 重要性（%）
6	相当重要	价格	8058
2	相当重要	准时交货	53
1	非常重要	质量	30
5	相当重要	装备与能力	21
20	重要	地理位置	20
7	相当重要	技术能力	13

续表

Diskon 排序	Diskon 重要性	影响因素	Weber 重要性（%）
13	重要	管理与组织	11
11	重要	行业名誉与地位	9
8	相当重要	金融地位	9
3	相当重要	历史绩效	9
15	重要	维修服务	8
16	重要	态度	4
18	重要	包装能力	4
14	重要	运作控制	3
22	重要	培训帮助	3
9	相当重要	程序合法	3
19	重要	劳务关系记录	3
10	相当重要	通讯系统	3
23	不太重要	互惠安排	
17	重要	印象	3
12	重要	交易迫切性	1
21	重要	以往贸易量	1
4	相当重要	担保与赔偿	0

第二节 供应商关系的演变

供应商关系在企业的战略决策中占有十分重要的地位，良好的供应商关系能够提高公司的效率和服务的质量，进而提高竞争力；能够及时了解和满足顾客的需要，为顾客创造价值。

一、供应商分类

煤矿企业与供应商之间的关系很复杂，有的只是交易关系，有的是供应商与煤矿企业共同开发某些机械设备或者其他耗材，而有的则与供应商形成了链状的双赢关系。为了实现有效的供应商管理，需要对供应商进行细分，从而根据细分的不同情况实行供应商关系策略。

供应商细分是指在供应市场上，采购方依据采购物品的金额、采购商品的重要性以及供应商对采购方的重视程度和信赖性等因素，将供应商划分成若干个群体。

根据不同方法可以将煤矿企业的供应商进行细分。煤矿企业可结合不同的细分方法采取组合的供应商管理模式。

1. 根据选择供应商的方式分

公开竞价型是指采购商将所采购的物品公开地向若干供应商提出采购计划，各个供应商根据自身的情况进行竞价，采购商依据供应商竞价的情况，选择其中价格低、质量好的供应商作为该项采购计划的供应商，这类供应商就称之为公开竞价型供应商。在供大于求的市场中，采购商处于有利地位，采用公开竞价选择供应商，对产品质量和价格有较大的选择余地，是企业降低成本的途径之一。

网络型供应商是指采购商通过与供应商长期的选择与交易中，将在价格、质量、售后服务综合实力等方面比较优秀的供应商组成供应商网络，采购企业的某些物品只限于在供应商网络中采购。供应商网络的实质就是采购商的资源市场，采购商可以针对不同的物资组建不同的供应商网络。供应商网络的特点是，采购商与供应商之间的交易是一种长期性的合作关系。在这个网络中应采取优胜劣汰的机制，以便长期共存、定期评估、筛选，适当淘汰，同时吸收更优秀的供应商进入。

供应链管理型是以供应链管理为指导思想的供应商管理。采购商与供应商之间的关系更为密切，采购商与供应商之间通过信息共享，实时传递自己的需求信息，而供应商根据实时的信息，将采购商所需的物资按时、按质、按量地送交采购商。

2. 重点供应商和普通供应商

80/20 规则，通常 80％数量的采购物品占采购物品 20％的价值，而其余数量 20％的物品，则占有采购物品 80％的价值。根据采购的 80 / 20 规则，可以将供应商细分为重点供应商和普通供应商，其基本思想是针对不同的采购物品应采取不同的策略，同时采购工作精力分配也应各有侧重，对于不同物品的供应商也应采取不同的策略。因此可以将采购物品分为重点采购品（占采购价值 80％的 20％的采购物品）和普通采购品（占采购价值 20％的 80％的采购物品）。相对应，可以将供应商进行依据 80 / 20 规则分类，划分为重点供应商和普通供应商，即占 80％采购金额的 20％的供应商为重点供应商，而其余只占 20％采购金额的 80％的供应商为普通供应商。对于重点供应商应投入 80％的时间和精力进行管理与改进。这些供应商提供的物品为企业的战略物品或需集中采购的物品，如汽车厂需要采购的发动机和变速器，电视机厂需要采购的彩色显像管以及一些价值高，但供应保障不力的物。品。而对于普通供应商则只需要投入 20％的时间和精力跟进其交货。因为这类供应商所提供物品的运作对企业的成本质量和生产的影响较小，例如办公用品、维修备件、标准件等物品。

在按 80 / 20 规则进行供应商细分时，应注意几个问题：

（1）80 / 20 规则细分的供应商并不是一成不变的，而是有一定的时间限制，随着企业生产结构和产品线调整，需要重新进行细分；

（2）对重点供应商和普通供应商应采取不同的策略。

3. 根据煤矿企业与供应商之间合作程度、相互参与程度分

（1）短期目标型

是指采购商与供应商之间是交易关系，即一般的买卖关系的供应商。双方的交易仅停留在短期的交易合同上，各自所关注的是如何谈判，如何提高自己的谈判技巧使自己不吃亏，而不是如何改善自己的工作，使双方都获利。供应商根据交易的要求提供标准化的产品或服务，以保证每一笔交易的信誉，当交易完成后。双方关系也就终止了，双方只有供销人员有联系，而其他部门的人员一般不参加双方之间的业务活动，也很少有什么业务活动。

（2）长期目标型

是指采购商与供应商保持长期的关系，双方有可能为了共同利益对改进各自的工作感兴趣，并在此基础上建立起超越买卖关系的合作的供应商。长期目标型供应商特征是建立一种合作伙伴关系，双方工作重点是从长远利益出发，相互配合，不断改进产品质量与服务质量，共同降低成本，提高共同的竞争力。合作的范围遍及各公司内部的多个部门。例如，由于是长期合作，采购商对供应商提出新的技术要求，而供应商目前还没有能力，在这种情况下，可以对供应商提供技术资金等方面的支持。同时，供应商的技术创新也会促进企业产品改进，所以对供应商进行技术支持与鼓励有利于企业长期利益。

（3）渗透型

渗透型供应商关系是在长期目标型基础上发展起来的。其指导思想是把对方公司看成为自己的公司，是自己的一部分，因此，对对方的关心程度又大大提高了。为了能够参与对方活动，有时会在产权关系上采取适当措施，如互相投资、参股等，以保证双方利益共享与一致性。同时，在组织上也采取相应的措施，保证双方派员加入对方的有关业务活动。这样做的优点是可以更好地了解对方的情况，供应商可以了解自己的产品是如何起作用的，容易发现改进方向，而采购商可以知道供应商是如何制造的，也可以提出改进的要求。

（4）联盟型

联盟型供应商关系是从供应链角度提出的。其特点是注重纵向链条上管理成员之间的关系，双方维持关系的难度提高了，要求也更高。由于成员增加，往往需要一个处于供应链上核心地位的企业出面协调成员之间的关系，称为供应链核心企业。

（5）纵向集成型

纵向集成型供应商关系是最复杂的关系类型，即把供应链上的成员整合起来，像

一个企业一样。但各成员是完全独立的企业，决策权属于自己。在这种关系中，要求每个企业在充分了解供应链的目标、要求以及在充分掌握信息的条件下，能自觉做出有利于供应链整体利益的决策。

4. 供应商分类模块法

根据供应商分类模块法，可以将供应商分为商业型、重点商业型、优先型、伙伴型供应商四种形式。

供应商分类的模块法是依据供应商对煤矿企业的重要性和煤矿企业对供应的重要性进行矩阵分析，并据此对供应商进行分类的一种方法。在供应商分类的模块中，如果供应商认为煤矿企业的采购业务对于他们来说非常重要，供应商自身又有很强的产品开发能力等，同时该采购业务对本公司也很重要，那么这些采购业务对应的供应商就是。伙伴型供应商；如果供应商认为煤矿企业的采购业务对于他们来说非常重要，但该项业务对于煤矿企业却并不十分重要，那么这样的供应商无疑有利于煤矿企业，是本位的。优先型供应商；如果供应商认为煤矿企业的采购业务对他们来说无关紧要，但该采购业务对煤矿企业却是十分重要的，那么这样的供应商就是需要注意改进提高的。重点商业型供应商"；对于那些对于供应和煤矿企业来说均不是很重要的采购业务，相应的供应商可以很方便地选择更换，那么这些采购业务对应的供应商就是普通的。商业性供应商"。

二、供应商的关系管理

1. 建立供应商伙伴关系的作用

供应商合作伙伴关系开发是指客户与供应商之间建立长期亲密的关系，二者就像伙伴一样合作。对多数企业的调查表明，现实中的合作伙伴更希望在一种超越了交易关系的环境中努力工作，当这种伙伴关系超越了交易关系而达到相当高的紧密程度时，供应商合作伙伴就会产生一种贡献的意愿和行为。开发供应商合作伙伴关系可以帮助企业达到以下目标：获得世界级的质量标准；缩短提前时间，增强对市场波动反应的灵活性；减少库存、管理成本和挤压资金流；通过客户与供应商信息系统的连接更好地进行计划工作；减少生产故障时间，增加生产能力；减少进入市场时间，即减少确定市场和向市场介绍新产品和服务所需要的时间；借助来自客户和供应商良好的信息进行创新，并可从双方获得技术资源。

2. 合作型供应商关系建立的原则与过程

（1）建立伙伴关系的原则

在建立伙伴关系前，企业与供应商之间在许多方面应达成共识，所以为形成稳固

的战略联盟，必须坚持以下原则：

1）达成一致观念

由于合作企业的管理理念、管理方法、企业文化不同，大家在很多方面必定持不同态度，认识水平也参差不齐。因此长期战略合作关系得以实施的基本前提是企业与供应商在观念上要达成一致。企业应将其理念传达给未来的合作伙伴。

2）建立相互间的信任

为了增进彼此的信任度，企业需要表达自己的诚意，开诚布公地交换各自的情况，告诉对方，本企业开展什么业务，生产什么产品、实力如何。

3）树立共同的目标和行动计划

必须要有明确的目标作为企业与关键供应商共同努力的方向，目标可以是降低成本、提高顾客满意度等等。

（2）挑选合作伙伴的标准

在挑选合作伙伴时，企业一般是确定每种核心产品的前 3-4 名供应商作为战略联盟对象选择的基础，由于战略伙伴的选择是决定联盟成功与否的关键，因此必须制定科学的选择标准，一些企业常用的标准有：

1）世界著名的跨国公司或在中国的合资企业。

2）历史供货量大且业绩良好。

3）战略上匹配或存在匹配的可能性。

4）成本的竞争力。

5）未来的成本降低潜力。

6）技术上的协同性。

7）质量水平高且稳定。

8）是否与企业的竞争对手已经建立战略联盟。

（3）合作伙伴关系的建立过程

建立合作伙伴关系的过程：

1）从企业战略的角度来检验是否需要建立合作伙伴关系，以及建立哪个层次的合作伙伴关系。

2）确定挑选合作伙伴的准则，评估潜在的候选企业。

3）正式建立合作伙伴关系。

4）维持和精炼合作伙伴关系，包括增强彼此间的合作关系或解除彼此间的合作关系。上述过程可简单归纳为以下四个阶段：合作伙伴的粗筛选，合作伙伴的仔细筛选，合作伙伴的确认，合作伙伴的跟踪评价。通过供应商开发及选择过程，一定数量的供应商从原来的普通供应商，转化成供应链核心企业的合作伙伴企业通过对供应商合作伙伴关系的管理，即关系的维护提升和优化，使合作伙伴进一步发展成战略性合作伙伴战略性伙伴的协同将会产生新的生产能力，提升供应环节的价值增值。

3. 合作型供应商关系建立的影响因素

供应商开发的基础因素是指支持特定交易供应商开发活动能够有效进行的环境。在供应商开发过程中它们对影响企业的改进很重要，并最终影响供应商开发计划的成功。

（1）战略目标长期战略目标的明晰决定了供应商开发的有效性

Watts 与 Hahn 认为供应商开发的重点应放在供应商技术与产品开发上的未来潜在能力上，而不是目前的质量与成本。他们强调开发供应商的能力与柔性将成为供应商开发成功的关键因素。

（2）有效的沟通采购企业人员与供应商公开、频繁的交流被认为是激发供应商的一个关键途径。

公开沟通渠道增强了双方的理解并有助于问题的解决。有效沟通的关键在于沟通频率，采购企业相关人员与其他相关人员的真诚努力。有效沟通也对供应绩效改善具有重要作用。企业与供应商通过公开交流部件、材料、技术，甚至关注每一方的能力以及独特的优势将增强双方的理解，减少问题的产生，企业还可以从供应商处获得更多的承诺。

（3）长期承诺建立伙伴关系意味着采购企业追求与供应商的长期关系。没有采购商的承诺，供应商将不会为适应采购者的需要而在其运营中进行改变。

（4）高层管理者支持高层管理者被认为是基于企业竞争策略而开始供应商开发计划的关键实现者。采购管理需要从高层管理者中获取鼓励与支持，以在供应商运营上支出资源。

（5）供应商评估为维持对供应商提供有效、可靠资源，企业需小心选择供应商并科学地对其进行评价。此外，供应商评价结果也能为供应商绩效需要改进的薄弱区域提供有价值的信息。

（6）战略目标的匹配供应商开发是一个互惠的项目，它需要采购商与供应商的相互承认。当选择一个战略供应商时，采购商必须考虑供应商是否愿意为采购商的竞争优势提供专业技术支持，并且是否希望能持续改进其绩效与能力。在供应商与客户市场上感觉到竞争会为双方合作增加压力，共同为已存在产品的销售作出贡献或避免任一商业机会的流失。

4. 合作型供应商关系的管理

通过供应商开发及选择过程，一定数量的供应商从原来的普通供应商，转化成供应链上的核心供应商。企业通过对供应商合作伙伴关系的管理，即关系的维护提升和优化，使合作伙伴进一步发展成战略性合作伙伴战略性伙伴的协同将会产生新的生产能力，提升供应环节的价值增值。

（1）供应商关系维护

从经济学视角看，维护一个已有供应商，比开发一个新供应商的交易成本要低得多管理与供应商的关系就是希望通过对伙伴关系的维护达到关系的“亲密”，在亲密的平台上，通过对关系的提升，实现供应商伙伴的志愿“贡献”行为。维护供应商关系使其逐步达到亲密，需要企业的主动行为。首先，企业要以诚信的态度与供应商公平交易。其次，企业应注重以本企业精神去影响供应商，用本企业文化熏陶供应商，逐步形成企业与供应商的团队文化，形成一种学习型虚拟组织并通过实践不断磨合，使伙伴关系更加融洽。同时，要注意采用恰当的协同管理方式，比如激励供应商的协同采购行为，加强与供应商的日常沟通等。

（2）供应商关系提升

现实中的合作伙伴，更希望在种超越了交易关系的环境中努力工作，当这种伙伴关系超越了交易关系而达到相当高的紧密程度时，供应商合作伙伴就会产生一种贡献的意愿和行为。“贡献”是供应商关系提升的目标。要使供应商伙伴甘愿为协同企业运作作出贡献，企业首先要敢于向他们开放内部运作系统，敢于向他们授权，与其建立长期深层次的业务合作其次，要注重企业与供应商核心竞争力的培育。

三、供应商评审

1. 供应商评估与选择的步骤与方法

（1）供应商评估与选择的步骤

供应商选择是供应商管理中的一个重要决策，目前在市场上，同一产品的供应商数目越多，使得供应商的选择就越复杂，这就需要有一个规范的程序来操作。一个好的供应商是指拥有制造高质量产品的加工技术，拥有足够的生产能力以及能够在获得利润的同时提供有竞争力的产品。供应链管理下供应商选择步骤如下。

1）成立供应商评估和选择小组

供应商的选择绝不是采购员个人的事，而一个集体的决策，需要企业各部门有关的人员共同参与讨论、共同决定，获得各个部门的认可，包括采购部门的决策者和其他部门的决策影响者。供应商的选择涉及企业的生产、技术、计划、财务、物流、市场等部门。对于技术要求高、重要的采购项目来说特别需要设立跨职能部门的供应商选择工作小组。供应商选择小组应由各部门有关人员组成，包括研究与开发部、技术支持部、采购部、物流管理部、市场部、计划部。

2）确定全部供应商的名单

通过供应商信息库以及采购人员、销售人员或行业杂志、网站等媒介渠道，了解市场上能够提供所需物品的供应商。

3）列出评估指标并确定权重

确定代表供应商服务水平的有关因素，据此提出评估指标。评估指标和权重对于不同企业和产品的供应商是不尽相同的。

4）逐项评估供应商的履行能力

为了保证评估的可靠，应该对供应商进行调查。在调查时一方面听取供应商提供的情况，另一方面尽量对供应商进行实地考察。考察小组由各部门有关人员组成，技术部门进行技术考察，对企业的设备、技术人员进行分析，考察将来质量是否能够保证以及是否能够跟上企业所需技术的发展，满足企业变动的要求；生产部门考察生产制造系统，了解人员素质、设备配置水平、生产能力、生产稳定性等；财务部门进行财务考核，了解供应商的历史背景和发展前景，审计供应商并购、被收购的可能性，了解供应商的经营状况、信用状况、分析价格是否合理以及能否获得优先权。综合评分并确定供应商。在综合考虑多方面的因素后，就可以给每个供应商打出综合评分，选择合格的供应商。

（2）供应商评估与选择的方法

对供应商评估选择是一个多对象多指标的综合评价问题，有关此类问题的决策已经建立起了几何数学模型，它们的基本思路是相似的，先对各个评估指标确定权重，权重可以用数字 1 ~ 10 之间的某个数值表示，然后对每个指标进行评分，再对所得的分数乘以该项指标的权重，进行综合处理后得到一个总分；最后根据每个供应商总得分进行排序、比较和选择。供应商评估的最基本指标应该包括以下几项：技术水平、产品质量、供应能力、价格、地理位置、信誉、售后服务、提前期、交货准确率、快速响应能力等。

2. 供应商评审的层次、方法及内容

供应商评审是采购管理中非常重要的环节，定期审核供应商是采购控制也是供应商管理中的重要一步。供应商评审，就是要持续监督供应商的生产能力或服务能力、产品质量、交付及时性等。实践表明，供应商经常会在管理方式、质量保证、物料管理、设计程序、过程改进政策、纠正措施与后续措施等方面出现问题。针对这些问题，企

业在进行供应商评审时都要有相应的评审措施。通过供应商评审，企业可以有效地控制供应过程。如果评审结果出现问题，采购部门、人员就可以在引发严重问题之前指导它们提出来，从而成功杜绝严重事故的发生，降低企业的经营风险、保持持续供应。另外，通过供应商评审还可以促进供应商的改善。

（1）供应商评审的层次

供应商评审是采购部门在完成市场调研分析以及企业设置的原则对潜在的供应商已经做了初步预选的基础上，针对可能发展的供应商进行的。供应商评审主要是针对价格、服务和质量来进行的。其中，尤其以供应商质量体系的评审最为重要。就采购的控制层次来说，供应商评审可以局限在产品层次、生产工艺过程层次，也可以深入到质量保证体系层次甚至供应商的公司整体经营管理体系层次。

在产品层次中的评审主要是确认供应商的产品质量，必要时还可以要求供应商改进产品质量以符合企业的要求。在工艺过程层次中的评审，主要是针对那些质量水平对生产工艺有很强依赖性的产品。为了保证供货质量的可靠性，企业采购部门必须深入到供应商的生产现场，了解其工艺生产过程，确认其工艺水平、质量控制体系以及相应的设备设施能力是否能够满足产品的质量要求。质量保证体系层次评审，是针对供应商整个质量体系和过程而进行的。通常会选择 ISO9000 标准、防爆合格证书、煤矿安全标志等作为参考标准的。公司层次的评审是对供应商进行评审的最高层次，它不仅要考察供应商的质量体系，还要评审供应商经营管理水平、财务与成本控制、计划制造系统、信息系统和设计工程能力等各主要企业管理过程。各企业实际情况不同，对于那些普通型供应商，采购商一般只局限于产品层次和工艺过程层次的评审，但是如果采购部门要挑选合作伙伴，情况就不一样了，特别是那些管理严格、技术先进的国际大公司，它们通常会大量采用质量保证体系和公司层次的评审来控制供应链管理体系。

（2）供应商评审的方法

供应商评审是在供应商认证前进行的，供应商评审的主要方法可以分为主观判断法和客观判断法。所谓主观判断法，是指依据个人的印象和经验对供应商进行判断。这种评判缺乏科学标准，评判的依据十分笼统、模糊。而客观判断法，是指依据事先制定的标准或准则对供应商进行量化的考核和审定，包括调查法、现场打分评比法、供应商表现考评法、供应商综合评审法、总体成本法等方法。企业可以根据自身的发展战略选择其中一种或几种评审方法对供应商进行客观的评审。调查法，是指事先准备一些标准格式的调查表格发给不同的供应商填写，收回后进行比较的方法，这种方法常用于招标、询价以及供应情况的初步了解等。现场打分评比法，是预先准备一些问题并格式化，而后组织不同部门的专业人员到供应商的现场进行检查确认的方法。供应商表现考评法，是指对已经供货的现有供应商的供货、质量、价格等进行表现跟踪、考核和评比。供应商综合评审法，是针对供应商公司层次而组织的包括质量、工程、企划、采购等专业人员参与的全面评审，它通常将问卷调查和现场评审结合起来。总体成本法，是一种为了降低供应商的总体成本使之达到一个新的水平从而达到降低采购价格目的的一种方法。它需要供应商的通力合作，由采购商组织强有力的综合专家团队，对供应商的财务及成本进行全面、细致地分析，找出可以降低成本的方法，并要求供应商付诸实施与改进，改进后的收益则由双方共享。

（3）供应商评审的主要内容

由于供应商自身条件的差别，各有优劣，因此必须有客观评分的项目作为选拔合格供应商的依据。因此供应商评审应该制定详细的评审内容，企业供应商评审通常包括下列各项。

1）供应商的经营状况

主要包括供应商经营的历史、负责人的资历、注册资本金额、员工人数、完工纪录及绩效、主要的客户、财务状况。

2）供应商的生产能力

主要包括供应商的生产设备是否先进，生产能力是否已充分利用，厂房的空间距离以及生产作业的人力是否充足。

3）技术能力

主要包括供应商的技术是自行开发还是从外引进、有无与国际知名技术开发机构的合作、现有产品或试制样品的技术评估、产品的开发周期、技术人员的数量及受教育程度等。

4）管理制度

主要包括生产流程是否顺畅合理、产出效率如何、物料控制是否电脑化、生产计划是否经常改变、采购作业是否对成本计算提供良好的基础。

5）质量管理

主要包括质量管理方针、政策；质量管理制度的执行及落实情况；有无质量管理制度手册；有无质量保证的作业方案；有无年度质量检验的目标；有无政论机构的评鉴等级；是否通过 ISO9000 认证。

四、供应商的认证流程及内容

供应商认证是供应商管理的一项重要内容。在供应商认证之前，供应商至少要满足三方面的条件：即供应商提交的文件已经通过认证、价格及其他商务条款符合要求、

供应商评审必须合格。

1. 供应商认证的流程

（1）供应商自我认证

对供应商进行认证之前应要求供应商先进自我评价。一般是先发信给供应商，让供应商先对自己做出自我评价，然后再组织有关人员进行认证。

（2）成立供应商认证小组

收回供应商自我认证的资料后，应着手成立供应商认证小组。供应商认证小组应包括不同部门成员，主要有质量管理、工程、生产等部门。认证小组成立后应确认对供应商认证采取的形式和认证的指标体系。

（3）针对认证的内容，确定相应的指标评分体系

对于供应商的认证要针对不同的供应商采取不同的评分体系，但一般情况供应商认证的评分体系，包括领导班子和风格、信息系统及分析、战略计划、人力资源、过程控制、商务运作、客户满意程度、供应管理、销售管理、时间管理、环境管理等子系统。

（4）会同质量、工程、生产等部门进行现场调查

对供应商的现场调查中，要了解供应商的管理机构设置情况，各个部门之间的分工及汇报流程；考察供应商质量控制与管理体系、生产工艺、顾客服务、环境体系等内容。在现场考察的同时应根据预先设置的评分体系，进行子系统的评价，并给出相应的分值。

（5）各部门汇总评分

进行现场考察后，各个部门应通过现场观察情况，并结合供应商的相关文件、先前的市场调查情况、与供应商的客户和供应商的会谈情况、小组讨论进行综合评分，得出供应商最终认证的总成绩。各部门进行汇总评分后，组织现场调查的部门应写出考察报告，呈报上级领导，并且将考察的资料进行备案并入档。

（6）将认证情况反馈给供应商

对供应商进行认证的最终结果应反馈给供应商，让供应商明确自己的不足之处，以便进行改进与提高。

（7）供应商认证跟踪

对供应商进行认证后，要进行跟踪。供应商的认证不仅仅是审查和评估的过程，而且也是一个反馈与跟踪的过程，要随时监测供应商的执行情况，不断督促供应商进行改进。总之，供应商的认证是一个长期的、动态的过程，是通过评估来确认和培养供应商的过程。

2. 企业供应商认证的主要内容

（1）供应商的基本情况

供应商认证的基本情况的主要内容有以下几项。

1）企业的经营环境，主要包括企业所在国家的政治、经济和法律环境的稳定性、进出口是否有限制、倾向的可兑换性、近几年来的通货膨胀情况、基础设施情况、有无地理限制等内容。

2）企业近几年的财务状况，主要包括各种会计报表、银行报表、企业经营报告等。

3）企业在同行业中的信誉及地位，主要包括同行对企业产品质量、交货可靠性、交货周期及灵活性、客户服务及支持、成本等各项的评价。

4）企业近几年的销售情况，包括销售量及趋势、人均销售量、本公司产品产量占行业总产量的比例。

5）企业现有的紧密的、伙伴型的合作关系，包括与本公司的竞争对手、与其他客户或供应商之间的关系。

6）地理位置，主要包括与本公司的距离和通关海关的难易程度。

7）企业的员工情况，主要有员工的教育程度、出勤率、流失率、工作时间、平均工资水平、生产工人与员工总数的比例等。

（2）供应商企业管理的情况

对供应商企业管理情况的认证要考虑以下几点因素：企业管理的组织框架，各组织之间的功能分析以及组织之间的协调情况；企业的经营战略及目标、企业的产品质量改进措施、技术革新的情况、生产率及降低成本的主要举措、员工的培训及发展情况、质量体系及是否通过ISO9000认证、对供应商的管理战略及情况等。

（3）供应商的质量体系及保证情况

供应商质量体系及保证的主要内容有：

1）质量管理机构的设置情况及功能。

2）供应商的质量体系是否完整，主要包括质量保证文件的完整性与正确性、有无质量管理的目标与计划、质量的审核情况、与质量管理相关的培训工作如何等。

3）企业产品的质量水平，主要包括产品质量、过程质量、供应商质量及顾客质量投诉情况。

4）质量改进情况，主要包括与采购商的质量协议、与供应商的质量协议、是否参与采购商的质量改进、是否参与供应商的质量改进、质量成本控制情况、是否接受采购商对其质量的审核等。

（4）供应商的设计、工程与工艺情况

这部分主要包括下列三方面内容。

1）相关机构的设立与相应职责。

2）工程技术人员的能力，主要包括工程技术人员中受教育的情况、工作经验、在本公司产品开发方面的水平、在公司产品生产方面的工艺水平、工程人员的流失情况。

3）开发与设计情况，主要有开发设计的实验、试验情况、与顾客共同开发的情况、与供应商共同开发的情况、产品开发的周期产品及工艺开发程序、对采购商资料的保密情况等。

（5）供应商的生产情况

供应商生产情况认证的主要内容，包括生产机构、生产工艺过程及生产人员的情况。

1）生产机构的设置情况及职能。

2）生产工艺过程情况，主要有工艺布置、设备/工艺的可靠性、生产工艺的改进情况、设备利用率、工艺的灵活性、作业指导的情况、生产能力等。

3）生产人员的情况，主要有职工参与生产管理的程度、生产的现场管理情况、生产报表及信息的控制情况、外协加工控制情况、生产现场环境与清洁情况等。

（6）供应商的企划与物流管理情况

这项内容主要有以下四个方面。

1）相关机构的设立情况。

2）物流管理的系统情况，主要包括物流管理、物料的可追溯性、仓储条件与管理、仓储量、MRP 系统等。

3）发货交单情况，主要包括发货交单的可靠性、灵活性、即时供应能力、包装及运输情况、交货的准确程度。

4）供应商管理情况，主要有供应商的选择、审核情况、供应商表现考评的情况、供应商的分类管理情况、供应商的改进与优化情况等。

（7）供应商的环境管理情况

供应商的环境管理情况主要包括下列三个方面。

1）环境管理机构的设置及其管理职能。

2）环境管理体系，主要有环境管理的文件体系、环境管理的方针与计划等。

3）环境控制的情况，主要有环境控制的运作情况、沟通与培训情况、应急措施、环境监测情况、环境管理体系的审核情况。

（8）供应商对市场及采购商服务支持的情况

供应商对市场及采购商服务支持的情况主要包括下列四个方面。

1）相关机构的设置情况。

2)交货周期及条件，主要有正常交货的周期、紧急交货的周期、交货与付款的条件、保险与承诺。

3）价格与沟通情况，主要包括合同的评审、价格态度与降低成本的态度、电子邮件与联系手段、收单与发货沟通等情况。

4）顾客投诉与服务情况，主要包括顾客投诉的处理程序、顾客投诉处理的情况与反映时间、顾客的满意程度、售后服务机构、顾客数量及伙伴顾客的数量等。

五、我国供应商关系的演变

缺乏竞争的特殊供应商关系阶段在原有的计划经济体制下，市场没有发挥其基础配置的作用。一切产品都是按计划生产，制造商或消费者只能在指定的地方购买到规定数量的产品，政府的行政干预和调控起到了绝对控制的作用。在这种环境中，供应商和制造商的买卖关系是缺乏竞争的，他们按照政府的指令进行生产和调配，没有价格等作为竞争和协调的标准，商品的价格也不是其价值的真实反映，而是人为的产物。

1. 供应商关系“零和”的竞争阶段

在我国的经济体制转入社会主义市场经济体制下，我国的供应商关系就转为“零和”的竞争阶段。制造商通常把价格视为主要决定因素，采用多源采购，即列出潜在供应商清单，分处采购，以免为单一供应商所困。同时由于市场的不确定性和供应商关系的不稳定性，企业拥有大量的库存，占用了大量的资金。这种方式下的买卖双方相互竞争，以求更好的价格或其他让步，直至利益的“零和”，这将导致供应商无法与某个制造商建立长期合作伙伴关系。

2. 供应商关系的“双赢”阶段

随着卖方市场向买方市场的转化，顾客需求的变化等，传统的供应商关系发生了很大的变化，他们之间不再是你死我活的竞争关系，而是建立在一定的合作基础上的“双赢”关系。他们加强了相互之间的信息交流和沟通，加强了供应商的关系管理以期建立一种伙伴关系，库存减少，采购的总成本降低，实现了整个供应链的管理以达到“双赢”的目的。

3. 供应商的战略伙伴关系阶段

为了降低整个供应链成本，增强信息共享、保持双方操作的一致性以产生更大的竞争优势，企业需要更高层次的合作与集成，于是产生了新型的战略合作伙伴关系模式。在这种关系当中，企业希望在全球的经济发展中寻求平衡和发展，所以双方强调直接的、长期的合作，强调共同努力实现共有的计划和解决共同的问题。如共同开发新产品，共享市场机会和风险等。制造商选择供应商不再是只考虑价格，而是更注重选择能在优质服务、技术支持、产品设计等方面能够进行的良好合作。信息技术和网络管理在该过程中发挥了至关重要的作用。

六、我国供应商关系转变的动因分析

经济体制的转变在传统的计划经济体制的影响下，市场机制、价格机制等都没有发挥作用，政府的过度干预在一定程度上扭曲了正常的供应商关系，导致了那个时期的供应商关系缺乏竞争。随着我国经济向社会主义市场经济的转轨，市场充分发挥了其基础配置的作用，价格成为价值的真实反映，我国的供应商关系也就步入了供应商关系初级阶段的正常轨道—竞争的“零和”阶段。在经济持续发展和与世界经济发展接轨的过程中，我国的供应商关系也紧跟时代的潮流，相继步入了供应商关系的双赢阶段和战略合作伙伴关系阶段。

1. 交易成本的驱动

在社会主义市场经济条件下，由于市场和价格竞争机制充分发挥作用，交易成本理论能够很好地解释良好的供应商关系所能带来的效益，也就能说明供应商关系演变的必然性。交易成本的衡量通常从三个维度来衡量：交易发生的频率、交易中不确定性的种类和程度、资产专有性的程度和类型。在多源采购的供应商关系的初级阶段，交易频繁发生，供应商和制造商都感觉到了高度的不确定性，他们所签订的契约都是短期的，因此也就有大量的控制活动来确保交易的成功，另外资产的专有性程度也很高，这些都导致了很高的交易成本。而双赢以及后来发展的战略合作伙伴关系阶段的供应商关系中，供应商和制造商积极的沟通和信息、资源等的共享，新产品的共同开发和风险的共担等使他们在一定程度上已经成为一个共同体，他们之间的交易是确定和长期的，关系是稳定和可靠的，不确定性大大降低，资产的专有性程度也降低，这些都降低了交易的成本，为各方都创造了价值。所以在社会主义市场经济条件之下，以创造价值为最大目标的前提下，我国供应商关系的转变是必然的。

2. 全球竞争环境的鞭策

组织对于外部环境的变化是一个开放的系统，不断加剧的市场竞争和快速的技术变化，促使企业寻找能提供质量保证和服务的供应商以建立强大的供应基础。根据波特的核心竞争理论，行业的竞争主要源于产业内的竞争，新进入者的威胁，替代品的威胁，供应商和顾客讨价还价的能力，现代企业要想获得自己的竞争优势，必须在这五种力量的制衡中取得自己的力量。现代双赢和战略合作伙伴的供应商关系，比零和的竞争的供应商关系更好地为顾客服务，为顾客创造价值，有效地遏制新进入者和替代品的威胁，使企业能获得产业内强劲的竞争优势。在全球资源分布不平衡和某些资源相对短缺的情况下，企业如何获得这些资源并建立自己的核心竞争力就变得格外重要，而现代新型的供应商关系为获得这种核心竞争力提供了可能。现代企业的竞争是供应链的竞争，那么供应商关系转变的必然性也就不言而喻了。

3. 信息技术的快速发展

信息技术的快速发展使企业之间的交流变成了零距离的交流，并使信息共享成为可能。供应商正是建立在信息技术的平台上才能及时了解顾客的偏好、市场的需求信息、制造商的库存情况等，从而企业也大大缩短产品的生命周期，降低了成本。基于成熟的信息技术平台，供应商关系转变的条件就得以实现，因而其转变也就顺理成章。

七、供应商关系演变的案例

被装生产供应商关系管理是指对被装生产供应商的产品、服务、信息交流、合作关系、合作项目以及相关业务的决策进行全面的管理和支持，通俗地讲就是指被装采购方如何看待供商。对供应商关系管理的优化，能够增进被装采购方与供应商的信息沟通，降低采购总成本，提高被装产品质量，改善配套服务，实现双赢。

1. 被装生产供应商关系管理演变历史

很长时间以来，被装生产是按照计划给被服军工厂分配生产任务，这使得被装采购部门在与生产厂家打交道时的心理长期处于优势的地位，双方的这种地位悬殊是典型的旧时期不平等的供应商关系管理。被装全面面向市场采购以后，供应商关系管理也与市场接轨，但一开始被装采购部门的心态调整不及时，管理理念也没有跟上最新的时代要求。对待供应商仍然沿用老一套的管理理念，将供应商当成价格上的竞争对手，几乎不主动与供应商建立合作伙伴关系，疏于与供应商进行及时有效的沟通，造成了供应商关系管理滞后的状况。近几年来，被装生产供应商管理部门逐渐认识到供应商关系管理的重要性，并与部分供应商开展了良性合作，为建立合作共赢的伙伴关系做了一个良好的铺垫。

2. 被装生产供应商关系管理存在问题

（1）供应商关系管理理念不先进

被装采购的相关部门在与供应商接触的时候，往往意识不到供应商的重要性，忽视了供应商的价值，观念停留在旧时简单的买家与卖家的关系。采购部门与供应商之间的买卖关系很少发展为合作关系，更难发展成战略性合作伙伴关系。长远地看，没有与重要供应商建立稳定的战略性合作关系，对被装采购发展是不利的，尤其是不利于应急被装采购。科学的供应商关系管理理念，不应该只是追求单次采购的价格低廉，更要致力于长远的合作，从整体上降低采购总成本，提高采购效益。

（2）供应商淘汰制度执行不坚决

淘汰是被装生产供应商关系管理的重要手段，目的是为了让供应商“百尺竿头，更进一步”。对被装生产供应商实施科学的淘汰，有利于增强供应商之间的竞争，提高供应商的服务水平。然而从实际执行情况来看，供应商只有出现重大过错，产生重大不良影响时才会取消其资格，其它的过错或者是态度消极都不会被清除出供应商库。或是碍于情面，或是出于心软，遇到供应商出现问题时的一般处理方式是大事化小，小事化了，很少采取淘汰供应商的做法。供应商淘汰本就是鞭策供应商的重要手段，运用好了，可以促使供应商不断提升服务水平，在实际工作中弱化淘汰手段的运用，不仅不能提升供应商服务质量，还会让一些供应商有恃无恐，消极怠工。

（3）供应商损失得不到合理

赔偿完善供应商权利救济机制是近几年供应商呼声较高的事宜，之所以呼声高，是因为供应商的合法权益受到侵犯的时候，往往得不到合理的解决。物资采购投诉处理办公室挂牌，专职处理供应商的投诉，供应商可以对采购文件、采购过程和采购结果提出质疑和投诉。应该说，办公室的成立解决了供应商投诉的相当一部分问题，不过总体而言仍然缺乏一个健全的权利救济机制来对供应商进行保护。比如采购方单方面变更合同给供应商带来的损失，理应适当对供应商给予经济补偿，但事实上是被装采购方与供应商地位不平等，供应商很难通过正规渠道获得补偿。赔偿制度的不完善，将极大的打击供应商参与被装生产的积极性，从而影响被装采购的大局。

3. 被装生产供应商关系管理的优化办法

（1）发展从竞争到合作共赢的供应商关系

要做到被装生产供应商关系从竞争模式到合作共赢模式的顺利转变，就必须要把握好“两个注意”和“两个转变”。

1）“两个注意”：

①由于合作共赢模式特有的优势，生产品种类似的供应商数量只需要保持少量即可，供应商规模的大大缩减，可以减少供应商关系管理的难度和成本，但同时也要注意到供应断货风险的增大。比如在紧急情况下急需采购大量被装物资，或者某个长期合作的供应商生产线被突发的重大自然灾害的摧毁，这些情况都容易造成供应商无法正常供货，严重影响被装保障。故在平时要注意制定预备方案，做好优质供应商的开发和储备，避免一些突发情况导致供应商无法正常供货的情况发生。

②由于与供应商保持长期合作关系，可能会因此导致供应商之间竞争的缺乏，要注意采取适当措施激励供应商之间保持竞争。对已经建立合作关系的供应商，要防止其产生一劳永逸的思想，应该结合动态的绩效考核，实施有针对性地管理。

2）“两个转变”

①供应商关系管理理念的转变。

首先被装采购方的高层要重视供应商关系管理在被装采购中的作用，有了高层领导的重视，更容易调动人员、资金和信息等资源来保障合作共赢关系的建设。其次是提高被装采购宏观目标，不能单纯追求价格低廉，要从被装保障的大局出发，以实现最高效益的被装采购为指导思想，制定相应的供应商关系管理制度和政策。

②供应商关系管理方法的转变。首先是要增加与供应商的沟通频率，尤其是加强与供应商高级管理层的经常性沟通，寻求高层次管理人员的支持，减少维持关系的难度。定期沟通可以提高双方的信任度，防止合作关系的破裂。其次是充分利用网络渠道与供应商进行沟通，减少供应商关系管理成本，避免投入过多的人力物力。

（2）严格且慎重地落实供应商淘汰

严格执行供应商淘汰制度，将不合格的供应商剔除出供应商库，督促和提醒其余供应商，可以有效提高供应商的整体质量。淘汰供应商不是最终目的，真正的目的是用淘汰的方式增加供应商的危机感，迫使供应商提高产品和服务的质量。在被装物资采购中，应该加强市场调查和研究，按照市场经济优胜劣汰的法则淘汰供应商，提高供应商的竞争意识和忧患意识，鼓励供应商之间的竞争，使被装采购在规范合理的市场竞争中获得最佳经济效益。对于不合格的供应商，按照相关规定严格淘汰，绝不姑息养奸；对于发生重大过错的供应商，该处罚就处罚，决不心软；对于个别领导打招呼的行为，坚持原则，决不妥协。严格落实供应商淘汰制度的同时，也要注意供应商淘汰要慎重，切忌盲目淘汰供应商，也不要为了淘汰而淘汰，要综合考察和评估，慎重决定是不是一定要对供应商执行最严厉的处罚。供应商淘汰应果断，一旦决定了对供应商执行淘汰处罚，就必须要雷厉风行、快刀斩乱麻，不果断、不彻底将会达不到处罚效果。供应商淘汰必须讲究方式方法，确保有序平稳地退出，尽量减少损失，将破坏降到最低。淘汰过程要讲究管理艺术和沟通艺术，用积极的态度、平和的语调、专业的理由应对供应商淘汰中的沟通问题，防止供应商“鱼死网破”，产生不必要的纠纷，尤其要注意一切行为要合法。为了顾全整个被装采购的大局，应做好淘汰后的善后安抚事宜，妥善解决供应商的合理诉求，照顾供应商的情绪。此外，供应商的淘汰并不是意味着退出被装供应商库永不录用，供应商淘汰以后，经过一定时间的整改可以允许其再次申请，待考察以后根据考察结果决定是否恢复资格。

（3）建立平等的过错方赔偿制度

采购方和供应商是采购活动中法律地位完全平等的当事人，由于一方当事人的过错给另一方造成损害的，过错方应对无错方进行补偿，这就叫过错方赔偿制度。现行的被装采购中，已经有了过错方赔偿制度的例子。例如供应商在参加被装物资招标活动时，要向被装采购机构缴付比例约为 1% ~2% 的投标保证金，当供应商违约或者违规时，采购方有权扣除部分或全部保证金来保护自身利益。然而近年来，由于被装采购方的过错造成招标结果无效，甚至是单方面违反已经签署的合同的情况时有发生，供应商维权寸步难行，无法得到相应赔偿，只能无奈接受既有事实。这种单方面的过错方赔偿制度，不符合市场经济公平的原则，极大地伤害了供应商的积极性，还有可能丢失供应商的信任。

为此，必须要建立平等的过错方赔偿制度，在完善供应商过错赔偿制度的同时，重点是加紧制定被装采购方过错赔偿制度，填补制度空白。首先是对被装采购相关部门的责任追究。建立多部门的联合调查组，本着公平公正的态度进行调查，按照被装采购活动的责任划分追责到具体的单位和个人，绝不包庇。其次是对供应商的赔偿，可以考虑从平时的经费里拿出一部分资金设立赔偿基金，当发生采购纠纷时，经认定为被装采购部门责任的，从赔偿基金里拿出资金赔付供应商。只有供应商的合法权益从制度上得到有效保护，供应商才会对被装采购活动充满信心，才会积极踊跃地参加，被装采购方才能得到质量合格、价格合理、服务优质的被装产品和服务。

第三节　供应商的选择

一、企业选择供应商的重要性

供应商选择的重要性分析供应商选择无论是在采购环节还是整个供应链管理过程都具有重要意义。在采购环节中，供应商的选择更是合理采购成败的关键。采购过程不仅是一个原材料购买的过程，更涉及到产品的质量、配送成本、产品价值以及后续新产品开发优势等多个方面，企业与供应商之间是相辅相成的关系，如果供应商只注意眼前的一次交易的利益，而忽视整个供应链乃至采购商的利益他将无法在这个供应链中生存，这样不仅损害了自己企业的利益，而且还降低了整体供应链的利润，对于采购商来说，如果不能选择一个好的供应商，与其建立战略合作伙伴关系，仅仅是有需求时和他有生意往来，这不仅要使供应商保持很大的库存占用了资金，同时也使供应企业处于被动地位。在供应链环节上，供应商只有是自己的企业服从供应链整体利益，才能达到共同盈利，共担风险的目的，才能在现下日益竞增的环境中取得一席之地，因为当今的竞争已不是企业与企业的竞争，而是供应链与供应链之间的竞争。

二、供应商的选择

1. 供应商选择概述

供应商选择是供应商管理的目的，是最重要的一项工作。选择一批好的供应商，不但对企业的正常生产起着决定作用，而且对企业的发展也非常重要，因此，我们要不惜下大力气采用各种方法选择好的供应商。

实际上供应商的选择，融合在供应商开发的全过程中。供应商开发的过程包括了几次供应商的选择过程：在众多的供应商中，每个品种要选择 5 ~ 10 个供应商进入初步调查。初步调查以后，要选择 1 ~ 3 个供应商，进入深入调查。深入调查之后要做一次选择，初步确定 12 个供应商。初步确定的供应商进入试运行，又要进行试运行的考核和选择，确定最后的供应商结果。

一个好的供应商标准，最根本的就是其产品好。而产品好，有表现在：一个产品质量好，二是产品价格合适，三是产品先进、技术含量高、发展前景好，四是产品货源稳定、供应有保障。在、这样的好产品，只有那些有实力的企业才能够生产出来。因此一个好的供应商需具备以下条件。

（1）企业生产力强表现在：产量高、规模大、生产历史长、经验丰富、生产设备好。

（2）企业技术水平高表现在：生产技术先进、设计能力和开发能力强、生产设备先进、产品的技术含量高、达到国内先进水平。

（3）企业管理水平表现在：有一个坚强有力的领导班子，尤其是要有一个有魄力、有能力、有管理水平的以一把手；要有一个高水平的生产管理系统；还要有一个有力的、具体落实的食质量管理保障体系。要在全企业中形成一个严肃认真一丝不苟的工作作风。

（4）企业服务水平高表现在：能对客户高度负责、主动热诚认真服务、并且售后服务制度完备、服务能力强。

2. 供应商调查

在进行供应商选择时，首要是要了解你要选择的众多供应商，了解供应商就需要调查，因此供应商调查分成三种即：第一种是初步供应商调查，第二种是资源市场调查，第三种是深入供应商调查。

所谓初步供应商调查就是对供应的基本情况的调查，主要是了解供应商的名称、地址、产能力能提供什么产品等。它的主要目的是为了了解供应商的一般情况为了选

择最佳的供应商做准备和了解掌握整个资源市场的情况，因为许多供应商基本情况的汇总就是整个资源市场的基本情况。资源市场调查要调查供应商资源是上的规模、容量、性质以及环境如何，各个供应商的情况如何，然后再对资源市场进行分析，考虑供应商是否能满足企业的要求，除此之外还要进行深入供应调查，也就是在准备将某些供应商定位为自己的供应商后，要深入考察企业。这种深入是深入到供应商企业的生产线、各个生产工艺、质量检查环节甚至管理部门，对现有的设备工艺、生产技术、管理技术等进行考察，看看所采购的产品能不能满足本企业所具备的生产条件、质量保证体系和管理规范要求。

3. 应商选择决策流程

一般来说，供应商选择决策的流程包括的内容有：供应市场调查和竞争分析，制定供应品佳标准，潜在供应商的评估，询价和报价，合同条款的谈判。最终供应商的确定等。如下图 6-2 所示。

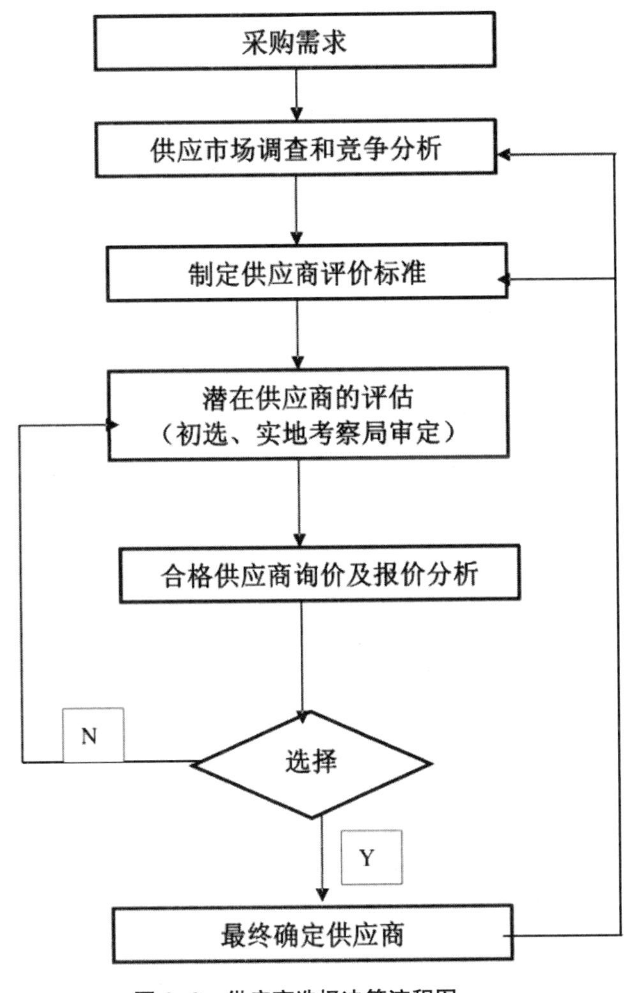

图 6-2　供应商选择决策流程图

（1）供应市场调查和竞争分析

供应商选择，起源于企业的采购需求。从供应市场的竞争状况分析开始。通过供应商的市场调查，可以更深地了解供应市场的具体情况，然后才能在各个不同的领域确认出那些最具有竞争力的地区。这类供应市场调查研究可以是全球性的，也可以只限于研究某个特定区域国家。全球性供应商调查研究的进行是由商品小组所主导，调查的结果可以提供给个商品经理人规划处主要的策略方向，并让采购的中点转移至那些最具竞争力的供应商身上。区域性供应市场调查研究可以由某个单位来主导，调查的结果是使当地子公司通过国产化而达到成本降低的目的，对公司获利能力的提升有实质性的激励效果。通过对特定分类市场进行竞争分析，能了解目前是谁主要领导分类市场、市场的发展趋势以及各主要供应商在市场中的定位等情况，从而对潜在供应商有一个大致的了解。在调查和分析的基础上，采购部门就可以建立供应商数据库并根据产品的类别对供应商进行分类。

（2）指定供应商评价标准

结合企业自身的经营状况核对供应商的剧本要求，企业应确定供应商和评价的标准。不同行业、企业、产品需求不同环境下的合作伙伴评价标准时并不一样的，但不外乎都涉及合作伙伴的业绩、设备管理、人力资源开发、质量控制、成本控制、技术开发、用户满意度、交货协议等可能影响供应链合作的关系的方面。

（3）潜在供应商评估

根据评价标准，选择供应市场上符合基本要求的厂商，作为潜在供应商进行评估，主要评估其工艺能力、供应稳定性、资源可靠性以及综合竞争能力等，初步筛选供应商。对潜在供应商进行实地下方也是至关重要的。实地考察供应商时，最好由一个多功能团队来担当该团队可以有采购人员以及质量和产品方面的专家组成，每个成员都能从专家角度出发对供应商作出评价，并对作出批准或否决供应商的决定分担责任。

在对潜在供应商做评估行走方时应主要关注供应商的以下几点：

1）供应企业雇员对其工作的态度。主管人员对客户服的关注态度；生产线员工之间的关系是否和谐融洽，工作人员的精神状态；人员的安排使用时经济合理性的，还是铺张浪费性的等。

2）生产设备的更新和保养。需要对厂房的设备进行仔细地观察，观察其设备的型号尺寸是否适合用来生产购买者所需的产品；是否具有足够的生产能力以满足产品数量的需求；是否具有自行开发研制的用于非常规操作的精密机械设备等。

3）主管人员的技术水平。同主管人员、车间主任和其他人员的谈话可以显示他们的技术方面的知识，以及在监督管理过中控制和改善运作过程的能力。

4）质量控制的办法。观察其检验方法，显示其是否有确保产品质量的规范的有效措施。其他需要观察的还包括厂务管理、技术人员说的素质和管理素质等。

（4）合格供应商询价及报价分析

根据潜在供应的评估和实地考察，对于合格的供应商就可以发出询价文件，一般包括图纸和规格、样品、数量、大致采购周期、要求交付日期等细节，并要求供应商在指定日内完成报价。在收到报价后，要进行仔细地分析，对其中的疑问进行确认。报价中包含大量的信息，如果可能的话，要求供应商进行成本清单报价，列出材料成本、人工费用等，并将利润明示。比较不同供应商的报价，对其合理性有初步了解。

（5）实施合作并及时调整

供应商策略与供应商合作关系的建立并不是供应商选择过程的结束，确定合作关系后，随着市场需求的变化，企业还需要随时对应商进行各项指标评价，并根据企业需要及时更新供应商评价标准，根据新标准要求原供应商进行提升或在一定时间内选择新的供应商。在后续的供应商关系管理中，通过与表现优秀的供应商达成战略联盟，可以促使供应商提出合理的改进供应方案，最大限度地节约成本，实现双赢。

三、影响供应商选择的因素

由于供应商是企业面对资源市场的最直接接触者，是企业外部环境的重要主城部分。影响选择供应商的因素有很多主要包括产品性能、配送服务、信誉度以及售后服务、设计能力、可持续发展性等方面，具体表现为：

1. 产品性能

产品性能包括产品质量和产品价格，而企业选择的首要因素就是供应商提供的产品的质量，其次才是价格，如果供应商提供的产品合格率比较低，这不仅影响采购企业的销售，致使失去大部分顾客，市场份额减少，还使企业的信誉下降，而且还使供应商自己失去部分客户，如果企业商品价格过高，势必会影响采购商的数额，甚至可能会使采购商转投其他企业。

2. 配送服务及供应能力

配送服务是影响供应商选择的因素之一。供应商的运输量、运输能力及运输距离都影响企业的成本和生产经营。因此，供应商应当能够及时快速地给企业运输货物，这就要求供应商必须有强大的物流配送能力，这样才能增加企业的柔性，满足企业的紧急订货，满足企业的要求。

3. 企业的信誉

企业的信誉是企业是否可靠的凭证，在选择供应商时，企业要通过各种渠道，了解企业的状况以及企业在社会中的信誉，最终选择信誉好的供应商与其进行长期合作。

4. 售后服务

供应商不仅要给企业提供商品，同时提供免费的售后服务也是很重要的，免费维修是对买方的利益保护，同时也对供应商提供的产品提出了更高的质量要求。这样供应商就会想方设法提高产品质量，避免或减少免费维修情况的出现。同时这样也可以保证企业的信誉。

5. 设计能力

集成化的供应链是供应链的未来发展方向。产品的更新是企业的市场动力。产品的研发和设计不仅仅生产商分内之事，集成化供应链要求供应商相应承担部分的研发和设计工作。因此，供应商的设计能力属于供应选择机制的考虑范畴。

除上述要求外，还要考虑供应商的付款情况和技术水平付款有很多方式，如可以是先付后提货，先提货后付款，不同的付款的方式，享受的待遇不同，有时先付款可以享受一定的优惠，后付款就没有。而对于技术方面，如果供应商向采购者提供相应的技术支持，就可以在提采购者解决难题的同时销售自己的产品，供应商也必须有强大的技术支持。例如：信息时代的产品更新换代非常快，供应商提供免费或有偿的升级服务等技术支持对采购者有很大的吸引力，也是供应商竞争力的体现。

四、信息化技术的供应商优选策略

如今互联网技术变得越来越成熟，在各个行业得到了广泛地使用，随着产业经济的整合，升级和转型，数据量也在不断增多。信息化中存在较多的优势和价值，有助于更好地探索研究对象的经济行为，而且可以更加深入地分析研究对象的发展规律等。在未来的发展过程中，借助信息化驱动业务形式的革新、改善管理思维、提升企业竞争力能够有效地促进产业的可持续发展，如此也能够更好地打造现代供应链，给人们提供更加优质、更加方便的服务。

1. 信息化在供应商管理时期使用的重要性

现代供应链建设属于物联网建设中的重要组成部分，通过使用互联网技术措施，能够充分地规划和管理产业链上的各个环节，促进各项物流活动的顺利进行，实现对于各项资源的高效整合，而且有助于提升整体的产业效率。这样的一种形式有着良好的互动性和开放性，属于比较重视供需双方高效交叉的链条模式。在供应商管理时期，能够有效地协调供需双方的关系，保障供应链的高效运转。传统的供应商管理业务，比较重视供需双方下游关系的构建和营商环境的维护。不过，随着时代发展速度持续增快，在管理的过程中不仅仅要维护供需双方的关系。随着供应商数量的持续增多，多种产品供应商存在产能过剩的问题，设备水平有着一定的差异。在大量的信息中准确地识别供应商，掌握供应商的实际情况，属于物资采购管理时期的重要工作内容。需要注意的是供应商管理数据的持续积累，不同业务环节数据的深入融合和共享，供应商管理结果直接影响到了供应链的顺利运转，由于管理需求的持续提升，传统的管理方法也需要进行转型。

能够看出信息化有效地分析使用属于促进供应商管理升级的重要组成部分，其中需要充分地使用信息化信息，进行有效的分析和研究，实现对于供应链中各种供应商的充分掌握，不仅能够给招标采购提供参考，而且可以给其他部门提供数据分析结果和服务，帮助电力企业完成对于管理策略的设置，保障供应商生态圈的和谐和稳定。

国家电网公司一直高度重视数据库构建工作，开发建设了可用于供应商数据采集的电子商务平台，组织进行了供应商资质能力考核工作，这样有助于收集和维护供应商的各项数据。不过现阶段数据分析工作还是比较落后，借助数据对供应商进行的分析和研究不够充分，对于数据价值的认知不够深入，没有充分地挖掘出存在的价值，这样也会限制供应商管理工作的发展和进步。总的来说，企业需要仔细地分析供应商管理需求发展问题，充分地显示出数据的价值和作用，确保可以做出更加合理的选择。

2. 信息化背景下电子商务供应商智能选择措施

（1）信息化分析技术的供应商选择存在的影响因素

如今可以选择以信息化技术为基础设置供应商智能选择平台，做到实时地过滤和优化外部信息，其中可以选择借助信息化信息来聚合减少低质量的数据，消除无效数据的影响，实现正确选择供应商。在途中能够看出，电商企业和供应商之间的原有交流方法还是比较混乱的，不够清晰，进而会产生资源浪费和生产效率较低的情况。其中需要在信息化平台上获取供应商的基本信息，整理存在的各项数据，分析电子商务企业和供应商长期合作时期存在的各种影响因素，这部分因素会直接影响到两者的合作关系。常见的包括供应商的风险数据、企业的信誉和交货情况等数据。有助于判断供应链是否存在风险问题；供应商的财务数据包括供应商设备先进程度和供应商规模等，供应商产品数据就是电子商务企业提供的产品参数等，通过参考这部分数据可以更加合理地做出选择。

（2）基于信息化背景的供应商选择指标获取

在选取电子商务供应商指标的时候，需要先分析电商企业的实际情况，由于电子商务特点存在一定的差异，能够选择把供应链划分成敏捷性供应链和精益性供应链。前者反应速度较快，而且比较灵活，能够及时地响应用户存在的需求，用户满意度较高；至于后者可以做到借助最低的成本给客户提供满意的产品和服务，实现对于企业运营成本的控制。电子商务供应商的物流基础设施需要涉及员工和有关的机器设备等内容，属于电子商务供应商选择过程中的主要参考依据。得到信息化支持之后，要想保障电商企业产品运输的安全性，就需要在运输的时候配备专用的车辆。要想保障货源充足，更好地满足客户存在的各种需求，就需要具备专用的仓库。在电子商务供应商的配送运输范围中，要是物流网络的覆盖面积比较广泛，相关的电子商务企业的业务范围也比较大，供应商为了增强自身的管理水平和服务水平，可以选择优先雇佣素质较高，或者是学历水平较高的员工。在这个时期，也需要联系实际情况，研究电子商务市场需求，设置企业目标，通过产品分类理论和产品生命周期理论，设置供应商选择指标体系。

3. 全景质控和智慧监督

（1）核实策略智能优化

在这个时期可以选择把供应商的制造质量水平和抽检合格率等数据当作基础，仔细地进行分析，设置准确的核实策略，确保可以提升信息核实的效率，得到更加可靠的核实结果。在核实策略优化的时候，需要按照供应商的生产要素来设置核实策略库，自主地调整信息核实策略，进行准确化的核实，通过闭环反馈可以做到持续地优化。

（2）物资监造策略智能优化

如今借助数据平台能够得到建造设备生产制造、安装调试等时期质量问题的相关信息，其中能够选择把供应商和物资类别当作维度，在 ESC 计算相同设备质量缺陷问题的产生概率。企业可以选择组织专家根据缺陷问题的实际情况仔细地进行研究和探讨，在人员配置和监造管理等不同的方面提出针对性地管理控制方法，这样有助于顺利地完成对于 ESC 监造管控策略库的建设。监造委托方定期组织专家研究历年同种设备缺陷产生概率的变化情况，而且要对于监造策略库做出评价，提出合理的调整方法。不仅如此，对于供应商的历史供货水平和供货质量等，要是存在问题就需要及时地进行调整，避免造成更加严重的损失。

（3）物资抽检策略智能优化

企业可以选择使用信息化技术措施，以历史抽检信息为基础，编制抽检计划策略，提升抽检的针对性。其中也能够选择参考历史抽检合格率和供货数量等赠与，设置抽检策略库，对于故障产生概向较高和中标比较频繁的物资要增加抽检的数量，而且需要适量调整抽检的频率，增加检测试验的项目和内容，确保能够更好地控制供货质量。

4. 仿真实验

要想能够证明以信息化分析技术为基础设计的电子商务供应商智能选择措施是否合理，就需要分析选择的方法抓取供应商特点的情况，通过进行比较，完成设置的仿真实验。

（1）实验过程

在实验的时候需要借助Rapid Miner数据挖掘软件来挖掘和计算存在的各项数据，通过比较供应商的特点，预测得到供应商特征抓取的结果，在操作界面中输入原始的数据，借助皮尔森相关系数来分析电子商务需求标签和供应商特点之间的关系，如此能够更加方便地获取供应商的有效特点，防止出现冗余的情况。

（2）实验结果对比

要是选择传统的措施，可以得到和供应商相关的数据，包括供货能力和货源质量等，不过这种方法对于企业财务状况数据的信息掌握程度较差。为了使电子企业之间保持一个良好的关系，就需要高度重视供货商财务状况这项数据。选择智能方法可以有效地消除存在的问题，而且可以准确地掌握供应商的财务状况。总的来说，选择使用智能的选择方法可以以电子商务企业的各项需求为基础，实现电子商务供应商的智能选择，确保电子商务企业和供应商之间保持一个长期共赢的状态。

第四节　战略合作伙伴供应商关系管理

一、改进维度

1. 供应商激励机制

激励本属人力资源管理概念，是企业以奖励或惩罚的形式来规范内部员工的行为，以便有效地实现个人目标以及企业目标。美国学者劳伦斯·彼得认为：供应商往往趋向于其不称职的位置，亦称“向上爬”定律，但是如果不适合的供应商出现在制造商的供应体系中，会带来成品交期、质量等方面的风险。所以制造商需通过建立供应商激励机制对表现良好的供应商进行鼓励，协助其做向上发展，最终降低管理成本，提升核心竞争力。

信息化的背景下，交易市场瞬息万变，经济危机趋于频繁的阴影时刻笼罩着制造业，制造商和供应商的关系也存在太多不确定性。制造商需建立健全的评估机制，对供应商进行定期绩效评价，在一个周期内以质量、服务、交货期、价格等为维度对现有供应商进行评估，并在此基础上有针对性地对供应商开展激励活动。构成评价小组的成员也不仅限于发生直接交易关系的采购部门，而更多地引入生产、计划、质量、研发等部门的相关人员，这些评价人员不仅需要有相关的专业技能，还需要有良好的团队合作精神，在此基础上对供应商的绩效进行全方位深度的评价。评价宜选取定性+定量相结合的方式，使结果更为直观、透明、避免人为因素。

（1）制造商一般会采取以下两种绩效评价方法

1）项目列举法

各相关部门为供应商制定评价项目，并结合供应商以往和现在的表现进行评价。此方法的评价效率很高，但容易导致评价者对结果进行主观臆断。

2）360 度评价法

制造商利用多角度对供应商进行全面评价，详细了解供应商的优势和劣势。其缺点为效率低下，人力和物力耗费巨大。这两种评价方法并无优劣之分，制造商需要在建立供应商分类管理的基础上选择评价方法。根据评价结果，制造商需对于评价结果良好的供应商，对其表示奖励，范围包括但不仅限于：价格，账期，优先大订单，信息共享，新技术分享。对于评价不合格的供应商，需要对其进行惩罚，范围包括但不仅限于：扣除货款，延长账期，优先零散订单，信息选择性共享；对于惩罚后仍整改无效的供应商，需要提前建立起备选供应商名录，在合适的时机将其清理出合格供应商名单。在未对供应商实施有效激励的背景下，绝大多数供应商会优先考虑优化自身绩效，再去考虑优化供应链的整体绩效，导致供应链整体效率低下。而通过有效的供应商激励机制，可以促成供需双方的紧密关系、加强信息共享、强化风险共担意识、确保共同获益，提高供应链竞争优势。

（2）信息化背景下制造商对供应商激励类型

1）股权激励

企业可以将股权奖励给内部员工，制造商也可以将股权作为一种奖励形式赠予表现良好、供货稳定、富有牺牲精神、对成品影响巨大、乐于分享经验的合作伙伴。股权激励的对象一般是一类物资的战略合作伙伴级供应商，也可以通过此方式建立起和二类物资供应商的良好合作伙伴关系。其表现形式可以是单纯的股权赠予，也可以是制造商以自身较高市值的股权交换供应商较低市值的股权，以激励供应商管理者以及员工的积极性，也为其余供应商树立了良好的榜样。同时，对于接受股权赠予的供应商，可以加速双方业务的开展，提升合作的原动力，促进信息分享，增强研发参与度，调动合作积极性。可以说，股权赠与深化了合作伙伴关系，但是又不至于向后向一体化被完全绑定，在信息化新产品更新换代频率加快、柔性服务要求增多的背景下，具有深远的意义和影响。当然，制造商并非需要对所有一类二类物资的供应商都进行股权激励，制造商需要建立相应的评审小组以甄别需要被激励供应商的名录以及股权激励的尺度，达到最低成本下的最好激励效果。

2）订单激励

一般发生在制造商投入较多资金的四类物资，因为对于二三类物资，因为订单金额一般较小，订单激励根本无法引起供应商的注意；而对于一类物资，订单激励的层次又显得过于浅薄，不能凸显出其合作伙伴的战略高度。在某个四类物资有多个供应商的情况下，制造商可以优先将订单派发给表现良好的供应商，或者将订单比重做优化调整。在深化一个供应商关系的同时，也对持较低订单比例的供应商树立了榜样，鼓励供应商能较多考虑制造商的实际需求、并引导供应商能综合考虑日后可能会带来的额外收益而加强服务意识。订单激励可以推动供应商持续优质的供货，降低制造商的潜在风险。不管是被直接激励的供应商、还是间接被激励的供应商，都对提升供应链效率起到了关键的作用。

3）价格激励

对于所有种类的物资，都可以选择性地对其进行价格激励。制造商在与供应商进行了充分的信息沟通后，为获得高质量、高响应度、高柔性的物资，可以通过周期性的价格补贴来激励供应商提供更好的服务，抵消因前期参与研发、柔性订单、协助消耗库存等因素对供应商带来的损失；对于提供同类物资的不同供应商，也能采取价格激励的方式来鼓励那些热衷于信息分享、技术分享、服务意识良好的供应商。通过价格激励，保证供应链上的企业稳定合作和顺畅运行，增强供应商的积极性，有利于制造商生产计划的排定和生产任务的顺利执行。

以上三种为正激励，是对供应商的绩效符合制造商的预期或者超出制造商的预期的一种共享收益的奖励行为，其建立的基础就是“双赢”理念。反而言之，如果供应商的绩效达不到制造商的预期，则需要以负激励对其进行惩罚。无论是正激励还是负激励，都必须在严格的预设目标的规范下，以科学化的评估方法选择正激励与负激励的对象。同时制造商应充分考虑马斯洛的需求层次理论，通过分类管理了解供应商所处的层次及其真实需求，做到有的放矢，以最小的成本获取最大化的激励效果。并且，制造商应严厉禁止激励执行不到位的情况，做到言行一致：对于正激励执行不到位，会使供应商质疑制造商的诚信度，丧失合作信心和合作意愿；对于负激励执行不到位，会使供应商存有侥幸心理，提升道德风险，持续提供较低质量的服务，影响生产的进度、产品稳定性、甚至制造商的核心竞争力。

2. 供应商参与研发机制

供应商参与研发是指制造商在开发新产品或者升级老产品时，从关键物资中再精选出少数若干家供应商参与到这个过程中，从某种程度上可以克服高额研发经费的投入和研发结果不确定性的风险，并可以缩短研发周期。

在信息化的背景下，制造商可以通过优先邀请一类供应商，兼顾二类供应商参与新产品研发的机制，通过利用供应商在各自生产领域的优势和经验，建立战略技术型合作伙伴关系。由于资金、技术、生产规模等的限制，供应商往往只是在自身产品这一块开展研发行为，而很难将研发的方向触及真正最终的应用。如果制造商能提供给供应商这样一个平台，邀请其参与先期研发，势必对供应商的技术水平、客户应用研究有深远的影响。反而言之，供应商在原料物资领域的专精也拥有制造商所无法比拟的优势，同样能为制造商的加速研发提供助力。

在信息化不断推进的今天，发达国家对于于 Early Supplier Involvement（ESI 供应商先期参与度）也有着深刻的认识，试图在新产品研发阶段就实现供需双方的绑定，为日后的顺畅供应提供了坚实的基础。总而言之，邀请供应商参与研发机制不仅对供需双方多样性人才的培养有莫大的好处，更可以在技术上实现双方的互动，达到事半功倍的效果。

但是邀请供应商参与研发仍需注意以下问题：

（1）对于一类物资，制造商即使有邀请供应商参与研发的意向，相应的供应商也必须是“门当户对”型的，否则合作关系会显得牵强。行业排名不是顶尖、但是又具有一定知名度和技术实力的供应商往往是制造商的最优选择，并且参与研发也能从一定程度弥补供应商在技术能力上的先天缺陷，达到供需双方的双赢。

（2）制造商应通过集中化采购或适当提高采购单价将二类物资转变为一类物资，引起供应商的关注并达成共同研发的目的；如果无法实现上述的转变，制造商应向下发展，通过技术评估降低使用等级要求或者寻求替代方案。这也避免了制造商被挟持而造成供应上的风险。

（3）三四类物资因为对成品质量影响不大，故制造商一般不考虑邀请供应商参与研发。但是无论是一类物资还是二类物资，邀请供应商参与研发势必会面临设计资料、成品配方、制造工艺及方法、企业内部管理模式、客户资源等核心机密外泄的风险，故制造商需认真甄别供应商的合作意向、合作长久程度、技术能力、道德水平，并通过签署具有法律效力的保密协议以规范双方行为准则、成果利益分配原则、风险共担规则。

总而言之，邀请供应商参与研发关系到制造商核心业务的关键特性，随着信息化的推进，各个领域知识的深度都日益增加，新技术的研发也呈现复杂化的倾向。从制造商内部而言，跨部门合作趋于常态，学科、技术、经验之间的相互补充也已越来越频繁；从供应链的思想来看，只有将整条链上的企业都视为内部企业，供应链才能发挥出最高的效率。基于此，制造商将内部跨部门合作延伸到供应商参与研发，双方需无保留的贡献出各自优势，共同完成制造商的研发任务，共同分享成果且共同承担风险。

二、发展维度

1. 零库存管理

零库存管理是一种工业 3.0 时期诞生，且符合信息化背景的特殊存储理念，其含义为原材料、半成品、成品在仓库中储存数量很低，甚至基本为零。同样的，零库存管理有助于对客户需求进行高效响应，必要的物资在必要的时刻出现在必要的位置，体现了信息化智能化生产的精神。零库存管理是供应链管理中的重要分支，供应链是以制造商为主体，串联从供应商到最终用户的链条式结构。而对供应链的理解，在工业 1.0 和 2.0 时期只是简单的物流；到工业 3.0 信息化的背景下，上升为信息流；再到信息化背景下，供应链所承载的使命变成了价值的传递，不仅要求制造商满足客户个性化、多样化需求，也要求供应商提供柔性服务和配合制造商降低仓储成本，直至实现零库存管理。从供应商的角度来看，希望一次性为制造商提供同规格的大量产品，以减少送货频率、降低物流成本，节省更换生产模块所带来的损失；但从制造商的角度来看，要求供应商根据自身情况适时调整库存，既能及时满足制造商的生产需求，又不能占用额外库存。这说明供需双方对于零库存管理的态度是存在分歧的，制造商需在与供应商合作的过程中，坚持合作双赢的理念、采取较少的管理控制手段，鼓励供应商牺牲自身的利益，协助制造商进行零库存管理；对等的，制造商也应对富有牺牲精神的供应商进行适当补偿，以促进良性关系的发展。零库存管理要求原材料、半成品、成品在供应链中的任何一个环节（采购、生产、质检、销售、配送等）不以库存的方式存在，而呈现出流动、周转的状态。在传统的库存管理背景下，当物资可能对成品造成供应上的短缺，制造商会迫于压力不得不依靠较大的库存量来保证生产的运作，不可避免地就会造成库存成本、物流成本、资金占用率处于高位，导致俗称的牛鞭效应。

（1）从理论上来说，通过有效的信息沟通、基于大数据的生产预测、构建良好的供应商关系，制造商可以实现零库存管理。但是以下突发事件往往会对制造商实现零库存管理产生影响：

1）不可抗力

因为地震、台风、战争等对上游供应商的影响导致原料供应断裂或无限期延迟，制造商迫于压力必须维持较高库存以维持正常生产。

2）原料市场临时增加成本

一些大宗关键原料的议价实时配额调整往往掌握在垄断性企业或政府职能部门的手中，且这种成本的调整是很难预见的。在供应商无充足备货或者无战略级合作供应商的前提下，会导致供应商的成本突然增加，影响零库存的实现甚至断货。

3）运输系统

由于全球性节假日（譬如圣诞节）订单量激增导致船公司仓位紧张，引发供应链系统不畅通。供应商会借机要挟制造商囤积大量的、可供长期使用的物资以应对危机，间接影响制造商零库存管理的实现。

4）制造商流失客户

制造商在突发性的流失客户前，往往已提前订购物资做预备生产，如果这些已订购的物资无法替代到别的产品，就会引起不必要的物资积压。在信息化的背景下，大数据、云计算等技术将被充分应用到制造系统，社会文化、经济环境、政府法令、原材料市场波动、制造商质量控制的不确定性、客户偏好等因素都将作为制造商计划系统排产的依据，并且在信息化的不断深入下，大数据系统将得到不断完善，直到能应对任何突发事件的境界。

（2）从制造商内部改进而言，应通过技术手段增加通用性原料的数量，降低专用性原料的数量以实现零库存。从物资分类的角度来看零库存管理：

1）制造商往往与一类物资供应商签署战略合作协议，供应链一般呈现“购买－生产－发运”无缝连接的零停滞过程，故较容易实现零库存管理。

2）对于二类物资，制造商往往会为了满足供应商的最小起订量，一次性购买超出需求的物资，造成不必要的库存和资金占用。制造商需通过准确的预测、完善的采购流程、合理地供应商分类及评价，对占用较大库存和资金的物资供应商提出需求，并通过培养供应商理解并致力于实现制造商的零库存需求。

3）对于三类物资由于双方关注度都不够，通常会引入零售商附加地提供库存管理服务，也能从一定程度达到零库存管理的要求；但从整个社会来看，库存压力并未减少，制造商只是将库存压力转移到了零售商身上，减少库存所占用的资金和场地，实现生产—库存的零距离。

4）四类物资一般对成品质量影响较小，但却会占用较大库存和资金，故中间商往往会以代理人的形象出现，主要提供资金周转或通过集中化采购以降低制造商运营风险的服务，所以供应商需设计特殊、针对性的方案以达到制造商零库存管理的要求。

零库存管理充分反映了信息化所倡导的绿色化生产宗旨，库存的过度消耗就是资源的一种浪费。而零库存管理也随着信息化的不断发展，由原先减少库存的一种方法，上升到了技术、知识乃至管理哲学的境界。个性化、智能化生产借助大数据、物联网等技术完美实现客户需求，理论上在此基础实施生产活动，制造商不需要承担额外的原材料库存就能满足正常订单的执行，在成品产出后，也不需要在成品库做过多停留便能到达客户端，在实现原料和成品零库存管理的同时，也能杜绝过度预测和过度生产的现象。零库存管理能让制造商把精力从二类四类物资上抽离出来，转而投向一类物资的管理上，有助于提升自身的核心竞争力，进一步满足客户特殊需求。

2. 后向一体化

后向一体化是制造商通过并购的方式获得原材料或半成品供应商的所有权，这是企业主体发生改变的过程，有助于开拓物资供应渠道。换而言之，制造商和供应商的合作伙伴关系再次得到了升华，甚至达到了如臂使指的境界，原先的外部矛盾瞬间转变成了内部矛盾，信息共享的顺畅程度大大增加，道德风险也被降到最低，有助于加强共同研发，也能更好地识别制造商生产运营的需求和客户的需求。最被制造商关注的采购成本将会变得透明，大大减少谈判所投入的管理成本，从而变相地增加收益。供需双方因为集团内密不可分的关系，旁人介入的壁垒会提高，使竞争对手望而却步；同样的，后向一体化具有深刻的防御意义并能提升整体协作能力，建立坚固的绑定关系，避免了被排斥的境遇，提升了双方的核心竞争力。

信息化的背景下，供需双方关注的焦点从“成本管理”上升到了“协同运作”，后向一体化是所有供需双方协同作业中最彻底的方案。原本外部的采购行为转化为内部的物资流动，提高了企业的运营效率；供应商会将一些紧缺物资优先提供集团内部制造商，保证供应得顺畅，尽可能地满足生产任务和内部客户的特殊需求；制造商同样也会把订单优先交由集团内部供应商消化，以满足集团整体的盈利。

以下将以物资分类的视角阐述连接一体化的必要性：

（1）因为一类物资直接影响制造商的核心竞争力，且技术含量较高和对成品质量影响巨大的缘故，在短期内很难找到替代方案，后向一体化不仅有助于物资的持续供应，也不用担心工艺诀窍被竞争对手窃取。如果被并购供应商产能有富余，还能向供应商市场开拓集团的业务层面。

（2）二类物资相对一类物资，从技术上说更有后向一体化的必要。除了对成品质量的巨大影响外，二类物资还具有稀缺、不易获取的特点。因为单笔采购金额较小，供应商很难产生深度合作的意愿，采取后向一体化有助于优化供需关系、提升竞争优势，根据客户的特殊需求定制特殊物资（特殊需求可以是质量、技术、数量等）也符合信息化个性化生产的宗旨。

（3）三类和四类物资由于对成品质量影响较小，和制造商本身行业一般具有很小的相关性，采取后向一体化的风险会激增。如果四类物资进入门槛较低、市场前景较好、自身需求也比较稳定，可以考虑半后向一体化（向市场购买一定份额物资的同时，集团自身又能处理一部分订单）；但是对于三类物资，则不建议后向一体化以避免拖慢整条产业链的反应速度。

通过实践证明，除非是含有特别深层次的原因（例如价格、战略要求、技术壁垒等），制造商不宜和过多供应商形成后向一体化关系。后向一体化会降低企业的生产灵活性，延长设计周期，减缓制造商推出新产品的频率；后向一体化也会增加了制造商的负担，各部门必须花费时间和精力适应一个全新的产业在集团内部生根发芽，迫使制造商接纳自己并不擅长甚至是完全陌生的业务；而且在很多时候，制造商从外部供应商处购买原材料价格会更低，也能通过有效的供应商关系管理达到满足客户特殊需求的目的。后向一体化在提高旁人介入的壁垒时，也提高了自身退出的壁垒，如果这个物资市场进入低谷，制造商很难在短时间内将资源抽离到更有价值的产业，所投入的场地、设备、专利费用会耗费太多的资金成本。制造商和供应商其实是处于完全不同的行业，制造商成功的管理经验往往无法复制到供应商，这就需要更多的管理人员和技术工种，无形中又增加了企业运作的成本。

虽然后向一体化的实质操作不一定有利于制造商的发展，但是其表现形式却是可以借鉴的，制造商可以和战略供应商保持类似同集团的亲密关系，提升自身核心竞争力。在信息化的背景下，制造商的首要任务是通过可以体现个性化、多样化、智能化、绿色化的生产模式以降低制造成本、提升效率、提高客户满意度，最大化自身核心竞争力，而后向一体化作为一项发展战略，对企业的多元化增长和稳定供应具有深远的影响。随着信息化的推进，各国政府相继出台相应政策以避免垄断性的后向一体化行为，所以制造商应通过全面论证以确定后向一体化的收益和风险，使之成为一项真正利于企业发展的核心战略。

三、关系维度

1.“门当户对”策略

相较于制造商被挟持型的二类物资、供应商被挟持型的四类物资和对成品质量影响较小的三类物资，一类物资往往需要供需双方有较对等的地位。“门当户对”的本意是在传统的平等婚姻关系中，男女双方家庭的社会地位相当、资产总量处于同一层次、所处行业受尊重程度基本相同。引申到制造商和供应商之间的关系，则要求供需双方在管理水平、规模、层次、行业排名等方面在同一水平。且信息化所倡导的绿色化生产从某种程度上来说也是均等的供需双方关系，以达到良性、不偏不倚的和谐状态。

以一类物资而言，对于制造商的产品质量影响巨大，并且占制造商总采购金额的比例也较大。如果供应商处于行业领先的地位，但是制造商的订单金额只占其销售额的很小一部分，因为双方关系的不对等，制造商就很难和供应商建立平等的关系。即使制造商通过描绘潜在巨额订单、适当提高价格等手段建立了表面上看似稳固的关系，这种不牢靠的合作伙伴关系也会因为后续合作中优先排产、服务、柔性订单、价格谈判之类的问题而夭折；从另一个角度说，即使供应商愿意放低身价去迎合制造商的需求，也会因为承接过多零散订单而疲于奔命，最终顾此失彼，影响自身盈利能力和及时交货能力。反之，如果供应商处于行业排名五到十名的位置，质量完全接近或等于前两名的供应商，最重要的是制造商的订单会引起供应商充分的兴趣，供应商就会乐于为“门当户对”的制造商提供服务，也愿意满足制造商的个性化、多样化、特殊化需求，这样的合作关系才会长久，也有助于提升供应商的忠诚度和构建供需双方的双赢关系。所以说，信息化对具有先进研发能力、高超的质量控制能力的中小型供应商提供了发展机遇，这些供应商可以通过精细化的配套服务争取更多的市场地位，在供应市场的垄断行为会因为信息化的发展而越来越少。当然中小型供应商需要对信息化有充分的认识和积极的应对，尽可能地配合制造商的特殊需求，通过 MES、ERP、PLM、EDI 等系统的同步构建以达到信息的高度一致性；甚至可以通过铺设信号传感器以及 IT 控件达到与制造商制造系统的完全绑定，达到无阻碍的信息沟通。这也说明了信息化的意义不仅在于促使供应商为协助制造商实现信息化而做出努力，更是推动供应商成为信息化的践行者。

以对产品的质量影响不大，占用资金也较少的三类物资而言，制造商不宜选择行业排名较高的供应商合作，因为不同等级的供应商所提供的产品质量是雷同的，而行业排名较低的制造商往往在价格、柔性服务上更有优势。所以制造商没有必要花费太多的精力和管理资源在结交高端供应商上，选择中游的供应商就能完全满足自身需求并达到节约人工成本以及采购成本的目的。对于二类物资而言，供应商处于较为强势的地位，而制造商处于被挟持的地位。

（1）提升制造商地位而达到“门当户对”有以下两个途径：

1）通过制造商内部评审小组的论证，在不会影响或较小影响成品质量的前提下降低此类原料的接受等级，转而向次一级的供应商进行采购，并考虑以邀请供应商参与研发的方式弥补该供应商在技术能力上的欠缺。甚至可以在评估双方合作前景的基础上，促使该二类物资向一类物资进行转变、并建立起对等的战略合作伙伴关系，这也符合供应商动态关系管理的理论。

2）寻求中间商的支持，通过集中化采购的模式引起供应商的兴趣。但是此类中间商需要同时承接数个物资，才能充分体现出其存在的价值，否则制造商会耗费过多的精力去管理数量繁多的中间商，中间商也会因制造商采购数量不足而滋生“食之无味、弃之可惜”的态度。这是一种通过曲线迂回的方式与供应商建立对等关系的操作模式，也印证了信息化所要求的供需双方和谐化关系。对于四类物资而言，与二类物资的形势完全相反，制造商处于强势地位，而供应商处于被挟持地位。

（2）对制造商也提出了以下要求：

1）避免过分依仗自身的强势地位而欺压供应商。四类物资的供应商数量较多，制造商一般不会花费过多的精力去了解其制造工艺和质量控制层级，但断货或者质量波动仍然会对生产进度产生不可估量的影响，且短时间内切换供应商也会存在一定的风险。

2）在充分了解四类物资市场背景的前提下，保证供应商正常水平的盈利，否则供应商可能会为了订单而私下降低质量验收标准，对制造商产生一定的影响。

综上所述，在信息化背景下，制造商的需求需要无缝对接终端客户的需求，对供应商协同作业、柔性服务的要求会远高于工业 2.0 和工业 3.0。行业排名较高的供应商在产品质量上、资金流的运作上的确是会有很大的优势，但是并不代表是符合制造商的；而行业排名末尾的供应商却连基本的质量、服务、交货期都无法达成，也不会成为制造商的选择对象。这时候，行业排名中上游的供应商就会有了施展拳脚的空间，信息化为这类企业提供了丰富的市场环境。在信息化的背景下，高科技、零污染、自动化、智能化、虚拟和实体融合度较高的制造商会成为主流，行业排名末流的制造商如果不能努力强化自身技术研发能力和质量控制水平，终将被市场或政策所淘汰。这也是信息化的特性，缩小中小型供应商与大规模垄断型供应商的差距，并致力于整体产业的升级，构建和谐稳定的市场环境。

2. 信息共享机制

信息共享是指制造商与供应商通过信息交流系统将产品信息分享给对方，达到合理配置资源、节约成本、更好的达成客户的满意度。良好的信息共享可以有效地规避投机行为，在传统工业 2.0 到工业 3.0 时期的交易过程中，供需双方长期处于“非信息对称”的博弈过程，成本是博弈双方考虑的关键因素。但在信息化的体系下，要求供应商和制造商的关系更加良性，即使制造商无法和所有的供应商都建立战略合作伙伴关系，但是双赢关系必须成为合作的基石。而保证双赢的基础就是畅通、高效的信息共享机制，共享产品信息的内容包括但不仅限于正面的生产设备更新、质量控制层次提升、重要岗位人员变动、获取大额资金注入、最新承接优质订单、和重要客户签订战略协议、最新产能情况、研发进展、厂房扩建等；也可以是负面的质量事故、订单执行不力、战略投资失败等。及时沟通这些信息，有助于制造商评估供应商现有生产能力，制定生产计划，将信息融入制造商传递价值的过程中，有助于制造商快速响应外部市场需求变化及供应商内部调整，减少无效冗余的消耗，力求使制造商利益最大化。

信息化的背景下，大数据、物联网技术被广泛应用，数据将会成为未来竞争优势的基础，更是企业赖以生存的资源，它将影响企业的运营模式和商业模式。以往企业的决策依靠个人经验和技术，而在信息化背景下企业的决策将会建立在数据分析的基础上。

（1）基于大数据的信息技术，可以使供需双方得到以下益处：

1）实现信息共享，大幅提高了相关业务的自动处理能力，缩短了业务处理周期，提升制造商业务运转能力。

2）通过信息共享发现供应商潜在优势，实现互补，增加额外收益。

3）提升供应商前期参与度，实现供应商准确定位，保留优质供应商资源。

4）通过信息共享共同开拓市场，对市场需求做出精准预测，提升制造商把握市场机遇的能力。

5）通过信息共享发现和归纳各供应商的优劣势，对供应商实施专项管理，提升供应商忠诚度。信息共享旨在提高信息资源的利用率，也是信息化绿色化生产的一种体现。其过程为信息采集、信息存储、信息管理、信息交流，基础则是依靠信息系统传输通过法律法规或公司内部规章制度予以规范的标准化信息。相关文献研究显示，工业化程度越高的企业越是注重信息共享，其信息共享的效率和深入程度也越高。

（2）信息共享也会增加制造商和供应商的成本和风险，经研究有以下几点：

1）低效管理模式进阶到高效管理模式的切换成本，既有人工成本又有硬件成本。

2）动态供应链管理模式下，供需关系不是一成不变的，而有些信息共享的资源具有独享性的。一旦供需双方关系终止、就意味着这些资源不再有利用价值，增加双方的运营成本。

3）畅通的信息共享会增加泄露双方商业机密、技术诀窍、财务状况的风险。针对一类及二类物资，供应商和制造商的信息共享就显得尤其重要，因为双方建立的基础是较高层次的合作伙伴关系，信息交流可以使技术交流更加深入、订单执行更为顺畅。从产品优劣势防止度，也有可能通过信息共享促成己方无法生产的订单交易。如果制造商接到了一个原料物资的订单，自身却没有生产能力，此时制造商就可以将合格供方中的某个战略合作伙伴推荐出来，既促成了供应商的交易，又间接地提升了自身服务客户的能力，且制造商对该供应商的质量、服务、成本、交期等等都有着充分的认识并得到合格的认证；反之亦然，供应商也可以为制造商开拓业务层面。这种交易模式往往就是建立在频繁的信息共享机制之上，符合双方共同获益，共同发展，共同赢得市场的特征。

针对三类物资，因为对成品影响较小且所花费资金较少，信息共享的层面就停留在订单执行上，以期满足质量、交货期、价格等基本的要素。对于四类供应商，花费的金额比三类供应商大得多，信息共享的着重点往往会放在价格波动、库存管理、付款方式等上。

总而言之，从工业 2.0 通过电话做简单的信息沟通，到工业 3.0 通过互联网进行较深入的信息分享，再到信息化通过信息传输系统进行信息共享。其共享信息的方式有了长足的进步，且信息本身的层次也越来越深入。在保护信息安全的前提下，健全的信息共享机制有助于消弭业务层面和研发层面的阻碍。但是制造商不可能也不需要和所有供应商建立同一种关系管理策略，所以需要制造商根据不同类型的供应商制定相应的信息共享机制，并建立信息共享标准流程，在最少人力成本的基础上，将信息共享效果最大化。

四、交易维度

1. 本土供应商策略

（1）海外采购的确可以丰富物资选择上的多样性、提高物资的质量层次，并通过多个供应商的比价以降低采购成本，但是其缺点也是显而易见的：

1）海外供应商往往因为漫长的物流过程而无法保证交货期和柔性服务。以德国到中国为例，海运周期为两个月，期间会产生诸如季风洋流、港口运营情况、船公司订单饱和等太多不确定因素，这就意味着制造商必须起码囤积一个月以上的消耗量，否则就容易造成供应上的断裂，这和信息化零库存管理的要求是背道而驰的。

2）对于某些具有特殊物理化学性质的物资，会因为漫长物流过程中的颠簸、潮湿、堆压而导致变质，间接影响了成品的交付与质量稳定性。

3）海外供应商和本土制造商在文化理念上的巨大差距，对计划预测、质量控制、配套服务等问题上的认识也容易产生偏差。以下本研究将通过物资的分类来阐明本土化的适用性：一般而言，三四类物资因供应商数量较多、对成品质量影响较小、甚至不与成品直接接触，制造商基本都会实行本土化采购策略以降低采购成本；但是对于一二类物资，由于较高的技术含量，国内企业可能无法满足，故需要引入海外采购。

（2）因为技术壁垒、贸易限制等无法克服的原因必须海外采购的物资。

1）制造商在一类物资上花费较多资金，也更容易和供应商建立起战略合作伙伴关系，如果供应商母公司在海外，他们会乐于尝试在国内建立分公司、海外营销部、甚至把分厂设立在制造商附近的方式来满足客户的需求。

2)制造商因为在二类物资上花费的资金较少，但这类物资又对质量有较大的影响，如果发生必须采取海外采购的情况，就要求制造商利用大数据的分析结果给出准确的生产预测，提前向供应商下达订单，以期在约定的时间节点获取需要的物资。如果供应商无法直接满足制造商的需求，可以考虑引入国内中间商或国外中间商在国内的分公司以帮助制造商消化不必要的库存压力和规避物流风险。

3）对于既无中间代理商，又短期内无意往海外发展的特殊型二类物资，制造商首先需要通过技术手段选择本土化备选方案，并以共同研发的方式弥补本土供应商的技术缺陷；其次通过提高价格以引起海外供应商的关注；最后则是通过修改产品的配方和工艺以避免使用此类原料。总而言之，其原则就是不能因为一个物料的缺失而导致整条信息化产线的停滞。

（3）对于既可以国内采购，也可以海外采购的物资，则可采取以下策略。

1）本土物资在各项评判指标中优于或等于海外物资的：制造商应充分利用国内供应商在价值观、企业文化上的共鸣，努力与之开展战略合作伙伴关系，并坚决采取本土化采购以降低成本，优化交货周期。

2）本土物资在各项评判指标中劣于海外物资的：通过交流技术经验的方式培养国内供应商成长，必要时对供应商进行注资以加强其研发能力，并在合理的空间予以价格的小幅上涨，提升供应商合作的兴趣和忠诚度。

3）海外先进技术的本土化：以中国市场为例，正处在中国制造向中国智造飞速发展的过程，这个市场环境吸引了大量跨国企业将生产线转移或复制到中国以满足中国制造商的需求。这类跨国供应商在实施国际化的过程中引入了先进的管理理念、制造设备和高端工艺，既弥补了中国物资供应商的短板，也协助制造商规避了物流过程中可能会产生的问题。

综上所述，本土化采购符合信息化绿色化生产（较低的采购成本、较短的物流周期，较少的仓储成本，构建区域性的产业链）、个性化生产（更好地提供柔性服务，供应商提供更多的快速响应服务）的需求。对于采取本土化采购有困难的物资，也应尽力通过技术手段予以攻克或寻求替代方案，尽量减少国际化采购。制造商需要通过对价值流、信息流、资金流、服务流、商流、物流的整合，最大化地将供应商从地域和文化层面团结在自身周围。本土化采购对于信息化的实施有着深远的意义，这不是供应商关系管理模式的倒退，而是顺应信息化发展的趋势。同一国家或区域的企业在管理理念、企业文化上会有更多的共同点，更能理解客户的特殊需求并提供优质的附加服务。扶持同一地区的企业也符合信息化构建区域性绿色生态合作产业链的宗旨，利用本土化资源，能形成良性的产业链，形成可观的市场效应；反而言之，供应商也会借此机遇提升自身质量管理水平、改进制造工艺。最重要的是，因为低廉的物流成本和人力资源成本，本土供应商相比海外供应商也更会愿意提供零散订单和需求较频繁的柔性订单，这对制造商提升核心竞争力会有深远的影响。

第五节　供应商的综合评价及应用管理

一、供应商的综合评价

1. 供应链管理环境下供应商的类型分析

供应链管理（ Supply Chain Management，简称 SCM），就是指在满足一定的客户服务水平的条件下，为了使整个供应链系统成本达到最小而把供应商、制造商、仓库、配送中心和渠道商等有效地组织在一起来进行的产品制造、转运、分销及销售的管理方法。

在供应链管理环境下，供应链合作关系的运作需要减少供应源的数量，使相互的连接变得更专有，从而更好地发现并满足顾客需求，减少运作过程的风险性和不确定性。因此，首先就是要全面正确认识和分辨供应商。

2. 供应商综合评价的重要意义

供应商处于供应链中一种非常特殊的地位，它是供应链的制造中心、后勤保障中心和质量、成本控制中心，同时对于供应链中企业的新产品开发有着相当重要的作用。总之，供应链管理环境下的现代企业需要选择优秀的供应商，并加强同供应商之间的合作，保证供应链系统的协调性、集成性、同步性，可以大大降低生产成本，增强企业的核心竞争力。

供应商选择评价对企业可以说有着重大的意义，而选择评价的基础，就是建立供应商选择评价体系。

3. 供应商综合评价体系理论现状

对供应商研究最早、影响最大的是 Dickson，G.W. 在 1966 年提出了 23 项供应商绩效评价准则，Dickson 将这些影响因素按影响力大小分为“极端重要”“相当重要”“一般重要”“稍微重要”4 个层次。之后，大量学者又进行了广泛深入的研究。比较著名的还有 Hatherall 的 8 项准则：质量、价格、服务、技术能力、财务能力、地理位置、美誉度和往来安排。

国内对此的研究则主要包括：湛述勇、陈荣秋提出的对供应商的评价不能仅仅依据价格，还应考虑供应商在质量、交货期、批量柔性、交货期与价格的权衡、多样性等方面的水平；马士华等针对供应链管理环境下合作伙伴的选择将影响因素归结为四类：企业业绩、业务结构与生产能力、质量系统和企业环境。张炳轩等人从动态供应链伙伴关系的角度出发，从质量、服务、成本、效益、敏捷性、信息化六个方面讨论了供应商的选择评价标准。供应商综合评价体系，是确定供应商绩效的体系，是评价主体为了一定的目的，在数据资料的支持下，依据生产、经济、科技等评价指标对供应商多方面、多角度进行系统性的评定，从而得出对供应商整体性认识。

4. 供应商综合评价体系建立的步骤

（1）分析市场竞争环境

建立基于信任、合作、开放性交流的供应链长期合作关系，必须首先分析市场竞争环境，确认市场及用户的需求，从而确定是否有建立或更改供应链合作关系的必要。

（2）确立供应商选择目标

企业必须明确选择供应商的目的是什么，做到有的放矢，这样才能避免盲目，更加有针对性地为企业选择合适的供应商。

5. 供应商综合评价体系的建立

在系统全面性、简明科学性、稳定可比性和灵活可操作性原则的指导下。

（1）供应商特征

供应商的信誉是反映供应商的实力大小的标志，供应商的稳定可以减少合作的风险，供应商的信息化程度是双方沟通共同发展的保障，供应商的软硬件设施如设备状况、人员素质等则是供应商能力体现的基本要求。这些都是供应商基本的属性，是合作进行与否的基础。

（2）业务能力

供应商能否达到企业的要求，很大程度上取决于供应商自身的组织架构和生产能力方面。业务结构和生产能力是反映供应商核心能力的指标之一。价格优势是影响供应商评价选择的重要因素，服务质量对实现“零库存”理想的现代供应链来说是非常重要的。财务能力是供应商其他能力的前提和保障，技术能力则是供应商竞争力的重要体现。

6. 评价指标体系的灵敏度分析

在实际评价工作过程中，评价指标并非一一套入，关键在于评价指标在评价过程中所起的作用的大小，一般原则应是以尽量少的主要指标运用于实际评价工作之中。

但是在评价指标中一般也存在一些次要，甚至是无关紧要的指标，这就需要我们按照某种原则进行指标筛选，以分清主次，科学合理地组成比较优良的评价指标集。

7. 生态型供应商管理的主要内容

（1）供应商的绩效评价。由于供应商在环境上的改善和成本上的节约能够通过供应链传递到下游的各个环节，从而提高整个链条的效率，因此，生态指标也不可避免地将纳入评价体系之中。

（2）建立战略伙伴关系。通过供应链上企业的合作或联盟可以有效的分享技术与信息，分担环境改善的成本和风险，提高资源的使用效率，从而实现提高顾客价值和实现持续的竞争优势，对合作双方都是有很大诱惑力的。

8. 生态型供应商管理模式的实现

（1）生态型供应商管理作为一种新兴的企业管理模式，它的实现需要众多机制和技术的支撑，其中主要包括：

1）合理的激励机制

在激励机制下，一方面可以和供应商应分担与提升整个供应链环境性能的相关成本，分享因此而带来的收益，其次对环境行为良好的供应商应给予增加进货量、价格优惠等奖励，以提高供应商的积极性。

2）合作开发与改进

随着生产者责任的延伸，供应商与企业之间的关系发生了改变，产品的生态设计和环境改善已不再只是制造商的事，而是成为制造商与供应商共同的责任。

3）定期审核

这是一种对供应商进行持续监督的方法，如果审核发现问题，企业可以在引发严重后果之前把它们提出来要求供应商限期改进或更换供应商。

（2）近年来，生态型供应商管理模式正在沿供应链向上下游继续延伸，这意味着将来多级供应商之间的合作将更加紧密，生态型供应商管理作为绿色供应链重要因素之一，应用也将越来越广泛。

二、对企业的物资供应商进行长期有效管理

市场经济具有很强的变化性，所以企业在对合格的供应商进行确定后还应时刻保持警惕的状态，对供应商进行长期的有效管理，只有这样才能使得企业不断获得长远的发展。在对供应商进行长期管理时，企业应考虑采用考核的手段，来管理供应商，考核供应商的日常供应情况，并在此基础上作出科学的判断。

1. 考察企业供应商基本状况

直接考察供应商的方式就是看其是否按时按量的对合同进行了履行，这可以通过供货的质量、交付的时间、标准化、复杂程度、服务满意率等方面进行直观的考核。同时在供货的过程中，企业也可以采取相关的措施来对物资质量和交货时间进行保障：一是在供应商对物料进行准备的过程中要紧密的跟踪，以确保订单能够及时完成。二是对供应商的生产过程进行关注，防止出现影响工期的情况。三是在库存控制方面要慎重，不断提高资金的利用效率。四是物资到达后，企业的采购人员应及时进行检查，严格按照订单的要求对物品的单价、批量、质量进行确认，同时记录归档，办理货物的付款。

2. 考核供应商的基本财务状况

除了直接考核供应商的供货质量情况以外，还可以通过对其他一些因素的考核来评价供应商的供货状况，而且这些因素在评价体系中也有至关重要的作用。如供应商的基本财务状况能够对其履行合同的能力产生直接影响，那么供应商如果财务出现问题，没有足够的资金进行周转的话就会导致破产，使得供料不足，被迫停工。所以，考核供应商的基本财务状况也应得到企业的足够重视。

3. 考核供应商的内部组织、管理体系

影响供应商售后服务的一个重要方面就是其内部的组织和管理体系，这是是否具有合理的内部组织结构，供应商是否具有售后服务意识的重要体现；所以应对供应商的内部组织结构的管理体系进行考核，已确认供应商具有完善的服务水平。

4. 应设立科学的优胜劣汰机制

对供应商进行管理的主要目的是提高供应商的供应质量，此外对不同的供应商进行比较，以便于选择更加优秀的供应商，并对比较差的供应商进行淘汰，对于潜在的供应商进行重新确定。并且通过对供应商进行科学的绩效管理还可以发现供应商所存在的问题，并及时将这些问题向供应商进行反馈，使得供应商能够及时地改进不足，不断提高业绩，以利于今后更好地进行合作。

市场竞争日益激烈，企业竞争力在本质上其实是供应链条之间的竞争，一个企业的科研生产经常受到外协、外购等方面的影响。这就需要从设计源头进行改变，对企业的整体水平进行把握，在此基础上来选择供应商，选出合格的供应商。同时从设计源头抓起，把那些技术能力强、有实力、质量稳定、管理水平高的供应商长期留住，加以科学的管理，使其成为企业发展的合作伙伴，达到共赢的目的。

三、对铁路物资合格供应商管理的实例分析

作为国家的重要基础产业、先导产业，铁路工程建设是一项十分复杂的系统工程，具有投资规模大、施工周期长的特点，铁路工程建设项目所涉及的物资也具有数量大、品种多、质量高的要求。物资是构成工程成本的主体，作为物资管理中处于中心地位的物资采购管理，就是工程项目质量和效益的源头，必须加以严格控制。在铁路工程领域应用并推广物资集中采购模式，通过对主要物资进行统一集中采购，可以有效提高铁路工程建设投资效益，保证物资采购质量、工程建设质量与进度，大大促进铁路建设项目的顺利进行。然而，由于物资集中采购管理工作的流程较长，工作繁杂，任何环节的管理不善，都可能造成无法挽回的后果。供应商管理是物资集中采购工作中的重要环节，是将物资集中采购由计划转为实施的承接，而如何更好的选择、评价、监督与激励供应商，便成为物资集中采购成功实施的前提与保障。

1. 供应商管理在物资集中采购工作中的重要作用

只有不断加强、优化供应商管理，与供应商建立良好的合作关系，才能促进物资集中采购工作的顺利开展。具体而言，供应商管理在物资集中采购工作中的重要作用主要体现在以下三个方面：

（1）有利于大幅度降低物资采购成本

物资集中采购是通过集合与统一企业内部各种物资采购需求，形成一个大的采购计划或采购订单，并进行统一集中的供应商管理、采购价格管理、采购招投标管理等进行综合地绩效考察、询价比较、择扰采购，再通过统一的采购、库存、结算控制等，以最大化地利用采购规模优势，实现提升采购工作效率、降低采购成本的目的。铁路项目中物资成本占整个建设工程项目成本的 60% 左右，选择好的供应商，直接从厂家采购或者从一级代理商采购，可以有效降低物资的流通环节，降低流通成本，另外，优质供应商资金实力雄厚，可以减少物资采购过程中的资金占用成本，有可能使成本降低 5% 左右。由此可知，在物资集中采购中，通过供应商选择管理，经公开竞争、评审确定后选定的供应商的整体实力强，控制产品成本能力高，从而有利于大幅度地降低物资采购成本。

（2）有利于大大提高物资采购质量

质量管理是从供应商这个源头开始的，如果供应商提供的物资质量能得到 100% 的保证，那么公司就可以降低因供应商原因造成的质量问题而产生的质量成本。因此，物资采购可以通过供应商这一源头把好质量关，对供应商实行准入制度，并加强对供应商的考评与监督。如实时对供应商提供的产品质量、服务进行追踪，及时收集使用单位的意见，并结合日常掌握的情况，对列入合格供方名单的供应商重新审核验证，

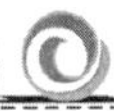

淘汰不合格供应商。通过供应商管理，可实现对供应商服务质量和采购物料质量的控制，有利于大大提高物资采购质量。

（3）有利于净化铁路物资采购市场环境

通过对供应商的优化管理，准入供应商获得了铁路企业稳定的采购市场，为供应商的发展奠定了良好合作前景。此外，通过对供应商的监督与激励，有利于让供应商专注于质量和服务的提高，并能够按照规范的市场行为进行交易，降低了不正当交易发生的可能性。由此可知，在物资集中采购管理中，通过对供应商的选择、考评、监督与激励等一系列管理工作，将实现对供应商群体的重新整合与洗盘，无疑将对铁路企业整个物资采购环境起到了较好的净化作用。

加强供应商管理，有助于更好地进行物资集中采购工作。然而，目前铁路工程物资集中采购的供应商管理现状并不乐观，虽然供应商数量较大，但仍存在供应商供应质量差、响应慢、与供应商之间的关系不稳定等问题，一定程度造成了物资集中采购成本高、效率低、物资质量不稳定的后果。下面，我结合多年的工作经验和公司物资集中采购实际，探讨优化铁路工程物资集中采购供应商管理的主要策略，以提升供应商管理水平。

2. 合理选择供应商

供应商的选择就是从众多类型相同的潜在的供应商中，选出能够最大程度地保证物资成本与质量满足项目要求过程。由于铁路工程对所需物资的技术标准、质量、交货期要求相对较高，所以供应商一旦选定，公司就必须与供应商建立长期、稳定合作关系，而供应商是否具有优质的供货质量，直接影响到铁路工程的稳定性、连续性和经济效益，所以供应商的选择至关重要。然而，目前公司的供应商队伍良莠不齐，从而无法充分发挥物资集中采购的优势，并易导致不良的连锁反应。因此，要做好集中物资采购工作的第一步，就是要有计划、有步骤地科学合理地选择供应商，重新评估现有的供应商，实行淘汰机制，增加优秀的供应商，使采购活动获得实质性响应，实现物资集中采购工作的高效进行。

目前，公司建立了有效地供应商选择的标准体系、方法，经多因素、多部门的综合考核与评价，列为物资合格供方后，方可予以采购。不过，为了降低采购成本，且最大程度地保证物资质量满足铁路物资部门的需要，在物资采购选择供应商时，应遵循以下三个原则：①竞争性原则，即集中物资采购选择供应商应通过竞争性采购实现，因为大批量的采购订单可吸引全国范围内的优秀的供应商，有利于最大程度地选出满意的供应商，获得质量和成本的最优；②路径最优原则，由于铁路集中采购的物资需求辐射全国，在选择供应商时应考虑到配送运输的成本，路径的最优化以便降低运输费用、及时供货、便利的服务支持和快速反应，从而能够有效降低成本；③专业化原则，即将采购的物资与铁路工程建设专业结合考虑，考虑供应商在铁路物资供应方面的专业技术优势，可以大大提高采购管理的效率，降低物资供应中的质量、运输等风险。

3. 完善供应商绩效考评体系

通过合理地选择供应商，可获得较为满意的、具有综合实力的供应商，从而大大降低了供应商管理风险，并为后期的管理打下较好的基础，有力地保证了铁路工程的顺利推进。不过，供应商是否认真地执行其各项职能，则最终体现于供应商绩效水平的高低。因此，物资采购过程中必须对已经通过认证的、正在提供服务的供应商的绩效进行有效的考评，以监测和了解供应商的表现。通过绩效考评，可再一次地对供应商进行优胜劣汰，并可根据绩效考评结果，进行适当激励，或与供应商沟通其不足并予以改进，从而得以不断提升物资集中采购管理的工作效率。

（1）制定适用的绩效评估指标

只有制定适用的供应商绩效考评指标，才能使绩效评估做到公平公正，使评估工作有法可依。具体而言，应坚持公平、公正、公开原则、定量原则、成本性原则和可操作性原则，分别对业务技术指标（如价格、质量、付款周期、交货周期、服务、经营业绩等，考核的是供应商的管理水平、经营业绩）、商业信誉指标（合同履行情况、有无违规违纪记录等，考核的是供应商是否信守合同，并且能做到无论是买方市场，还是卖方市场情况下都能遵守商业道德）等考核指标给出相应的分值，同时根据物资产品类别、金额、影响大小、供应风险等来设定指标权重，计算加权分，并得出评估分。

（2）充分运用绩效考评结果

如何充分运用绩效考评结果极其重要的，考评了但应用不充分，则考评的价值就未完整体现。因此，应充分运用绩效考评结果，①可实现对供应商的分级管理（如A、B、C、D四个级别，对应为优秀、良好、合格、不合格），并根据供应商级别的不同，在信息交流、技术支持、质量控制、入场检验、采购份额、付款方式等方面都实施不同的管理，其中D级供应商应从《公司物资合格供方名单》中剔除；②通过对供应商绩效考评得分的排序，得出供应商的排名顺序，而公司则可针对A级与B级供应商的需求加大激励力度，如可以优先付款，以提高其对公司的满意度与忠诚度，结成重点长期合作与培养的战略伙伴；③由于绩效考评结果在一定程度上客观反映了供应商的某些方面的成功与不足，所以公司应针对其中的不足对供应商提出相应的整改建议，以助于建立起和谐稳固的供应商群体。

4. 建立有效的供应商监督机制与激励机制

由于公司供应商的数量较大，绩效考评工作较为繁琐，通常以年度为周期，可能无法及时发现、了解供应商情况。因此，为了防止出现供应风险，提升供应商素质，应建立有效的供应商监督机制与激励机制，以日常检查与定期考核为手段，适时适度地监督与激励供应商，以做好铁路工程物资供应商的后续监管，做到奖罚分明，以促进物资采购部门与供应商之间形成良好的合作关系，提高优质供应商进入铁路工程物资采购市场的积极性。

（1）建立有效的供应商监督机制

在与供应商实际合作的过程中，难免会有某些供应商出现质量或服务上的问题。因此，为了确保物资集中采购工作顺利开展，必须建立有效的供应商监督机制，以约束供应商的不良行为。具体措施如下：

1）利用合同实施监督

采购合同是采供双方签订的基本法律文书，是项目部和供应商对双方在采供活动中的权利义务达成的书面协议，具有法律效力。因此，公司可利用采购合同的约束力，对供应商进行有效的监督，在具体设计合同条款时，要充分考虑采供过程中可能出现的意外情况，如产品成本控制不力、交货不及时、产品质量等存在的问题和缺陷等，在合同中要明确此类情况出现时的处理方式及双方的责任和风险。在实际中体现就是一定要按照公司合同示范文本签订采购合同，以规避各种风险。

2）建立市场监督小组

只有增强对供应商的实时监督，并采取相应的惩罚手段，才能真正及时、有效地规避供应商风险。因此，公司应建立供应商市场监督小组，并制定相应的供应商管理条例，以做到依法监督、依法执行，从而既让供应商不敢轻易违规，亦可以严格保护供应商利益。在成员方面，市场监督小组成员应包括公司、项目部物资成员以及各地优秀的供应商，以共同监督市场状况；在职责方面，主要是根据各种渠道的投诉，对供应商资质、物资质量、服务等各种违规现象进行调查取证；三是在确定违规事实后，将采取快速落实，严肃处理的态度，对违规的供应商进行处罚，轻则处以罚金，重则取消供应商资格。总之，供应商市场监督小组应做明确供应商的权力与责任，做到责权匹配，责任到人，追责有据。

（2）建立有效的供应商激励机制

通过监督，可增强供应商的危机感，而激励则可以增强供应商的积极性。因此，为了保证采供双方的利益，实现共赢结果的局面，必须建立有效的供应商激励机制，以维持良好的供应关系。具体措施如下：

1）加强与供应商合作关系

铁路工程物资采供双方的合作关系的起始阶段仅仅是供应商关系管理的开始阶

段，物资集中采购过程中重要的是在供应商关系管理过程中，与供应商关系的维护、改进和发展伙伴关系。铁路工程物资采供双方的合作伙伴关系，不仅可以加深相互了解，解决采供过程中出现的各种问题，而且也会使供应商相信与单位长期合作的可行性，尤其在其选择一些影响双方合作关系的不利行为时，会充分考虑到其行为会对其长期利益造成的损害，从而减少这种有害选择的机会成本。因此，应加强与供应商的合作关系，具体可可根据绩效考评结果，将供应商分为短期目标型、长期目标型、渗透型等，建立相应的合作关系，使供应商管理有层次、有重点。

短期目标型供应商（C 级）是指建立在短期合同上，适用进行临时资源供应的供应商，仅建立一般合作关系，保持信息联系即可。

长期目标型供应商（B 级）是指采供双方为了共同的利益，建立起良好的合作关系的供应商。与其合作关系，应确定供应商的总体策略，引入淘汰机制，签署框架协议，从长远利益出发，相互配合，不断改进产品质量与服务质量，共同降低成本。

渗透型供应商（A 级）是指在长期目标型基础上发展起来，将对方视为自己企业延伸的供应商，建立战略合作伙伴关系，以获得更好品质、更紧密的伙伴关系和更低的成本等更多的支持。比如，中铁股份有限公司与中国石油天然气股份有限公司签署了《战略合作框架协议》，旨在将股份公司系统内石化产品的需求优势与中石油的资源优势有机地结合起来，实现以市场换资源。为进一步深化股份公司与资源企业的战略合作关系，实现施工生产用石化产品的集采专供，中铁物贸有限责任公司成立了“中石油铁工油品销售有限公司”，以统一石化产品供应渠道，确保供应质量与数量，切实降低采购供应成本。

当然，在与供应商建立某种合作关系之后，这种合作关系还要根据铁路工程需求的变化进行相应地调整和变化，如果一旦发现某个供应商在生产、经营、质量、服务等环节出现问题，应及时调整供应商合作关系战略。

2）采取有效的激励方式

为了提升供应商对公司的满意度与忠诚度，应采用有效的激励方式激励供应商，相当于授之以“渔”，而非授之以“鱼”，从而有利于建设稳定高效的供应商渠道，提高物资集中采购绩效。例如对公司的部分信息与供应商进行共享，从而建立起优质高效的信息沟通机制，有利于及时反馈质量信息，互通生产信息，共享市场信息，传递成本价格信息，通过信息的准时、准确传递，使双方成为利益共同体，实现供应商与企业之间的系统化、集成化运作。

第七章　基于供应链的物资库存管理

第一节　传统的库存管理

一、传统库存管理的内涵

库存管理是指在物流过程中商品数量的管理，而传统库存管理是指物料的进、出、存的业务管理，是各节点企业独立管理自有库存，从企业自身利益最大化的角度寻求降低库存、减少缺货、降低需求不确定的风险。从这个定义来看，企业既想降低成本又想降低不确定的风险，降低库存成本的根本途径是降低库存的保有量，而降低不确定风险又必须提高库存的保有量，这两者在理论是上相悖的。

传统库存管理使用的方法主要有三类

1. 经济订货批量（EOQ）

传统的库存管理都是以经济订货批量（EOQ）为基础的。经济订货批量是指从理论上计算出来的批次进货量，是在需求不变的前提下提出的。当企业出售现有库存商品时，必须发出购买新一批的补给清单，以补充货源，而补充货源的数量则是 EOQ 解决的关键问题。

2. 订货点检查策略

订货点检查包括多重策略，有（Q，R）策略、（R，S）策略、（t，R，S）策略等。检查的对象包括固定订货量、固定订货点，并结合订货周期来确定库存的实际保有量。

3.ABC 分类法

ABC 分类管理技术，又被称为库存重点管理法，体现了 80/20 法则——又被称为帕累托法则（Paretoslaw）的基本思想。ABC 分类库存管理技术主要是根据库存品种在技术经济方面的主要特征，对库存进行分类排队，分清重点和一般，从而有区别地进行库存管理的技术。当然除了以上的三类方法还包括诸如物料需求计划等方法，但不管是使用其中的一种还是综合使用多种方法，都存在诸多弊端，而这些弊端的存在对现代经济社会中的企业来说，都会带来沉重的成本负担，不利于企业提高自身在市场经济中的竞争力。下面让我们来分析一下这些弊端的具体体现。

二、传统库存管理方法存在的问题

在传统存货管理模式下，企业完全从自身角度出发，采用经济订货量、独立需求库采用设置安全库存量等策略管理存货，管理目标是降低缺货和需求不确定风险等。传统模式是独立的静态的库存管理模式。

1. 传统库存管理使用的方法主要有三类：

（1）经济订货批量（EOQ）

经济订货批量是通过平衡仓储成本和进货成本，使总库存成本达到最低。采用是用来确定企业外购、自制、订货的数量的一种固定订货批量模型。而企业订货时按经济订货批量可实现储存成本和订货成本和之和最小。

（2）订货点法

订货点法又叫安全库存法。对于某种产品或物料，由于销量激增或者生产中断等原因造成库存量降低到某一设定的点时，采购部开始发出订货单来补充产品或原材料，至库存量降低到安全库存为止。从发出订货单到产品或原材料收到这一段时间叫订货提前期。订货点法库存管理的策略很多，最基本的策略有 4 种：连续性检查的固定订货量、固定订货点策略，即（Q，R）策略；连续性检查的固定订货点、最大库存策略，即（R，S）策略；周期性检查策略，即（T，S）策略；综合库存策略，即（T，R，S）策略。

（3）ABC 分类法

ABC 分类法又叫主次因素分析法，是目前项目管理中经常用的方法。ABC 分类法是根据事物在经济或技术方面的特征，分清重点和一般，进而进行分类排队，最终对各类别产品或材料确定不同的管理方式的一种分析方法。ABC 分析的应用，在储存管理中比较容易地取得以下成效：压缩总库存量，解放被占压的资金，使库存结构合理化，节约管理力量。除此之外还包括准时生产法，库存盘点实践法，物料需求计划等方法，但不管是使用以上任何一种或是使用几种，都存在诸多弊端，而这些弊端逐渐成为现代企业继续发展的障碍。

2. 传统库存管理方法的弊端

（1）缺乏供应链的整体观念

传统的库存管理方法都是从企业自身出发，达到成本最小化，效益最大化的目标。库存作为供应链中的一个环节，只有把库存管理纳入到整条供应链的整体规划中，才能实现整条供应链的最优化，从而实现每个供应链节点企业效益最大化。如果只从企业自身出发做出库存决策，不仅会影响供应链整条效益，还会降低企业自身利润。很多企业不愿意没有供应链的概念，缺乏改进库存管理方式的动力，根源在于没有理解供应链管理思想的精华，缺乏大局观和整体观。只有把要把自己放在整条供应链中来考虑，建立良好的伙伴关系，加强合作，才能实现共赢。

（2）信息传递系统低效

信息协调和传递的良好对企业的库存管理至关重要。很多企业担心需求信息的泄露会导致自身优势的丧失，进而导致本企业在激烈的市场竞争中处于劣势地位，因而选择故意隐瞒需求相关信息，这种做法最终加剧了信息不对称问题，增加了信息共享难度，也导致供应链总成本的增加。降低库存成本的关键在于有效降低库存保有量，而库存的保有量又与安全库存量密切相关，因此安全库存量的确定对整个库存管理至关重要。而安全库存量的设置主要取决于销售需求量的预测，需求预测得准确与否直接决定着库存成本的高低，而准确的预测需求量需要依赖市场信息的准确、透明，供应链企业之间的信息公开协调机制的好坏对库存管理至关重要。

（3）忽视不确定性对库存管理的影响

供应链库存管理过程中存在着如货物运输状况、订货提前期、生产实践、原材料的质量、需求变化等的诸多不确定因素。要想在瞬息万变、竞争激烈的市场中生存，必须对市场的变化做出合理的预估，这样才能有效地控制库存成本。上述几种传统的库存管理方法都是建立在既定的市场需求前提下，并未考虑市场不确定带来的不良影响，进而导致了随着企业的慢慢发展，这种库存管理模式在企业的实际生产经营中出现越来越多的弊端。因此，为了紧跟日新月异的市场变化，使企业在激烈的市场竞争中占据优势地位，必须加强对市场不确定性的重视。

（4）库存策略过于简单

由于国内对库存管理的理论研究相对滞后，同时国内企业的管理人员对库存理念的重视也不够，对库存管理的理解还停留在很早期的看法中，这就导致了大多数企业的库存策略过于简单，无法应对市场的激烈竞争和企业对更高效益的追求。因此，为了改善企业的库存管理，首先必须提高企业高层人员对库存策略的重视程度，在深入了解各种库存策略后，才能根据企业的具体情况，选择合适的库存策略，有效发挥良好的库存管理策略对企业效益提高的催化作用。

（5）缺乏合作与协调

随着全球化的快速发展，供应商、制造商、分销商、零售商这些供应链节点企业之间的利益关系越来越复杂，间接加剧了企业之间的合作难度。上述第三点，我们分析了忽视不确定性对企业带来的不良影响，为了更好地应对这种影响，企业都应该设有一定数量的安全库存。而供应链节点企业之间的不协调以及低水平的合作关系导致各成员企业都需要保有更高的安全库存量。为了解决这个现实问题，需要在供应链的成员企业之间建立一种良好的合作共享和有效的激励机制，进而减少供应链之间的内耗，使得供应链中的各个企业形成合力，共同迎接其他供应链的挑战，创造更大的效益。

（6）供应链节点企业的部门局部利益化

在供应链思想引入企业后，并不能当然地发挥其作用。由于在传统的库存管理模式下，企业内的各个部门均各自为政，追求各自部门利益的最大化。例如销售部为了追求更高的业绩，尽可能高的预测第二年的销量，采购部根据预测购进原材料，生产部也根据销售部的预测生产产品，折旧导致库存产品的积压，占用过多的营运资金，降低运作效率。部门局部利益化的现象，严重阻碍了供应链系统优化进程，导致供应链的总成本并不能有效降低，最终影响企业自身整体利益最大化的实现。传统的存货管理模式使整个供应链的总体存货脱离其最佳存货水平，从而造成资源的不合理配置和行业整体利益的流失。

三、信息化时代传统制造企业的库存管理

库存管理一直是传统制造企业的管理重点，尽管 JIT 的理念已经推广多年，但很多行业由于产品的特性难以实施完全的 JIT 管理。例如我国服装行业的库存一直居高不下，海澜之家 2012 年 IPO 审核失败采用中库存过高是重要原因。我国大部分服装企业的平均库存天数在 150 天以上。对比服装界的“怪兽”ZARA，从服装设计到销售平均只用 10-14 天的速度，我国服装企业在库存管理方面可以说还任重而道远。无独有偶，2019 年 5 月，在长沙举行中国工程机械行业后市场千人峰会，其中一个重要主题就是探讨工程机械行业配件库存问题，机械行业的库存持有成本通常是库存金额的 25%，即一年的折旧达到 1/4，如果库存不能得到很好的控制，企业的利润都会被库存所“吃掉”。除此以外，家纺行业、家电行业、五金建材行业等都面临较严重的库存管理问题。在宏观经济总体疲软的大环境下，降低库存盘活资金成为很多传统制造企业的首要任务。

1. 信息化的应用

信息化通常被认为是没有办法在允许的时间里用常规的软件工具对内容进行抓取、管理和处理的数据集合，需要应用新的方法对海量数据进行分析，从而发现规律、收集有价值的见解和预言复杂问题的答案。以信息化为主题在中国知网上搜索，核心期刊论文超过 19000 篇，其中企业管理相关的论文超过 400 篇，各行各业都在积极探

讨着信息化的应用模式。2015 年国务院正式印发《中国制造 2025》规划，用信息化和工业化两化深度融合来引领和带动整个制造业的发展，最终实现从制造业大国向制造业强国转变的目标。这就离不开对工业信息化的应用，工业信息化把企业生产的全过程联系起来，贯穿于工业的设计、工艺、生产、管理、服务等各个环节，通过信息化提前分析和精准预测用户的需求，以实现用户需求的快速响应。结合现代供应链管理的思想，借助信息化实现供应链各环节的精准管理已经成为业界的共识。成功的供应链管理重要标志之一就是库存成本得到很好的控制，库存产品品种、数量与市场需求高度吻合。

2. 制造企业库存管理问题分析

只要生产和消费不是完全同步，库存就成为一种不可避免的存在。保有适量的库存往往能使企业更好地应对市场的不确定性。但在现实中，适当的安全库存在不断变化的市场中很可能成为过剩库存，从而给企业带来巨大的浪费。

（1）原材料仓库呆滞品居高不下

1）原材料的通用性差

人们对产品的需求个性化程度越来越高，这意味企业需要准备更多种类的原材料或零部件以满足不一样的产品需要。不少制造企业原材料的种类超过 1000 种。种类繁多的原材料虽然一方面能满足客户个性化的产品需求，但另一方面也导致了某些专用性比较强的原材料在需求变动时很容易就成了呆滞品。这些原材料会一直堆放在仓库中，不断消耗仓储管理的资源，增加仓储管理的成本。在会计账面上，这些原材料以资产的形式存在，但事实上已经难以被再次利用，只能在未来以资产折旧的方式处理。在许多传统制造行业，这种无法再被使用的原材料比例不低，不少企业呆滞品库存的比例占库存总值的 30% 以上，这些库存正在静悄悄增加企业成本、地吃掉企业的利润，成为企业竞争的负担。

2）产品设计的临时变动

在定制化生产的时代，不少产品是根据客户订购合同来安排原材料采购以及产成品的生产。理想的情况是产品设计在原材料采购之前完全确定，但现实中常常已经开始采购，甚至已经安排生产，还会出现产品设计的变动。这种变动一旦出现，很可能意味着部分已经采购入库的原材料在此次生产中无法再使用，这些原材料最终可能成为呆滞库存。产品设计的临时变动主要源于两方面的原因：①一是市场的变化，产品必须要改变原来的设计以适应新的需求，否则很可能会面临更大的损失；②二是对产设计的沟通不畅，特别是对于信息化程度不高的企业，可能还是停留在电话、纸质方式的沟通，在信息传递过程中出现差错在所难免，差错可能也会导致部分原材料由于错误地加工成为废品或者呆滞品。

3）采购管理缺乏全局成本观念

制造企业普遍还是采用部门制的组织结构，各个部门虽然都服务于企业的战略目标，但同时也会有自己部门的利益考虑。采购是制造企业非常重要的职能部门，采购成本对生产成本有着至关重要的影响，是现代成本控制的关键点。不少企业对采购的绩效有明确的评价机制，其中采购单价是很重要的评价指标之一。寻找更低原材料单价的供应商成为采购人员的重要任务，采购人员常常为了获得价格折扣加大采购量，这些多余的库存如果后续不能得到恰当的利用，最终可能成为仓库中的呆滞品。另外，过分追求采购的单价还可能带来原材料质量不过关、相关服务没有保障等问题，这些都会增加后续生产、销售过程的成本。因此，当采购管理缺乏全局成本考量，只是关注于局部成本的降低时，反而会引起呆滞品增加等一系列问题。

（2）产成品仓库货物积压

1）对市场需求把握不准确

自从推 / 拉式供应链的概念面世以后，拉式供应链一直为人们所推崇，因为拉式供应链的思想是根据客户的需求来安排生产，而不是把产品生产出来，再推给客户。但现实中，很多产品难以完全获取到最终客户的订单后再安排生产，根据预测进行生产是不可回避的方式。但无论采取何种技术和方法，预测需求与真实需求之间必然存在距离，不可能做到完全吻合，服装行业就是典型的例子。因此，对市场需求把握的准确程度成为很多企业是否能够赢得竞争的关键。我国传统制造企业在市场需求分析方面能力较弱，产品市场定位不够明确，同质化严重，最后常常需要降价处理。这样企业就很容易陷入一个恶性循环，不断生产，除了个别“爆款”，其他产品库存积压，成本增加，最终折价销售，库存水平始终保持在高位，相应的管理成本也就难以降低。

2）产品质量不过关

即使是按订单生产的制造企业，其产成品库存问题有时也是不容小觑，这主要是因为产品的质量不能做到 100% 合格。这时，企业为了应对不合格品带来的问题，通常采取大于订单需求量的生产方式，这些多出来的产品日积月累形成库存积压。产品质量的不过关主要源于生产工艺本身和原材料的质量问题。特别是不能实现全自动化生产的产品，生产过程中工人的工艺水平和熟练程度对产品的质量产生至关重要的影响，如果工人的流动率很高，产品的质量自然难以保证。质量欠佳的原材料或零部件同样影响着产成品的质量，完全以采购价格为导向的采购作业致使原材料质量不能得到生产部门的完全信任，这时生产部门也会倾向于生产更多的产成品以应对质量问题。所以，产生品的质量不过关同样带来库存积压。

3. 改善制造业库存管理的建议

库存的问题绝对不仅仅是仓储管理部门的问题，库存水平的高低可以说反映的是企业整体管理水平的高低。因此，企业往往需要全面改造其管理模式，提升整体管理水平，才能从根本上解决库存管理的问题。

（1）利用信息化实现对需求的精准把握

以客户为中心的理念已经提出多年，许多企业投入大量资源进行客户关系管理。但过去由于技术的限制，大多数企业与客户的接触是单一和短暂的，很难形成对客户的准确认识。现在随着信息技术的不断发展，信息化时代的到来，让人们的生活习惯发生了巨大的变化。互联网把每一个人都连接起来，企业通过现代互联网技术，能有多种途径与客户接触，甚至不需要面对面的交往就能深入了解客户的生活，例如通过社交软件，企业可以了解到客户平时的生活状况。这为企业深入了解客户的潜在需求打通了一条重要的通道。在信息化时代，每一个客户进行深度的用户画像不再是难以企及的事情。用户画像的数据主要来源于人文学科的研究和对计算机、数据统计的研究，后者数据来源主要靠互联网、物联网所形成的信息化，通过多渠道获取的产品信息、用户社交信息、用户事件信息可构成一个全面多维的用户画像。用户的属性分类可以包括基本属性（如性别、年龄等）、兴趣属性（长期关注点、内容偏好等）、社交属性（分享数、垫纸次数等）、行为属性（支付方式、获取渠道等）、心理属性（互动次数、个性偏好等）、用户价值（消费频次、品牌影响等）等。企业只有结合行业特性，应用现代数据分析技术对这些数据进行深入分析，找到有效利用的方法，才能实现对客户需求的精准把握，这能帮助产品的设计能够即考虑最终产品的个性同时考虑原材料/零部件的通用性，从而有效降低产库存。

（2）基于信息化的业务流程再造

BPR 的本质是对企业的一种系统革命，其根本目标就是要对被专业分工和官僚体制分割得支离破碎的流程进行重新设计和再造。制造企业一般采用部门制的组织结构，虽然各个部门从原则上是服务于企业的总体战略规划，但在实践中常常会出现由于部门利益冲突或者责任不明而带来的各种管理问题。企业库存水平的高低是企业整体管理水平的体现，是不同部门之间协同作业的结果。因此，制造企业需要从业务流的角度重新审视产品研发、原材料采购、仓储、生产制造、销售等各部门之间的衔接关系，对绩效的考核应该从整个流程出发，而不是仅关注某些结点，例如对采购的考核除了采购成本以外，对后续产品质量的影响也应该作为考核的内容之一。利用现代信息技术，可以很好地把每一次的生产流程所有节点关联起来，包括产品质量问题是由于原材料问题还是工艺问题都能明确分析，这样就能很好地消除管理中的灰色地带，使企业内各部门共同解决库存居高不下的问题。

（3）实施以信息化为基础的敏捷

供应链管理敏捷性是企业应对未知、识别商业环境威胁，并把不确定转为可控机遇的能力，其涵盖组织结构、信息系统、物流流程和思维方式的全业务能力，企业的敏捷性主要取决于其供应链是否敏捷。当今的竞争早已从企业与企业的竞争转向供应链与供应链之间的竞争。制造企业通常不会处于供应链的最前端，即制造企业一般不会直接接触终端客户的需求，终端客户的变化需要一定环节的传递才能被制造企业所感知。传递速度的快慢以及信息的准确程度成为制造企业能否顺利应对市场变化的关键。这一过程离不开基于信息化的现代信息技术的支持，通过传感器网络、自动识别、数字化集成完成数据采集和融合，利用多级混合储存技术实现设备、用户、流程、产线、产品的建模，再利用分类与聚类算法、关联关系挖掘算法等得出各种分析模型，从而科学地进行生产排产调度、故障诊断预测和质量管理，最终实现供应链的优化和敏捷化。成功的供应链管理是企业控制库存的根本，只有把管理的目光从企业内部延伸到整个供应链，才能对销售、生产、采购做出更系统的设计，才不会陷入追求某些局部最优而舍弃全局最优的局面，例如在敏捷供应链的管理方式下，对采购成本的认识与传统会有很大不同，能够为了更好地满足市场的变化而接受相关成本的提升。因此，只有制造企业实施现代供应链管理，才能彻底地控制企业库存，使企业库存真正成为实现企业竞争战略的利器。

第二节　供应链下库存管理的特殊性

一、供应链与库存管理理论

1. 供应链管理

（1）供应链的概念及特征

传统观念认为，供应链是一个把采购的零部件和原材料通过生产转换和销售等活动，再传递到零售商和用户的企业内部过程。早期对供应链的理解局限于企业内部，将更多的精力放在对企业自身的资源利用的关注上，与外部供应链节点企业的联系较少，因此往往会造成企业间的目标冲突。后来供应链的概念注意了与其他企业的联系，注意了供应链的外部环境，认为它是一个“通过供应链中不同企业的制造、组装、分销、零售等过程将原材料转换成产品，再到最终用户的过程”。而到了最近，供应链更加注重核心企业的网链联系，如核心企业与供应商、供应商的供应商与用户、用户的关系。

史迪文斯（Stevens）认为：“供应链就是通过控制分销渠道和增值过程，从供应商到用户的流动，这种流动开始于供应商或供应商的供应商，结束语客户或者客户的客户”。而哈里森（Harrison）认为供应链就是从采购原材料，到生产加工成品或者半成品，最后将成品或半成品销售给客户的网络。飞利浦（Phillip）温德尔（Wendell）认为供应链的节点企业通过建立战略伙伴关系，可以使日常经营更加有效。以上有关供应链的这些概念都强调了供应链成员之间的合作关系。美国供应链协会认为，供应链涵盖了涉及供应原材料、生产与交付最终产品和服务的一切活动。尽管上述有关供应链概念的表述千差万别，但是基本思想是相同的。以上概念都强调集成和合作的管理思想，通过把供应链的各个环节打通，更好地提高供应链的整体效益。

马士华等在对供应链进行研究后，得出的定义是：供应链是围绕核心企业，开始于原材料采购，经过生产加工成最终产品或中间产品，最后又通过销售把产品销售给最终客户，通过对资金流、信息流、物流的控制，将最终客户、零售商、分销商、生产商和供应商连成一个整体的网络模式。这是一个包含所有供应链节点企业的范围相对更广的结构模式，从供应商开始，经过供应链中生产商的制造、加工、组装等过程，最后通过分销、零售等销售方式到达最终消费者。

供应链是一条串联起信息、物料、资金，同时又是物料在从供应到销售的一系列环节中不断增加价值的增值链。供应链思想很早就已经存在，但在20世纪80年代初，“供应链”这个概念才被第一次提出。现阶段的供应链管理通过打破存在于采购、生产、分销和销售各个环节的障碍，把供应链作为整体来看待。为了实现供应链整体的利润最大化，供应链管理既涵盖了对供应链各环节之间物料流、信息流、和资金流的管理相同提高了供应链各环节内部的优化。

（2）供应链管理

供应链管理的一个标准定义是：使供应链运作达到最优化，以最少的成本，涵盖供应链从采购开始到满足最终客户的所有过程。

供应链管理作为一种新的管理方法，是对供应链中各节点企业和组织之间的资金流、信息流与物流进行协调、计划和控制的过程，以经过优化提高过程的确定性和速度，将净增加值最大化，提高组织的效益和运作效率为目的。供应链中的物流指的是从供应商到客户的产品流；信息流包括库存信息、交货状态、订单的传递及产品需求；资金流包括支付方式、信用条件、所有权契约等。这些流动可能会跨部门、跨企业，甚至跨产权主体、跨行业。由此可以看出，与传统的企业管理对比，现代供应链管理强调：系统理念，共同目标，主动管理，采取新型的企业与企业关系等几个方面。

（3）供应链中的牛鞭效应

20 世纪 60 年代，工业动态学之父 Forrester 在 Industrial Dynamics 中提出了牛鞭效应的现象通过系统动力学仿真证实了牛鞭效应的真实存在，并从工业动力学的角度指出是组织所采用的政策和基本形式导致了牛鞭效应的现象。丁胡送（2010）和章魏（2010）分别从 AR 回归模型和多产品市场的需求相关性证实了对牛鞭效应的存在。

20 世纪 80 年代，通过“啤酒分销试验”，Sterman 得出，决策者对反馈信息产生误解的原因在于实验者系统性非理性行为，同时，由于缺乏定量的分析，实验者在向原材料的供应者下订单时大多是拍脑袋估量，这就导致供应链层数越多，销售预估与实际需求越明显。但有人认为这种现象是由供应链成员为降低缺货成本而采取的自身利益最大化的理性行为导致的。

20 世纪 90 年代，Disney 和 ToWill 等对牛鞭效应采用控制工程测量的方法进行了动态测量，由此证实了 PQR 系统中四种供应链库存的补充策略对供应链信息扭曲的影响程度。

图 7-1 形象展示了供应链中需求放大的现象。供应链是一个包括满足顾客需求而产生的所有直接和间接环节的体系。因此供应链是由顾客的需求来推动的。供应链成员在决策时都是直接利用来自下游的需求信息进行预测并向上游企业订货。然而当终端需求有所变动时，由供应链上信息传递的准确性和时间上的误差产生的经过曲解的信息，会沿着下游销售商、制造商逐渐扩大，在到达供应商时，其得到的实际消费市场中的顾客需求信息误差会非常大，导致需求信息严重失真、扭曲，这种现象就是供应链中的牛鞭效应。

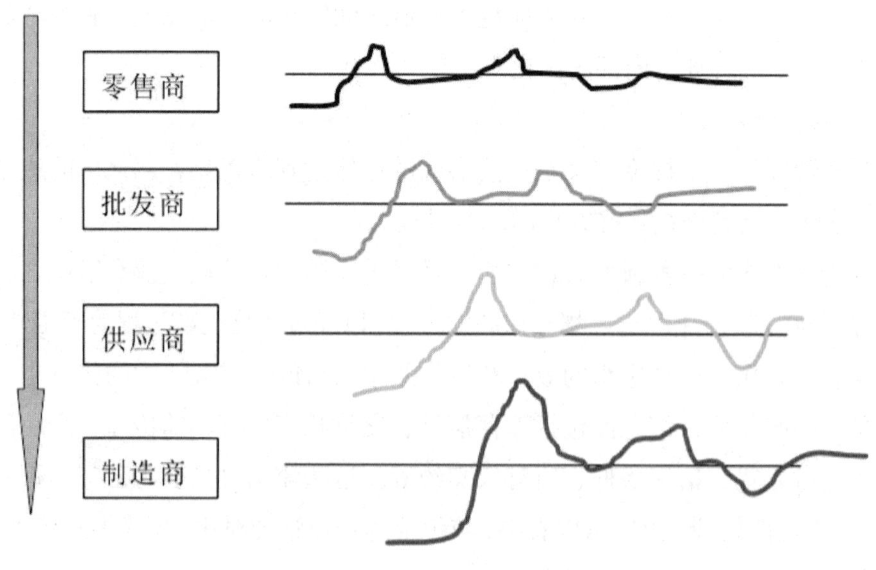

图 7-1　牛鞭效应图示

牛鞭效应会给企业造成严重的后果，牛鞭效应会使需求信息放大失真。由于需求信息的放大效应，为了应对销售商订货的不确定性，上游供应商需要备有比下游实际需求更多的库存，这样又会增大供应链中上游供应商的生产和销售等一系列的风险，最后造成库存产品的积压和成本上升，增加库存资金的占用。成本的上升、利润的下降最终会削弱企业的竞争力，降低整条供应链的运作效率，进而导致生产、供应、营销的混乱。牛鞭效应一方面积压了大量的生产资金，另一方面随着市场需求的不断变化，而面临产品过时的风险。要使一个供应链在众多竞争对手中脱颖而出，就要控制好牛鞭效应。

2. 销售预测的方法

（1）定性预测方法定性

预测是指预测者依靠熟悉业务知识、具有丰富经验和综合分析能力的专家和人员，根据已经掌握的直观材料和历史资料，运用个人的分析判断能力和经验，对事物的未来变化作程度和性质上的判断，然后，再通过综合各方意见，最后形成结论。

定性预测的特点在于：注重预测事物的发展性质，主要依靠人的分析能力以及经验；特别看重对事物发展的趋势、方向和重大转折点的预测。

定性预测的形式主要有：

1）德尔菲法，是根据有专门知识的人的直接经验，对研究的问题进行判断、预测的一种方法。

2）主观概率法，是人们凭经验或预感而估算出来的概率，是一种适用性很强的统计预测方法，可以用于人类活动的各个领域。

3）领先指标法。

4）厂长评判意见法。

5）推销人员估计法，就是将不同销售人员的估计值综合汇总起来，作为预测结果值。

6）相互影响法。

7）情景预测法。

定性预测的优点包括注重事物发展在性质方面的预测，具有较大灵活性，易于调动人的主观能动性，使用方法简单，省事省费用。定性预测的缺点在于较依赖人的判断能力和经验，因而易受主观因素包括知识、能力、经历的影响，尤其是缺乏对事物发展中数量上的精确描述。

（2）定量预测方法

定量预测方法是依据完善的现状和历史统计资料，运用数学方法对相关资料进行处理和分析，找出相关因素和预测目标的联系，对事物的发展变化进行量化推断的预测方法。

定量预测的方法主要有两类，一类是时序分析预测法，一类是因果关系分析法。时间序列分析法是运用数学方法找出数列的发展趋势或变化规律，并使其向外延伸，预测市场未来的变化趋势。时间序列分析法应用范围比较广泛，如对商品销售量的平均增长率的预测、季节性商品的供求预测、产品的生命周期预测等。因果预测法是根据事物之间的因果关系来预测事物的发展和变化，通过对需求预测目标有直接或间接影响因素的分析找出其变化的规律，并根据这种变化规律来确定预测值。因果预测的方法一般有：单元回归预测法，多元回归预测法，投入产出分析预测法。

定量预测的优点在于着重对事物变化的定量描述，注重于数量方面的分析，排除了很多主观影响，而是更多地依据相关统计资料，甚至利用计算机对数学方法和统计方法中的数据进行处理。缺点主要在于，对信息资料的数量和质量要求比较高，使用起来比较机械，同时对波动较大的信息不太适用，更难以预测事物质的变化。

（3）定性与定量相结合的预测方法

由于定性预测和定量预测各有各的缺点，因此在实际预测中，通常不会单独使用某一种预测方法，而是将二者结合。只有这样，才能将两种预测方法在实践中相互检验、相互补充和修正，也只有这样才能取得较好的预测效果。

3. 供应链环境下的库存管理

（1）供应链库存管理的特点

由于供应链管理思想对库存管理的影响，导致传统的库存管理和供应链环境下的库存管理有很多不同。传统的企业库存管理侧重于从企业本身出发，采取各种措施降低该企业的库存成本，比如从订货成本和存储成本出发确定订货点和经济订货量，进而提高企业的整体效益。这种库存管理方法有一定的适用性，而从供应链整体的角度来看，单个企业库存管理的方法虽然短期内会优化库存管理，使库存成本大大降低，但由于供应链节点企业间牛鞭效应带来的不良影响会加剧企业之间的内耗，最终仍会给企业整体效益带来不良影响。同时传统库存管理模式下的多个关键部门的设置，在供应链环境下的库存管理应用中会变得不适用进而导致库存管理整体低效。因此，为了在激烈的市场竞争中脱颖而出，占据有利的市场地位，企业需要建立一个反应迅速的供应链库存系统。

供应链环境下库存管理的特点包括以下几个方面：

1）强调物流一体化管理

物流的一体化管理，在供应链中至关重要。为了优化供应链，使得整个供应链的

库存成本最低，供应链环境下的库存管理，始终需要从全局上把握物流的各项活动，即供应链各个环节的活动应同步进行。

2）强调信息集成化管理

供应链环境下库存管理目标的实现，是以供应链成员企业信息的准确快速传递为基础的。信息的集成化管理在供应链环境下的库存管理中占据举足轻重的地位。信息的集成使供应链成员既能够及时准确的获得其市场中的需求信息，以减少各个供应链节点企业持有的不必要的安全库存，又能对信息做出快速响应，将作业过程简化，缩短订货和交货之间的时间间隔，提高服务水平和效率。

3）复杂性和多变性

供应链是由一个多个类型的企业组成的，会随着市场的变化不断地进行动态更新的开放的系统，同时，各个供应链节点企业都有各自的应对策略和库存控制目标，导致供应链环境下的库存管理较之传统的库存管理充满了更多的复杂性和多变性。因此，供应链模式下的库存管理要求上游企业和下游企业必须充分合作，共享信息才能消除供应链中的不确定因素，实现供应链效益的最大化。

4）业务流程重组

供应链环境下，供应链库存优化的最终目标一般是零库存。针对传统库存管理模式中权力分割的现象，供应链上的各节点企业应站在战略合作伙伴关系的高度，进行业务流程重组，建立面向市场和客户，以流程为中心的高效供应链运作体系。通过业务流程的有效连接，供应链成员企业可以分享当前存货水平和市场需求的信息，大大降低供应链上的库存总量，减少库存维持成本和营运资金的占用，实现供应链各企业共同管理库存的目标。

（2）供应链管理库存

VMI 管理系统是供应商管理库存管理系统（ Vendor Managed Inventory，VMI ），它是一种供应链环境下将多级供应链问题变成单级库存管理问题的库存运作模式。VMI 中库存补货和市场销售预测的解决方法是实际或预测库存量和消费需求。即通过市场销售资料得到消费需求信息，供货商可以更有效的计划、更快速的反应市场变化和消费需求。

VMI 是在供应商和客户均满意的目标框架下，二者达成战略合作，由供应商管理客户库存的方法。产品的市场全过程管理思想是供应商管理库存模式的理念来源，即产品得以销售的判断标准不是卖出，而是被消费者购买并得到满意的消费。这就意味着，不管该产品产权归属如何，监控该产品的流通状况均属于供应商的责任，这也就构成了供应商的一种潜在风险。供应商管理库存模式将客户和供应商的库存控制职能集成，将库存环节大大减少，最终降低整个供应链的库存，这也是和传统库存管理方法相比的主要优势。

VMI 实施主要包括前期准备阶段、实施阶段和评估阶段。在前期准备阶段，主要确定采取何种供应商管理库存形式，确定可以作为合作伙伴的供应商，商讨并确定合作细则。实施阶段中，企业集中变革组织结构以适应供应商管理库存模式。评估阶段，根据双方企业也之前设定的目标，具体分解为各项指标，并对比实施前后的各项指标的变化情况。若预期效果理想，可以全面实施。若效果一般，可以考虑进一步完善和改进。

VMI 的优势集中体现在供应链的集成管理思想，供应商不再是订单的被动执行者，而是主动参与零售商的库存管理工作，提供建议甚至直接补充库存，进而提高了供货准确性和速度。采取供应商管理库存策略后，供应商受益主要体现在：减少供应商数目，加强供应商的伙伴关系，提高供应商的忠诚度；销售数据更加透明，配送预测工作得以简化；了解当前存货状况有助于促销工作的开展；减少退货情况，降低订货偏差率；使需求状况更加透明、配送效率有所提高—得以有效补货；准确的预测也有助于使生产商安排生产计划。分销商和消费者受益主要体现在：有效减轻牛鞭效应的不良影响，提高库存周转率和服务水平；将计划和订货工作转移给供应商，使运营费用大大降低；在合适的时间及时补货—提高了总体物流绩效；使得供应商可以集中精力专注物流服务水平的提升。节点企业的共同的利益主要表现在：加强交流沟通后，数据差错大大减少；供应链的处理速度有所提高；从各自企业角度来看，有助于各方为用户提供更好的服务。

VMI 是比较先进的库存管理策略。VMI 的实施可以起到减少成本、降低库存、缩短提前期、改善缺货现象、提高库存周转率、提供服务水平、提高需求预测精确度的作用。但是 VMI 也有其自身的局限性：零售商和供应商的协作水平不高；对供应链成员企业之间的信任要求较高；在 VMI 供应商和生产商订立的框架协议中，虽然双方本着自愿协定的原则，但供应商仍然处于绝对的主导地位，如果决策过程缺乏足够的沟通、协商和相互妥协，难免会引起失误；虽然减少了库存总费用，但在 VMI 中，运输费用、库存费用和意外损失一般是由供应商承担，而并非由用户承担，这种责任倒置的库存管理方法增加了供应商的风险；供应链在未真正实现集成前，会造成库存水平较高，订单落实较慢。

分析了 VMI 的优点和缺点后，可以看出 VMI 主要适用于下列情形的供应商：实力相对较强，货物配送、运输能力和库存存储能力强，与批发商的关系密切。

（3）三种供应链库存模式的比较

根据供应链中的库存管理主体及内涵的不同，主要存在以下三种库存管理模式：

供应商管理库存（VMI）、联合库存管理（JMI）、多级库存优化与控制以及协同计划预测调整系统（CPFR）。

二、供应链下库存管理的模式

关于供应链管理环境下的库存控制新策略，目前结合国内外企业实践经验及理论研究成果，主要推出四种模式：供应商管理库存模式，联合管理库存模式，协同式供应链库存管理模式和多级库存优化与控制模式。

1. 供应商管理库存模式

在供应链管理环境下，各个环节的活动应该是同步进行的，但实践中仍然存在库存管理上的各自为政现象，造成需求的扭曲，即所谓的需求放大现象。

供应商管理库存策略是指一种在用户和供应商之间的合作性策略，其基本设想是力图通过集成供应链上各节点企业的库存控制职能，从而达到降低整体库存费用的目的。VMI 的主要概念是制造商根据实际销售和安全库存的需求，替分销商下订单或补货，而实际销售的需求则是制造商根据分销商提供每日的库存和销售资料并以统计等方式预估出来的。在供应商管理的库存系统中，制造商负责维持他们客户的库存水平。而分销商只需提供给制造商他们的库存状况和销售历史记录就可以了。分销商和制造商协同制定存货计划作为制造商的粗略生产计划指导生产。所有 VMI 的合作方都将通过多种方式受益。不难看出，供应商管理库存策略强调四个原则：合作性原则，互惠原则，目标一致性原则和连续改进原则。

（1）合作性原则

客观上需要供应链上各企业在相互信任的基础上密切合作。其中信任是基础，合作是保证。

（2）互惠原则

VMI 追求双赢的实现，考虑的是如何降低双方的库存成本，而不是考虑如何就双方的成本负担进行分配的问题。

（3）目标一致性原则

VMI 的实施，要求企业在观念上达到目标一致，并明确各自的责任和义务。具体的合作事项都通过框架协议明确规定，以提高操作的可行性。

（4）连续改进原则

通过对目标框架的不断修正和改进，使供需双方能共享利益和消除浪费。

VMI 的主要思想是供应商在用户的允许下设立库存，确定库存水平，补给策略和拥有库存控制权。在这种库存控制策略下，允许上游组织对下游组织的库存策略，订货策略进行计划和管理。VMI 已广泛应用于供应链管理环境下的库存控制中。

例如，宝洁公司的材料库存管理策略就是 VMI 策略。对于价值低，用量大；占用存储空间不大的材料，在供应链中时间减少的机会很少，这类材料占香波材料的 80%，他们适合采用供应商管理库存的方式来下达采购订单和管理库存。

再如，上海华联超市与广州宝洁公司的合作，也是 VMI 的管理策略。20 世纪 90 年代，上海华联超市允许广州宝洁公司将信息系统的终端与华联的 POS 系统连接，由广州宝洁实施 VMI 管理，从而使广州宝洁的生产和销售建立在供应链最佳库存水平的基础上，而华联超市中宝洁公司的产品货源也得到了保证，为超市带来了销售效益。正是依靠宝洁公司丰富的供应链管理经验和强大的信息系统支持，以及上海华联超市对广州宝洁公司的充分信任，最终实现了“双赢”结果。

事实证明，采用 VMI 模式的优势可以从“成本缩减”和“改善服务”两个方面得到体现。

1）成本缩减

许多供应商被 VMI 吸引，是因为它缓和了需求的不确定性。来自消费组织的少有的大订单迫使生产商维持剩余的能力或超教育学品库存量，这是为了确保能响应顾客的服务要求，是一种成本很高的方法。而 VMI 可以允许小规模的生产能力和存货水平。

用户被 VMI 吸引，是因为 VMI 解决了有冲突的执行标准带来的两难状况。比如，月末存货水平，对于作为零售商的用户是很重要的；但顾客服务水平也是必要的，而这些标准是冲突的。零售商在月初储备货物以保证高水平的顾客服务，然后使存货水平在月末下降以达到他们的库存目标。（而不管它对服务水平的影响）

在 VMI 中，补货频率通常由每月提高到每周（甚至每天），这会使双方受益。供应商在工厂可以看到更流畅的需求信号。由于允许更好地利用生产及运输资源成本，对大容量的作为缓冲的存货的需求也得到了降低。供应商可以做出与需要相协调的补货决定，而且提高了“需求倾向趋势”意识。消费组织从合理的低水平库存流转中受益。

比如，在零售供应链中，不同用户间的订货很少能相互协调，订单经常同时来，这就很难实现所有的及时递送请求。VMI 中，更大的协调将支持供应商对平稳生产的需求，而不必牺牲购买者的服务和存储目标。VMI 还可以使运输成本减少。如果处理得好，这种方法将会增加低成本地满载运输比例而削减高成本的未满载货物比例。这可以通过供应商去协调补给过程来实现，而不是收到订单时再自动回应。同时，可以更有效地进行路线规划，提高效率。

2）服务改善

从零售商看来，服务好坏常常由产品的可得性来衡量。因此，在计划时，零售商希望供应商是可靠的。在商品销售计划中，零售商更希望供应商拥有极具吸引力的货架空间。因此，以可靠而著称的供应商可以获得更高的收入。在其他条件相同的情况下，大家都可以从改善了的服务中受益。

VMI 中，在多用户补货订单，递送间的协调大大改善了服务水平。由于有能力平衡所有合作伙伴的需求，供应商可以改善系统的工作状况而不用使任何的个体顾客冒险。如果没有 VMI，供应商很难有效的安排顾客需求的先后顺序。另外的好处是，VMI 可以使产品更新更加方便。将会有更少的旧货在系统中流通，此外，新产品的上架速度会更快。

供应商管理库存策略有助于改善供应链管理环境下库存控制的诸多问题，而企业要想实施 VMI 策略，还需要有相应的前提条件和准备，主要从以下四个方面来进行：

①基础建设

要真正实现供应商管理用户库存，必须具备两个条件，一是用户库存状况的透明化，即供应商对批发商或零售商的库存状况能随时进行跟踪调查和检查。二是业务处理的标准化，主要指订单业务处理的标准化。因此，供应商要想对其用户实施 VMI，必须进行一些有关 VMI 的技术支持建设。比如供应商需要通过互联网技术，加速对客户库存信息的读取；通过条码技术的应用实现对用户商品的准确识别，以便随时跟踪和检查用户的库存状况，快速反应用户需求。

②建立专门的用户管理职能部门。

供应商在实施 VMI 后，为集成用户的库存控制功能，需要设立专门部门，用以处理供应商与用户之间的订货，用户库存控制和其他的相关业务。

③建立供应商与用户之间的目标框架协议。

供应商应当和用户通过协商来确定库存检查周期，库存的维持水平，订货点等有关库存控制的核心问题，以及合作双方之间如何进行信息的交流和存取，订单传递和处理等有关业务流程问题。

④构建完善的销售管理系统。

供应商要有效地管理用户库存，必须能快速地了解市场需求动态和商品的需求信息。建立完善的销售网络管理系统，加快供应链上的信息传递和实时处理速度很重要。

以上是实施供应商管理库存的必备条件和基本要求，具备了这些条件，能使供应商管理库存的策略发挥出良好的作用。VMI 作为一种先进的库存控制方法，应用非常广泛，在各个行业的不同类型企业中都可以运用。这里以 DELL 公司为例，简要说明一下 VMI 的实际应用情况。

DELL 公司是全球供应链管理中的典范之一，它成功地在供应商，DELL 以及客户之间构筑了一个“虚拟整合”平台，保证了供应链的无缝实施。在DELL模式下，生产是按照这样的流程进行的：第一步，公司接到客户订单后通过互联网将订单传至DELL的控制中心；第二步，控制中心把订单分解为子任务，并通过网络分派给各独立配件制造商准备进行生产；第三步，各配件制造商按DELL的电子订单进行生产组装，并按DELL控制中心的时间表来供货：第四步，在成品车间完成组装和系统测试；第五步，转交客户服务中心备货发送。

在以上过程中进行二和第三步骤即是对VMI的运用。DELL供应链每20秒钟汇集一次订单，通过各种途径获得的订单被汇总后，供应链系统软件会自动分析出所需原材料，同时比较公司现有库存和供应商库存，创建一个供应商材料清单。而DELL的供应商仅需要90分钟的时间用来准备所需要的原材料并将他们运送DELL的工厂，DELL再用30分钟时间卸载货物，并严格按照制造订单的要求将原材料放到组装线上。随后便可进行组装和生产，这样通过VMI的实施，工厂库存时间仅有7个小时，在节约成本的同时极大地提高了效率。

VMI策略可以大大降低供应链的整体库存水平，从而使整个供应链的物流运作成本得到很好的控制。但VMI也表现出一些局限性：首先表现在VMI中供应商和零售商协作水平有限；其次是VMI对于企业间的信任要求较高；第三是VMI中的框架协议虽然是双方协定，但供应商处于主导地位，决策过程中缺乏足够的协商，难免造成失误；最后是VMI实施减少了库存总费用，但在VMI系统中，库存费用，运输费用和意外损失不是由用户承担，而是由供应商承担。由此可见，VMI实际上是对传统库存控制策略进行“责任倒置”后的一种库存管理方法，这无疑加大了供应商的风险。为了有效地控制以上风险，VMI在应用过程中要和其他先进的库存控制方法配合使用，比如联合库存管理，多级库存优化和控制等，以期达到更好的效果。

2. 联合库存管理模式

实践中，为了克服VMI管理模式的局限性，尤其是这种策略给供应商带来了巨大压力。在VMI基础上发展起来了一种新的库存管理策略，即上游企业和下游企业权利责任平衡和风险共担的库存管理模式即联合库存管理模式。

联合库存管理的思想可以从分销中心的联合库存功能谈起。地区分销中心体现了一种简单的联合库存管理的思想。建立地区分销中心，各个销售商只需要维持少量库存，大量的库存由地区分销中心储备，从而减轻了各个销售商的库存压力。分销中心就起到了联合库存管理的功能。分销中心既是一个商品的联合库存中心，同时也是需求信息的交流与传递枢纽。从分销中心的功能得到启发，我们对现有的供应链库存管理模式进行新的拓展和重构，提出联合库存管理新模式—基于协调中心的联合库存管理系统。

近年来，在供应链企业之间的合作关系中，更加强调双方的互利合作关系，联合库存管理就体现了战略供应商联盟的新型企业合作关系。JMI 是解决供应链系统中由于各节点企业的相互独立库存运作模式导致的需求放大现象（即牛鞭效应），提高供应链的同步化程度的一种有效方法。JMI 强调供应链中的各个节点同时参与，共同制定库存计划，使供应链过程中的每个库存管理者都从相互之间的协调性考虑，保持供应链各个节点之间的库存管理者对需求的预期保持一致，从而消除了需求变异放大现象。任何相邻节点需求的确定都是供需双方协调的结果，库存管理不再是各自为政的独立运作过程，而是供需连接的纽带和协调中心。

实施联合库存管理能够给企业库存管理带来以下几个优势：

（1）信息优势

JMI 通过在上下游企业之间建立起一种战略性的合作伙伴关系，实现了企业间库存管理上的信息共享。

（2）成本优势

JMI 实现了从分销商到制造商到供应商之间在库存管理方面的一体化，可以让三方都能够实现准时采购。不仅可以减少库存，还可以加快库存周转，缩短订货和交货提前期，从而降低企业的采购成本。

（3）物流优势

JMI 打破了传统的各自为政的库存管理局面，体现了供应链的一体化管理思想。JMI 强调各方的同时参与，共同制定库存计划，共同分担风险，能够有效地消除库存过高以及“牛鞭效应”。

（4）战略联盟的优势

JMI 的实施是以各方的充分信任与合作为基础展开的，JMI 要想顺利有效地运行，对于分销商，制造商和供应商而言缺一不可。因此，JMI 的有效实施既加强了企业间的联系与合作，又保证了这种独特的由库存管理而带来的企业问的合作模式不会轻易地被竞争者模仿，为企业带来竞争优势。

联合库存管理策略的实施应该具备以下几个前提条件：

1）建立供需协调管理机制

为了发挥联合库存管理的作用，供需双方应从合作的精神出发，建立供需协调管理的机制，通过相互的协调作用，明确各自的目标和责任，建立合作沟通的渠道，为供应链的联合库存管理提供有效的机制。

要从几个方面着手：

①建立共同的合作目标

要建立联合库存管理模式，首先供需双方本着互惠互利的原则，建立共同的合作目标。为此，要理解供需双方在市场目标中的共同之处和冲突点，通过协商形成共同的目标，如用户满意度，利润的共同增长和风险的减少等。

②建立联合库存的协调控制方法

联合库存管理中心担负着协调供需双方利益的角色，起协调控制器的作用。因此需要对库存优化的方法进行明确确定。这些内容包括库存如何在多个需求商之间调节与分配，安全库存的确定，需求的预测等等。

③建立一种信息沟通的渠道或系统

信息共享是供应链管理的特色之一。为了提高整个供应链的需求信息的一致性和稳定性，减少由于多重预测导致的需求信息扭曲，应增加供应链各方对需求信息的获得的及时性和透明性。为此，应该建立一种信息沟通的渠道或系统，以保证需求信息在供应链的畅通和准确性。

④建立利益的分配，激励机制

要有效运行基于协调中心的库存管理，必须建立一种公平的利益分配制度，并对参与协调库存管理中心的各个企业（供应商，制造商，分销商或批发商）进行有效的激励，防止机会主义行为，增加协作性和协调性。

2）发挥两种资源计划系统的作用

为了发挥联合库存管理的作用，在供应链库存管理中应充分利用目前比较成熟的两种资源管理系统：MRP 和 DRP。在供应链系统中把两种资源计划系统很好地结合起来。

3）建立快速响应系统

目的在于减少供应链中从原材料到用户的过程时间和库存，最大限度地提高供应链的运作效率。采用更有效的企业问的合作，消除供应链组织之间的障碍，如通过供需双方合作，确定库存水平和销售策略等。快速响应系统需要供需双方的密切合作，因此协调库存管理中心的建立可以为快速响应系统发挥更大的作用创造了有利条件。

（4）发挥第三方物流企业的作用

把库存管理的部分功能代理给第三方物流系统管理，可以使企业更加集中精力于自己的核心业务，第三方物流系统起到了供应商和用户之间的联系的桥梁作用，为企业减少成本；使企业集中于核心业务；获得更多的市场信息；获得一流的物流咨询；改进服务质量等。面向协调中心的第三方物流系统使供应与需求双方都取消了各自独立的库存，增加了供应链的敏捷性和协调性，并且能够大大改善供应链的用户服务水

平和运作效率。

为了有效实施联合库存管理模式，企业不仅要做好以上准备，还要选择适当的联合库存管理模式。供应链联合库存管理有两种模式：

1）集中库存模式

各个供应商的零部件都直接存入核心企业的原材料库中，就是变各个供应商的分散库存为核心企业的集中库存。在这种模式下，库存管理的重点在于核心企业根据生产的需要，保持合理的库存量，既能满足需要，又要使库存总成本最小。

2）无库存模式

即供应商和核心企业都不设立库存，核心企业实行无库存的生产方式。此时供应商直接向核心企业的生产线上进行连续小批量多频次的补充货物，并与之实行同步生产，同步供货，从而实现“在需要的时候把所需要品种和数量的原材料送到需要的地点”的操作模式。这种准时化供货模式，由于完全取消了库存，所以效率提高，成本最低。但是对供应商和核心企业的运作标准化，配合程度，协作精神要求也高，操作过程要求也严格，而且二者的空间距离不能太远。

联合库存管理是解决供应链系统中独立库存模式导致的需求放大现象，大大改善供应链的供应水平和运作效率，提高供应链同步化程度的一种有效方法。实施联合库存管理，建立适合新形势的物资供应运行机制，应是供应链库存管理今后几年的发展方向。但是，联合库存管理中企业间的系统集成目前还比较困难，需要进一步改进完善。

3. 协同式供应链库存管理模式

协同式供应链库存管理策略，简称 CPFR，它是建立在 VMI 和 JMI 的最佳分级实践基础上，同时抛弃了二者缺乏供应链集成等主要缺点，能同时降低分销商的存货量，增加供应商的销售量。它应用一系列处理过程和技术模型，覆盖整个供应链合作过程，通过共同管理业务过程和共享信息来改善分销商和供应商的伙伴关系，提高预测的准确度，最终达到提高供应链效率，降低库存和提高客户满意度的目的。

CPFR 的最大优势是能及时准确地预测由各项促销措施或异常变化带来的销售高峰和波动，从而使分销商和供应商都做好充分的准备，赢得主动。充分实现企业之间的功能合作，显著改善预测准确度，降低成本，库存总量和现货百分比，改善客户服务，发掘商业机会，发挥出供应链的全部效率。CPFR 采取了多赢的原则，始终从全局的观点出发，制定统一管理目标以及实施方案，以库存管理为核心，兼顾供应链上其他方面的管理。因此，CPFR 更有利于实现伙伴间更广泛深入的合作，帮助制定面向客户的合作框架，基于销售报告的生产计划，进而消除供应链过程约束等。

4. 多级库存优化与控制模式

基于协调中心的联合库存管理是一种联邦式供应链库存管理策略，是对供应链的局部优化控制，而要进行供应链的全局性优化与控制，则必须采用多级库存优化与控制方法。因此，多级库存优化与控制是供应链资源的全局性优化。多级库存的优化与控制是在单级库存控制的基础上形成的。多级库存系统根据不同的配置方式，有串行系统、并行系统、纯组装系统、树形系统、无回路系统和一般系统。供应链管理的目的是使整个供应链各个阶段的库存最小，但是，现行的企业库存管理模式是从单一企业内部的角度去考虑库存问题，因而并不能使供应链整体达到最优。多级库存控制的方法有两种：一种是非中心化（分布式）策略，另一种是中心化（集中式）策略。非中心化策略是各个库存点独立地采取各自的库存策略，这种策略在管理上比较简单，但是并不能保证产生整体的供应链优化，如果信息的共享度低，多数情况产生的是次优的结果，因此非中心化策略需要更多信息共享。用中心化策略，所有库存点的控制参数是同时决定的，考虑了各个库存点的相互关系，通过协调的办法获得库存的优化。但是中心化策略在管理上协调的难度大，特别是供应链的层次比较多，即供应链的长度增加时，更增加了协调控制的难度。

（1）供应链的多级库存控制应考虑以下几个问题。

1）库存优化的目标是什么？成本还是时间？

传统的库存优化问题无不例外地进行库存成本优化，在强调敏捷制造、基于时间的竞争条件下，这种成本优化策略是否适宜？供应链管理的两个基本策略，ECR 和 QR，都集中体现了顾客响应能力的基本要求，因此在实施供应链库存优化时要明确库存优化的目标是什么，成本还是时间？成本是库存控制中必须考虑的因素，但是，在现代市场竞争的环境下，仅优化成本这样一个参数显然是不够的，应该把时间（库存周转时间）的优化也作为库存优化的主要目标来考虑。

2）明确库存优化的边界供应链库存管理的边界即供应链的范围

在库存优化中，一定要明确所优化的库存范围是什么。供应链的结构有各种各样的形式，有全局的供应链，包括供应商、制造商、分销商和零售商各个部门；有局部的供应链，分为上游供应链和下游供应链。在传统的所谓多级库存优化模型中，绝大多数的库存优化模型是下游供应链，即关于制造商（产品供应商）–分销中心（批发商）–零售商的三级库存优化。很少有关于零部件供应商–制造商之间的库存优化模型，在上游供应链中，主要考虑的问题是关于供应商的选择问题。

3）多级库存优化的效率问题

理论上讲，如果所有的相关信息都是可获得，并把所有的管理策略都考虑到目标函数中去，中心化的多级库存优化要比基于单级库存优化的策略（非中心化策略）要好。但是，现实情况未必如此，当把组织与管理问题考虑进去时，管理控制的幅度常常是下放给各个供应链的部门独立进行，因此多级库存控制策略的好处也许会被组织与管理的考虑所抵消。因此简单的多级库存优化并不能真正产生优化的效果，需要对供应链的组织、管理进行优化，否则，多级库存优化策略效率是低下的。

4）明确采用的库存控制策略

在单库存点的控制策略中，一般采用的是周期性检查与连续性检查策略。在周期性检查库存策略中主要有（nQ，s，R）、（S，R）、（s，S，R）等策略，连续库存控制策略主要有（s，Q）和（s，S）两种策略。这些库存控制策略对于多级库存控制仍然适用。但是，到目前为止，关于多级库存控制，都是基于无限能力假设的单一产品的多级库存，对于有限能力的多产品的库存控制是供应链多级库存控制的难点和有待解决的问题。

（2）从时间优化和成本优化的角度分别探讨多级库存的优化控制问题。

1）基于成本优化的多级库存优化基于成本优化的多级库存控制实际上就是确定库存控制的有关参数：库存检查期、订货点、订货量。在传统的多级库存优化方法中，主要考虑的供应链模式是生产－分销模式。也就是供应链的下游部分。我们进一步把问题推广到整个供应链的一般性情形。

在库存控制中，考虑集中式（中心化）和分布式（非中心化）两种库存控制策略情形。在分析之前，首先确定库存成本结构。

①供应链的库存成本结构

a. 维持库存费用

在供应链的每个阶段都维持一定的库存，以保证生产、供应的连续性。这些库存维持费用包括资金成本、仓库及设备折旧费、税收、保险金等。维持库存费用与库存价值和库存量的大小有关，其沿着供应链从上游到下游有一个累积的过程。

b. 交易成本

即在供应链企业之间的交易合作过程中产生的各种费用，包括谈判要价、准备订单、商品检验费用、佣金等。交易成本随交易量的增加而减少。交易成本与供应链企业之间的合作关系有关。通过建立一种长期的互惠合作关系有利于降低交易成本，战略伙伴关系的供应链企业之间交易成本是最低的。

c. 缺货损失成本

缺货损失成本是由于供不应求，即库存 Vi 小于零的时候，造成市场机会损失以及用户罚款等。缺货损失成本与库存大小有关。库存量大，缺货损失成本小，反之，缺货损失成本高。为了减少缺货损失成本，维持一定量的库存是必要的，但是库存过多将增加维持库存费用。在多级供应链中，提高信息的共享程度、增加供需双方的协调与沟通有利于减少缺货带来的损失。

②库存控制策略

多级库存的控制策略分为中心化控制策略和非中心化策略，以下分别加以说明。

a. 中心化库存控制

目前关于多级库存的中心化控制的策略探讨不多，采用中心控制的优势在于能够对整个供应链系统的运行有一个比较全面地掌握，能够协调各个节点企业的库存活动。中心化控制是将控制中心放在核心企业上，由核心企业对供应链系统的库存进行控制，协调上游与下游企业的库存活动。这样核心企业也就成了供应链上的数据中心（数据仓库），担负着数据的集成、协调功能。

库存优化控制的目标是使供应链上总的库存成本最低，即：理论上讲，供应链的层次是可以无限的，即从用户到原材料供应商，整个供应链是 n 个层次的供应链网络模型，分一级供应商、二级供应商、三级供应商，然后到核心企业（组装厂）；分销商也可以是多层次的，分一级分销商、二级分销商、三级分销商等，最后才到用户。但是，现实的供应链的层次并不是越多越好，而是越少越好，因此实际供应链的层次并不很长，采用供应 – 生产 – 分销这样的典型三层模型足够说明供应链的运作问题。

各个零售商的需求 Dit 是独立的，根据需求的变化做出的订货量为 Qit，各个零售商总的订货汇总到分销中心，分销中心产生一个订货单给制造商，制造商根据产品决定生产计划，同时对上游供应商产生物料需求。整个供应链在制造商、分销商、零售商三个地方存在三个库存，这就是三级库存。这里假设各零售商的需求为独立需求，需求率 di 与提前期 LTi 为同一分布的随机变量，同时系统销售同一产品，即为单一产品供应链。这样一个三级库存控制系统是一个串行与并行相结合的混合型供应链模型。

关于订货策略采用连续检查还是周期性检查的问题，原则上讲两者都是适用的，但各有特点。问题在于采用传统的订货策略是有关参数的确定和供应链环境下的库存参数应有所不同，否则不能反映多级库存控制的思想。因此，不能按照传统的单点库存控制策略进行库存优化，必须寻找新的方法。

按照传统的固定量订货系统，其经济订货量为：如果我们把这个算法作为多级库存的各个阶段的供应商或分销商的订货策略，那么就没有体现供应链的中心化控制的思想。为什么呢？因为这样计算实际的库存信息是单点库存信息，没有考虑供应链的整体库存状态，因此采用这样的计算方法实际上是优化单一库存点的成本而不是整体供应链的成本。那么，如何体现供应链这种集成的控制思想呢？可以采用级库存取代点库存解决这个问题。因为点库存控制没有考虑多级供应链中相邻的节点的库存信息，因此容易造成需求放大现象。采用级库存控制策略后，每个库存点不再是仅检查本库存点的库存数据，而是检查处于供应链整体环境下的某一级库存状态。这个级库存和点库存不同，我们重新定义供应链上节点企业的库存数据，采用“级库存”这个概念：供应链的级库存 = 某一库存节点现有库存 + 转移到或正在转移给其后续节点的库存这样检查库存状态时不但要检查本库存点的库存数据，而且还要检查其下游需求方的库存数据。级库存策略的库存决策是基于完全对其下游企业的库存状态掌握的基础上，因此避免了信息扭曲现象。建立在 Internet 和 EDI 技术基础上的全球供应链信息系统，为企业之间的快速信息传递提供了保证，因此，实现供应链的多级库存控制是有技术保证的。

b. 非中心化的控制策略

非中心化库存控制是把供应链的库存控制分为三个成本归结中心，即制造商成本中心、分销商成本中心和零售商成本中心，各自根据自己的库存成本优化做出优化的控制策略。非中心化的库存控制要取得整体的供应链优化效果，需要增加供应链的信息共享程度，使供应链的各个部门都共享统一的市场信息。非中心化多级库存控制策略能够使企业根据自己的实际情况独立做出快速决策，有利于发挥企业自己的独立自主性和灵活机动性。非中心化的多级库存优化策略，需要企业之间的协调性比较好，如果协调性差，有可能导致各自为政的局面。

2）基于时间优化的多级库存控制

随着市场变化，市场竞争已从传统的、简单的成本优先的竞争模式转为时间优先的竞争模式，这就是敏捷制造的思想。因此供应链的库存优化不能简单地仅优化成本。在供应链管理环境下，库存优化还应该考虑对时间的优化，比如库存周转率的优化、供应提前期优化、平均上市时间的优化等。库存时间过长对于产品的竞争力不利，因此供应链系统应从提高用户响应速度的角度提高供应链的库存管理水平。

（3）案例分析

1）案例描述

选取安徽地区城市配送体系为案例背景，以食物类物品为配送主体。该库存体系在安徽、浙江、江苏 3 省和上海市有供应商，在市郊有 4 处配送中心，在市区有 50 处零售商，以下结合配送体系传统库存模式进行对比论证。

2）案例库存管理模式对比

由图 7-2 和图 7-3 可知，传统库存模式中，库存费用超过了 10%，多级库存模式中，库存费用为 8.1%，可见整体库存费用缩减了 2.2%。源于配送中心的出现，送货周期缩减了，送货频率上升，带来了运输费用的大幅上涨，所以库存费用下降了。

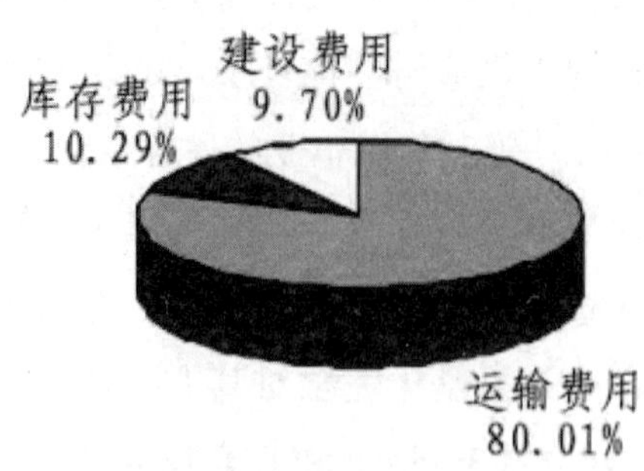

图 7–2　传统库存管理模式

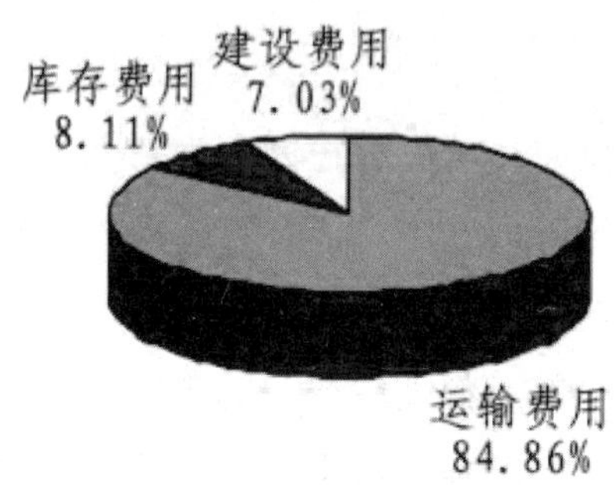

图 7–.3 多级库存管理模式

由图 7-4 和图 7-5 可知，传统库存模式节省了库存费用 128.6 万元；多级库存模式节省了库存费用 642.8 万元。同时，多级库存模式的安全库存费用增加值高于传统库存模式的安全库存费用。可见，多级库存模式在费用上占据优势。表 7-1 表明，多级库存模式下，零售店面的订货周期略大于传统库存模式的订货周期，均值高了 1.5 天。订单周期的递增并不对库存费用产生很大作用。同时，供应商、配送中心的订货周期小于传统库存模式的订货周期，均值分别低了 4、4.5 天。另一方面，多级库存模式有着一体化的订购管理，可统一订货，便于整体的配送服务。进而带来更廉价的库存费用管理效益。

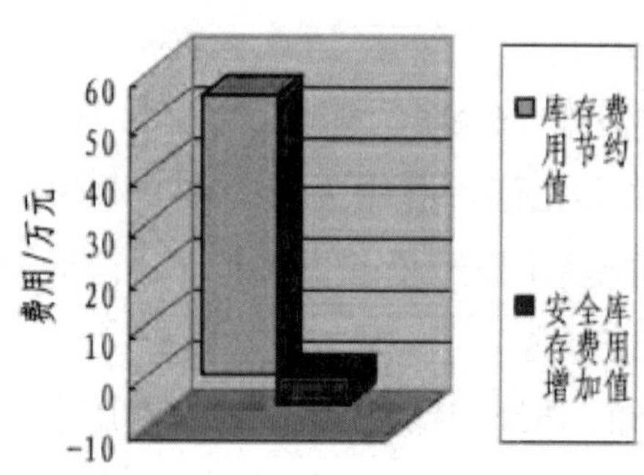

图 7–4　传统库存模式费用比较

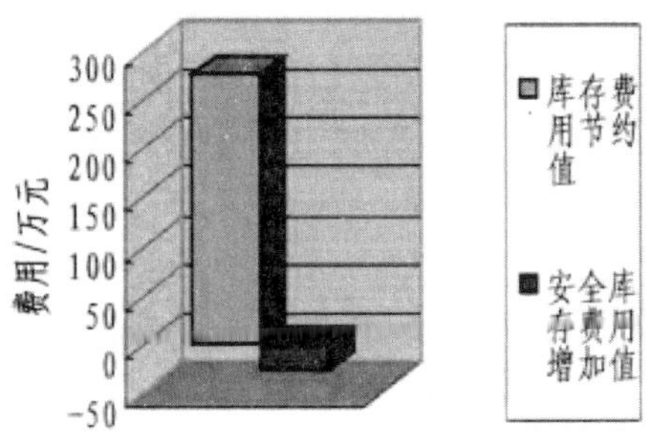

图 7-5　多级库存模式费用比较

表 7-1　不同库存模式订货周期比较

模式	订货周期 / 天		
	零售店	配送中心	供应商
传统库存模式	3~8	10~12	18~21
多级库存模式	7	7	15

第三节　供应链下库存管理所面临的挑战

一、供应链下库存管理的现状

现如今，企业之间并没有整体的思想观念，信息不进行交流，只是单纯地进行着自我的生产经营，没有考虑到这样带来的问题会越来越多，从而影响到库存的管理。在以前，企业之间都是你卖我买的交易关系，从根本里讲是他们认为进行信息交流是没有必要的。因此不能进行整体的库存管理。这样造成的结果就是造成没有必要的大量库存。就比如说，在传统库存管理下，企业之间的不交流，不得已下只能够依靠估算来进行安排生产。但是这样与实际往往总是偏离的，因此，就会很容易产生生产过多或过少的现象。但是，一般情况下，企业都会选择过多的生产来满足客户。但价格会提高，所以顾客满意程度不升反降。如果，各个企业之间在库存的管理上不建立起整体的观念，就无异于传统下的库存管理。但是，目前已经出现了在满足顾客服务水平的基础上解决各个企业整个供应链上库存管理的技术和措施。

如果企业能集中的对库存进行管理，就会有效地降低需求的变动带给企业的影响。因为，存货集中起来处理是可以重新分配的。比如说，由于顾客需求的变化，可以把原来要发货给需求变化的顾客转发给其他的顾客，减少库存的变动。而这样的重新分配顾客，在传统的库存管理方式下是不可能实现的。顾客需求的不确定性给企业库存管理带来很多问题。企业之间并没有那种整体的思想观念，只是单纯地进行着自我的生产经营，没有考虑到这样带来的问题会越来越多，从而影响到库存的管理。在以前，企业之间都是你卖我买的交易关系，从根本里讲是他们认为进行信息交流是没有必要的。因此不能进行整体的库存管理。这样造成的结果就是造成没有必要的大量库存。就比如说，企业之间缺乏信任，为了保险起见就会使他们的库存往往要比实际需要库存量多一些，以备不时之需。与此相同，在传统库存管理下，企业之间的不交流，不得已下只能够依靠预测来进行安排生产。但是这样与实际往往总是偏离的，因此，这样就很容易产生生产过多或过少的现象。相比较之下，企业一般都会为了满足客户的需要而大量的订货，这样就会使成本过多的增加，而这些成本的增加最终会反映在价格上面，就可想而知顾客的满意程度会有所下降。但是，目前已经出现了在满足顾客服务水平的基础上解决各个企业和整个供应链库存的技术和措施。

供应链库存管理必须树立整体效益的思想观念。比如，A、B、C 三个企业，A 企业是供应商，B 企业是制造商，C 企业是销售商，B 企业内部发展较快，导致 A 企业不能及时供料，C 企业的销售能力跟不上 B 企业的生产能力，造成整条供应链错乱，不能达成整条最优。所以，供应链库存管理各个企业间必须树立起整体的思想，达成双赢。

二、供应链下库存管理的问题

供应链库存管理依然存在许多问题。比如，企业间缺乏整体的思想观念，个别企业内部发展较快，不能适应整条供应链；同时，企业间的目标存在差异，也使整条供应链的管理难度加大；另一个是牛鞭效应的出现，不确定性因素造成的需求误差，会随着信息的传递逐渐扩大，导致最上游的企业（制造商）成本过高，效益低下，造成整条供应链的利润下降。除此之外，还有比如信息集成度不高，信息不能准确快速地传递；忽略不确定性因素的影响，库存管理的手段比较单一等。

1. 缺乏供应链的系统观念

供应链管理的核心是“整体”。但是，供应链库存管理涉及较多的利益群体，每个利益群体之间又是相互独立的，有自己的生产计划和生产目标。有些目标只适用于自己企业的管理，不能满足整体的利益。所以，这样就会造成管理上的不协调，整体的效益也会下降。因此，要首先树立起系统的观念。只有在各个供应链节点的绩效上做好了整体才会好。

2.“牛鞭效应”增加了库存成本

牛鞭效应是指受市场不确定性因素的影响，同时又不能准确的预测顾客的需求，

导致需求与供给之间存在差异。供应链库存管理下，这种差异会逐级传播，不断增大。造成各个企业的效益低下。比如说，供应商在生产过程中可能因为机器故障，导致生产暂停，不能够按时交货。这种情况制造商往往会为了保险起见需要一定的安全库存。同时，制作商方面也存在很多问题，会出现突发情况。这种情况下，往往会影响货物的运输，使制造商不能够按时供货。虽然顾客的需求是比较稳定的，但是在牛鞭效应的影响下，各个企业的生产计划变动性却越来越大，带来了生产的混乱，造成了过大的库存。供给方和需求方不能达到一致，增加了供应链的库存成本，也就没有实现供应链管理降低库存的目标。

3. 信息集成度不高

目前，各个企业的信息集成度并不是很高，不是过于冗杂，就是信息的延时及不准确。不能快速有效的得到正确的信息，就会导致企业的生产计划出现问题。企业在生产经营过程当中都会制定短期的生产计划，生产计划的确定需要依据一定的相关信息和数据。比如说，企业的需求量，库存量，生产计划等。企业根据这些信息进行准确的生产。但是，目前各个企业的信息传递系统还没有建立起来，信息在传递方面就会遇到很多困难，传递效率低下。这样造成的信息往往是延时及不准确的，导致企业的生产计划出现问题。虽然在供应链的体系当中设有一定的协调组织，但是，各个企业之间还是较缺乏信任。为了适应这多变的市场，会存有一定的安全库存。安全库存的存在就使企业的危机感下降，不够重视信息的共享。这样信息的透明度不高，企业不得不维持一个较高的库存，付出更高的管理成本。

4. 忽略不确定性的影响

库存管理是受到许多不确定因素的影响，就比如订货提前期（从订单发出到收到货物的时间）、货物运输的情况（物流）、原材料的质量是否合格、生产过程的时间需求变化等。这些原因是影响库存管理的重要因素。但是很多企业并没有认真考虑和研究其不确定性的来源和影响，所以就出现了企业相互间的信息不透明。企业不能准确的知道生产数量，造成了有的物品库存不足，有的物品库存积压的这一不良现象。另外，许多企业对库存的管理方式比较单一，没有进行多方面考虑。企业应该在利用供应链系统中得知的有效信息来进行库存的管理。研究表示，供应商的信誉程度不同，在交货的时间和质量方面也存在着较大差异。因此，需要分类进行针对性地管理。除此之外，在需求方面得知的信息未必准确，那就需要进行一定的预测。这方面也不能用单一的方式去管理，不同的物品它的需求预测性不同，因此，也需要分开来进行。

5. 库存管理手段单一

许多企业对库存的管理方式比较单一，没有进行多方面考虑。企业应该在利用供应链系统中得知的有效信息来进行库存的管理。研究表示，供应商的信誉程度不同，在交货的时间和质量方面也存在着较大差异。因此，需要分类进行针对性地管理。除此之外，在需求方面得知的信息未必准确，那就需要进行一定的预测。这方面也不能用单一的方式去管理，不同的物品它的需求预测性不同，因此，也需要分开来进行。

三、基于联合库存控制的案例

伴随着近十几年中国互联网的高速发展，越来越多的人开始运用其技术来提高日常生活中衣食住行的便利性。这种变化对很多行业过去几十年所固有的运营模式产生了很大的冲击，其中作为和人们日常生活最为息息相关的零售行业首当其冲。传统依托于线下实体店进行钱货交易的单一零售模式正逐渐被线上线下一体化的多渠道零售模式所替代。

然而，众多企业在渠道升级过程中都不同程度地遭遇到了供应链运营方面的巨大挑战。单渠道模式下的供应链运营依然非常复杂，主要体现在繁多的跨部门协作以及一环扣一环的上下游影响性两大特点。而多渠道模式则把这种复杂性又进一步提升了。企业需要兼顾线上线下两种不完全相同的供应链运营模式的同时，还需要兼顾渠道与渠道之间的协调工作。这一系列的运营难点导致众多多渠道零售模式企业的供应链运营质量始终不如人意，从而影响到企业的经营。案例以目前正在进行线上线下多渠道零售模式的L公司S系列产品为主要研究对象。通过研究其整体运营现状以及供应链网络结构、供应链核心指标等相关现状来梳理其供应链运营所存在的问题。

1.L公司S系列产品多渠道零售供应链现状

（1）L公司及S系列产品总体现状

1）L公司简介

L公司成立于二十世纪初，总部设立在美国，以其先进的食品制造工艺闻名于世，是世界上最大的食品生产商之一，旗下经营众多知名的食品品牌。公司年收入常年超过300亿美金，在全球范围内超过100个国家设有分支，建造了超过100家的自有工厂，共计拥有50，000余名员工。L公司集研发、生产、销售、物流以及零售于一体。公司的经营策略注重研发，同时擅长在市场上购入有潜力的初创公司，从而扩张其经营版图。

L公司于二十世纪末进入中国市场。依靠其享有盛誉的产品，成熟先进的管理模式，以及众多优秀员工，公司在非常短的时间内就征服了国内市场。旗下品牌销量迅速占据了各品类的头部位置。L公司在国内的运营策略主要可以归纳为三点。即高质量的电视广告投放，全国范围的大规模分销以及高频率的新品推出计划。其中，大规模的线下分销网络则是 L 公司的核心经营优势。

L 公司在国内主要城市，如北京、上海、广州等地均不同规模的设有办公室、工厂或物流中心。更几乎在全国各地设有销售办事处，其覆盖范围已经下沉至三、四线城市。据不完全统计，L 公司目前在国内的分销城市已经超过 500 个，通过 10 万余个线下门店在售卖其产品。而与之配套的则是一个万人级别的销售团队，确保在任何地方都可以第一时间响应客户的需求。近年来，伴随着互联网技术的高度发展，L 公司也在通过线上的代运营商来帮助其运营线上业务。目前来看，线上业务的体量大致可以占到全部业务的 5%，其比重还是非常小的。但是公司对线上业务的重视程度非常高，已经制定了一系列的营销规划，计划未来几年，将大幅提高线上销售的比重。企业管理模式方面，L 公司在国内市场中将其旗下的品牌根据不同的品类进行划分，然后分拆成不同的经营个体进行独立运营。每一个品牌都有其专属的运营团队，从而确保每一个品牌的独立个性。按照不同的产品品类，L 公司的产品线在国内大致可以分为三大类，从而孕育而生了 B、C、D 三个独立运营的子公司。而案例所研究的 S 系列产品则隶属于 B 子公司。

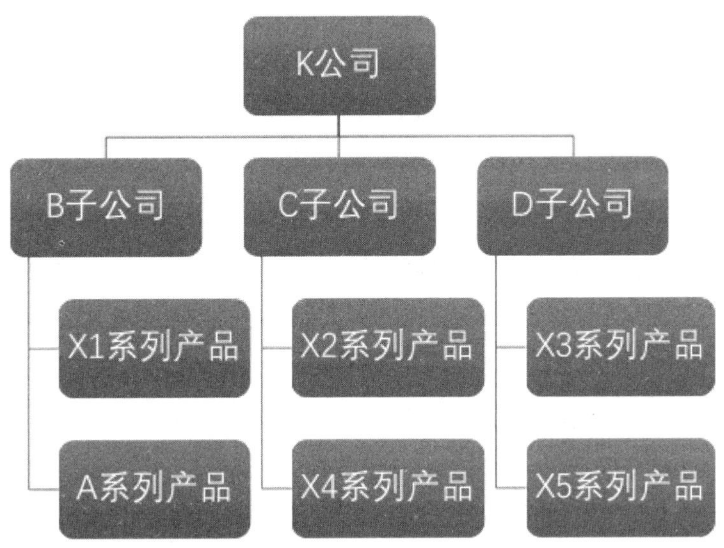

图 7–6　L 公司国内品牌管理结构关系图

2）S 系列产品简介

S 系列产品于 2019 年正式在国内上市。在引入国内市场前，已经在海外市场，尤其是欧美市场取得了巨大的成功。彼时已有很多国内的消费者通过各种网络渠道了解到了它的存在，并通代购、跨境电商等方式进行越洋订购。L 公司也洞悉到了这一点，故早早地就开始布局 S 系列产品国内上市的准备工作。管理结构方面，不同于旗下其他产品按品类进行管理的模式。针对 S 系列产品，L 公司设置了独立的运营团队，并且按照项目制来进行单独核算。该项目组设有独立的财务、销售、研发、生产、供应链等企业主要运营团队。并且整套运营班子直接汇报给美国总部的最高领导层。公司期望这样的管理模式可以有助于提高业务运作的灵活性和高效性，从而更好地适应中国市场的多变性。

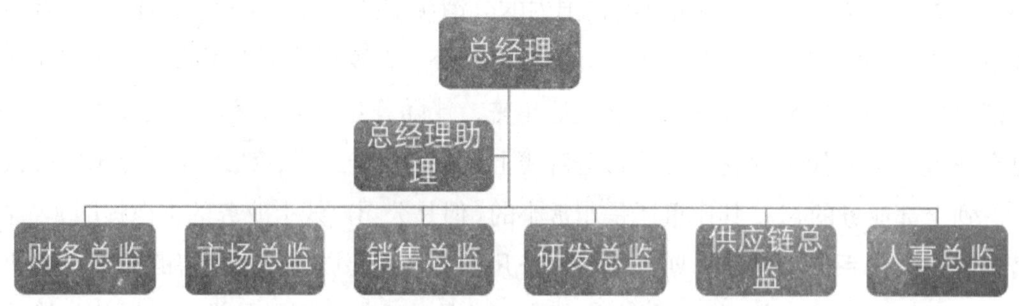

图 7–7　L 公司 S 系列产品项目组织结构图

销售策略方面，考虑到国内日益成熟的互联网零售环境，以及先前国内消费者对于该产品的消费习惯，最终拟定了线上线下齐头并进的销售策略。在具体实施阶段，针对线下业务，S 系列产品将完全沿用 L 公司其他产品已经存在的销售渠道进行分销。而针对线上业务，S 系列产品则会完全根据自身的产品特性，量身订造一套属于自己的营销模式。集团的发展策略方面，更是希望借鉴此次 S 系列产品在国内的上市经验可以摸索出一套可供复制的多渠道零售运营模式。从而可以帮助到集团的其他品牌也实现互联网大环境下线上线下多渠道零售模式的运营转型。

3）S 系列产品多渠道零售模式简介

S 系列产品的多渠道零售模式根据内部的管理结构可以分为线下渠道和线上渠道两部分，两者会分别负责运营一些特定的客户群体。

①线下渠道

L 公司对 A 系类产品制定的线下零售渠道主要包括两部分，即传统线下零售渠道以及线下门店结合互联网技术演变而生的新零售 O2O 渠道。考虑到 S 系列产品的价格区间在同品类中属于较贵的，故在传统线下渠道首先挑选了以沃尔玛、山姆店、华润精品超市等为代表的传统中高端零售系统。期望其客户群体对于价格的敏感性会比较低，而更注重于 S 系列产品的质量。其次，考虑到了 S 系列产品的目标客户肖像中白领占据了非常大的比重。故作为白领阶层日常补给站的便利店也自然而然被挑选为分销点之一。另外，为了比较好地迎合互联网时代下消费者的购物习惯，为其提供一个更全方位的购物场景支持。支持 O2O 业务的线下门店也被纳入了整体分销计划的考虑范围之内。目前，针对 S 系列产品，在国内已经成功卖进了上万家实体门店。

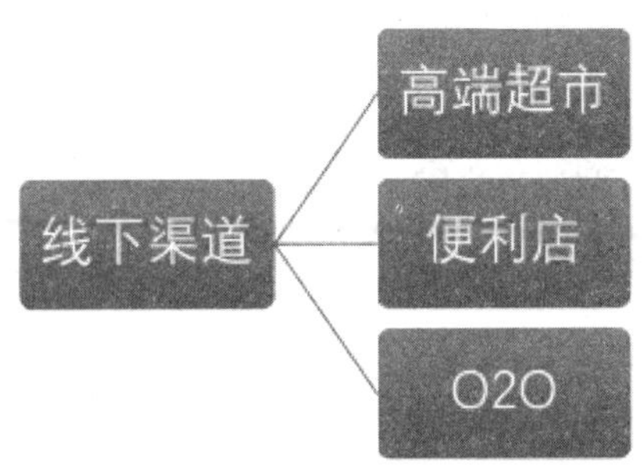

图 7-8　L 公司 S 系列产品线下分销渠道示意图

②线上渠道

针对线上渠道，传统的淘宝系和京东系对应的平台自然是最大的两个主战场。不过，不同于一般线上业务的运营模式。L 公司在运营 S 系列产品的时候更注重于对于粉丝的运营。企业会不间断的通过互联网平台上的各种社交软件来对 S 系列产品进行种草，从而将其流量引入平台店铺，实现流量转换销量的同时还能快速提升店铺的粉丝数量。而在市场推广方面，L 公司大量地采用了抖音直播、小红书宣传、明星在线代言等互联网推广模式来尽可能地进行大规模曝光从而拉高其产品的知名度。S 系列产品本身具有非常高的颜值，非常适合作为网红摆拍的配件。所以这一系列的促销活动也可谓是量身定制，目前已经在市场上取得了一定的收获。此外，从分销的商业模式进行区分，无论针对线上业务，还是针对线下业务，均存在直接分销和间接分销两种模式。直接分销比较容易理解，即 L 公司直接和客户进行产品的买卖，而间接分销则指 L 公司通过经销商来和客户进行货物的买卖。

（2）S 系列产品供应链现状

1）S 系列产品整体供应链网络与管理结构

传统快消或者零售企业，一般情况下其线上业务占总体体量的比重较小，基本不会超过 15%。仓库的设置主要会基于线下业务客户的地理位置分布，同时配备一个专门的快递仓库进行 B2C 业务的消费者包裹打包和寄送。配送方面，一般以公路配送为主，辅以少量的快递运输来满足 B2C 业务。与之相比，L 公司 S 系列产品的销售情况则比较不同，其线上业务的未来规划比重非常大，预估可以和线下业务平分秋色。而线上和线下渠道的业务特点却有很大的差异性。比如，两者消费者的购物习惯不同、客户对于物流配送的服务要求不同，两者的渠道促销档期也是截然不同。更有甚者，线上业务具有非常强的灵活性。促销方案可能在活动开启日之前的几小时还会有变动，平台管理方对于品牌方有着非常严格的反应时效要求。这样的业务模式就对供应网络的时效性和灵活性提出了非常高的要求。基于以上情况，同时也基于 S 系列产品在线上和线下渠道所售卖的商品基本一致，故其供应链运营团队为此量身定制了同时兼顾线上与线下业务的 BC 同仓供应网络模式。

① S 系列产品的供应网络结构

S 系列产品产自于 L 公司位于美国的工厂，其国内售卖的产品全部通过美国工厂进行海运进口。目前，针对 S 系列产品，L 公司在全国设有四个物流中心，分别命名为 Hub1、Hub2、Hub3 和 Hub4，且这些仓库仅供 S 系列产品使用。其中，Hub1 所处地理位置与 S 系列产品的进口港口同属一个城市。所以 Hub1 既是区域的配送中心，负责给其所覆盖的线下客户进行订单配送，同时也是全国的中央物流配送中心，负责给其他三个物流配送中心进行货物的调拨。Hub2、Hub3 和 Hub4 则分别负责其区域范围内的订单配送工作。

针对线上电商业务，目前统一由 Hub1 负责相关仓库及配送工作。这样的安排主要考虑到线上业务的需求变化比较大、需求量比较不稳定且要求的响应速度比较快。而 Hub1 本身所覆盖的区域也是线下业务占比比较大的区域，同时 Hub1 又兼具中央仓库功能，其综合库存量比较充裕。所以在业务开展之初，集中库存在一个物流配送中心可以比较好地应对电商的需求波动。

线上业务的日常运作主要由 L 公司和线上代运营商合作完成。L 公司会先将 S 系列产品通过售卖的形式将物权转移至线上的代运营商。然后，代运营商会通过线上平台的订单系统来获取消费者订单并传输至 Hub1。Hub1 收到订单后，会完成货物的拣选和打包，并通过其合作的快递公司来完成包裹的发送。同时，线上业务所产生的物流成本均有 L 公司承担。这种模式的优势在于可以借助线上代运营商的运作灵活性，从而更快速的反应平台管理方的运营需求。并且传统以线下业务为主的企业也不具备完善的线上订单管理系统来和平台进行对接。

相较于线上业务，L 公司 S 系列产品的线下业务的供应模式则简单得多。四大区有自己所负责管辖的配送区域。订单系统会根据订单的要求配送地点来匹配发货物流中心。同时，各大配送中心会根据不同的业务要求将货物配送至客户大仓、客户门店或者经销商的仓库等。

② S 系列产品的供应链管理组织架构

L 公司 S 系列产品的供应链管理组织架构主要由计划、物流、客户服务和国际贸易四大板块组成。其中，计划经理主要负责成品的采购和调拨计划，以及库存水平的管理。物流经理主要负责物流相关的系统搭建、物流供应商的日常管理以及仓库的日常运营。客服经理主要负责对接客户和销售提供物流解决方案，监控整个供应网络的订单履约表现并制定相关的优化方案。国际贸易经理则主要负责进口相关事宜。在这

四大板块之上，还设有供应链总监一职，负责整体的统筹、供应链管理的战略制定以及重要事件的决策。

2）S 系列产品采购入库运营现状

S 系列产品的工厂位于美国，经由海运运输进口到国内，然后交由 Hub1 物流中心来进行全国的货物调拨。从操作流程进行梳理，采购入库大致可以分为需求预测与采购下单、工厂反馈生产计划与生产、工厂出口报关与海运运输、国内清关与检验检疫、短驳运输至仓库与仓库清点入库这几个步骤。

①需求预测与采购下单

首先，计划经理会根据历史的销售情况以及销售的促销活动安排来制定月维度的四大物流中心的需求预测。然后，计划经理会根据最终确认的需求预测结果来向美国工厂下达 S 系列产品的采购订单。通常，下单周期为一个月一次，错过了固定窗口期则需要等到下一个月才可以再次下单。

②工厂反馈

生产计划以及生产为更好地保障各个市场的需求，工厂在收到采购订单后首先会汇总在一起。然后，根据工厂的生产线产能、人力资源、原材料等约束条件制定当期的生产计划，并把最终的计划生产数量反馈给各个市场的计划负责人。在计划负责人确认生产计划之后，工厂就会立即安排生产。通常情况下，成品生产会在计划负责人下单后的一个月之内完成。

③工厂出口报关以及海运

运输工厂在完成生产之后会直接通知到 S 系列产品的计划经理和国际贸易经理。国际贸易经理随即会安排对应的货代公司对接工厂协同完成出口报关、提货、装船以及海运运输等操作。这一系列的流程大致会花去 2 个月左右的时间。这里值得注意的一点是，由于 L 公司的质量体系要求，故 S 系列产品是不得与其他产品进行联合运输的。此外，还受限于恒温集装箱的市场资源限制，在实际企业运营过程中，S 系列产品基本都是通过包整个集装箱来进行海运运输。这意味着，当需求预测数量无法非常完美的匹配整柜装载量的时候，计划经理则需要在订货环节做出向下或向上取整集装箱数量的决定。

④国内清关及检验检疫

货物运抵国内港口后，货代公司会对接国内的报关公司，并提供相应的发票、装箱单等文件供其清关使用。S 系列产品首先会被报关进入保税区进行中文标签、外包装等整改操作。待整改完成之后，会正式向中国海关提交进口环节的相关申报。由于 S 系列产品是食品，所以在国内市场正式流通前还需要申领海关下发的检验检疫证书。

这一系列的流程一般需要 3 周左右的时间。

⑤短驳运输至仓库及清点入库

在获取海关的相关放行之后，国内报关公司会安排车辆前往中国保税区提货并短驳运输至 Hub1 物流中心。Hub1 会根据装箱单等单据来进行清点和收货。待实物和系统均完成收货之后，S 系列产品则可以开始在国内市场进行流通售卖了。从安排车辆提货至仓库完成实物及系统收货，一般需要一周左右的时间。综上所述，完整的采购下单至 Hub1 入库流程大致需要 4 个月左右的时间。

3）S 系列产品客户订单处理运营现状

L 公司所有旗下品牌的订单处理均由总部统一完成。其操作流程会根据业务的具体商业合作模式略有不同。即货物是由 L 公司直接分销还是通过经销商来进行间接分销。

①直接分销

在直接分销的模式之下，作为品牌方需要根据客户的要求前往指定网站进行采购订单的下载。然后，人工将其订单导入 L 公司的销售订单管理系统。系统收到销售订单之后会自动将其转换为配送订单，并将产品、数量、要求送货地址、要求送货时间、收件联系人等一系列信息一并推送至物流中心的发货管理系统。一般情况下，直接分销的客户都是一些比较大型的零售商，其合作的交易条款基本上都是先货后款。故在订单处理环节一般无需考虑客户的货款问题。

②间接分销

模式间接分销模式之下，一般合作的对象都是 L 公司的经销商。公司会直接为经销商开放下单权，由经销商直接在订单管理系统内进行下单。但 L 公司对于经销商的货款管控比较严格，需要先款后货。相比直接分销的订单处理流程，间接分销模式的订单处理会多一个账款审核流程。系统会根据经销商的实时账户余额情况对比订单金额来进行订单是否放行的审批。如果审批通过，则系统会像直接分销的模式一样，进行配送订单的生成和推送。如果其资金是有问题的，则系统会自动拒绝这个订单。

4）S 系列产品发货运营现状

根据不同的发货目的，S 系列产品的发货运营可以分为调拨发货和订单发货两部分。而订单发货又可以根据不同的业务渠道，分为线下客户发货以及线上消费者包裹发货。所以，S 系列产品的发货大致可以分为调拨发货、线下客户发货和线上消费者包裹发货三种模式。

①调拨发货调拨

发货主要指通过 Hub1 来向另外三大区的物流配送中心进行货物的补给。调拨需

求由计划经理发起，由物流经理所管辖的第三方物流合作伙伴来执行。计划经理会根据区域的需求预测来制定调拨数量。同样的，L 公司考虑到食品质量相关的问题，会要求 S 系列产品必须通过整车来进行配送。整车的装载量为 2700 箱，超出部分则需要安排第二辆整车。实际运作过程中，计划经理会针对超过整车的部分统一下达向下或向上取整的车辆安排指示。一般会优先满足市场的需求。从调拨需求下达至对应的 Hub 完成收货大致需要 3 天左右的时间。其中第一天主要是 Hub1 处理订单，并协调相关的车辆资源。另外的 2 天则主要是在途运输以及清点入库的时间。

②线下客户发货

线下客户发货主要服务的对象是线下渠道。通常情况下，在产品卖进阶段，销售和采购会就后续的相关订单履约要求进行协商一致。包括配送地址、最小起订量、固定下单日、订单获取方式以及物流的配送模式等。

目前，S 系列产品在全国范围内有共计超过 700 个配送目的地。这些配送目的地，包括客户的大仓、客户的门店以及经销商的仓库。四大 Hub 在收到配送订单后，其物流中心的发货系统会自动根据实际库存情况，遵循生产日期先进先出的原则进行配货。仓库同事收到配货单之后会完成货物的拣选和打包，之后则交由运输团队进行配送。运输团队还需负责追踪订单的实际签收情况，并完成 L 公司系统内相应的发货操作。这里值得注意的一点是，线下客户有严格的订单履约要求，会同时考核及时和 100% 交货两个指标。即，若没有在客户指定的时间内送抵货物，则直接会被判罚整个订单都缺交。如果在客户指定的时间内，只完成了部分订单的履约，则剩余部分也将视作缺交。所有缺交部分，客户将按照其采购价格的 10% 进行缺货罚款。

③线上消费者包裹发货

针对线上业务这部分，L 公司主要是通过线上的代运营公司来进行店铺方面的管理。但物流相关部分还是交由 L 公司负责，库存会存放在 Hub1。物流涉及的相关成本均由 L 公司负责。代运营公司每天会定点传输其网上平台的消费者订单给到 Hub1，Hub1 会根据订单明细来进行拣选、打包和快递发运。

基本上，当天的订单，当天晚上都会交由合作的快递公司取走。线上平台同样会对迟交或者缺交的订单进行一定比例的缺货罚款。整体规则和线下部分是一样的，罚款比率会略高一些，为 15%。线上部分的缺货罚款，会直接由 L 公司进行负责。

2.L 公司 S 系列产品多渠道零售供应链关键问题

（1）S 系列产品多渠道零售供应链核心指标介绍与达成情况

S 系列产品于 2019 年正式在国内市场上市，目前仍然处于业务起步阶段。多渠道零售模式的供应链体系本身就具有非常高的复杂性。同时，L 公司本身运营线上供应链的经验也比较少。多重因素的作用下，其日常管理机制始终处于一个实践与修正的迭代关系。L 公司的管理层也意识到了这个问题，故在业务起步之处，主要设定了订单履约率与物流综合成本这两项供应链考核指标。

1）S 系列产品订单履约率考核指标介绍及达成情况

①订单履约率考核指标介绍订单履约率的考核公式如下表：

表 7–2　L 公司 S 系列产品订单履约率考核公式

考核项目	计算方式
订单履约率	客户签收产品箱数 / 客户下单箱数

订单履约率主要考核的是企业对于客户需求的供应能力，即是否在订单有效期之内足量且及时地送抵客户需求的产品。该指标在各行各业内一般都作为核心指标来考核企业供应链部门或者物流部门的绩效表现。订单履约率从考核公式来解读似乎只考核了物流配送这一个环节，实则它体现的是整个供应链各个环节之间的协作结果。任何一个环节出现问题，最终都会体现在订单履约率这个指标上。

另外，从企业的角度出发，订单履约率更加重要，它所体现的现实意义是企业究竟获取了多少收入。销售无论从客户那里获得了多少订单，如果企业没有完成履约，那么这么订单并不能为企业带来收入。反之，还会对企业产生缺货罚款等负面影响，甚至影响到双方的长期合作。对于线上业务更是如此，线上消费者尤其注重时效性的体验，一旦发现企业的履约情况不好，随即会转身前往其他品牌寻求代替品。

②订单履约率考核指标达阶段性达成情况

国内零售行业一般设定的订单履约率标准是 95%。目前 S 系列产品在国内多渠道零售的订单履约表现比较一般，产品自 2019 年 9 月上市至 2020 年 3 月期间，其累计订单满足率仅仅为 76.4%，远低于 95% 的行业标准。在 2019 年 12 月，当月的订单履约率更历史性的下降至 62.8%，这意味着在有接近 40% 的订单没有成功履约。不过在进入 2020 年之后，从整体趋势来观察，S 系列产品的订单履约率表现有好转，呈现上升趋势。

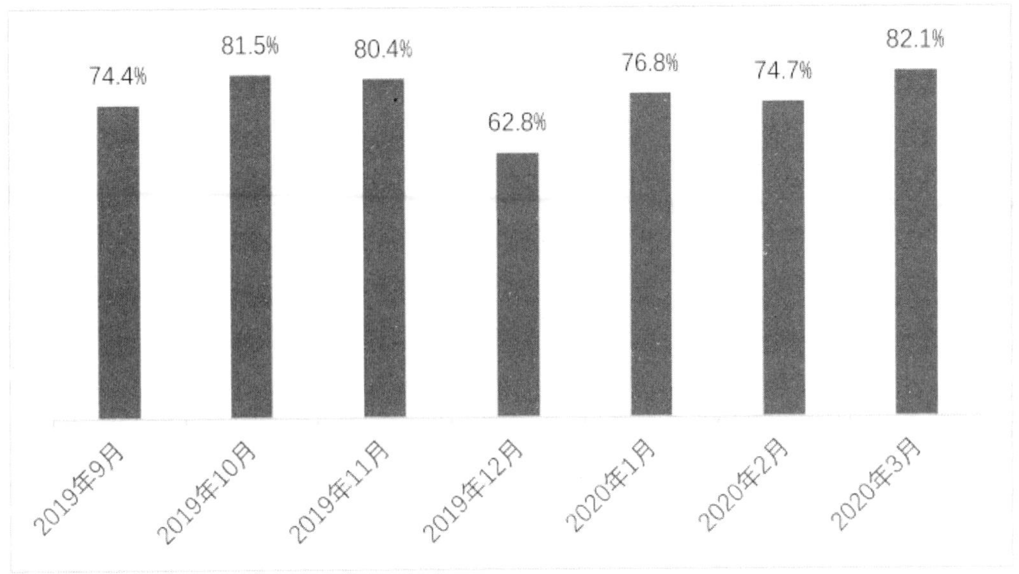

图 7-9　L 公司 S 系列产品订单履约率图

③订单缺交原因分析结合 L 公司 S 系列产品的实际运营数据，具体分析了 2019 年 9 月至 2020 年 3 月的缺交原因。分析结果如图 7-10 所示。

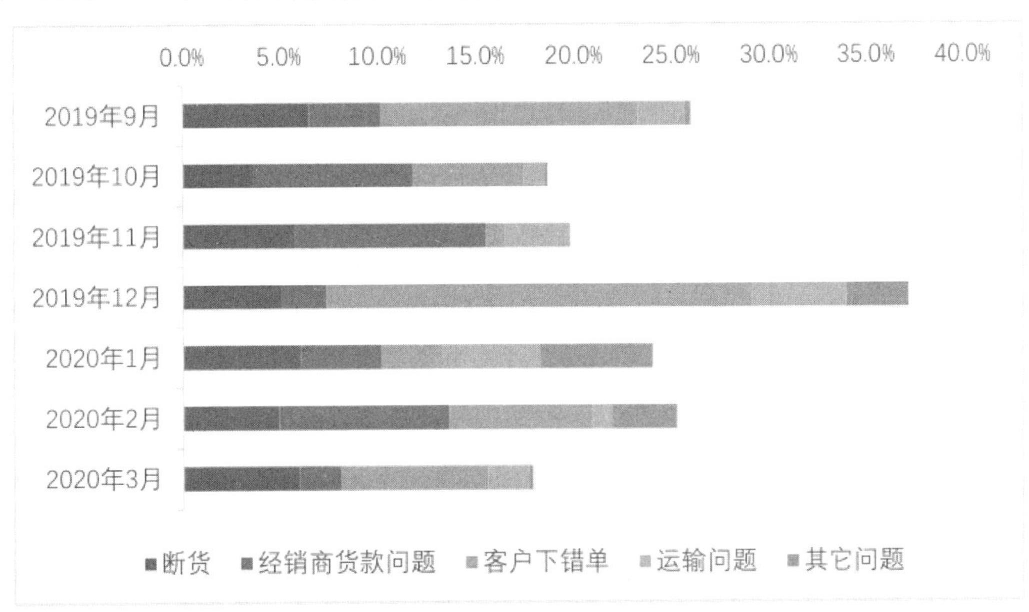

图 7-10　L 公司 S 系列产品订单缺交原因分析图

从上图可以得知，L 公司 S 系列产品的订单缺交主要集中在四个方面，即断货问题、经销商货款问题、客户下错单问题以及运输问题。断货问题主要描述 L 公司没有足够的货物来满足客户的订单需求。经销商货款问题主要描述经销商在未付款的情况下了很多无效订单。客户下错单主要描述因客户系统的设置问题，导致很多订单是无效的。运输问题则主要描述运输环节的工作失误导致未成功履约。从以上图表的趋势可以看出，经销商货款、客户下错单以及运输问题等一系列运作质量方面的问题经过一段时间的磨合，已然被优化得越来越好。整体导致的缺货情况呈稳步下降趋势。而缺货这一部分，却始终没有比较大的改善。

2）S 系列产品物流综合成本考核指标介绍及达成情况

①物流综合成本考核指标介绍

物流综合成本考核公式如表 7-3：

表 7-3　L 公司 S 系列产品物流综合成本考核公式

考核项目	计算方式
物流综合成本	物流总支出 / 订单总销售额

物流综合成本主要考核的是阶段性和产品流通环节相关的所有物流成本的支出情况。一般情况下企业会设定一个固定目标值。但是，不同的产品属性会导致其物流成本或者产品卖价有非常大的差异。所以，企业一般会根据自己的实际运营情况来设计其考核指标。订单履约率和物流综合成本往往是一对天生的敌人。订单履约率的提高一般建立在比较高的库存水平以及高效的配送模式上。而做到这两点，则往往需要提高仓库以及配送成本。相应地，物流综合成本也会因此而提高。通常情况下，企业在为其供应链或者物流部门设置订单履约率考核指标的同时一定会辅以物流综合成本这一指标，从而确保企业整体的盈利性。

②物流综合成本考核指标达阶段性达成情况

关于 S 系列产品的物流综合成本，L 公司地将其定义为进口环节相关的海运费、报关操作费及国内段的短驳运输费用等、国内环节的仓储费及进出库费、国内环节各个仓库之间的调拨费用、国内线下业务的配送费以及国内线上业务的快递费用等几部分的总和，年度目标为 9%。自 2019 年 9 月上市至 2020 年 3 月期间，其累计物流综合成本费用比率为 13%，高出企业所设定的目标。

③物流综合成本偏高分析

对于 L 公司 S 系列产品的物流账单进行核查之后会发现，其额外支出主要来源于进口及调拨环节的运输安排不经济。即，计划经理在部分时刻，为满足所有需求预测的量，即使满载率极低，仍然启用整柜或者整车的运输方式来运载货物。

此外，还存在一些客户端收货环节的异常操作费用。比如，需要 S 系列产品在客户的大仓现场完成整箱改盒装的操作，或者需要根据客户的内部管理需求进行重新贴标。这一系列的操作成本虽然单价并不高，但是由于发生的频率比较高，最终还是导致了小部分的物流综合成本提高。

3）S 系列产品多渠道零售供应链核心指标达成情况总结

纵观 S 系列产品阶段性的供应链核心指标达成情况，无论在订单履约表现还是物流成本表现都不尽如人意，相距L公司所设定的目标都存在一定的距离。

订单履约率方面，虽然目前存在很多的订单缺交原因，但是结合缺交原因以及趋势图来观察，会发现经销商货款问题、客户下错单问题以及运输问题等运作方面的问题正逐步好转，所造成的缺货比率也越来越少。

而断货问题却始终没有任何好转，所以下一阶段应把订单履约的优化重点聚焦在断货问题上。而物流综合成本偏高的原因则主要集中在运输资源的不合理分配上。客户端的异常操作虽然也会带来一定的成本提高，但其相对不可控，并且所产生费用也比较有限。所以在下一个阶段，客户端的异常操作并不是优化重点。

此外，这两项核心指标的不达标也反映出目前L公司的供应链运营存在不少的各个环节之间的协调问题。需要找出并解决其中的关键问题，才可以提升整体供应链的服务水平，进而提升整体公司的业绩表现。

（2）S系列产品多渠道零售供应链关键问题描述

结合S系列产品供应链阶段性的核心指标达成情况分析以及企业的供应链运营现状，可以把S系列产品的供应链运营关键问题归类为S系列产品多渠道零售断链问题以及S系列产品多渠道零售供应链高成本运营问题两大类。

1）S系列产品多渠道零售供应链断链问题

断链问题，即企业所谈及的断货，主要描述的问题是企业不具备充足的库存来应对客户的订单。断货问题最终会造成订单履约率的丢失，继而影响到企业的收入情况。目前,缺货问题依然是S系列产品订单履约率提升的最大瓶颈。从断货的表现形式区分，可以分为全国范围内断货和区域范围内断货。

①全国范围内断货问题

即全国范围内所有的物流中心均不具备该货物，从而导致全国范围内的订单都无法履约。通常，这类情况是非常严重，除了招致正常的客户缺货罚款之外，还有可能直接引发产品的关码。继而导致缺货商品即使后续恢复了供应，也无法在客户端继续售卖。

②区域范围内断货问题

企业一般会按照区域划分来设立多个物流中心，各个物流中心负责各自区域内的订单配送，互不干涉。各物流中心之间只能通过调拨来完成货物的转移。一般而言，调拨只能通过中心物流仓库来向其他区域仓库进行调拨。这里提及的区域范围内断货主要描述的是客户所处区域的物流中心已经断货，故无法完成客户订单的履约，但是全国范围内的其他物流中心还是具备此货物的。

2）S 系列产品多渠道零售供应链高成本运营问题

根据现状，S 系列产品多渠道零售供应链高成本运营问题主要集中在采购到货环节以及调拨发货环节。

①采购到货环节高配送成本问题

L 公司 S 系列产品直接美国工厂进行采购，采购价格统一，无任何折扣。根据双方的贸易条款，货物在美国装船后所有的物流相关费用均由国内 L 公司 S 系列产品的项目组所承担。根据公司相关的食品安全规定，所有的运输环节，S 系列产品均不可以和其他产品进行联合运输。集装箱有固定的最大装载量，但是需求预估的结果并不会考虑这方面。这意味着在运作层面，计划经理需要判断是否牺牲装载率而确保更多的货物可以运抵国内。而为了更好地提高订单履约率，计划经理会比较多地采用向上取整的方式保障所有的需求都被满足。而这样的操作模式，就会带来很多的额外物流成本。

②调拨发货环节高配送成本问题

调拨环节与采购环节一样，根据 L 公司内部的规定，同样需要独立的配送车辆来进行运输，且收费模式也是按车次来收取，不同的路线有不一样收费标准。从实际运营数据来看，其国内调拨段的车辆装载率比较差，仅仅为 44%。这说明很多紧急的货物，在装载率极低的情况下就包车发运了。

（3）S 系列产品多渠道零售供应链关键问题成因分析

1）S 系列产品多渠道零售供应链断链问题成因分析

1）全国范围内断货问题成因分析

第一，海运进口到货时间晚于预期导致的缺货。货物从美国工厂最终送抵至中国境内的 Hub1，其物流动线非常长，且中间涉及出口报关、海运、进口报关报检等多个不可控环节。这一列的环节都极易出现异常，而任意一个环节出现问题，都会导致整体的到货时间延误，从而最终引发全国性的缺货。另外，中美之间的特殊“贸易关系”又增添了额外的一份不确定性。当然，这部分的占比比较小，2019 年 9 月至 2020 年 3 月的期间，仅发生过一次，且仅针对少数集装箱。

第二，工厂产能问题使得采购订单无法满足导致的缺货。S 系列产品在已经上市的几个市场的突出表现，超出预期，尤其是美国当地市场的表现更是成倍的在上涨。这使得美国工厂的产能偶尔会发生供不应求的情况。这种情况下，就会对市场所下的订单数量进行向下微调，一定程度上可能造成全国范围内的缺货。根据实际的运营情况，这部分的影响同样比较小。

第三，产品质量问题使得产品无法售卖导致的缺货。由于 S 系列产品的制作工艺

比较复杂，导致其成品的次品率也比较高。综合历史的采购数据来看，S 系列产品的次品率达到 3% 以上。主要有融化、产品重量短缺、产品外包装信息打印错误等次品情况发生。L 公司在 Hub1 的收货环节会逐一甄选合格产品。而这一系列的质量问题均有可能造成短暂的缺货影响。同样的，这部分的影响也相当小。

第四，采购环节的采购数量低于需求预测数量从而导致的缺货情况。这一情况比较普遍，主要原因就是市场的需求预测数量和集装箱的满载率形成了比较大的矛盾。面对这种情况，计划经理通常采取向上或者向下取整的方式来做决策。区别在于，向上取整时，确保了需求预测的数量可以百分百供应，但是损失了一定的物流成本。向下取整时则截然相反，虽然没有 100% 满足市场的需求，但是比较好地利用了物流资源。在 L 公司 S 系列产品的实际运营过程中，这部分因向下取整所导致的缺货会占据整体缺货中比较多的部分。

第五，需求预测的结果和实际客户的需求偏差比较大，导致其供应计划无法满足客户的订单要求。

②区域范围内断货问题成因分析

与采购环节的情况是一样的，S 系列产品在调拨环节同样会遇到需求预测数量和整车满载率之间的权衡决策。计划经理同样会采取向上或者向下取整的方式进行决策。该操作所导致的缺货也会占到整体中比较大的一部分。另外，当区域需求预测的准确性偏低，同样也会导致区域的供应计划无法满足区域客户的真实订单需求。

2）S 系列产品多渠道零售供应链高成本运营问题成因

①采购到货环节高配送成本问题成因

采购到货环节的高配送成本主要是因为集装箱的装载率不够高所导致的。而之所以不够高，主要有以下几个原因。

a. 需求预测的结果无法完美匹配集装箱的装载率，供应链计划经理考虑优先满足需求，从而导致其集装箱装载率不高。这部分占比比较高。

b. 需求预测的结果是几乎完美匹配的，但是美国工厂由于产能问题，调整了中国市场的订单量，从而导致最终其货量无法完美匹配集装箱的装载要求。

②调拨发货环节高配送成本问题成因

调拨环节所产生的高配送成本问题一方面是因为向上取整的决策模式导致物流成本激增。另一方面则是因为偶然性的需求预测结果过低，从而导致计划经理需要频繁性的通过小波次的调拨来进行调整，进而及时满足客户的需求。然而，这些紧急调拨安排，单次配送的量都极其少，远远不满一车。从而最终导致其调拨配送成本居高不下。

第四节　供应链管理环境下库存控制的新策略

供应链库存管理出现的问题，必须要有相对应的措施。比如树立整体观念，整体观念的树立必须出自于企业间较强的合作意识和合作行动，这样树立起来的整体观念才是可行可靠的；另一个是有效减少牛鞭效应，减少误差，降低成本；还有就是建立信息共享平台，快速有效的传递信息等。

一、库存管理优化思路

库存优化不是一味追求降低库存，而是结合企业自身状况、处在供应链中的地位以及影响力等因素，并依据企业当前存在问题及其原因分析，在此基础之上寻求适合企业自身发展的最优方案，确定最适合企业自身的库存数量。力求做到在不影响企业正常生产运营的前提下最大程度减少库存的资金占压和空间占用，合理利用仓库空间，减少搬运，做好产成品的包装和防护工作，减少产品的损害。通过对企业库存管理的综合评价结果以及该企业不足之处的原因分析可以发现，目前企业库存管理存在着“内忧外患”的两面夹击，即在供应链利用和管控方面做得不理想，参与供应链战略程度低，同时企业内部也存在诸多问题，如企业内部的存货周转率较低，仓库有效使用面积方面的管控较弱等。

企业从所从属供应链的上游、自身、下游以及整体四个方面来进行库存优化，具体包括：源头库存优化、企业内部库存优化、基于消费者的库存优化、基于供应链思想的库存优化。

二、库存管理优化策略

1. 源头库存管理优化策略

源头库存管理优化顾名思义，就是从采购原材料出发，结合供应商，进行库存优化。通过采购管理降低物料成本是企业减少物资资金占压，进行企业库存优化的一个极有潜力的途径。

（1）制定采购管理目标

当前企业存在采购不合理的地方，采购管理人员对采购过程的考虑过于片面，建议采购人员在采购过程不仅要考虑减少费用，也应站在组织战略的角度为企业考虑长远的发展和利益获取，为此需制定合理的采购管理目标。采购管理目标可制定为：为

企业提供不间断的物资流、供给流和服务流；给不同物料分别制定其适合的质量检查标准；使库存投资和损失达到最小；寻找优质供应商，并建立长久的合作关系；实施标准化采购；用最低的价格采购到符合质量标准的物资；与企业的其他部门做到协调；用尽可能少的管理费用达成采购目标。

（2）转变采购模式

当前有些企业采购方式为传统采购管理，是基于库存的采购，各级企业信息不透明，很难避免产生需求信息扭曲或放大的问题，从而导致高库存。供应链采购模式下，供需双方以建立战略性的合作关系来实现库存数据的共享，令信息变得透明，减少需求信息失真和不确定性需求带来的采购决策压力，并通过共同协商制定采购计划，减少双方时间和精力的浪费。所以将采购模式转成供应链采购模式是更为合理的选择。供应链下的采购管理模型如图 7-11 所示。

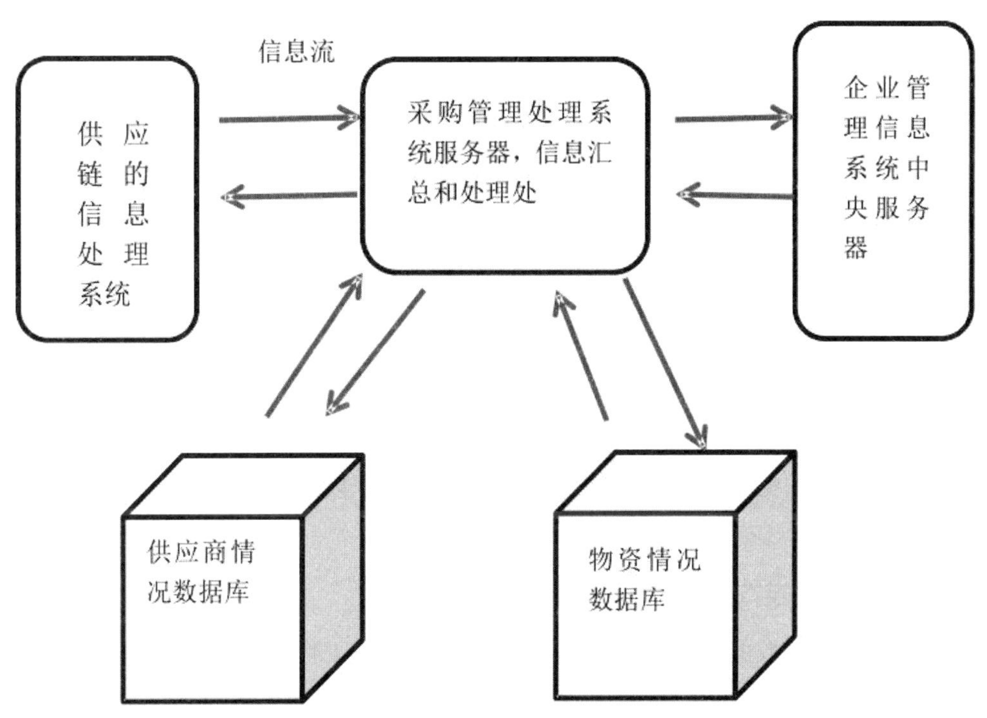

图 7–11　供应链下的采购管理模型

（3）选择优质的供应商，与之建立长久的合作关系

企业首先应当摈弃与供应商单纯的供需关系，打开信息共享大门。企业与供应商之间良好的合作关系是采购策略成功的关键。

例如有些企业作为中外合资企业，供应商有国内的也有国外的。不同供应商提供的原材料会存在少许差异，类型型号和质量都会有差异，这样会造成一些生产的不匹配。选择供应商的数量越少越好，既对建立长久的合作关系有利，也可以增加采购效率，降低一些费用。对于供应商的选择，企业首先要制定供应商评价标准，在评价的基础上选择各方面来说都优质的供应商，选择供应商最基本的思想就是从供应商拿到的产品没有质量问题。在与供应商的关系上不能操之过急，这是一个不断磨合的过程，不能见不得半点矛盾。供应商管理的措施给出以下几点建议：实施程序化和标准化的管理；定期会晤，并建立供应商数据库；避免中间商赚差价，直接找到采购原材料的源头企业，缩短采购渠道。

（4）采用更先进更科学的方式进行市场需求预测

采用科学的数学方法进行计算可以有效避免一些情况，当然，无论哪种预测方式都需要企业对自身和行业的发展情况有整体把握，也要结合往年的产品相关数据，在空间和资金允许的范围内，综合订货成本、物流成本、储存成本、缺货成本和丢单成本等要素，采用数学方式计算进行计算订单与订购频率，达到存货量和订购次数的均衡。常用的科学的数学方式有线性规划、时间序列预测法、指数平滑法和回归分析等。

（5）科学安排辅料

辅料在 ABC 分类法里面属于 C 类材料，数量居多，但价值不高。辅料虽然在生产中不占据主要作用，但是也是生产产品必不可少的原料之一，辅料数量居多，会占据大量仓库空间，在管理和维护上也需要一定的费用。

例如某企业的辅助材料像包装物就数量巨大，其中盘轴每半个月就需要 55000 个，焊丝桶每周需要 6000 个，托盘每周需要 3000 个，而且这些辅料订购周期短，再综合考虑到此类材料相比于主要原材料要轻便得多，而且在该企业中，辅助原材料均为国内厂家提供，且提供此类产品的厂家较多，选择一家距离企业最近的选购供应商，并建立起长久合作的关系，小规模使用供应商管理库存模式，将一部分必要却不关键的辅料库存移交给供应商。

2. 企业内部库存管理优化策略

对企业内部可控的库存进行管理更是企业的本职工作，应当看做库存优化的重点工作。

（1）改善仓库管理

从评价过程和结果可以看出仓库的有效使用面积有待优化，物料摆放也有待改善。物料的放置要遵循以下原则：避免不必要的搬运和移动；先进先出（考虑到保质期的原因）；利于货物识别，便于取放；避免破损；合理使用仓库面积。检查企业有没有违背这些原则的做法，有的话要尽快改善。在物料分类的过程中，为使仓库面积得到最大程度的合理使用，可以采用 ABC 分类法和关键因素法相结合的方式对各个物资进行分类。还有一个可以提高仓库有效使用面积的方法，一些企业是划区块对物料进行存放，所以在制定仓库的利用计划的时候，应对每一个区块场所进行编号，每一区都要有名称或者代号，然后按照物资的不同分类将所保管的物资放置在一定的货位上，严格按照商品特性明确规定的存放区域放置。

（2）加强企业信息化建设

对一个企业的长久发展来说信息化建设是必要进行的。信息化建设不仅可以更高效的管理库存,还可以及时将信息反馈给各个部门,加强各部门之间的协调。另一方面，也可以和供应商之间进行跟高效的交流，以缩短定会时间，降低成本。信息化加强更便于引进先进的库存管理技术，比如 RFID 技术，此技术可以在原材料出入库时对其信息进行快速地读取，并将读取的数据记入计算机中，这样对原材料便可以达到有效的监控。

（3）实行部分零部件外包业务

外包业务是现代企业常用来的减轻自身资金压力的一项选择。在一些企业中并没有实行外包业务，对于所有产品都是自身生产，这点需要改进。其实实行部门非核心零部件外包业务，对企业来说利大于弊，一方面减轻了企业的资金压力，也做到了库存的清减；另一方面可以使企业专心发展核心产品和相关业务，提高企业核心竞争力，更灵活的面对复杂多变的市场环境。

（4）提升存货周转率

通过分析可知，一些企业的库存回转率相较于同行业处于一个较低的水平，所以要采取一些措施来提高企业的存货周转率。针对这些企业的特点可以采用以下措施：严格控制主要物资的数量，加强生产各工序的联系，使得物料周转的速度和效率得到提升,能够快速地投入销售;滞销产品和高龄库存进行降价处理;促进销售和生产力度;采用先进的信息技术缩短接收订单到生成原材料采购单的时间；缩短周期；制定准则，非特殊原因进货商不得延迟提货。

（5）加强企业内部信息的传递

信息要做到准时准确这两点才算是有用的信息，不然就会带来负面影响。在企业中信息的交流与沟通是企业有效运转的关键。企业导致三项资金占压大的关键原因就是库存高，而库存高的其中一个元凶就是信息沟通的不及时，信息一旦出现延迟就会失真，给企业带来不利的影响。各部门之间一定要做好沟通问题，比如销售部门将销售计划和顾客反馈的信息及时传递给采购部门和库存管理部门，就能使得采购和库存管理部门及时地对采购计划和库存设置计划进行合理的调整。

3. 基于消费者的库存管理优化策略

俗话说，顾客就是上帝。可见加强顾客建设对于一个企业的发展是多么的重要。

企业要发展，就必须坚持走客户导向的定位。在销售过程中，与顾客衔接的库存管理也不可以忽视，考虑一些企业自身状况，并针对顾客满意度的分析和顾客满意度指标的评价结果和过程对企业提出以下几项基于消费者的库存优化策略。

（1）做到交付的及时性和完整性

在接收到顾客订单后，首先看清顾客的要求，看顾客需要什么类型的产品，数量是多少，什么时候要，送到什么地方等关键信息，然后制定满足客户要求的生产计划。首先要做到确保质量达到合格以上标准，其次要做到在运输过程做好防护避免质量受损，总之就是做到将最完美的产品按时交给客户指定的地方。

（2）强化企业对突发订单的应对措施

对于突发订单，企业要有快速反应的能力，要制定一个措施专门应对这样子的情况，为了不给库存增加压力，就要结合这种情况出现的次数，结合缺货成本和满足突发订单的成本进行比对，选出企业损失最小又让顾客满意的生产计划。

（3）建立敏锐市场洞察能力

对市场洞察是掌握市场信息的前提，也是根据外部市场环境进行预测生产的关键。

（4）适当进行顾客调查

要想在同行业中处于竞争优势就要弄清楚顾客的需求，企业应当充分发挥自己的企业优势，在对市场把握的基础上，通过调查顾客需求，弄清楚客户想要什么，然后根据客户要求大胆设想，开拓自己的思路，对企业进行不断地提升。这样做技能为自己长远的发展打下基础，又能更好满足客户的需求，提高客户满意度。

4. 基于供应链思想的库存管理优化策略

供应链思想是先进的集成化思想，在供应链思想前企业之间是一种相互竞争的相处模式，体现的是机会主义和利己主义，并不利于企业的长久发展。所以企业要进行改变，以战略合作取代自私行为，将构建基于供应链的契约合作当作发展任务，通过建立长期的友好合作，提高供应链节点企业的协调度，降低交易成本，以提高整条供应链利益为共同目的，实现企业间的共赢，使各方都能从中获益。

（1）帮助企业各部门建立起供应链的整体观念。

目前一些企业对供应链思想认知方面存在不足，对供应链整体观念不强。企业领导要明确告诉企业各部门企业的利益和供应链的整体利益是呈正相关的，企业虽然是一个独立的单元，有自己的发展方向和目标，但是当自身利益和整体利益发生冲突时，不能只考虑自身的利益，因为供应链是一个整体，如果所有供应链上的企业都只考虑自身的利益，必然会在供应链中体现出强烈的矛盾，从而导致供应链整体效益低下，进而影响各个企业自身的利益，更有可能在与其他供应链的竞争上处于弱势，得不偿失，所以企业应该帮助各个部门建立起供应链的整体观念，要有一荣俱荣的思想。

（2）建立高效的信息传递系统

供应链上信息的传递对企业的运营十分关键，尤其作为制造企业，十分需要供应链上节点企业之间的需求预测、库存状态和运输能力等数据，依据这些数据制定生产计划能够快速有效地响应客户的需求。但是及时准确地获得这些数据并不容易，调动这些相关数据的工作量特别大，因为这些数据不是单一从一个企业获取的，而是从很多不同的企业中获得，所以获取难度相对比较大，需要较长的时间才能获取完整，但是所需时间越长，对生产预测的误差就会越大，对顾客订单的反应能力就越差，从而导致企业生产过时的产品并持有较高的库存，给企业带来不可估量的损失，所以必须在供应链上与相关企业建立起高效的信息传递系统，只有这样信息才能得以实时的传递。建立高效的信息传递系统需要对供应链的信息系统模型进行信息系统集成，只有系统集成，供应链上的信息和数据才能及时准确的传播，才能减少由于信息获取时间过长而引起的误差。

（3）建立起能体现供应链管理思想的有效库存控制方法

当前一些企业采用的是传统的库存控制策略，比较简单化，采用的信息基本来自企业本身，没有体现供应链管理的思想，更无法反映不确定需求的状况。对库存进行掌控以保证供应链平稳运行，同时应对不确定性需求。但不确定需求是难以掌控的，它始终处于动态的变化之中，所以要建立起能体现供应链管理思想的有效库存控制方法，做到掌握和追踪不确定性状态并依据追踪到的信息制定更为合理库存控制策略，不能局限于仅依靠企业自身信息。

（4）增强与供应链上相关企业的协调性，建立战略合作伙伴关系

供应链是链上所有企业构成的一个整体，节点上所有企业活动协调才能取得整体最佳运营效果。协调可以让高质量信息在供应链中畅通的传递，让供应链上相关企业步调一致，形成良性循环的供需关系，共同应对顾客要求和复杂多变的市场环境，在与其他供应链竞争中处于优势。建立其战略合作伙伴关系，让企业间的信任更进一步，让彼此间的信息更加的透明，从而避免企业在需求不定的情况下维持较高的安全库存，降低企业的资金占压。要进行有效的合作和协调还需要建立一种有效的激励机制，增强供应链企业之间合作的稳固性。

三、优化实施总结

对于企业库存优化策略总结为以下四个方面的优化实施建议：

1. 与供应商建立合作

海尔是实施零库存管理的成功案例，零库存对一个企业来说是一个理想的状态，但并不是所有企业都适用，零库存管理的实施对企业要求很高，海尔之所以成功是因为海尔公司一个大型企业，在供应链中处于绝对的主导地位，并且有着发达的信息技术作为支撑，可以便捷地利用供应链上下游之间的信息流和物流。

因而，与供应商建立合作，是企业进行库存优化的关键，一方面两者通过合作可以达成共赢，减少买卖双方的机会主义，利于长久相处关系；另一方面通过合作企业可以节省订货、运输和存货等一系列成本，供应商可以拥有忠实的顾客关系。

2. 优化自身仓库

对于某些企业来说，提升自身企业内部的库存管理能力是自己的本职工作，做得好与坏与自己的切身利益密切相关，并且通过优化，可以有效地降低成本和提高效率，在竞争中取得成本优势，使企业得以更好的发展。企业库存管理的优化实施最好是从自身做起，可以增加奖惩机制作为激励手段。

3. 提升顾客满意度

顾客是企业利益的来源，抓准顾客的需求才能为企业谋取更多的利益。对企业而言，顾客忠诚度是十分关键的，顾客对企业越忠诚，越能成为企业的稳定顾客，稳定顾客基数增加是企业巩固和扩大市场，增加市场占有份额的保障，同时获得稳定客户的好评会使企业吸引更多客户，如此良性循环是企业发展扩大的关键，所以为顾客提供优质服务来提升顾客满意度，以获取顾客忠实，并提升企业知名度和美誉度对企业发展至关重要。在提升顾客满意度实施方面最重要的就是以顾客需求为企业生产核心导向。

4. 加强供应链战略合作关系

建立战略性合作伙伴是企业及时有效利用供应链上的信息和资源的关键途径。要将与供应链上的其他企业建立起长效稳定的战略合作关系作为企业发展的长期任务之一，长期有效地进行信息共享，共同制定相关决策，营造企业间的共同目标，实现供应链整体绩效最优，以整体带动个体，形成一种共赢的良性的发展模式。

四、供应链环境下的库存控制案例

企业特别是制造型企业，要想提高市场竞争力，需要不断优化其供应链运作管理，如何实现供应链运作成本的最小化和供应链效率的最优化，已成为企业和学界的一项重要研究课题。库存管理服从整体供应链的目标，是供应链管理中不可或缺的重要组成部分，要提高企业供应链的竞争力，一个重要的指标就是确保企业供应链各个节点的库存控制有效。库存是为了用于将来目的的、暂时处于此安置状态的资源。库存价值的存在包含两个对立的层面，一方面，高库存可以保证原料和产品的可获得性，防止供应不足，确保生产和经营规模，降低订货成本，减少紧急订购方面的压力，防止因缺货而不能满足客户需求的损失，可以提高客户满意度从而提高市场竞争力。另一方面，库存过高会导致大量资金被占用，资金使用成本过高，还会影响资金的时间价值和机会收益；库存过高还会提高库存管理成本如企业仓库面积的增加、人力的投入等；还会造成产品和原料的有形和无形的损耗，造成企业资源的闲置和浪费；同时，库存水平过高还会掩盖企业经营活动中的各种问题，企业管理水平难以提升。近年来，企业融资成本上升，原材料价格不断上涨，人力成本也在不断增加，随着中美贸易战的加剧，供应链的转移和贸易壁垒造成部分产品的可供应性受到限制，关税政策的影响造成企业材料获得成本提升，因此，采用适合的库存控制方法，实现供应链成本的最小化和供应链效益的最优化，减轻企业的经营压力，在目前的形势下颇具现实意义。

1.BEC 公司库存控制优化方案

（1）建立有效的库存 ABC 分类管理

ABC 分类又称帕累托分析，它是根据事物在技术或经济方面的主要特征，进行分类排队，分清重点和一般，从而有区别地确定管理方式的一种分析方法。由于企业内部库存物资种类繁多，如果管理者对所有库存物资均匀地使用其精力，会使得有限的精力过度分散，只能进行落后的粗放式管理，管理效率低下。ABC 分类法帮助管理者在管理过程中，着重加强对重点物资的管理。

从 BEC 公司库存控制的问题分析可以看出，BEC 公司对于物料的 ABC 分类是以单价来区分的，便于仓库对库存进行分类管理和财务审核，但是没有考虑到应该依据物料占目前以及未来一定时期总消耗库存金额的百分比来进行分类。从供应链的角度来看，即使一个很便宜的螺丝，尽管其单价很低，但是如果其使用量非常大的话，它需要占用公司未来消耗的库存金额就很大，达到一定程度后就需要特别管控。

（2）建立有效的供应商管理库存模式

供应商库存管理模式（VMI）是一种先进的供应链库存管理策略，打破了供应链上的上下游企业各自为政的库存管理模式，体现了供应链的集成化和系统性的管理思想。实施 VMI，可以使供应链合作伙伴减少供应链的总库存成本，提高服务水平。

目前 BEC 公司物料的 VMI 程度不高，主要体现在：

1）就 VMI 的原理来讲，库存的管理和决策权掌握在供应商端，目前 BEC 公司对 VMI 供应商的约束能力不高。由于电子元器件市场价格波动剧烈，市场好的时候供应商会把 VMI 的库存转售获得更大利益；市场不好的时候供应商会为了自己的利益逼着 BEC 公司吸收 VMI 库存。

2）不同的供应商为相同项目提供产品清单上的料件，但是供应商只会管控自己的原物料而不能看到整个物料清单上的料件齐套的信息，这样会造成供应端有的原材料缺料，而有的原材料库存积压的现象。受此情况影响，供应商备 VMI 库存的意愿并不高。

3）我们知道，供应链有三大不确定性即：供应的不确定性、生产的不确定性和需求的不确定性。上述三种不确定性又以需求的不确定性对供应链的影响最大。来自需求端的长鞭效应往往会扩大供应端 VMI 备货的规模，BEC 公司作为 EMS 服务提供商，在需求变化和客户谈判 VMI 多余库存责任归属的时候，往往处于弱势地位。因此 BEC 公司不能及时和供应商解决关于 VMI 多余库存责任归属的问题，造成 VMI 执行不顺畅。

为了提升 BEC 公司的 VMI 水平，建立有效的 VMI 库存管理模式，BEC 公司在实施 VMI 过程中应该实行以下步骤：

①整合供应商资源和发展核心供应商。

目的是减少供应商数量，进行集中采购，实现规模效应。整合好供应商资源，可以建立公司和供应商之间的长期稳固的合作关系。在这样的合作基础上，可以降低采购及供应商管理成本，提高信息共享的效率，改善供应商服务水平，提高供应合作关系水平和降低不确定性，这样和供应商的 VMI 合作才能持久。BEC 公司需要和选定的 VMI 合作供应商签订合作框架协议，确定订单处理的业务流程，相关库存控制的参数，订货点，Min/Max 库存水位等。

②选择合适的原材料进入 VMI 清单。

BEC 公司的物料编码根据项目来区分，实际不同项目之间有很多共用物料。如 EMR3A567 合格供应商清单为 A，B，C，IBM4B639 合格供应商清单为 C，D，E。这样 EMR3A567 和 IBM4B639 之间合格供应商清单中 C 是共用的，这样可以选择把 C 加入 VMI 清单，这样可以提高采购量，同时实现采购价格的降低，还可以在不同项目间的平衡需求变化。同时，选择市场上的通用物料且价格合适的物料进入 VMI 清单，以便需求发生变化的时候供应商可以转售 VMI 多余库存，降低库存规模和呆滞物料。另外，选择用于生命周期大于 1 年产品的物料进入 VMI 清单，这样才能保证 VMI 供应的稳定性。

③我们知道供应商只会管控自己的原物料而不能看到整个物料清单上的料件齐套的信息，这样的 VMI 组织方式并不能保证对 BEC 公司生产环节的配套供应。另外客户需求变更的滞后性也会造成供应商没有反应时间及时处理多余 VMI 库存。因此，需要采用先进的信息技术来保证数据传递的及时性和准确性。BEC 公司可以通过 EDI 的方式，及时传递公司需求变化、生产排程等信息给供应商，同时做到订单、送货资

料及发票的电子化，以提高反应速度，做大数据实时共享，最大程度增加数据交换速率，从而达到降低库存成本的目的。

（3）基于协同规划、预测与补货的供应链库存管理

协同规划、预测与补货（CPFR）始于沃尔玛推动的协同预测与补货 CFAR（Collaborative Forecast And Replenishment）。CFAR 是指通过零售商与供应企业的合作，利用 Internet 共同作出商品销售预测，并在此基础上实施连续补货的系统。CPFR 在 CFAR 的基础上，进一步推动供应链上合作企业共同计划的制定，是指协同预测、规划与补货。即供应链上合作企业之间需要紧密合作，不仅合作企业实行共同预测和补货，还相互共享物料供应、产能瓶颈和市场状况等信息，原本各企业内部的需求与供应计划也由供应链各企业共同参与。因此可以在尽可能满足最终客户需求的前提下，减少整个供应链的库存，消除长鞭效应，从而达到降低成本，提高效率和增强竞争力的目的。其核心是协同，需要客户、公司和供应商之间必须建立信任和承诺的机制，要求长期承诺公开沟通、信息分享，确定协同性的经营战略。

目前 BEC 公司的实际情况是大多数客户只关心他们自己的需求能否被满足而不关心供应商的实际供应能力。另外有些客户对自己的预测准确性程度把握比较低，预测随意变动。导致的现象是客户对供应商的交货能力不信任，经常把需求夸大；供应商也不相信客户的预测，甚至会根据自己的判断进行二次加工。这样就造成供应商判断错误后满足不了客户需求而客户因为供应商满足不了需求从而越夸大预测的恶性循环。

为了解决这样的问题，需要做到以下三个方面：

1）和客户签订协议，利用协议约束客户提高预测的准确性。

和客户的协议中约定库存周转率，如双方约定在满足一定服务水平的条件下的库存周转率是 15，如果因库存周转率低于 15 而产生的多余库存客户应当按照合同约定来承担多余库存的持有成本。由于客户预测差异而导致的额外库存，需要客户吸收。呆滞库存客户需要回购或者承担库存持有成本。这样可以促使客户认真对待预测从而提高预测的准确性。

2）改善与供应商之间的关系，与关键供应商建立战略合作伙伴关系。

合作伙伴关系将会激励供应商在产品创新和改善客户服务方面得到提高。要与供应商一起“做大蛋糕”，而不是零和博弈。BEC 公司应积极沟通供应商，完善对供应商的采购机制，及时主动履行和供应商的有关协定，做好产品销售信息对供应商的反馈工作，积极参与供应商的工艺改进和创新研讨，主动配合供应商新品市场推广。同时对有关供应商进行能力评估、满意度调查和绩效评定，要求供应商持续改善，并奖励优质供应商。

3）提高运营管理水平，提高供应链管理柔性

BEC公司要提升内部管理效率，积极推广自动化，缩短内部反应时间，灵活调整内部计划以满足合作伙伴或顾客的需要，能够在保证质量的前提下低成本高效率地生产出满足顾客和市场需要的产品。在物流方面，能够在合理的成本水平下，采用适合的运输方式在约定的时间和地点收集和配送合适的产品、资源或者服务以满足合作伙伴乃至最终顾客的需要。

（4）销售和运营计划的定期评审

销售和运营计划是一个持续不断地对战略商业计划进行修正和协调不同职能部门计划的过程。销售和运营计划涉及到销售和市场营销、产品开发、运营及管理等跨职能的商业计划，是制定公司运营计划的基础。销售和运营计划是一个动态过程，在这一过程中需要定期更新，至少一个月更新一次。该过程始于市场和销售预测，需要将实际需求与销售计划进行比较，评估市场潜能，并预测未来需求。更新之后的市场需求计划传达给采购、制造、工程和财务部门，这些部门需要调整相关计划，以支持修正的市场需求。如果这些部门发现他们无法适应新的市场需求计划，则要对市场需求计划进行调整。这样，不同部门的活动协调起来，才能有效实现企业商业计划。

销售和运营计划的逻辑如图7-12所示。

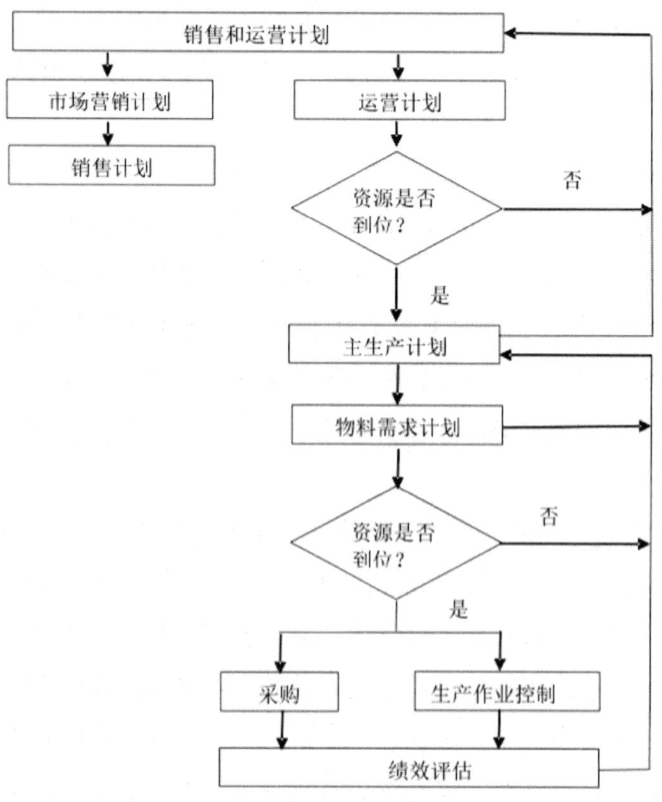

图7-12 销售和运营计划逻辑图

要定期评审销售和运营计划，BEC 公司应按照以下步骤来进行：

①第一步，收集各个项目的需求预测。通常来讲，需要客户提供 12 个月滚动的销售预测，并和客户沟通确认预测的有效性。同时，项目部还需要统计过去 12 个月的销售预测和实际销售情况相比较，分析订单交付达成率，按照历史数据来验证未来销售预测的准确性。

②第二步，定义产品生命周期状态。和客户一起评估现有产品的生命周期状态，有哪些产品处于爬坡状态，哪些产品处于平稳状态，有哪些产品处于生命周期的尾声阶段，有哪些新产品，试产和量产的计划是什么，对产品做一个全盘的分析可以有助于计划的制定。

③第三步，从供应的角度来评审内外资源的可用性。包括产能包括人员、设备等是否有限制、物料供应是否有短缺、物料关键信息如供应提前期和最小订单量等的变化、供应商按时交货率回顾、是否要引进新的供应商及其进度等。对例外情况和风险要有充分的认识，做好充足的防范和预案。第四步，综合考虑需求与供应的匹配状况，需求预测和订单以及订单变化的影响，订单及预测的优先级排序，约束资源的应急方案等解决方案和待决策关键点。第五步，定期举行销售和运营计划会议。回顾各项 KPI 指标，战略规划执行情况，对关键方案进行决策，对偏离计划部分进行修正，形成一套各个职能达成共识的、可供执行的销售和运营方案。

总结如上销售与运营计划实施方法如图 7-13 所示。

图 7–13　S&OP 运营核心方法

（5）运用科学的需求预测方法

需求预测数据的准确性是库存控制的关键。理解预测的四个主要特征有助于更加有效地运用预测，即：

1）预测通常会出错

预测未来错误不可避免，应有预期准备。

2）预测都应该包含误差估计

既然认为预测肯定会错，那么真正的问题就变成了“误差多大”。误差估计可以通过研究平均需求的需求可变性，应用统计方法求得。

3）对产品组合或者产品族群的预测更准确

因为产品组中单个产品的行为是随机的，但是产品组的总体特征相对稳定。

4）预测时间越近，预测越准确

因为近期的不确定相对容易掌控而远期的不确定却难以把握。因此企业预测产品近期的需求相对容易，所以对那些提前期长的产品特别是需求变化剧烈的产品，要积极缩短其提前期来提高对其预测的准确程度。

2.BEC 公司库存控制方案实施保障

（1）建立有效的供应链管理组织架构

供应链管理是协作性管理，要实现供应链的同步化运作，需要建立一种供应链的协调机制，这种协调机制的运作需要组织保障。从分工的角度出发，采购负责原材料采购，主要根据公司的 MRP 运行结果处理原材料订单和供应商确认原材料交货的问题，供应商开发负责根据 BOM 定义材料的规格寻找合适的供应商，并进行供应商审核，就原材料的价格、品质、交货条款等业务和供应商进行谈判，项目部负责接收客户的需求，物料计划分析原材料齐套状况，生产计划按照物料的齐套状况并根据产能分析和客户需求的优先级安排产品的生产计划。这样的组织初看起来好像比较合理，但是从供应链库存控制角度来讲，还是把供应链的集成性给打破了，项目部是客户在 BEC 公司的窗口，项目部为了达成客户满意度，往往全盘接收客户的要求；生产计划往往只是根据客户的需求和公司产能瓶颈来定义做什么、做多少、什么时间做，并不考虑材料的可得性；物料计划是根据采购从供应商处收集的物料到料信息来分析产品 BOM 物料的齐套状况，造成短缺与过剩并存；采购部门采购物料考虑价格的因素比较大，往往下了大的订单量来获得更低的价格，当需求变化的时候尤其是需求推迟和取消，大的订单量很难和供应商谈交期修改的问题。当供应商的服务、交期或者质量出现问题的时候，采购部往往会抱怨供应商开发部开发的供应商质量差。这些零散的供应链职能设计，远远不能适应供应链库存管理的要求，各部门往往出于自己的部门利益使得部门间缺乏有效互动，不能及时和有效地实现信息共享，无法形成协同效应。可见目前 BEC 公司的供应链组织结构还是存在一些问题的，对有效的库存管理形成

了一定的限制。

从图 7-14SCOR 模型可以看出，计划是相对独立的。原因是采购、制造和分发部门等都是典型的执行部门，而库存控制最有效的手段是预防，执行部门的考核指标在很大程度上是为了保证及时供应，是很难去预防库存的。另外，由于执行部门不直接接触客户和市场，很难把握好库存的实际需求，因而也无法对未来市场需求作出精确的判断从而规划采购和库存。因此，独立的计划职能是核心，制定总体需求计划，评估企业整体生产能力和资源规划，针对产品进行库存计划、生产计划、分销计划等，从而做出决策为执行部门提供方向。

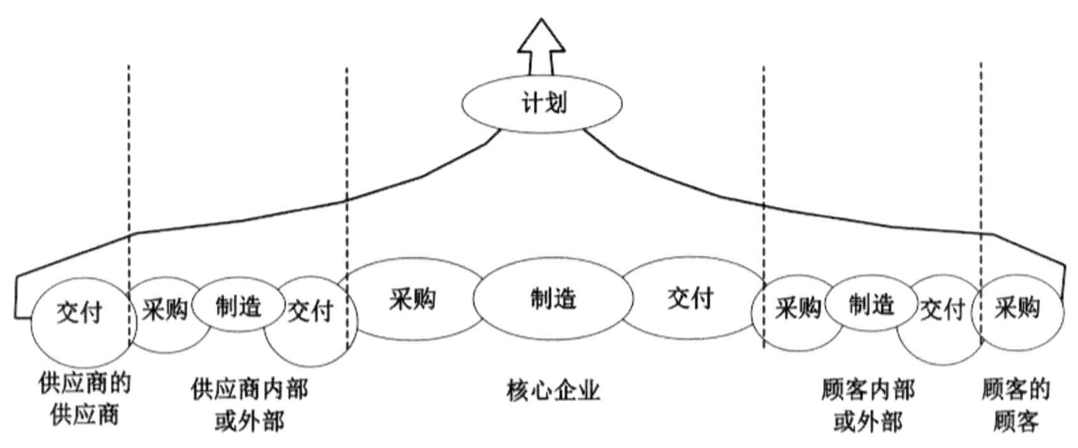

图 7-14　SCOR 模型

根据以上分析，为了达成有效的供应链库存管理并提供供应链运营效率，设计 BEC 公司供应链管理组织架构如图 7-15 所示。

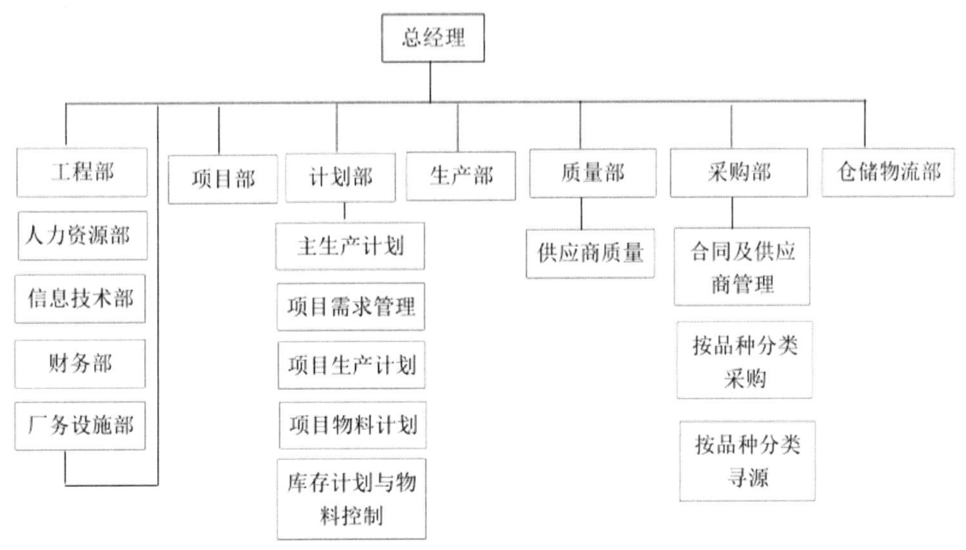

图 7-15　BEC 公司供应链管理新架构

设立计划部，分别设立主生产计划，项目需求管理，项目生产计划，项目物料计划，库存计划和物料控制等职能。其中，主生产计划负责评估企业整体生产能力和资源规划，编制有效的MPS，协调瓶颈产能的分配。项目需求管理职能负责接收客户的需求如订单和预测，分析历史销售数据和客户的销售预测，评审客户订单，和主生产计划和物料计划一起评估并达成一致录入客户需求进MRP，同时负责对客户的产品交付承诺和安排出货。项目生产计划主要是负责开立工单，跟踪日产计划，工程变更评审和跟踪，和生产部工程部等协调沟通异常处理和良率改善等。项目物料计划主要是负责根据MRP录入结果确认采购计划，分析物料齐套状况，及时反馈短缺报告并跟踪短缺改善结果，主要沟通对象是项目生产计划和采购部采购。库存计划和物料控制职能主要是编制库存策略，设定库存周转率目标，追踪和定时更新库存周转率达成情况，实时监督不同库存如原材料、在制品和产成品的状态并及时反馈异常状况，呆滞库存的分析和处理，特殊物料的监管，设置MRP参数并定期调整等。

设立采购部，按照采购和供应商管理分立采购、寻源和合同及供应商管理职能。采购的角色和责任：接收采购计划转换为供应商订单，根据MRP结果及时重新计划供应商交货并监督供应商及时交货率，协调仓库收货和质量检验，不良品退货以及和财务协调供应商付款等工作。寻源的主要职责是分析市场供求信息，根据客户需求和技术要求规范开发合格供应商。合同及供应商管理职能主要是负责对供应商合同的评审和管理，采购价格和采购条款的谈判以及成本管理，和供应商关于新采购与物流模式如VMI等的谈判，定期评估供应商表现等。新的供应链管理组织架构设置把计划和执行分离，既保证了分工的专业化，又保证了职能间的集成化。突出了计划在供应链管理中的核心作用，从而达到优化供应链库存控制的目标和提高库存管理水平。

（2）库存控制KPI设计

KPI考核是以公司战略性目标层层分解出的。一方面，实施KPI的主要目的是通过绩效管理实现公司目标，另一方面，KPI的主要目的是监控流程的执行情况来改善公司整体运营管理。从库存管理的KPI来看，有许多分散的指标来衡量库存管理能力，如库存供应天数，库存周转率，给客户准时交货率，供应商管理库存百分比，库存账龄信息等，但是最核心的应该是三个指标：给客户准时交货率，库存周转率和呆滞库存比例。

这核心的三个指标的关系是相互联系又相互对立的—要保证给客户准时交货率，就得有充足的库存且越多越好；库存多了，库存周转率就会差，而且可能产生更多的呆滞库存；要想提高库存周转率，必须提高给客户准时交货率，因为只有及时出货，库存才能降低；也可能有给客户准时交货率和库存周转率都很好但是呆滞库存也很高的情况，赚得利润全部压在呆滞库存里了。所以，可以看出，这三个指标基本上是相互平衡，相互制约的。

1）给客户及时交货率

给客户及时交货率实际分为两个子指标，一个叫按客户需求及时交付率，另一个叫按承诺及时交付率。如 AVI4A565-LF 这个产品客户原始需求是 1000 个，我只承诺出货 900 个而且最终也做到了 900 个的出货，那么按客户需求及时交付率 =90%，而按承诺及时交付率 =100%，那么总的给客户及时交货率即为 90%x100%=90%；如果承诺了 900 个实际只出了 600 个，按客户需求及时交付率 =600/1000=60%，按承诺及时交付率 =600/900=67%，总的给客户及时交货率 =67%x60%=40%；还有另外一种情况，客户需求 1000 个，承诺出货 900 个，最终出货 950 个，按客户需求及时交付率 =95%，按承诺及时交付率 =100%，总的给客户及时交货率 =95%x100%=95%。其中，按客户需求及时交付率指标的意义在于考核交货的灵活度，客户要多少能交多少；按承诺及时交付率则是考核服务承诺水平，如果承诺做不到，按承诺及时交付率就变成了一个惩罚性指标，因为整体给客户及时交货率会减少；而给客户及时交货率则是考虑按客户需求及时交付率和按承诺及时交付率的综合指标，反映了满足客户需求的程度和公司履行承诺的程度。

2）库存周转率

库存周转率是反映库存周转快慢的指标，考核的是在某一时段内库存周转的次数或者效率。周转率越大表示销售情况越好。通常企业以季度为周期来考核库存周转率，其公式为：

库存周转率 =（季度销售产品成本 / 季度每个月末平均库存）x4 库存周转率越高表明库存管理水平越高，表明资金占用就越少。

库存周转率和现金周转期的关系如下：

现金周转期 = 应收账款加权平均周转期 + 库存周转天数 – 应付账款加权平均周转期，库存周转天数可以由 365 天除以库存周转率得出。通常情况下，应收账款加权平均周转期和应付账款加权平均周转周期相对稳定，可变的是库存周转天数。库存周转天数越低，库存周转越快，现金周转期越短，所需经营资本就越低。

3）呆滞库存比率

不同行业对呆滞物料的定义是不一样的。BEC 公司以 180 天需求为界限定义呆滞库存。如 AVI25315-LF 这个物料现有库存 1000 个，按照 MRP 录入的需求，未来 180 天的需求为 600 个，则这个物料的过剩库存为 1000–600=400 个；如果未来 180 天这个物料根本没有需求，则定义为过期库存 =1000 个。过剩库存和过期库存统称为呆滞库存。

衡量呆滞库存占库存的比率的目的就是看库存里面有多少风险库存，从库存管理角度来看是库存管理水平，从财务角度看是多少不良资产。要确认好呆滞库存的责任归属，与客户协商处理方案，客户买回自己承担责任的那部分物料或者客户同意转卖给第三方，对于客户暂时不能处理的呆滞物料，要进一步跟踪客户处理并要求客户承担仓储费用等。对于供应商质量不良造成的呆滞库存要及时退回供应商。

当然，光看现有库存的呆滞库存是不够的，还要考虑到在途订单的未来会造成呆滞库存的状况，因为如果对未来会造成呆滞库存的在途订单不及时控制，就会造成账面的不良资产。采购要及时对未来会造成呆滞库存的订单及时处理，要求供应商取消多余订单，推迟已下订单的交货期等。

（3）供应链信息系统的改进信息系统

在供应链管理上扮演着关键角色，是供应链能力的关键一环。我们知道，制造企业最核心的信息系统是企业资源计划系统（ERP），对企业的三大流：物流，资金流，信息流进行全面一体化管理，能够帮助我们实现：

1）物料需求计划，把需求预测和库存计划转化为执行指令。

2）可承诺逻辑，根据供应能力层层承诺，确认交付。

3）信息的集中载体，围绕信息系统来集成各职能。

目前 BEC 公司采用的企业资源计划系统是 BaaN，同时用 Agile 系统来管控物料清单和工程变更。由于 BEC 公司的客户行业覆盖范围广，且客户多，几乎每天都有客户的需求发生变动，在这种情况下，每周一次的 ERP 运行周期势必会造成供应链各种计划的延迟，没有及时把客户的需求传递到物料部门和生产部门，这样就会造成采购订单没能及时按照客户需求做调整，生产计划也没及时调整，最终在一段时间内产生多余库存甚至是呆滞库存。因此，有必要增加 ERP 运行次数，可以从一周一次调整为一周三次甚至每天都运行 ERP，使供应链各相关职能及时收到客户需求的变化从而采取一定的措施保证客户需求的满足和库存的有效控制。

ERP 系统是企业内部的信息系统，我们知道，要提高供应链整体效率，还需要集成跟供应链各个伙伴的电子商务。和 BEC 公司合作的客户都是国际知名企业，其 IT 能力较强，基本实现了 EDI 的技术手段和 BEC 公司的系统对接。由于 BEC 公司是电子制造与服务企业，物料种类和供应商数量繁多，要实现有效的库存控制，和供应商的电子商务连接是供应链执行的关键一环。离开了电子商务的支持，手工是很难把需求预测和采购订单执行到位的，通过手工方式如 BEC 公司采购从系统下载订单或者需求预测，完成内部审批后通过电子邮件等方式发给供应商，供应商评审新订单确认价格、交期、数量和现有订单的交期变更，甚至还有处理质量问题、赶工加急等各种例外，然后反馈给 BEC 公司采购，经过几个回合的来回谈判，时间延长造成了效率的低下，耗费了操作层面员工的精力，甚至有时候因为工作失误录入了错误信息从而造成不良影响。

第八章　信息化在物资采购管理中的应用

第一节　电子采购

一、电子采购的发展历程及其形式

电子采购（e-procurement）实际上产生于20世纪90年代后期，起步于一些软件公司，特别是Ariba和CommerceOne的领导下，电子采购开始形成了一套允许供应商创造电子目录的申请。初期的电子目录是建筑在购买者管理模型上，由于工作量大、管理组织问题使得搜集信息目录的任务错综复杂，而且内容和界面没有协商一致的标准，问题多多。为改变这一状况，几个电子采购软件公司提出了定制目录并负责维护与协调，在正常情况下通过网络下载升级买方服务器，或者在自己的服务器上安装目录，与买方通过门户网站共享，从而成为买方中心与批发商之间的中介人。第三方电子采购平台的出现是电子采购发展中的里程碑，第三方供应商通过因特网聚集了大量的供应商、销售商和采购商，扮演着平台和中介的重要角色，提高了企业乃至整个社会的采购水平。

电子采购的发展主要有三种表现形式。

1.EDI采购

在电子采购之前，采购的信息化主要局限于传真采购订单，实力规模比较雄厚且信息化程度比较高的公司则采用电子数据交换（EDI）形式。EDI是以某种标准形式在企业之间以计算机对计算机的方式传递企业信息，极大地提高了企业订单采购的效率。从贸易伙伴间的连接角度可以把EDI分成直接连接EDI和间接连接EDI—即增值网（VAN）。EDI由于建造和使用费用昂贵，令中小企业望而却步，各行业之间及其内部缺乏统一的标准，很显然，在经济全球化进程日益加快的今天，EDI很难推广发展。

2. 电子市场

互联网的出现和发展使得企业与外部系统的连接越来越容易，企业内部的协调与整合的工具也有了发展。电子市场采购是通过互联网进行通知单的提交、批准采购订单管理、账户管理、物流信息管理等。根据最初提供的服务和交易能力，电子市场主要有三种类型：

第一种是高效率的电子中心（E-hub）。这种方式可以消除或减少现存的交易中效率较低的过程，实现在线自动询问和确认，订单跟踪、满足客户要求、处理和内容管理。电子中心的特点是提高了产品和现货的透明度和供应链协作能力，但不提供替代品资源和价格透明度。如果需要，电子中心可以集中供应商目录并使其数字化，增加与增值服务的链接，如物流和信贷。同时提供业务伙伴背景系统的有限整合。电子中心有一定的局限性，没有从根本上改变在线市场营销现有的供应链关系和价格模式。

第二种是动态市场。这种电子市场追求与电子中心相同的效率，但是改变了交易的项目，例如：将产品价格、谈判引进市场。动态市场引入几个市场运营机制如集中招投标、拍卖、反向拍卖、寻求方案或报价等。动态市场的特点在于采用灵活的中介改变传统的公司买卖货物和服务的手段，既支持买方、供应商，也支持中立的第三方。其中拍卖正在逐渐变为电子市场更强大功能的一个基础部分，几乎所有的国际财团或独立的电子市场都准备把拍卖作为电子市场的核心功能。

第三种是内容和社区门户。这种模式使网站成为一个社区，为实现这一目标，交易必须增加一系列的增值的社区服务，聚集一群买方和卖方的目标用户，为他们提供产业相关的内容，以及与行业内的专业人士相关的社区的内容。内容和社区门户的特点是有特定的行业、内容和社区，行业相关度很高，提供的产品和广告服务都是与行业高度相关的，特定行业的站点特性提供了潜在客户更明确的目标群体。

3. 在线拍卖

在线拍卖可以说是属于电子市场的一种形式，但是由于其自身的特殊性，已逐渐成为电子采购领域最令人关注的采购形式，它对当今的企业采购管理产生了重大影响。在线拍卖的特点是买卖双方没有偏向性，整个交易过程中唯一变动的因素就是商品的价格，拍卖必须能够为市场提供者创造一定的利润。而在实际运用过程中，常常有多种形式，一般而言，在线拍卖通常分为古典型拍卖、反向拍卖、荷兰式拍卖以及需求管理拍卖等几种形式。

（1）古典式拍卖，也称为英式拍卖

这种拍卖的特点是有一个卖家和多个买家，通常是一个卖家抛出一件待售的商品，然后多个卖家进行竞价，但最终只能有一个买家得胜。由于这种拍卖主要是为那些最终只能销售给一个买家的商品提供服务，因此，所出售的商品之间通常具有很大的差异。如果大家都知道卖家是谁，而又对卖家非常信任的情况下，这种方法比较合适。

这些拍卖通常被用来处理一些多余的库存、处理的商品、特定商品以及促销商品等。古典拍卖可以通过一种即时拍卖的方式进行，其中拍卖将进行到再没有人投标为止，也可以通过时间限制的方式进行，也就是拍卖进行的时间要受到预先限制，在最后期限结束之前出价最高者得胜。

（2）反向拍卖，又称竞价采购

是由采购方和供应商通过互联网络共同完成的一种采购方式，这种拍卖的特点是其中虽然有多个卖家，但却只有一个买家。该种模式会在适当的范围内，最大限度地激发供应商的竞争热情，从而引发供应商的群体降价行为，在保证质量、交货期的前提下，使采购方获得尽可能低的采购成本。但是反向拍卖要求在竞价过程中，报价必须是公开和透明的，以便供应商可以及时了解到现在的最低报价，从而根据自己的成本和市场策略选择压低报价或者放弃报价。竞价采购通过利用和引导供应商的竞争心理，显著地降低了采购成本，是目前最具潜力的拍卖形式。

（3）是荷兰式拍卖，也称为减价式拍卖

这种拍卖的特点是一个卖家和多个买家，但其中有很多拍卖商品。同样的商品可以有多个，最终由取得成功的最低标价确定所有同类拍卖品的价格。荷兰式拍卖皆为卖方叫价拍卖，又可分为两种类型：人工式拍卖和表盘式无声拍卖。虽然荷兰式拍卖的成交过程特别迅速，并且带有明显的混合性（当有两个以上应价人时转入增价拍卖），但是也存在着一些问题，如拍卖方法繁琐费时，现场竞争气氛不够热烈等。荷兰式拍卖主要应用于易腐烂变质或难于久存的商品的拍卖，如：水果、蔬菜、鱼类、鲜花、烟草等。

（4）需求管理拍卖

需求管理拍卖一词已经为 Priceline.com 申请了专利，这种拍卖形式中同时存在多个买家和多个卖家，市场提供商的角色将更加积极，而不再是消极的纯中介角色。一般这种拍卖适用于易坏品、需求波动较大的商品。如机票、酒店预订、水果蔬菜和租赁汽车预订等。这类拍卖主要的功能不仅在于促成交易，更在于管理定价，卖家可以通过收回自己提供的服务或产品的边际成本受益，因为在这种情况下，客户提供的任何价格都比白白损失易消逝品（比如说航班里的空座位）所付出的成本高。实现这种拍卖模式的前提是必须有多个卖家以及多个买家，而且买卖双方又必须彼此不存在任何偏见。买卖双方都必须匿名，中介人必须为双方提供保障，只有这样才能保证整个市场的公平运行。虽然电子采购的发展形势越来越多样化，但是各种形式的运用都是有一定的前提条件和环境要求的。企业究竟适合何种形式，需要根据企业具体的采购活动和采购物品的战略性定位来决定，而不是盲目地追求潮流。

二、电子化采购的定义

是指商品和服务的电子购买过程，包括从认定采购需求直到支付采购贷款的全部过程，也涵盖延迟付款这类活动，例如合同管理、供应商管理与开发等电子采购（E-Procurement）是由采购方发起的一种采购行为，是一种不见面的网上交易，如网上招标，网上竞标，网上谈判等。人们把企业之间在网络上进行的这种招标、竞价、谈判等活动定义为 B2B 电子商务，事实上，这也只是电子采购的一个组成部分。电子采购比一般的电子商务和一般性的采购在本质上有了更多的概念延伸，它不仅仅完成采购行为，而且利用信息和网络技术对采购全程的各个环节进行管理，有效地整合了企业的资源，帮助供求双方降低了成本，提高了企业的核心竞争力。可以说，企业采购电子化是企业运营信息化不可或缺的重要组成部分。电子采购使企业不再采用人工办法购买和销售它们的产品，在这一全新的商业模式下，随着买主和卖主通过电子网络而联结，商业交易开始变得具有无缝性，其自身的优势是十分显著的。

电子采购是企业与企业间通过互联网采购和销售物品及服务的行为。电子采购是许多 B2B 网站的一个重要组成部分。电子采购有时也被称作“厂商交易（supplier exchange）”。通常而言，电子采购网站允许具备资质并已注册的用户查询买卖双方的商品及服务信息。通过这种途径，买卖双方可以制定价格或进行招标，可以开始或完成交易。正在进行的购买活动可使客户具备大宗货物折扣或特价优惠的资格。

1. 电子采购的一般定义

纵观电子采购的发展，可以说，电子采购是 B2B 电子商务发展中最重要的部分，将从根本上重新构筑企业采购模式。其定义至今仍众说纷纭。

理论界对于电子采购的定义主要有：

“电子采购，通常指企业或政府通过一定采购平台（包括其本身或第三方运营的网络和应用环境）对其业务范围内的产品和服务进行购买业务处理。它改变了通常用人工进行的采购处理方式，取而代之的是一套高效的，规范化的解决方案，使原来必须在物质世界里完成的工作现在可以诉诸网络。”（《电子采购合同相关法律问题初探》孔嘉 2003 年 10 月）

“电子采购是一种在 Internet 上创建专业供应商网络的基于 Web 的方式。它能够使企业通过网络，寻找管理合格的供货品和物品，随时了解市场行情和库存情况，编制销售计划，在线采购所需的物品，并对采购订单和采购的物品进行在途管理、台账管理和库存管理，实现采购的自动统计分析。”（《电子采购在企业采购中的应用研究》张文桂 2002 年 6 月）

在企业实践中，大部分的业界人士认为，电子采购涉及到一个流程范畴，包括从网上采购、提供电子元件，到使用 EDI 传统电子方式传输信息等。优秀的电子采购程序一定拥有优秀的采购策略作为核心。这远远不只是在传统业务前面加上“电子”两个字那么简单。对不同的公司来说，电子采购的意义也是不同的。

IBM 公司 Knight 谈道：“电子采购既可能简单到只有采购订单和发票，也可能复杂到包括与核心供应商进行技术交流、设计协作、内部图纸交换、合同竞标，甚至涉及供应链和货物交接管理流程等。”伟创力公司负责信息技术的高级副总裁 Mike-Webb 认为，人们没有必要在具体定义上纠缠。“我们认为电子采购是技术在采购流程上的应用，就像电子数据交换系统（EDI）一样。”他说，“事实上 EDI 仍然具有其优点。关键是要看如何才能最好地将技术应用于现有功能上。”从这些定义可以看出，电子采购无论在理论上还是实践中尚处于探索阶段，试图全面地高度概括电子采购的定义是困难的，但是它的理论内涵已非常丰富，并具有了一定程度的实践操作性，因此具备了很强的研究价值。

2. 供应链视角下的电子采购定义

今天的竞争已由企业间的竞争趋向于供应链之间的竞争，由“点”到“链”再到“网”的竞争格局变化，使得供应链的思想深入人心。20 世纪 80 年代开始，国际上许多企业放弃了“纵向一体化”的经营模式，取而代之为横向一体化模式，即企业只保持核心业务，而把非核心的部分外包（outsourcing）出去，从而获得对市场快速反应的能力，使企业能够以最优的质量、最快的速度、最低的成本满足市场多变的需求。企业因此可以获得竞争上的优势。横向一体化的模式使企业外部关系的重要性凸显出来，从而促使原来的“供应商—企业—客户”的供应链发展为整合的供应链网络，从而使企业间的协作能够同步、协调地运行，使供应链上的伙伴都为企业满足市场的需求共同努力。从“纵向一体化”到“横向一体化”的企业管理模式变化促成了供应链由“推”到“拉”，使得企业越来越关注供应链管理的问题。

供应链是相关企业联合起来共同完成一个商业过程，包括了从原料到成品，再到达最终消费者的整个活动过程。这个过程是物流、资金流、信息流三流合一的过程，以信息流为依据，通过资金流实现商品的价值，通过物流实现商品的使用价值。对于一种成熟的，有良好买卖基础的供应链，随着伙伴关系的加强以及双方对这种合作关系的利用，就会更加接近于建立一种全面的体系。良好的关系会引导良好的贸易基础，而采购会使这种基础得以发展。

供应链管理与传统的管理模式有着本质上的区别：

（1）供应链管理把供应链中所有节点

企业看作一个整体，涵盖了整个物流地从供应商到最终用户的采购、制造、分销、零售等职能领域过程。

（2）供应链管理强调和依赖战略管理，“供应”是整个供应链中节点企业之间事实上共享的一个概念（任意两个节点之间都是供应和需求关系），同时它又是一个有重要战略意义的概念，因为它影响或决定了整个供应链的成本和市场占有份额。

（3）供应链管理最关键的是需要采用集成的思想和方法，而不仅仅是节点企业、技术方法等资源简单地连接。

（4）供应链管理具有更高的目标，通过管理库存和合作关系去达到更高水平的服务，而不仅仅完成一定的市场目标。供应链管理下的采购又呈现出了新的特点：从为库存而采购到为订单而采购，从简单的采购管理到复杂的外部资源管理，从一般买方关系向战略协作伙伴关系转变。随着战略意识的日益强化和采购重要性认识的不断深化，采购从原来的战术行为上升为战略行动，从而产生了诸如战略采购的概念，这种传统方式的改变，要求战略性地解决问题，即要求有利于双方的公司并从供应链网络中共同获得利益。在这个体系中，买方在供应链的开发中发挥着更积极的作用，电子采购是这一变革过程中非常重要的一环，它同时体现了供应链和战略的思想，并将其发挥得淋漓尽致。

三、电子采购的类型和标准

1. 电子采购的类型

根据电子采购实现方式的不同，可以分为行业采购平台、企业电子采购平台和第三方电子采购平台。

（1）行业采购平台

今日的竞争不再是你死我活，两败俱伤的拼命打法，而是讲究“双赢”、“多赢”。在利用互联网进行采购的企业中，逐渐从竞争关系转化为合作关系，利用行业共同的采购平台，降低采购成本。如 SNS 是一家专门为企业提供这样服务的公司，它解决问题的方式是为某个行业的买卖双方提供一揽子购物服务。该公司原来的业务是为加拿大金融机构的客户处理信用卡授权业务。现在它已经转变为一家提供端到端电子贸易服务的公司。该公司拥有一套交通跟踪服务系统。如果一个供应商或托运人或货物承运商想查看一笔运货日期等有关信息，SNS 把这些信息翻译成一个承运商（如一家航空公司）能够理解的表格并传送给它，然后它查看了送货状况再把信息返回到发货人的 Web 浏览器。它还可以向零售商提醒供应商的发货细节。

（2）企业电子采购平台

企业电子采购平台是指企业独立设计开发电子采购系统，并利用该系统完成企业自己的采购任务。这种做法的优点是，系统的专用性强，比较能够适合企业的特殊要求，同时，企业员工能够比较熟练地运用该系统，不必在多种采购系统化中花费大量的学习时间。例如，波士顿，爱迪生公司有 3400 名员工，它每年的零部件、设备、维护维修及运营供应所产生的采购订单有 7 万份。该公司采用独立的自动采购系统，允许员工在网上直接订购所需物品，比如，一名办公室人员订购某种办公用品后，第二天办公用品就已经送到了他的办公桌上。此外，公司还把许多个不同的供应伙伴纳入自己的系统中，而不必强迫自己的员工学习多个其他的在线采购系统。

（3）第三方采购平台

第三方采购平台是指结合企业外部的专业和人力有效地完成采购目标。通过第三方服务商运营的网络和应用环境实现企业采购。如晨砻采购网，全国电力行业第一家专业的第三方电子采购服务提供商。这种方式与时下流行的第三方物流有异曲同工之妙。首先，可以使企业专心致力于核心业务的扩展，将资源配置在核心事业上，以便实现企业独一无二战略；其次，第三方采购服务商作为专门从事电子采购的企业，有丰富的专业知识、经验和专家，有利于提高企业的电子采购水平；最后，第三方采购服务商是面向社会众多企业提供采购服务，可以站在比单一企业更高的角度，在更大的范围扩展业务。

2. 电子采购的标准

新信息技术标准允许买卖双方更方便、更安全地传送重要的采购交易数据，其发展已经成为电子采购系统成功发展的关键因素。

在此之前，电子数据交换（EDI）是买卖双方商业数据电子传输唯一的方法。但是由于 EDI 昂贵的租赁线路和繁琐的协议转化，使得 EDI 对于大多数企业来说太复杂，成本太高。

1996 年，一个革命性的商业数据互换标准—XML，诞生了，它为企业间贸易商务数据安全互换提供了一个简单低廉的解决方案。作为新一代的通用媒介，XML（扩展标注语言），就像一把亟待挥舞的魔杖。XML 实际上只有一个优点，但是这一优点带来的效果是巨大的：这种语言可以将某一范畴和一个计算机能识别的术语联系起来。

这种效果听起来似乎不算什么，但实际上，要真正了解它，你必须首先了解当今广域网的运行机制。我们现在的互联网是建立在一种叫做 XML 语言（超文本标注语言）基础之上的。XML 本身并不是一种语言，而是一种语言标准，提供了一个韧性又不太昂贵的方法来开发普通数据格式。而 HTML 纯粹是一种基于文本和插入式的链接，被称为“超链接”。这种超链接是一次创举，它能在互联网上实现冲浪，也即从

一个地方跳到另一个地方。HTML 的问题在于它是纯文本的语言。PC 机对于这些信息除了打印、储存和连接到不同的清单上以外，别的一无所知。而另一方面，通过使用 XML 语言，计算机可以识别网站的特定要素。这种结构性的语言是很有用的，它能完全在互联网上实现 B2B 的互动（企业与企业之间的沟通和交易），因而影响极其深远。对购买者来说，这意味着马上拥有了电子化途径来保证那些远没有能力加入 EDI 计划的小的或专项供应商的商业文档数据传递。对于供应商来说，他们现在有了一个相对简单和廉价的途径来直接与购买者交流。

XML 很容易理解，它只有一个缺点：只有语法，没有语义，因而这种语言的结构是事先确定下来的，但它的含义仍然需要用户群体进行定义，在某种程度上，它是一种“元语言”，允许合适的语言按照特定的要求转化而成。有无数的标准化委员会和大型的 IT 企业，如 SAP 和微软，正在努力填补这一空白，而实际上，他们的努力只会推迟 XML 的推广。另外，几个主要行业联盟的发展过程中存在多个 XML 协议标准，尽管他们的目标都是开发广泛接受的方案和语言，提供标准化、可预言的 XML 短语词典和储备，帮助管理产品说明的仓库，但是他们未必都能协调一致。

尽管有人为 EDI 的终结而哀叹，但是，随着供需双方电子化、信息化的发展，XML 是下一步发展的方向，许多公司对放弃大公司曾经投下巨额资金的 EDI 系统仍然犹豫不决，但 EDI 还是要成为历史。

四、电子采购的流程及其特点优势

1. 电子采购的流程

电子采购内在的简化、集成的机理改变了传统的采购流程，实现了企业的流程再造。通过电子采购流程与传统采购流程的比较，可以总结出电子采购的特点，从而体现出这种新型采购模式的优势。传统采购流程可用图 8-1 表示：

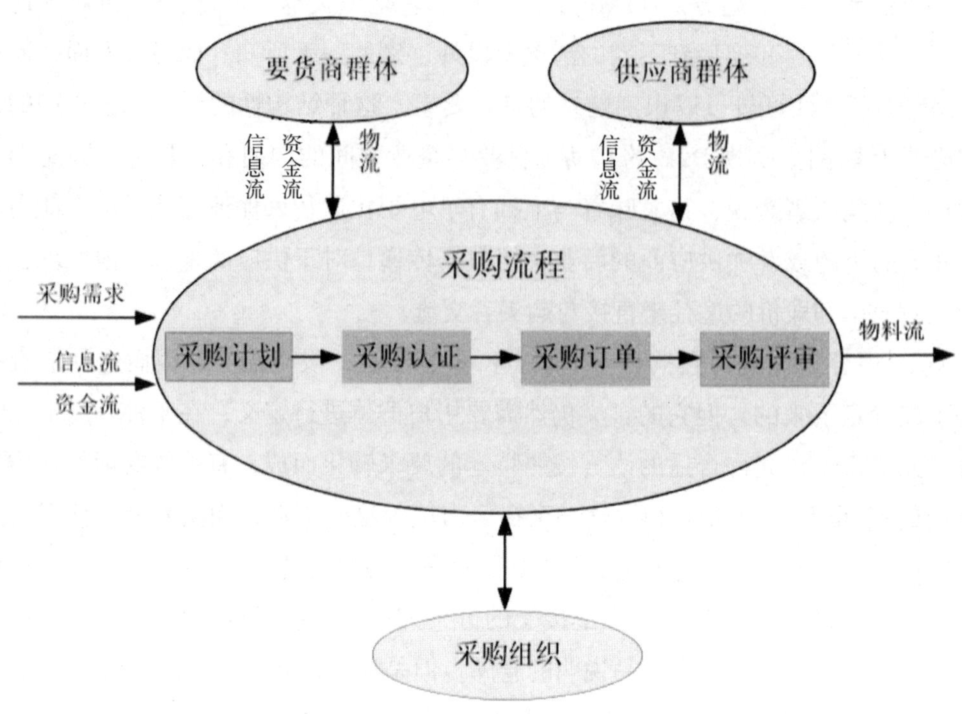

图 8-1 传统采购流程图

（1）采购计划

准备认证计划，评估认证需求，计算认证容量，制订认证计划，准备订单计划，评估订单需求，计算订单容量，制订订单计划。

（2）采购认证

认证准备，初选供应商，试制认证，中试认证，批量认证，供应评估。

（3）采购订单

订单准备，选择供应商，签订合同，合同执行跟踪，物料检验，物料接收，付款操作，供应评估。

（4）采购评审

支持，审核，调整，批准。电子采购流程可用图 8-2 表示。

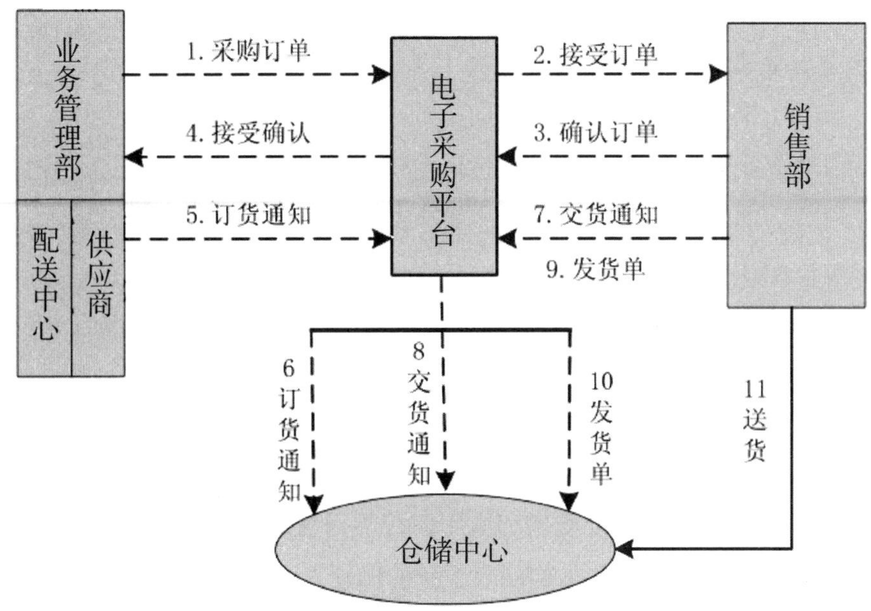

图 8-2　电子采购流程图

1）业务管理部门根据仓储中心的商品库存情况，向指定的供应商发出商品采购定单。

2）电子商务中心将业务管理部的采购定单通过因特网传递给供应商。

3）供应商在收到采购定单后，根据定单上的要求，通过电子商务中心进行定单确认，即确定订货的品种、数量及交货期。

4）电子商务中心将供应商发出的采购定单确认信息发送至业务管理部。

5）业务管理部根据采购定单的确认，向供应商发出订货信息。

6）同时，业务管理部向仓储中心发出订货通知，以便仓储中心安排检验和仓储空间。

7）供应商收到业务管理部的订货通知后，通过电子商务中心向仓储中心发出供货通知和供货单。

8）仓储中心收到供货通知和供货单。

9）供应商开始供货。

10）货物送达后，仓储中心根据供应商发来的供货单进行商品检验、二者相符后，安排入库或根据配送要求进行备货。

2. 传统采购的劣势

传统采购模式受技术和观念的局限，存在着许多问题：

（1）原材料采购过程复杂、程序繁琐。

（1）原材料采购过程复杂、程序繁琐。

首先，企业采购人员要根据采购计划寻找产品供应商，调查他们的产品在数量、质量、信誉、售货服务和价格等方面是否满足要求，在选定了一个供应商后，企业要把产品采购的详细计划和需求信息传送给供应商，以便供应商按照客户要求的性能指标进行生产。如果在这过程中采购计划发生改变，购买过程将更加复杂。

（2）采购周期冗长

从其业务流程的模型可以看出，一笔采购业务的完成要经过多个部门，在每个部门内还需要多道工序，都要消耗一定的时间。因此完成一项用户订货的周期不仅与生产周期有关，而且与整个流程中各个部门上所消耗的时间有关。

（3）采购组织及其管理不合理

在防止采购费用的过度支出和滥用职权的目的下，多为分级采购审批程序，客观上却为本来就低效和费时的采购加上了新的枷锁。

（4）信息的传递速度慢

批发商与制造商之间，制造商与供应商之间、制造企业的各个部门之间的信息传递都是通过传统的方式进行的，影响了信息传递的速度，使企业的生产效率降低。

（5）腐败现象

采购环节向来是企业容易滋生腐败现象的重点区域，集中表现为谋取个人或小集团利益，比如收受回扣中饱私囊，虚开发票贪污公款，质低价高侵害企业利益等，不一而足。这里有管理体制上的原因，也有运行机制上的原因。

（6）难以实现采购的战略职能。由于技术的落后，造成信息滞后，使采购局限于辅助的职能部门，而随着信息化变革加快，竞争加剧，客观上要求采购成为一个管理的职能，参与到企业的战略中来，而传统的采购模式显然无法满足这一要求。

（7）影响企业的经济效益。因为制造商与供应商受业务通讯方式的限制，生产提前期较长。生产提起期较长的结果之一是增加了生产和采购过程的不确定性，因此，在实际过程中，为了避免发生缺货情况，采购部门常用扩大采购批量的方法增加安全系数。虽然安全系数增加了，但是仓储库存费用也大大增加，企业为此垫付了大量的资金，影响了企业的经济效益。

3. 电子采购的优势

电子采购是电子商务下的物流供应链采购，具备了先进的信息化、自动化、一体化的特点，相对于传统采购来说，主要有以下优势：

（1）降低了采购运营成本。

1）无纸化办公和电子资金转账等减少了书面工作。

2）减少了采购时间，使得采购人员在单位时间内可以处理更多的订单，从而提

高了劳动生产率。

3）电子商务信息实时性的特点消除了诸多中间环节，使买卖双方可以获得最新的供求信息，并据此调整其生产或者采购行为以满足当前的需求水平，也可以根据预算数量监督财务活动，从而加强对存货和经费的控制。

采购的成本节约可以相对最大化企业的收益，这比单纯增加收入额度有价值的多。据测算，采购成本减少 10%，可以导致边际利润上升 50%。爱尔兰银行在未实施电子采购前，银行平均每年花费 33000 万爱尔兰磅购买 ORM 材料，有 37 种不同的采购系统和采购流程。供应商的分布也不是很合理化。在实施了包括供应商合理化、过程改进和系统实施的电子采购方案后，银行成本在一年内节省了 30%，近 100 万爱尔兰磅。

IBM 承认：一张订单的平均成本已由 35 美元降到了 1 美元以下。

Raytheon System 预计他们采购成本可望从 100 美元降到 3 美元以下。

《华尔街杂志》（Wall Street Journal）认为，有纸化订单的平均成本为 150 美元，而电子采购的平均成本为 25 美元。

（2）提高了采购效率

首先，扩大了采购范围，提高了采购质量，可以通过电子搜索引擎或系统的专业数据库搜寻某一产品或服务的供应商，突破本地域、本行业的限制，在全国甚至全世界范围内寻找最合适的供应商，从而保证产品质量、价格、服务以及物流之间实现最佳组合，及时满足本企业的需求；其次，增进了信息交流，双方可以及时沟通订单情况，获得各方面的信息和建议；再次，缩短了采购周期，减少了订货周期时间，传统采购中，需求双方信息闭塞，一般需要一定的时间来进行市场调查。电子采购系统使双方能够更容易快速地得到信息，从而将企业的原有周期缩短；最后，提高了人员效率，减轻了采购人员在处理订单方面的文书工作，同时使采购主管有时间关注一些长期的战略性采购问题。

（3）有助于增强企业采购的议价能力

由于买方可以从更多的潜在供应商那里得到价格信息，从而可以降低实际的采购价格。众多的供应商竞相投标，买方就有可能得到现成的更低的采购价格。另外，采购主管能够在线考察不同供应商的产品或者服务的质量，很容易进行产品或者服务的比较。对采购条件的更多比较调查和潜在供应商数量的增加，增强了企业采购的议价能力。

（4）有助于实现采购环节的价值增值

采购者不必再为没有增值的活动和文书工作负责，可以将注意力集中在增值活动中，如：需求开发的早期准备，包括生产资料、间接供应、设备或服务，设计是采购周期中最关键的阶段，大约85％的经费都用在这个活动中；战略采购，定价以及采购的后续活动，包括所有确保物流及时交付或服务及时完成的满足质量要求的行为。

（5）科学地制定采购计划，完美体现JIT（JustInTime准时生产）思想

企业在采购系统中建立自己的库存信息档案，及时更新，通过网络共享查询获取库存信息，及时审批和决定采购实施，避免盲目采购、超前采购、重复采购或非需求性采购，同时也在很大程度上避免了灰色采购。

（6）在供应链管理中起着构筑、巩固供应链的重要作用

有效地选择、评估供应商，从而建立起企业的最佳供应链。采购企业可以通过自己的数据库对供应商进行分析、选择、评估，建立自己的供应商信用评估体系。为企业选择、评估供应商，进行供应链管理提供可靠的数据支持，帮助企业寻找并建立适合自己的最佳供应链。

跟大多数公司一样，微软过去也采用传统的采购方式。如果一名员工需要一台新计算机，她需要先提交一个购买申请报告。这个书面材料接着送到主管经理手中。然后，审批后的复印件“流”到采购部门。在这个环节，采购部门查看计算机分销商名录，并征求报价，之后财务部门收到一个资金的支出指令。这些表单再经过审核和签字之后，才能返回到采购部门。最后，当申请报告的传递结束时，才能够下订单。

这样，一次采购会花费微软多少费用呢？除了计算机本身的购买价格外，仅审核手续就要增加支出60美元。如果一年采购的产品超过25万件，价值总计16亿美元，那么这笔60美元的支出就会增加许多倍。

今天，当一名微软员工需要一台计算机时，她只需打开公司内部网的一个页面，点击一下产品图标。系统就会自动把一个电子邮件信息发送给她的经理。这个经理只需再点击一次就可以批准申请了，申请自动添加到SAP供应系统，订单也就完成了。

供应商发出一个确认信息，运送计算机并将一个电子收据发送到财务部门。如果分销商有该产品的存货，那么几天之后这名雇员就可以收到计算机。从前，这个过程通常需要数周时间。如果你把采购拖延的时间缩短了数周，那么员工就可以更快地开始工作。这点也许就产生了足够的变革激励，即便在资金上没有节省。但是，采购手续费用降到了5美元，其中也包括管理这种新的采购框架的相关成本。与直接成本的节省一样的神奇，微软声称其获得的间接收益更有价值。公司的员工现在可以把他们的精力集中在重要的经营问题上，而不是内部的行政管理。此外，新系统使访问信息、交流和协作变得更加容易，这使得好的经验和决策能够提高。微软所进行的数字化变革不只是实现操作的自动化，或仅仅把信息放在网上。通过实施数字神经系统，微软

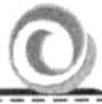

改变了企业的概念。更高的生产力、更加注重顾客、更好的理念、更大的敏捷性和更高的员工满意度，通过微软自身工作方式的转变，所有这些都实现了。

微软在实施电子采购中取得了宝贵的经验：去掉了等待时间，交易费用从60美元降至5美元，更侧重重要的经营问题，有许多间接好处。

五、电子采购的本质及其发展趋势

1. 认识电子采购的本质

过去采购总是被视为一种战术上的考虑，认为它只是后勤辅助部门的活动，但是实际上，它现在已经被视为企业总体战略的关键部分。从某种意义上讲，电子采购不仅仅是采购活动的电子化，它有着更广泛的意义，涵盖了供应链管理的重要部分，通过战略采购行为体现了它的战略本质。

（1）电子采购需要把企业的采购组织置于新的高科技环境下，把他们和使用网络科技的价值链群体联系起来。随着新的参与者和联盟的出现，市场竞争变得更加激烈了，也出现了电子化的方法对传统的采购进行分类。这种情况既有益同时也有威胁性。企业最好能选择一种更安全的方式进入。他们可以研究一种间接的分类方法，或是一种不依赖于这种分类的方法的生产程序来维持当前的运作（比如办公用品供应商，传真机，复印机等）。应当对这种供应商进行评估并减少他们入围的数量，这些供应商应当有电子化的能力并有相互关系电子化的兼容性。企业要确保对于每种分类，公司总的业务量都是协调统一的。他们也需要通过与其他对采购有相同分类方法的供应商和客户合作而投入更大的积累。随着量的增加，他们就更接近了供应商，而且依靠加入的团体与之建立起来的关系形成电子联络系统。在这个间接的区域里，公司将其风险降到了最小，并学到了怎样使自己在电子采购中建立更大的业务量。

（2）电子采购包括发现和优化主要的战略供应商；建立地区的、国家的以及全球的购买和供应方式；使供应商考察他们的行为，以利于网络发展；确定和执行有效的信息技术系统。这个方法是要建立一个电子采购系统平台，一开始掌握采购间接资源的操作方法，然后向直接的原料发展。一个好的开始是选择间接分类的菜单，并且开始一个包括订货、接收、跟踪，付款的电子系统。在这一点上，利用分类软件供应商的方法可以得到检验。随着经验的增加，可以增添类别数量，并且可以和战略性的供应者联系获取直接性的原料和主要货物。利用以网络为基础的技术和新的战略采购方式，效果将是非常显著的。

在执行上，与供应商的合作从某种意义上说已经建立起来了，当参与的双方团体合作性地做出解决方案，行为开始扩大功能和组织的界限，这是对资源和利益的真正共享，这个改革的动力来自于在贸易客户和最终消费者对网络的需要。这种关系是程序所赋予的，而且对问题的解决从本质上来说是跨组织的，这里涉及到连续的运作和战略性的革新。

事实上，采购环节的自动化、一体化的思想对于许多公司管理人员来说都是极具价值的。对于生产主管来说，意味着可以得到较低成本的原材料，通过投入和减少保险储备的运输成本来增加生产。同时，采购主管可以更加关注中心采购，使他们不再为管理成本的任务烦恼，从而有余力钻研本部门的业务，成为采购部门的专家，负责敏感复杂的买卖谈判，建设与供应商的关系战略资源计划。对于财务主管来说，电子采购能够明显降低货物价格和实物交易成本，同时排除人为因素和有纸化过程，从而极大地提高总体生产水平。信息部主管也以足不出户就给使用者带来价值并引导企业向更高水准迈进而自豪。最终使企业领导层认识到，未来的竞争，特别是生产和销售公司间的竞争在许多方面都取决于各个公司如何组织、实施其整个电子采购计划。

从整个供应链角度看，电子采购的战略性已成为企业战略的重要问题，而技术则居于次要地位。我们可以看到，电子采购影响着企业的方方面面：从中心采购到企业的若干个供应商基地。企业需要考虑电子采购如何影响它们与供应商的关系；也需要重新考虑如何组织从顾客到供应链的整个供应链；还需了解当前电子采购市场存在的细微差别，并决策何种服务需要采购，然后企业才开始考虑建设硬件和软件平台。

作为供应链主体的电子采购，已经在清除供应链本身隐藏的惰性方面迈出了一大步。只有在供应商洞察了采购者的供应链系统，实时地对订单做出反应，根据要求或订单变化定做，这样采购者才能向其顾客承诺快捷、满足客户要求的服务。这意味着企业无需为顾客花费更高的成本，就可以极大地提高服务。

总之，电子采购首次为企业从根本上也是前所未有地重新构架自己和同伴的关系提供了可能。

2. 电子采购的发展趋势

从整个现代信息技术的发展整合来看，主要分为三个阶段：

第一个阶段是电子商务，是以个别的商业交易作为中心，通过网络作为交易的媒介，主要的形式包括企业对企业、企业对消费者两种类型。电子商务在企业主要表现为建立电子门店，介绍并销售产品，发布新闻和采购信息。但是这个阶段没办法实现全程的电子交易。现在大家都认识到，电子商务没有企业后台电子化的支持，那电子商务就没办法进行下去。

第二个阶段是电子企业，即内外部都实现电子化交易的新企业。无论这些新型互动关系是指企业对消费者、企业对企业、企业对内部还是消费者对消费者。现在企业

的管理者如果还以为电子企业仅仅只是在网络上采购或销售产品，那其实是一个片面的理解。真正的电子企业，可以说是涉及整个组织的效率、速度、创新以及创造新价值的一种新方法。现在国际上每一个成功的企业都是电子企业。例如沃尔玛，大家都把它划归传统企业，其实，沃尔玛已经是电子化程度相当高的企业。沃尔玛自己有天网和地网，天网是通过 GSP 来传送数据，地网则是通过其物流系统来实现货物的快速传送。另外是 UPS 和 FEDEX，根本上是靠电子网络来赚钱的。所以今天成功的企业都是已经实现电子化的企业。

第三个阶段是电子经济，即在虚拟的电子市场可以进行实际的商业行为、创造并交换价值、发生交易、并且是一对一关系已经成熟。这些业务流程可能与传统市场的活动有关，但是彼此是独立的。电子经济是建立在电子企业之间形成供应链和供应链网的基础之上，配合政治、法律、经济环境来实现的。当然，中国还需要相当长的时间才可能实现电子经济。企业电子化以后，才进入电子经济时代，就是电子企业都全部自动连接到 E-MARKETPLACE（电子交易市场）上，全部可以实现电子交易。这就是电子采购发展的信息大环境。目前讲物流供应链，大家都把精力集中在供应链的下游，低端的物流。其实，包括最后一公里配送在内的低端物流都是没有利润的，因为它简单，容易进入，所以没有利润。真正的“第三利润源泉”应是在上游高端这一块，从原材料、零配件、总装厂生产、成品这一过程采购物流的整合。

电子采购自身的发展也呈现出下列趋势：

（1）纵深化发展

电子采购的基础设施日臻完善，支撑环境逐步走向规范，企业和个人参与电子采购的深度进一步拓展。另外，政府在电子采购上的支出也会增加，而且会影响到私营企业间电子采购解决方案的实施。

（2）国际化脚步加快

国际化的标准正在不断完善中，互联网超越了不同国家和地区之间的技术交流壁垒。在国外电子采购企业努力开拓中国市场的同时，我国的电子采购也将走向世界。另外，我国电子采购企业资本国际化的趋势也越来越明显。

（3）本地化的要求

这是就中国独特的国情条件而言。我国总体上仍是一个人均收入较低的发展中国家，地区经济发展不平和城乡二元结构反映出来的经济发展的阶梯性、收入差距等都十分明显。目前上网人群主要集中在大城市，企业信息化程度各不相同，发展电子采购应结合各地情况，充分考虑本地化的要求，促进实现方式的多样化。

（4）其他趋势

比如，发展完善 XML 标准，电子市场和在线拍卖的广泛应用和完善，通过采购信息一体化实现战略供应链联盟，为客户提供百宝箱式的解决方案，电子市场垂直层面的联合等等。

六、电子采购案例

1.JS 电信电子化采购发展概况

（1）JS 电信在实施电子化采购前存在的问题

JS 电信一直以来采用分散化的采购模式。这种采购模式虽然能够激发各子公司经营的主动性并节约运作成本，但是由于分散化采购中出现集团层次信息沟通不畅、采购流程出现混乱以及子公司的采购品目与集团的采购战略不符或者采购重复等现象。这种情况的出现严重影响到了集团整体的竞争力的提高和集团的长远发展。这些问题主要体现在：

1）集团内部的设备、资材等缺乏统一的采购组织，采购职能较为分散。

2）集团内部的各个子公司在采购机构的设置、管理方法、采购政策、供应商管理等方面存在着较大的差异与分歧。

3）缺乏战略采购，不能有效地区分资源性采购和执行性采购；采购部门需要处理较多的事物。

4）通过以上分析我们可以发现，原有的职能管理和原来的采购模式很容易造成层级过多、机构臃肿以及职责不清、效率低下等问题。这严重影响了企业的竞争力与未来发展。

（2）JS 电信电子化采购现状

如今 JS 电信初步引进电子化采购系统 – 在线供应链管理系统。该系统在充分了解供应商有关数据的基础上，对物资来源进行筛选；在电子目录的帮助下，采购人员可以迅速查找更多的供应商；同时充分运用询比价以及电子招标等采购手段，使供应商之间形成竞争，现实采购成本控制。JS 电信加强本公司的供应链管理，使得物资流通更加直接，并降低了采购的其他费用；通过充分运用电子化采购的方式，采购的周期有效缩短，采购效率大幅度提升，并降低了人员操作的失误率；采购人员通过供应链管理系统充分了解电子信息，对市场实际情况有明确的掌握，为采购计划的制定提供依据。

（3）JS 电信电子化采购发展状况

从物资采购方面来看，JS 电信实现了公正、公平以及公开的采购，采购本公司所需物资以保证企业正常生产、运营的同时，降低了采购成本。将企业自身利益与供应商的利益紧密捆绑，制定出更加科学、更加长效的规划，实现信息的共享，实现双赢或者共赢。JS 电信在执行采购计划的过程中，充分运用网络技术，实现采购过程的电子化，并对其进行有效的管理，支持动态化的管理、电子化的管理、费用管理；在电子招标的过程中，支持在线邀标、投标、开标、评标、授标以及售标；支持评标专家的管理；支持单价、总价和专家评标等多种方式，支持专家评标和价格决标等多种方式，竞价采购支持公开、邀请竞价，为公司的采购以及采购绩效考核提供有力的支持，采购系统数据分析功能较强，有利于有效地整合各种采购数据、供应数据以及物资数据，并在目录服务的支持下，采购方与供应方可以实现有效的沟通与交流。通过对网络技术、计算机技术的大力运用，使得各个用户之间能够实现更加及时以及更加有效的交流与沟通。

（4）JS 电信电子化采购中存在的问题

由于我国受到计划经济的长期影响，目前采购过程中还存在一些弊端与缺陷，尚未得到彻底地解决；在中国电信的领导与支持之下，JS 电信近年来加入了中国电信集团供应链门户商务系统，采购中实现了部分功能在线处理。虽然 JS 电信借鉴并引用了国际先进管理技术及管理理念，但仍然没有彻底解决历史遗留问题，从总体上讲，其出现的问题主要包括以下几个方面：

1）从目前的实际情况来看，电子化采购的覆盖率还不够高，其覆盖面仅涉及有限的一些通信物资品目。非通信物资采购和外购仍以传统采购为主。

2）采购过程缺乏规范化、制度化，重复采购的现象、盲目采购的现象屡见不鲜，从而使得物资形成了严重的浪费现象；且采购资金的利用率较低，占用采购资金、挪用采购资金的情况屡禁不止；在具体采购的过程中，缺乏公开化、透明化，不能有效地保障采购质量，从而为腐败的滋生提供了一个温床。

3）采购过程没有实现信息化。而手工采购有着众多的缺陷，如效率低、周期长、采购决策即采购管理缺乏有效的信息依据，资源不能够实现有效的集中，电子化的优势不能充分地发挥出来。

4）采购体制还有待于进一步完善。从我国目前的实际情况来看，现行的电子化采购法，涉及面还比较狭窄，且其约束力还有待于提高。公司的客户界面设置还有待于进一步提高，给人的友好感觉还不够高。

（5）JS 电信电子化采购中存在问题的主要原因

尽管 JS 电信通过电子商务平台进行采购已经有了 7 年的时间，但是在实践当中依然存在不少问题，出现这种现象的原因主要有以下几个方面：

1）还没有充分认识到采购管理的重要作用，没有认识到采购管理可以促进企业的发展，增强企业的核心竞争力。一直以来，生产的顺利进行都是由采购来保障的，但企业通常重视生产在价值链中的作用，却忽略采购的重要性。世界经济的发展风云变幻，第三利润源泉越发地重要，因此我们必须要改变观念。

2）JS 电信作为一家大型国企，其管理流程有着浓重的计划经济色彩，采购的流程极为复杂。公司也不能完全科学地设置组织机构，企业仍然推行传统的分工形式，不能将业务过程当成是工作的重心，难以依据流程对组织进行设计，不能依据价值链对流程进行设计，并作出进一步的改进。

3）在二次开发信息系统的时候存在着不足。

①没有形成完整的体系和建立有效的激励机制，没有确定科学的信息标准，没有有效地连接内外资源的各项信息系统。

②没有科学的理论基础，没有筛选数据库中所拥有的原始材料，也没有建立起相应的模型，对其进行深入的分析，没有发挥其对决策的支持作用。因此从实质上来说，企业并没有实现采购管理的现代化。

综上所述，JS 电信可以采用项目管理来管理电子化采购，从而解决上述问题。文章将会在后续的章节，从管理供应商、编制采购计划、再造采购组织，以及对成本、过程、安全等方面的管理，进行分析和研究。

2.JS 电信电子化采购的项目管理要素

项目管理基不仅是一门科学，也是一门艺术，更是解决问题的系统方法。随着项目管理体系的发展，项目管理的重要性日渐凸显，社会和经济发展越来越离不开项目，而项目管理水平的高低决定了项目的成败。

（1）JS 电信电子化采购项目的计划与进度

1）项目风险管理概述

①项目风险管理概述

为了最大程度达到项目预期目标，在项目生命周期内对项目风险进行识别、分配、应对的过程称之为项目风险管理。项目风险管理的目标是使潜在机会或回报最大化、使潜在风险最小化，内容包括风险识别、风险估计和风险评价。为了以最小成本最大可能地达到项目计划的预期目标，项目组人员在风险识别、估计、评价基础之上，需要对项目风险进行有效地控制，一旦遭遇风险事件，需要妥善应对，解决风险事件发生造成的影响。通过对项目进度的实时监控，关注风险动态，一旦出现风险事件发生迹象，立即对可能发生的风险进行识别、估计和评价，并采取措施进行处理和应对，这一过程称之为风险控制。如图 8-3 所示：

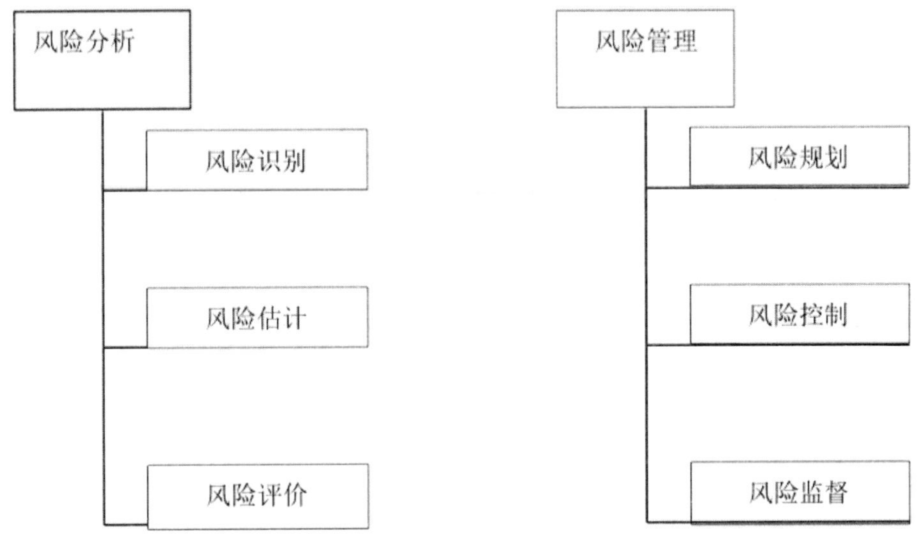

图 8-3 风险分析和风险管理

在 JS 电信电子化采购项目管理中，项目风险管理的过程分为风险分析和风险管理两个环节。在风险分析环节，项目组人员分析整个电子化采购项目过程，在每一个可能的风险发生点进行标注并进行评估，预计其发生的概率，评估其可能给采购活动造成的影响，并对风险按照可能触发的概率进行排序，制定相应的风险应对计划和风险触发紧急解决方案。在风险管理环节，电子化采购项目组人员在项目活动的整个过程进行实时监控，一旦采购活动出现偏差或者无法进行，或者触发了其他相关环节的失误，则对发生的事件进行鉴别和评估，按照之前风险分析的应对计划和解决方案，立即对风险实施控制，保护采购活动正常有序进行，并将其产生的影响降低到最小。

②风险管理与项目管理

风险管理的目的是为了确保项目目标按照预期计划实现，是项目管理重要组成部分之一。风险管理与项目管理的关系如下：

a. 从项目的成本、时间和质量目标来看，JS 电信电子化采购风险管理与项目管理目标一致。通过风险管理可以降低电子化采购项目的风险成本，从而降低总项目成本。通过项目风险管理，电子化采购项目组将风险可能触发的事件影响降到最低，与 JS 电信电子化采购项目管理在时间和质量方面的要求相一致。

b. 项目范围管理。JS 电信电子化采购项目范围管理主要内容之一是审核项目和对项目变更的必要性进行评估。JS 电信电子化采购项目风险管理通过风险分析，对采购需求进行预测与评估，分析本项目在采购系统和企业信息化需求的可能变动范围，通过计算得出需求发生变动时项目的盈亏大小，为项目的财务可行性研究提供了重要依据。在电子化采购项目活动进行的过程中，势必会有各类突发事件和之前无法预料到的变化出现，这些突发事件和变化给项目带来新的不确定性，而电子化采购项目风险管理通过风险来鉴别、预测和评估这些不确定性，对电子化采购项目范围管理提出任务。

c. 从项目管理计划职能的角度来看，JS 电信电子化采购项目计划的方向是项目整体发展的未来。随着时间的推移，整个项目的进度及各节点存在各种发展的可能性，风险管理对本项目的各节点进行分析，为采购中可能发生的突发事件制定预案，而降低项目活动过程的不确定性，则是项目风险管理职能之一。因此，JS 电信电子化采购项目风险管理为整个 JS 电信电子化采购项目计划的制定提供了部分依据，大大提升了项目计划的精确性、可能性。

d. 从项目的成本管理职能来看，随着 JS 电信电子化采购项目过程的发展，项目活动可能在发展过程产生之前未预料的费用。JS 电信电子化采购项目风险管理通过对项目进行风险分析，对这些费用进行估算，并初步计算项目过程发展中可承受范围内无法避免的损失，例如采购活动的改变造成对接流程的改变，在这一期间造成的损失等，将之列为成本。电子化采购项目预算根据这一过程，可以预估出项目风险管理中无法避免的应急费，提高了项目成本预算的精确性，缓解了因项目成本超过预算而给各有关方面造成的压力，有利于协调项目各相关方对项目的信任度，增强相关方对项目的信心。综上所述，风险管理是电子化采购项目成本管理的重要构成之一，如果缺乏风险管理，项目成本管理则无法得到完善，从而影响整个电子化采购项目的管理。

e. 从项目的实现过程的角度来看，在电子化采购项目实施过程中，许多潜在的风险有可能发生，例如项目开始对问卷的问题设计有偏差，或者采购活动优化后的实践中遭遇与现实不符，这些风险不论发生概率的高低，将在最后的实际操作过程中给出答案。电子化采购项目组人员通过对项目风险进行透彻精确的评估，对各种可能发生的风险进行风险管理，作出应对预案，一旦风险事件发生则可立即应对处理。

2）JS 电信电子化采购项目进度管理

① JS 电信电子化采购项目活动定义

活动的定义是确定完成项目产品或者项目交付物所必须开展的各项活动的过程。工作分解结构（Work Breakdown Structure， WBS）是指以可交付成果为导向对项目要素进行的分组，它归纳和定义了项目的整个工作范围每下降一层代表对项目工作的更详细定义。国际标准化组织产品保证管理和质量保证技术委员会质量体系委员会对工作分解结构的定义是：在工程项目管理中应将项目系统分解成可管理的活动，分解的结果被称之为项目的工作分解结构。无论在项目管理实践中，还是在 PMP，IPMP 考试中，工作分解结构都是最重要的内容之一。工作分解结构总是处于计划过程的中心，也是制定进度计划、资源需求、成本预算、风险管理计划和采购计划等的重要基础。WBS 同时也是控制项目变更的重要基础。项目范围是由工作分解结构定义的，所以 WBS 也是一个项目的综合工具。通过 WBS，可以将可交付成果或半成品的产生所需进行的具体活动进行定义，并形成文档。

在 JS 电信电子化采购项目中，项目组人员通过工作分解结构描述、确定了电子化采购活动的具体目标和预期效果，将采购工作分解为具体的活动单元，建立在待完成的活动单元之间以及其与最终采购活动优化之间的关系。WBS 面向电子化采购项目的项目要素，包括电子化采购项目目标，项目计划和项目控制等。这些要素确定了电子化采购项目整体的范围，WBS 每下降一层，则对项目要素阐述更详尽的定义。WBS 是一种全面的、系统的分析工程项目的有效方法，也是项目管理的基础性。

② JS 电信电子化采购项目活动历史估计

活动历时估计指的是完成各活动单元所需要的总工时数。项目活动持续时间作为项目管理工作的重要内容，是项目计划制定的基础，也是给各种项目活动分配相应资源的依据。在 JS 电信电子化采购项目管理中，项目组人员根据项目计划，通过对电子化采购项目进行风险分析、进度控制以及评估项目的客观条件，推算出预计的电子化采购项目完成时间，估算出项目的历史。

3）JS 电信电子化采购项目活动排序

项目活动排序与项目各活动单元相互之间关系的识别和说明密切相关。每一个项目活动的执行需要依赖于一定的项目活动完成，也就是说，每一个活动单元必须在某些活动单元完成之后才可以执行，即是活动的先后依赖关系。项目活动的先后依赖关系分为两类：一种是项目活动之间现实存在的，难以更改的逻辑联系，例如 JS 电信电子化采购项目中问卷调查与讨论采购活动优化方案的关系，只有问卷调查的结果统计出来，项目组人员才能够根据统计结果，讨论电子化采购方案的设计与优化；另一种是项目人员根据项目需要确定的，活动之间的先后组织关系可以相互调换，例如项目结束后地市采购中心人员的培训以及电子化采购方案优化后在供应链上的推广，具体的活动顺序需要根据项目完成的情况由项目组工作人员具体安排。

项目活动排序的确定需要先确定活动之间现实存在的逻辑关系，在逻辑关系确定的基础之上，对项目结构进行充分分析，最后确定各项活动之间的组织关系。

①强制性逻辑关系的确定 JS 电信电子化采购项目组人员先将项目活动单元按照项目的结构一一列出，根据项目活动单元之间的内在关系，由项目技术人员和管理人员相互沟通交流确定先后顺序。由于是采购活动单元之间的内在关系，在客观上无法调整，主要依赖于技术方面的限制，因此确定起来是相对比较容易，且较为明确。

②组织关系的确定对于 JS 电信电子化采购项目中无逻辑关系的活动单元来说，这些活动单元的先后顺序具有随意性，直接对项目计划的总体产生影响。这些项目活动组织关系的确定比起逻辑确定的项目活动单元相对较难，一般取决于项目管理人员的知识与经验。因此，项目是否能实施成功，组织关系的确定起着至关重要的作用。

③进度计划是表达项目中各项活动的开展顺序，开始及完成时间及相互衔接关系的计划。在 JS 电信电子化采购项目中，项目组人员通过对进度计划进行编制，使得项目形成有机整体，是电子化采购项目进度控制和管理的依据。通常使用进度计划的技术主要包括甘特图、里程碑图、网络计划技术、关键链等。在 JS 电信电子化采购项目中，项目组使用了甘特图法来进行进度计划的规划。

④进度控制是指项目组人员通过比较实际进度与进度计划，对项目计划的实施情况进行掌握，当实际进度与计划进度不同步时，及时改进，调整实际进度，保证计划与实际进度无偏差，使得项目按期完成。项目进度控制分为比较分析与计划调整，其中施工项目进度比较是调整的基础，常用的比较方法主要有甘特图比较法、实际进度前锋线比较法、S 形曲线比较法、香蕉性曲线比较法、列表比较法等。在 JS 电信电子化采购项目中，项目组工作人员通过甘特图法来对项目的进度进行控制。活动过程见图 8-4JS 电信电子化采购项目进度管理的基本过程。

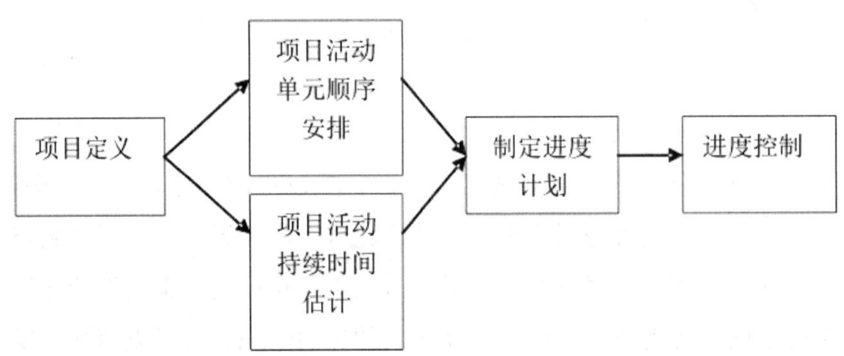

图 8–4　JS 电信电子化采购项目进度管理的基本过程

项目进度控制以项目进度计划、进展报告、变更请求和进度管理计划为依据，通过进度控制系统对项目实际进度进行测量，在实施过程中对实施情况不断进行跟踪检查，收集有关实际进度的信息，比较和分析实际进度与计划进度的偏差，并采取相应方法控制进度变更，最终确保项目进度计划的实现的过程。

在 JS 电信电子化采购项目中，一旦项目进度出现偏差，项目组人员应及时找出造成该偏差原因，分析该偏差对后续项目活动以及其对进度计划总目标的影响，制定改进项目实际进度的决策，保证项目进度计划总目标实现的切实可行。JS 电信电子化采购项目进度偏差分析过程包括：对电子化采购项目进度计划的施行进行实时跟踪，将项目过程中实际进度与计划进度进行对比分析、分析造成偏差的原因，偏差产生的后续影响、如何应对弥补，以提高电子化采购的效率。项目组人员通过分析比较项目实际进度与计划进度之间的偏差，这种对比分析常用的方法是图表表示，通常采用的图表比较法有：横道图比较法、S 形曲线比较法、“香蕉”曲线比较法等。

横道图比较法是将在项目进展中通过观测、检查、收集到的信息，经整理后直接用不同颜色横道线并列标于原计划的横道线上，进行直观比较的方法。JS 电信电子化采购项目实际进度与计划进度比较，如下表 8-1 所示。

表 8-1　JS 电信电子化采购项目实际进度与计划进度比较表

工作编号	工作名称	工作时间（天）	项目进度（天）							
			10	20	30	40	50	60	70	…
1	确认调查对象	1	/							
2	调查问卷设计	31		/	/					
3	发送问卷	12				/				
4	回收问卷	3					/			
5	方案设计	17					/	/		

（2）JS 电信电子化采购项目的控制

项目控制是由计划到推进过程中，由于一些不确定性因素的干扰，项目的实施进度将不可避免地偏离预期的轨道。为此，JS 电信电子化采购项目组根据对项目实时监控跟踪所得到的数据，和之前制定的项目计划相比较，找出偏差并分析出现偏差的原因，及时改进并采取相应措施，以使实际项目进度和项目计划相统一。因此，项目控制的过程，是一个具体的能动状态，有选择性地、动态的过程。

1）净值分析法

净值分析法，也称为偏差分析，是判断目标实施和目标期望之间的差异的方法，可同时判断项目预算和实施时间是挣值法的优势，以衡量项目预算和费用进度。净值分析法的三大基本参数是计划方案工作量的预算费用、已完成工作量的实际费用、已竣工工作量的预算成本。

2）项目评估

项目评估分为三类：状态评估、设计评估、流程评估。每种评估的侧重点不同。在 JS 电信电子化采购项目管理中，状态评估侧重于电子采购系统优化的性能要求、项目组工作人员劳动力成本、电子化采购项目计划时间、项目活动的规模是否达到目标要求。设计评估侧重于电子化采购项目是否是适合的，项目流程设计、系统优化设计等。流程评估的目的是总结项目经验，在已取得一定成绩的项目活动单元基础上对其进行评估，以提高项目组的工作效率。

3）项目变更控制

变更控制要经过正式的项目变更批准程序才能开展。JS 电信电子化采购项目中，当项目组成员申请项目变更时，必须明确项目变更对电子化采购项目所产生的影响，阐明变更将如何作用于成本、时间、性能，项目在按照计划实施的过程中变更，项目本身是否能够承担这些影响。若确实有极大必要对项目进行优化变更或避免之前没有预料到的损失，则需要进入正式的变更批准流程。项目变更控制程序要求变更应得到一切 JS 电信电子化采购项目相关人员的批准，包括计划建设部、企业信息化部和物资采购中心，经过各层预评估后，方可对项目进行变更。

3. 项目管理在 JS 电信电子化采购设计及实施中的运用

通过项目管理的知识对 JS 电信电子化采购项目进行设计与实施，从项目的角度多方位分析电子化采购，分析现有采购行为，找到突破点，以完成项目的计划与进程，实施项目管理与控制。

（1）JS 电信电子化采购项目范围界定

项目组人员对现 JS 电信现有采购情况进行调查，结合调查问卷反馈的信息和 JS 电信的实际情况来界定电子化采购项目的范围。在现有采购活动中，电子化采购覆盖地面为地市采购中心人员、省公司采购中心人员、物资系统、供应商平台、计划建设系统。通过对采购活动进行具体分解，包括物资的统谈统签采购、统谈分签采购、集团统谈分签采购、集团统谈统签采购、非通信物资采购，每一种采购对应不同的流程，覆盖的系统和适用人群也不一样。

1）统谈统签采购

统谈统签的物资是由 JS 电信招标，且由 JS 电信统一采购的物资。这一采购模式是由地市采购人员根据需求，将采购申请通过计划建设系统提交给省公司物资采购中心对口人员，进行采购评审，评审结束后计划建设系统将供货送货单发送给供应商平台，要求指定供应商进行供货。当物资由供应商或仓库送达施工现场，相应工程人员在计划建设系统进行回单并打出验货单。此后，供应商凭借验货单通过计划建设系统要求采购中心完成付款。

2）统谈分签采购

统谈分签是由 JS 电信招标，由各地市自行采购物资的采购类型。在这一类型中，由地市采购人员根据需求，将采购申请通过计划建设系统提交给省公司物资采购中心对口人员，进行采购评审，评审结束后发送供应商平台，要求指定供应商进行供货，当物资由供应商或仓库送达施工现场，由地市自行出具供货证明。此后，供应商凭借供货证明要求各地市采购中心完成付款。

3）集团统谈分签采购

集团统谈分签采购是由集团统一招标，由各地市采购中心发起采购的采购类型。这一采购类型中，地市采购人员根据需求，将采购申请通过计划建设系统提交给省公司物资采购中心对口人员，进行采购评审，评审结束后计划建设系统将供货送货单发送给供应商平台，要求指定供应商进行供货，同时，将采购的物资上报集团阳光采购网。当物资由供应商或仓库送达施工现场，相应工程人员在计划建设系统进行回单并打出验货单。此后，供应商凭借验货单通过计划建设系统要求采购中心完成付款。

4）集团统谈统签

集团统谈统签是由集团统一招标签订合同并进行采购，当采购物资到达指定地点市仓库或施工现场后，供应商凭借供货证明要求各省采购中心根据合同支付条款进行结账。

5）非通信物资采购

非通信物资采购是由各地市采购中心发起采购的采购类型。这一采购类型中，地市采购人员根据需求，将采购申请通过计划建设系统提交给省公司物资采购中心对口人员，进行采购评审，评审结束后计划建设系统将供货送货单发送给供应商平台，要求指定供应商进行供货，当物资到达地市仓库后，相应仓储人员在计划建设系统进行回单并打出验货单。此后，供应商凭借验货单通过计划建设系统要求采购中心完成付款。项目组人员以采购的种类界定项目范围，报领导小组批准实施。严格按照每种采购类型需求分析、规划设计、方案评审、试运行上线、初验验收、终验收等阶段进行。

（2）JS电信电子化采购项目的组织与计划

1）JS电信电子化采购项目战略

好的实施计划首先要有正确的战略。项目战略是从总体上说明如何完成工作，也可称之为游戏规则。在项目计划时要提出可供选择的项目战略，JS电信推进电子化采购项目时可供选择的项目战略有两个：一个是从采购中心的角度发起，通过采购的角度查看每个供应链细节，从物质的需求管理到采购行为再到物资的结算，从每个环节上入手查看系统漏洞，查漏补缺，达到节约采购成本的目的。另一个战略是从供应商的角度出发，从电子招标竞标到供应商入围，供应商按采购需求供货到资金的结算，到对供应商的评价这一路线一步步完善采购的细节，最终同样达到节约采购成本的目的。

项目的 SWOT 分析：

①优势（Strength）S1：资源优势

本项目建立在 JS 电信初步完成的电子化采购系统之上，由网络发展部和物资采购中心作支撑，对了解采购系统的环节、步骤等信息有极大的便利，根据项目进度的实施，项目组人员可根据采购中心的反馈及时对计划做调整，不断改善优化项目结构。

S2：决策优势。项目由网络发展部发起，最终以物资采购中心发布实施结果报告，项目是否达到预期标准以采购中心发布的实施报告使用体验为判定，不存在多部门交叉管理或对项目的结果产生多方判断及质疑。

S3：成本优势。项目的定义，也就是终极目标是降低企业采购成本，加快企业的信息化进程，因此将现有流程中繁冗拖沓的部分加以优化，弥补现有系统中的漏洞，优化采购流程，从而节约采购成本。

②劣势（Weakness）

W1：环境劣势。

JS 电信对电子化采购系统的引进已有一段时日，虽然在一定程度上改变了供应链及采购流程的结构，但某些程度上仍存在人为干涉的空间，而传统手工采购的观念在整个电信采购中心已深入人心，因此，改变供应链结构，净化采购行为，为企业信息化进程和进一步节约采购成本必将遇到某些方面或个人的阻力。

W2：进程劣势。由于 JS 电信每天都有工程和项目在进行，不可避免地每天都要采购大量的物资及服务，项目的实施有可能在某些程度上会干涉或影响到目前正常使用的系统管理，因此在项目的执行过程中要尽量避免这些情况的发生，将干涉程度降到最低，控制项目的时间以及进度，以保证电信采购业务的正常运行，保证其他建设项目和工程正常运转。

③机遇（Opportunity）

内部需求机遇：JS 电信由于在采购中的不完善，造成部分漏洞与缺陷，影响了采购的效率与采购协同，以及相关部门基于采购任务的运作。电子化采购的项目管理刻不容缓，以满足采购的需求，发挥采购部分的作用，跟上相关部门乃至整个 JS 省公司的发展步伐，历史空白机遇：电子化、信息化都是科技发展的新生事物，JS 电信的历史上一直是传统采购。虽然传统手工采购的观念有相当长久的历史，深入人心，根深蒂固，但电子化采购以其高效的采购率，便捷的采购方式，流程化的供应链管理，从根本上改变了采购行为的结构和方式，对供应链进行电子化管理，为采购人员带来极大便利，同时提高采购的效率，避免了一些传统采购中出现的弊端。从这个角度说，电子化采购在 JS 电信的历史上填补了信息化空白，是本项目立足的空间。

④威胁（Threat）

JS 电信每天采购大量物资，系统在采购活动中扮演着重要的角色，一切活动都由都通过系统在运行。一旦项目出现一时难以发现的失误或差错，将对采购活动和企业造成相当的损失。

2）JS 电信电子化采购实施计划制定

回答“必须做什么”的问题，是实施计划的第一步。在项目实施计划中，项目组人员需要明确：每项工作由谁来做，每项工作要花多长时间，需要什么原材料、供应或设备，每项工作的花费是多少？

①工作分解结构

先来关注第一个问题：必须做什么？这要用到工作分解结构 WBS。WBS 作为项目管理中最具价值的工具，在整个项目管理中起到重要作用。项目失败的一个主要原因经常是直到项目结束时才发现漏掉了某项工作，最终对项目造成不可挽回的损失。通过 WBS，可以提醒项目组人员注重每一个环节，避免遗漏步骤。WBS 与进度表有所区别，对于细微的项目，则没有必要使用进度表，因为进度表可能显得浪费时间，而 WBS 将整个项目连接在一起，是不可或缺的。

②工作分解结构 WBS 的重要性表现在

a. 它用图表的形式把项目要做的工作呈现出来，脉络清晰，不易遗漏。

b. 它用图表的形式表示项目规模，并联系预算，可以通过图中直观地从 WBS 中说明为什么花这个钱。

c.WBS 提供了资源分配的基础。

d. 它可以帮你估算每个任务所需时间。

e. 知道了工作时间，可估算所有工作的劳动力成本，从而建立工资预算，还可以为安排工作进度表提供基础。

f. 通过 WBS 还可以明确资源、材料、设备的使用及其相关成本。

③工作分解结构 WBS 的实施

第一步，必须要做的事有：市场调查、方案策划、方案推广、效果分析与改进。JS 电信电子化采购计划与实施项目 WBS 层次较为简单，关键是只要能够达到管理工作的目的就足够了。第三层级针对次层级又按项目活动做了细分。

第二步，第三层级工作分解。市场调查的第三层级里包含：确定调查对象、设计调查问卷、开展调查、调查结果汇总、结果分析。为了制定出有效的方案，首先要明确方案的使用者是谁，并对潜在用户群体做调查，以期更详细的了解潜在用户。

方案策划的第三层级里包含：方案与 JS 电信采购中心电子化采购融合、方案体系完整性设计、方案可执行性设计、方案整合。方案的最终目的是希望通过整体方案的推广而带动 JS 电信采购成本的下降，所以方案要紧密地与 JS 电信供应链相融合；方案作为面向供应链的一个采购型方案，要让供应链上每一环节的处理者不仅要从理念上提出创新性思维，让供应链上每一环节的工作人员易于接受新的推广模式，更要理论和实践要结合紧密，注意方案体系完整性。方案最终能否被他们所接受，还要看方案的实际效果是否有效，是不是容易使用，可执行性要强。

方案推广的第三层级里包含：推广渠道选择、JS 电信采购中心培训、推广实施、推广效果监测。方案制定出来后，就要推向目标用户群体，要选择有效的推广渠道，主要是根据供应链的顺序依次推广使用。方案的推广是个流程性的任务，JS 电信相关项目人员、采购中心人员及相关部门人员要熟悉项目内容，因此要对他们进行方案的内部培训。培训完成后就是正式实施推广。

效果分析与改进的第三层级里包含：方案整体效果监测、方案问题与改进。方案在推广过程中获取到的潜在用户数量如何？销售转化周期如何？转化率如何？这些是评估方案有效性和推广有效性的重要指标。根据量化的指标找出问题所在，并进行改进是这一层级主要做的几个任务。

第三步，确定每项工作的执行人。

第四步，每个次级任务所需时间。第五步，完成每个次级任务所需资源。

④估计时间、成本和需要的资源

WBS 完后，就可以用它来做估计。但必须明确，所有的项目活动都带有概率性，而非完全确定性。在给定的条件下，在一定时间范围内，任务只是可能被完成。如果想抱着任务在确定的时间内完成，项目小组成员就必须倍加努力，缩小规模或者牺牲项目质量。既然这些目标项目小组无法同时实现，那么，精确的估计是不存在的。

第二节　全球采购

一、全球采购的特点与方式

1. 特点

全球化采购是指在世界范围内去寻找供应商，寻找质量最好、价格合理的产品。全球化公司进行这种资源配置，他们的销售体系、采购体系、供应体系都形成了全球化供应的格局。由于世界各国经济的多样性和差异性，相互之间具有互补性，随着世界贸易组织职能的发挥，各国间的贸易变得更规范和简便，全世界范围内的资源优化变得更可行了，全球化采购在此背景下逐渐发展壮大。

全球化采购与本土采购的最大差异在于策略性和地域性。一般的采购以本地为搜索范围，着眼于低廉的运输成本和寻找供应商的容易程度。当竞争跨越国界，企业能否取得更有利的生产条件，就成了存亡的关键。全球化采购可以说是将眼光放大到全球范围，寻找最优秀的供应商提供原料，让企业本身能因为这项采购行为取得相对优势，然后再通过一连串的增值活动，创造出比竞争者更高的附加价值。

全球化采购管理的重点仍然是价格、品质、交货期、数量等指标。全球化采购也面临着新的挑战和成功要素。它虽然能帮助企业获得全球性的竞争优势，但它所面临的困难与挑战也不容忽视。文化的差异往往是最主要的障碍，各地民族的不同、语言的隔阂、政治经济的稳定度、法令税务的相关规定、汇率的变动等都会为组织的价值活动增加不确定性。另外，市场知识、后勤支援、JIT 采购等观念，也会影响全球化采购的执行成果。

全球化采购活动要获得成功，专业知识、策略性的眼光以及高层主管的支持三者缺一不可。国际采购的流程牵涉到组织对国外商业活动的认识、发展全球化采购的规划能力、全球物流作业的经验以及汇兑方面的知识，如果对这些过程缺乏了解，很难拟定出良好的全球采购计划，当然也不可能做出策略性的决策了，除此之外，还需要主管的高度投入才能让公司的资源得以妥善分配，帮助采购部门发展出跨国协调的能力和市场知识，并与国外的供应商建立长期的合作关系。

2. 全球采购方式

跨国公司在进行全球采购活动中有以下几个方式：

（1）以那些制造企业为核心的全球的采购活动，比如说通用电气，通用汽车等等一些技术密集型或者品牌非常响亮，具有国际品牌的，或者是具有很大资金优势的跨国公司，他们作为采购龙头来主导采购体系和采购市场。对于中国企业来讲，很多是为这些企业提供一些配套性的产品，比如说汽车配件，这是一个非常重要的采购方式。

（2）比较重要的采购方式，是以贸易企业为核心的全球采购体系，在国际上很多大的企业或者是有竞争力的企业，在采购活动过程当中，由于要把自身的资源集中在一些核心的领域里，所以这些企业很多的采购活动目前都采取了外包的方式，承担这种采购外包的市场主体，往往是那些在国际市场上非常活跃的贸易企业。

（3）以大型零售集团为核心的采购活动，这些大型的跨国零售巨头近几年来在中国市场上的表现是非常引人注目的，他们采购的商品更关注的是国内非常有优势的快速消费品和劳动密集型的各种产品，比如服装、鞋帽、食品等商品。这些商品通过跨国零售巨头进入国际市场的主流渠道，特别是主流的零售渠道中去，这个对中国出口是有非常重要影响的，而这些跨国零售巨头使中国很多企业的商品进入到这些正规的渠道中去。

（4）以专业采购组织和经纪人为核心的跨国采购体系，中小企业为了获得最佳商品的供应和最佳零售品供应，委托一些经纪人或者是一些专业的采购组织来为他们进行服务。目前，这些经纪人和采购组织，在国际上更为流行的运作方式是通过网上采购，特别是集合众多中小企业的采购要求，到中国或者是到一些低成本的国家进行采购。

二、供应链管理环境下的全球采购管理

1. 基于供应链管理的采购管理模式

（1）采购观念转变

随着全球采购管理职能在企业管理中地位地不断变化，企业的采购理念也是在不断的变化当中。对于生产制造型企业来说；我们知道他们很关注采购物资的价格。但随着经济的一体化和竞争环境的全球化，产品的售价和制造能力已不是企业成功的确定性因素，适应市场需求和满足消费者的需要才是企业追求的目的。对于消费者来说，他们希望得到是物美价廉的商品（价值是体现在产品性能和成本之间的纽带）；对于跨国企业来说，他们已经认识到采购与供应职能对于提高公司竞争力与获利能力所具有的关键性作用，供应商既可能是外部的，也可能是内部的，所以采购部门在产品的价值中发挥着重要作用。采购活动已经由低价格转向低成本，进而转向价值。价格只不过是反映产品成本的一个因素，即便是采购价格很高，通过缩短周期成本或者其他可行的一些措施同样可以会节省费用和成本。

在今天，全球采购与供应活动被看作是公司供应链管理中一个重要的部分，这与先前它被看作只与物流和物资管理相关一样，它都不能而且肯定不能独立地完成使命。它需要一些相关团队的共同合作，而这些团队的工作往往要跨越公司内传统的分工领域，包括一些其他的职能。例如：市场营销、研究与开发、质量管理、工艺设计与生产等。对于采购与供应的认识不断演进，管理理念越来越趋向于组织功能的整合以及供应链内部更加紧密的合作。这些变化意味着将传统的采购看作是局部的物料管理（包括产品实体分销过程）的观点，正在改变为整合物流过程的观点，并且这种观点最终也将被供应链管理的观点所代替。

（2）采购管理模式转变

伴随着全球采购职能和理念的变化，采购管理模式也在发生了变化。采购不仅仅

是采购，而是寻找资源，为库存而采购的模式转变为订单而采购，对采购商品的管理转变为对供应商的管理。基于这些变化，企业方面建立起了以流程集成和合作为导向的采购和供应管理，并配合了信息技术支撑 / 应用、EDI、ERP；而采购人员应该花更多的时间和精力来进行价值分析，选择货源和开发更多的合格供应商。有效地监控采购计划的实施及采购成本的变动情况，帮助采购人员选择最佳的供应，确保采购工作高质量、高效率、低成本地执行，使企业处于最佳的供货状态。

（3）全球采购库存问题

库存以原材料、在制品、半成品、成品等形式存在于供应链的各个环节，由于库存费用占库存物品价值的 20%、40%，所以供应链环境下的库存控制非常重要。供应链环境下的库存问题和传统的库存问题有很多不同之处，传统的库存管理侧重于优化单一的库存成本，从库存成本和订货成本出发确定经济订货量和订货点。而供应链环境下的库存管理应从整体的角度来看，但从目前的状况下，库存控制存在的主要问题：没有供应链的整体观念；对用户服务的理解预订也不恰当；不准确的交货状态数据；低效率的信息传递系统；忽视不确定性因素对库存的影响；库存控制策略简单化；缺乏合作和协调性；产品的过程设计没有考虑供应链上储存的影响。

（4）全球采购物流管理问题

狭义的物流管理是指物资的采购、运输、配送、储备等活动，是企业之间的一种物资流通活动。供应链环境下的物流管理和传统企业的物流管理的意义和方法不同。由于企业的经营思想的转变，为保证采购和供应企业之间运作的同步化、并行化，实现快速响应市场的能力，必须转变企业的物流管理。目前全球采购管理下的物流管理面临着以下要解决的问题：实现快速准时交货：低成本准时的物资采购供应策略；物流信息的准确输送；信息反馈与共享；物流系统的敏捷性和灵活性问题；供需协调实现无缝供应链连接问题。

（5）全球采购供应商管理问题

供应商管理是供应链采购管理中一个很重要的问题，它在实现准时化采购中有很重要的作用。在物流与采购中提出客户关系管理并不是什么新概念，但在供应链环境下的客户关系和传统的客户关系有很大的不同，这里的客户是指供应商，不是最终用户。相比传统企业的竞争关系，供应链管理环境下的供应商管理客户关系是一种战略合作关系，要建立这种双赢的战略伙伴关系面临着以下问题：信息交流与共享机制；供应商激励机制和合理评价供应商的方法和手段。

（6）全球采购的实现—电子采购

伴随着世界经济一体化和竞争的全球化，基于采购在企业管理中的重要地位和作为提高企业国际竞争力的重要手段，在供应链管理环境下企业全球采购被提到了一个重要的位置。同时其也面临的诸多的问题，本段试图从电子商务在采购管理应用，即电子采购的角度提出了全球采购应对措施。电子采购首先是战略，体现的是采购流程自动化、一体化思想；其次才是技术。电子采购对于电子商务而言，就像篮球比赛中的扣篮一样，是最引人入胜的部分。它简单、快捷、充满乐趣，当然还有诱人的利润。而以网络技术为基础的电子采购，可以将现货/期货、即期/远期等多种交易方式融为一体。在降低原材料市场、价格和采购风险的同时，还可以充分发挥专业知识和技能在采购活动中的作用，吸引外来投资、保障原料供给。真正实现多方受益，互惠、共赢的局面。所以，以网络为基础的电子采购已经成为企业降低成本、提高整体竞争能力的战略发展问题，正日趋流行。

事实上，已经有许多公司开始在网上进行至少是部分的采购，节省的效果令人侧目：间接货物的成本降低了 20% ~ 30%，直接材料的成本降低了 0.5% ~ 2%，要知道大多数公司通常在直接采购方面都有一套行之有效的程序。除了上述“节省”的好处以外，一些先行一步的公司也已经意识到了电子采购的其他优势，如对产品和服务更广泛的挑选余地；供应商分布地域更为扩大：供应商的服务也更为完善等等。

电子采购使商业活动与传统的商业活动有了很大不同。首先，中国成为全球生产加工中心，很大原因是因为劳动力、原材料便宜。但现在随着中国经济的发展，土地价格在上涨，环保要求在提高，人员工资在增加，公民的维权意识在加强，这种增长的结果可能使我们在国际市场中固有的成本优势都丧失掉了。如果没有新的举措，目前中国经济的投资热潮可能就会转移到周边国家与地区。但如果企业能够利用电子采购技术，形成很好的供应链，能够把各种信息技术和电子技术很好利用起来，将会对提高企业效益起到很大作用。这种效果的产生要比传统的狠抓内部管理和从销售上做文章好得多。其次，有了电子采购，可以让采购方发现以前不知道的供应商，带来供货商的增加。而供货商越多，采购者越受益。这会带来及时送货、生产专业化，质量更可靠等诸多好处。再次，可以降低成本，增加竞争能力。任何一个生产企业既是供应商，也是采购商，可以通过电子采购以低廉的价格购买自己需要的东西。而且如果供货商自己的产品积压，也会采取同样的方式在网上拍卖。这样的话就会形成良性循环，形成大气候。

另外电子采购产生的效益惊人。很多企业已经开始改变战略，企业在生产过程中间专注于自己核心产品的生产，外围产品依靠外部的采购来实现，这是目前企业的一个通行做法。如果企业能早看到这样一个趋势，能早把企业的工作重点转移的话，这对企业竞争能力的提高将有很大帮助。例如：通过电子化采购，IBM 公司一张订单的平均成本由 35 美元降到了 1 美元；微软通过电子化采购使其采购单位成本由 60 美元降到了 5 美元，采购人员数量由 29 个减少到了 2 个；许多公司的总结报告说明：通过电子化采购，减少的交易成本是传统传真、电话订货的 75%。例如：某企业采购支出占营业额的 50%，利润率为 5%，其他支出占 45%。如该企业的老板希望将经济效益提高至相当于利润率在 7. 5%时的水平，则他有两种选择：一是提高销售量；二是降低采购成本。在现有基础上提高销售量 50%，这只能是一个理论上的目标，在当前激烈市场竞争环境下很难实现。而在以往采购统计基础上降低采购成本 5%，这个目标在当前环境下，利用网络技术进行大范围询价、竞价、撮合等来实现，在现阶段完全有可能做到。以上分析还只是一个较保守的估算。即使如此，它对企业总体效益提高所产生的影响也是其他任何技术无法比拟的。

2. 供应链管理下的采购管理特点

供应链管理帮助企业通过采购管理增强供应链的系统性和集成性，提高企业的敏感性和响应性。为采购在供应链上企业之间原材料和半成品生产合作交流方面架起一座桥梁，沟通生产需求与物资供应的关系。为实现供应链系统的无缝连接，提高供应链上企业的同步化运作效率，必须加强采购管理，保证数量、时间、地点、价格、来源地适当性。这些对传统的采购提出了挑战，要求企业必须对采购环节进行适应供应链管理的创新设计。

（1）以外部资源管理为工作重心

传统的采购管理中，工作的重心是与供应商的商业交易活动，交易过程的重点放在价格的谈判上，通过多个供应商的多头竞争，从中选择价格最低的作为合作者。供应链管理思想的出现，对传统的采购管理提出了挑战。供应链管理的思想是协调性、集成性、同步性，要求提高采购的柔性和市场响应能力，增加和供应商的信息联系和相互之间的合作，建立新的供需模式。由此，采购工作的重点转向实现有效的外部资源管理。包括：形成相对稳定的、多层次的供应商网络，建立供应商数据库系统：提供供应商的教育培训支持；参与供应商的产品设计和质量控制；制定供应商评价与激励制度。

（2）面向过程的采购管理

传统的采购过程要经历供应商认证、制定生产计划、制定采购计划、发送采购订单、收货、验收入库、入账付款等一系列活动，跨越了科研部、计划部、采购部、财务部、仓库的部门。由于分工过细，传统的采购管理在信息沟通上存在明显的问题。供应链管理贯穿的是一种过程管理的思想，这种思想要求将企业内部以及节点企业之间的各种业务看作一个整体功能过程，形成集成化供应链管理体系。体现在以过程最优为管理的目标。供应链条件下的采购管理以采购的过程为管理对象，通过对过程中的资金流、物流和信息流的统一控制，以达到采购过程总成本和总效率的最优匹配。

（3）建立企业与供应商的双赢伙伴关系

传统条件下，企业与供应商之间是简单的买卖关系。而在供应链条件下，双赢伙伴关系成为采购管理中企业与供应商之间关系的典范。双赢伙伴关系是一种合作关系，它强调在合作的供应商和生产商之间共同分享信息，通过合作和协商来协调相互的行为。它表现为制造商对供应商给予协助，帮助供应商降低成本、改进质量、加快产品开发进度：通过建立相互信任的关系提高效率，降低交易费用；长期的信任合同取代短期的合同：比较多的信息交流。

（4）信息化的采购供应链管理

之所以区别于传统意义的管理而成为电子商务时代全新的概念，其中一个重要的原因是它以信息技术为手段，以信息资源的集成为前提。供应链条件下的一个重要特征就是信息化的管理模式。采购信息化主要有两部分：采购内部业务信息化和外部运作信息化。采购内部业务信息化较容易实现，主要通过建立采购管理信息系统与财务会计信息系统的接口以及采购管理信息系统与需求和生产系统的接口。信息化操作实现了采购管理的无纸化，减少了信息传递的中间环节，加快了信息流动的速度，极大地提高了企业对市场的反应速度。采购外部运作信息化包括网络采购和供应商信息系统两部分。网络采购是近年来出现的一种新的采购方式，它的特点是资源丰富、信息传递快速、交易费用低、采购效率高。供应商管理信息化是指企业通过网络将供应商信息系统与采购信息系统连接起来，使主要供应商成为整个生产体系的一部分，以便供应商能及时得到供应和生产需求信息，加强与供应商的长期合作，建立战略伙伴关系。

3. 与传统采购管理比较

（1）从为库存而采购转变为订单而采购

在过去需求长期大于供给的状态下，企业为了保证经营的连续性，形成了为库存而采购的一贯做法。采购的目的就是为了补充库存，即为库存而采购。采购部门并不关心企业的生产过程，不了解生产的进度和产品需求的变化，因此，采购过程缺乏主动性，采购部门制定的采购计划很难适应制造需求的变化。

而在供应链管理模式下，采购活动是以订单驱动方式进行的，制造订单是在用户需求的驱动下产生的。制造订单驱动采购订单，采购订单再驱动供应商。这种订单驱动的采购方式又叫准时化采购，它使得采购物料直接进入制造部门，减少了采购部门的库存占用和相关费用，供应链系统得以及时响应用户的需求，同时降低了库存成本，提高了物流的速度和库存周转率。

（2）从内部的采购管理向外部资源管理的转变

传统的采购管理仅仅对企业内部的资源进行统计和归类，缺乏与供应商之间的合作，供应商对采购部门的要求不能得到实时地响应，另外，产品的质量控制也只能进行事后把关，不能进行实时控制。这些缺陷使供应链上企业无法实现同步化运作。而供应链管理下的采购则强调对供应源进行外部资源管理，和供应商建立一种长期的互惠互利的合作伙伴关系：通过提供信息反馈和教育培训，在供应商之间促进质量改善和质量保证；参与供应商的产品设计和产品质量控制过程，将事后把关变为实时控制，以增加供应链的敏捷性。同时，协调供应商的计划，在资源有限的情况下，下游企业的采购部门应该主动参与供应商的协调计划，保证供应链的正常供应关系。此外，根据自己的情况选择适当数量的供应商，建立有不同层次的供应商网络，与少数供应商建立合作伙伴关系。通过不同种类的合同来控制成本和分摊风险。

（3）从一般买卖关系向战略协作伙伴关系的转变

传统的供应商和需求商之间是一种简单的买卖关系，无法解决一些涉及全局性、战略性的供应链问题。在供应链环境下，供应商和需求商之间是在产品制造、设计、新产品开发等各层面上信息共享、风险共担、共同获利的战略协作伙伴关系。这种合作关系表现为：

1）长期稳定的合作关系，但不全靠长期合同维系，而是基于相互信任，相互依靠，共同寻求解决问题和分歧的途径；

2）双向的主动的信息交流，从而实现双方长期共同获利所需的信息共享；

3）在产品制造乃至设计、开发等层面上，制造商以员工培训、专门小组的技术指导等方式有体系地向供应商提供生产技术、管理技术的支持；供应商则以及时供货、技术改进反馈、增加对共同事业投入等方式向制造商提供支持；

4）供应商参与零部件设计和制造商的新产品开发过程，而不是制造商设计产品，提出零部件要求，再通过竞价方式选择供应商。当然，上述的关系依赖与选择一个可靠的合作伙伴为前提的。

4. 供应链管理下的全球采购发展趋势

随着企业供应链管理思想的创新和电子信息技术的进步，越来越多的企业会推行全球采购战略，全球采购也将逐步向专业化和网络化的方向发展，即将出现一些大型的专业化采购联盟，网上集中采购行为也日渐普遍。

（1）专业采购联盟

专业采购联盟是指专门代理采购业务的第三方或中介机构，凭借良好的信息渠道和完善的网络系统，对产品的采购信息、质量性能、市场行情及未来走势有充分的了解，全权为一些跨国公司负责某种产品的采购业务，在这种情况下，采购联盟会根据相应的要求进行全球范围内的资源采购，专业采购联盟的人员一般来自专业性的咨询机构、企业联盟和行业协会等。

通常情况下，专业采购联盟主要是进行日常用品的采购代理业务，像服装制品、办公用品、通用零部件和生活消费品等，这些物品的采购特点主要是需求量大、通用性强。采购方由于不够了解此类物品的市场行情，或不想在此采购物品的采购商花费太多的精力，或缺乏此类产品的采购经验，此时可将采购业务委托给专业采购联盟，能够使专业采购联盟获得采购数量上的优势，进而获得较为低廉的采购价格。

例如，近年来国外专业采购组织来我国进行采购活动已经形成了相当大的规模，数千万、上亿美元的巨额采购订单接连不断。这些专业采购联盟大部分代理了国外许多不同公司的同类产品的采购业务，全权负责此类货物的采购活动。在目前的情况下，他们需要采购的是服装、工业零部件和生活消费品等一般商品，因为我国此类商品的价格在国际市场上相对较低，具有明显的价格优势。在产品质量上我国企业都可以满足他们的需要，但最重要的两个要素就是价格和数量。由于采购量非常大，价格要求也低。

随着地区经济的迅速发展，对这种专业采购联盟的需求也会越来越大，但目前我国企业尚不适应这种采购模式，主要是由于我国企业还没有认识到此类采购的优势。同时，由于我国还没有健全相关法律法规，这种专业采购联盟还不普及，还没有得到市场和企业的信任。

（2）网上集中采购

信息技术的广泛运用，扩大了采购范围，缩短了采购周期，正吸引着越来越大的企业推行网上集中采购战略。网上集中采购主要是利用第三方建立的采购平台，不同的采购商完成在采购订单的填写，由第三方进行统计确认，保证采购信息和供货信息能够做到公开、公平、公正，然后再与供应商进行谈判，使产品、价格、服务和物流之间能够实现最佳组合，消除中间环节，大幅度降低采购成本。

尽管采购方可以通过其建立采购网站，吸引其他采购者和供应商到自己的站点上来，但真正实行起来却往往很难，因为许多供应商没有自己的网上产品目录，其他采购者根本不想参加这样的站点。因此，建立一个独立的、公开的、专业采购网站就更有可能把供求双方拉到一起。企业采取这种网上集中采购模式，必须拥有很高的市场信用，遵循商流和物流高度分离的原则；采购物品主要是易耗品或通用品，采购批量较大。同时，对供应商而言，必须拥有较高的信息化程度、较快的顾客反应速度和保障有力的物流配送能力。

三、全球采购案例

以 WEM 公司为例，对 WEM 全球采购中心的采购管理总结出相应的对策建议。

1.WEM 全球采购中心业务的运营现状

（1）WEM 的营业状况和全球采购中心的演变

在 2019 财年发布会上，WEM 公布了第四季度的营业额总收入为 1388 亿美元，同比增长 25 亿美元，同比增长率约 1.8%。由于社会消费环境和经济发展容易影响零售，尤其是电商的崛起并且发展趋于日渐成熟，网上购物也逐渐成为国外的零售商着重开发的方向。截至 2019 年，WEM 在电商业务方面的同比增长约 40%，超过 2100 个自助提货点，配送服务范围内的地区超过 800 个。

（2）WEM 全球采购中心演变简述

最早期是通过一个贸易公司来代理 WEM 全球采购中心的业务，后来加入的还有 LF 集团代理。LF 集团有着强大的供应链管理和优质的供应商资源，所以逐渐取代最早期的贸易公司代理，然后演变成为 LF 集团单独代理，LF 集团还专门设立一个部门叫做 DSG 为 WEM 全球采购中心业务服务。后来随着 WEM 的采购量越来越大和运营的模式日渐成熟，WEM 全球采购中心逐渐脱离代理模式。为了加快和发展海外的采购业务，同时也为了整合现有的资源，WEM 考虑到战略的调整并作出重大决策，在 2002 年成了自己的 WEM 全球采购中心办公室，这也是在采购成本控制上的一大改革。

然而，刚设立的全球采购中心有着明显的中国香港公司模式的管理方式，当时很多来自香港的作为管理高层来运营和管理采购中心，到后来美国总部委派外籍人员外驻全球采购中心办公室进行管理和改革，将美国总部本土文化逐渐植入到全球采购中心，并结合在中国经营的实际情况，形成现在的企业文化。到 2018 年，山姆会员的采购业务也脱离 LF 集团，在深圳设立采购中心办公室，虽然办公地点不同，但是山姆会员的采购业务还是属于 WEM 全球采购中心管辖。最后，WEM 全球采购中心完全摆脱了代理模式，开始独立运营采购这一块业务。

WEM 全球采购中心的设立是低成本采购策略下的必然结果。因为 WEM 一直奉行“EveryDayLowCost”—天天低成本的原则，要做到“天天低成本”，那么低成本控制就是采购环节必须关注的重点。中国的劳动密集型有着很大的优势，而且生产管理也日渐成熟，如劳动力成本比美国本土的劳动力成本要低很多，很多以前在美国本土生产的商品，比如圣诞饰品、玩具和服装等，首先转入东南亚再到最后转入中国生产。后来，很多跨国零售商都仿效 WEM 的政策，都成立采购中心在中国大量采购产品，如美国的零售商塔吉特、西尔斯等，都把海外采购重心转向中国。

WEM 在中国主要有两大体系：零售体系和采购体系。中国门店的运营是属于零售体系，而全球采购中心就是采购体系。两个体系同属美国 WEM 却各自独立运营，办公室地点也不一样。全球采购中心主要负责 WEM 全球零售门店的采购，并且作为全球买手做跨季度采购项目的支援，筛选供应商和开发采购产品。但是，全球采购中心不是直接与供应商购买，只负责采购这一环节而已。全球采购中心负责采购的商品类目繁多，如：家具家电、家居用品、玩具、服装、季节性工艺品和杂货等等，同时监管供应商按时完成生产并出货，把货物出口到世界各地的港口，运输到当地的配送中心（DC），最后到各大门店上货架销售。WEM 全球采购中心的合格供应商资源多，海外的供应商资源也遍及全球。

全球采购中心配合着全球买手的采购计划或采购产品，其主要角色是在全球买手和供应商之间的中间人，以便于三方更好地沟通。在下面的组织架构图可以看出，采购部划分为四大区域：山姆会员组，美加组、国际组和欧洲组。山姆会员门店主要是会员制，品质和服务都是定位在高端消费群体；美国和加拿大两个国家的所有门店是属于美加组，是整个采购部最大的采购量，采购的产品数目也是最多的；国际组的门店是指拉美地区、亚洲和南非，国际组是在 2018 年才整合在一起的；最后是欧洲组，主要是以英国为主，WEM 为了进驻欧洲而收购了英国零售商 ASDA 后，成功把门店立足在欧洲并慢慢辐射到其他欧洲国家。

2.WEM 全球采购中心的采购管理现状

全球采购中心会通过多种途径收集产品和供应商信息，同时全球买手团队也要根据各自部门的采购计划和预算，作出采购商品的计划共享给全球采购中心去跟供应商沟通开发相对应商品事宜。由于不同国家的贸易政策，还有对产品要求不尽相同，例如在墨西哥仙人掌图案很受欢迎，但在欧洲就不太普遍，因为欧洲人偏好于暖色色调的产品，因此在开展采购项目之前，根据这些差别，全球采购中心会制定出不同的采购产品策略。在信息系统方面，全球采购中心通过零售链系统提取所有供应商信息，如该供应商的各种评估报告，出货频率和延迟交货百分比率等信息，然后对供应商做出评估是否匹配做产品开发。而供应商也可以通过全球采购中心的零售链系统上看到产品销售和库存情况，有助于供应商做生产安排的调整并给供应商在产品开发方面提供参考依据。

（1）WEM 全球采购中心的采购流程

对于供应商来说，全球采购中心不是直接付款给供应商的一方，全球采购中心是配合全球买手进行采购项目和订单进度的支援角色。WEM 全球采购中心的所有订单都是出口到国外 WEM 的门店，采购的产品都是根据每个国家的季节和庆典来作出相对应的采购计划和产品类别。全球买手团队会根据当地不同的文化和季节来进行跨进度采购项目（Buyingtrip），全球采购中心会协助各国买手完成这些采购项目。

1）跨季度的采购项目

全球买手会根据采购计划来到全球采购中心做跨季度采购项目，全球采购中心需要组织和支援不同的采购项目，每一次的采购项目都聚集在深圳的华南城进行，供应商只要把样品送到华南城，给全球买手挑选产品。全球采购中心会设置好场地，跟供应商联系好时间，把相关样品送到指定的地方给买手做最终选择（Finalization）。全球采购中心不同的组员会跟不同产品的买手紧密联系，包括如何开发新产品和新设计，然后分享给供应商进行样品制作。例如，每年一月份，采购项目是采购当年的万圣节和圣诞节的节日用品，八月份出货，十月份在各个门店上货架售卖；每年四月份，采购项目是采购明年的复活节的节日用品；每年十月份会采购明年的丰收节的节日用品，季节性非常明显，因为国外的 WEM 门店也会根据不同的季节和节日来做促销活动。这样就好像 WEM 中国一样，在春节或者中秋节这些大节日之前，也会提前采购大量商品，在节日来临前一两个月上货架开始销售到最后促销，促进增加营业额。

因此，简单来说，全球采购中心的采购项目主要流程是分三个阶段：采购项目前期、中期和后期。

①采购项目的前期

a. 全球采购中心的采购小组成员根据买手的产品采购计划去匹配合格的供应商去做产品开发。通常在这个阶段能够参与采购项目产品开发的供应商都是已经符合加入 WEM 的条件，如已经通过 WEM 要求的验厂，已签好供应商协议等流程，而且都是非常熟悉 WEM 的要求和流程的供应商。如果有一些新产品，现有的供应商没有能力做到，采购小组的成员就要去寻找新的供应商加入。新的供应商加入前期准备工作又是另外一个流程，在后面小节会详细解说，所以这里就不做介绍了。

b. 采购小组成员收集买手要求产品的信息分享给供应商，跟供应商解释产品如何开发，还要引领供应商做产品创新开发。这时，需要供应商紧密地与采购小组成员联系和沟通，深入地了解这个产品的外观，造型，颜色等等，必要时采购小组成员邀请供应商到办公室详细地面谈，以便能够一次作出买手想要的产品要求和效果。

c. 供应商根据提供的信息做好产品设计稿，同时也可以推荐的新品。作为买手团队与供应商中间沟通的角色，采购小组成员会把收集到的所有产品设计稿反馈给买手挑选，经过几轮初选，确认给供应商安排制作样品。

②采购项目的日期

a. 采购小组成员会及时跟进供应商的样品制作的进度，确保样品能够在规定的时间内完成，并按时寄送到华南城做最终挑选。此时供应商也要在这个时候做好产品报价单，发给采购小组成员。

b. 采购小组成员要提前安排买手行程和布置好采购项目的需要用到的设备设施。

根据行程安排，买手和全球采购小组成员先到供应商样品间进行第二次初选，然后供应商要把第二次初选的产品寄送到华南城到最终挑选。

c. 在采购项目期间，采购小组成员会代表买手负责与供应商谈判各方面的细节，如价格调整，几轮压价，修改产品规格大小颜色和最后产品定价，协助买手团队的完成季度的采购计划，决定采购的产品。

③采购项目后期

a. 确认选中的产品并发送订单承诺书给供应商。供应商收到订单承诺书之后，需要到 WEM 的零售链系统上完成网上报价单，为后期释放正式订单做准备。

b. 供应商根据修改要求再次安排样品，作为产前确认样。采购小组成员负责跟进样品是否做正确，并督促供应商安排做产品测试，产品包装测试等等。

c. 最后确认产前样品，供应商可以安排备料，当收到正式订单，供应商即可安排做大货生产。

2）采购项目的采购成本预算

全球买手带着采购预算来到中国做每一个采购项目，不计算前面初选阶段的时间，他们要用大约两周的时间做采购商品的最终决策。如下图的采购项目例子，家居用品的总采购预算（Plan）是 1200 百万美金，如果最后采购项目结束后，采购的总金额是一千万美金，就是顺利完成了采购任务。若采购的总金额超过采购预算，采购小组成员必须跟供应商沟通和谈判价格，直到采购金额低于采购预算以下。由于 WEM 一直实行低成本采购策略，所以每一次的采购项目都在产品价格方面多次谈判，与供应商多次压价。很多时候供应商在前期为了加入成为 WEM 的合格供应商，投入了很多方面的资金整改工厂通过 WEM 的验厂，所以供应商都不想浪费前期的资金投入，面对采购小组成员不断的压价而不得不做出退步，减少自己的利润来降低产品价格才接到订单。

3）采购项目的产品选中率

然而，在每一个采购项目里，全球买手都希望供应商能提供多种产品供挑选，采购小组成员会协助全球买手去多方面做产品比较，通过对产品的造型，外观效果、功能和价格等等作对比，从而筛选物美价廉的产品。因此，采购小组成员不只邀请一两个供应商来参加采购项目的产品开发和推送给全球买手，而供应商都很积极地制作尽量多的样品给全球买手选择，以便增加产品中单率，这样供应商实际寄送样品的数量就非常多。

（2）WEM 全球采购中心的采购策略

WEM 全球采购中心有着两个主要原则：“天天低价”和“天天平价”，所以低成本采购和追求物廉价美一直是全球采购中心的首要任务。对于采购的成本控制策略，

主要有几方面：

1）大批量采购压价和保持单品数量

WEM 全球门店数量多，每批次订单的数量和金额巨大，这样就有很强的议价能力跟供应商压价。WEM 全球采购中心直接下单给供应商，减去中间贸易商环节，借以采用低成本采购方案提高价格市场竞争力。其次是同类型的单个产品数量（SKU-count）不要采购太多，提高单个产品的订单数量之后有利于压价。

例如，一双运动鞋原本采购预算是一百万双的订单，但是如果同款的运动鞋两款，那么就要分开各五十万双的订单，供应商报出的一百万双运动鞋的价格跟五十万双运动鞋的价格是有很大区别的。全球采购中心希望供应商可以提供最畅销、有创意和新颖的产品，来吸引更多的顾客，同时利用高效的物流来缩短供应链，更加有助于控制低成本，最终目标是为顾客节省每一分钱，实现“天天平价”。

2）全球化采购策略

随着中国经济飞速发展的影响下，对中国出口的产品征收反倾销税的国家越来越多，劳动力成本和原材料价格上涨，还有政府对环保方面的管控等等，在这样的形势下，WEM 全球采购中心快速调整策略，布局全球化采购。在物流行业的蓬勃发展逐渐演变为全球物流时代，全球采购中心充分利用国际市场和国际资源，在全球配置供应商资源，继续用比较成本来询价和发掘的优质供应商，把全球采购的资源线拉长并扩大发展，因此，除了现有的中国供应商以外，也开发了很多海外供应商，把采购区域延伸至全球。例如，陶瓷产品可以在土耳其、墨西哥采购出口而没有反倾销税；玻璃产品在印度尼西亚和哥伦比亚的价格非常有价格优势；高端的玻璃器皿可以在捷克和意大利寻找；服装类和家纺类除了在东南亚国家之外，还有埃及的纯棉制品非常好。但是总体的采购量还是集中在中国区，可以参考图 8-5 所示全球采购地区比例。

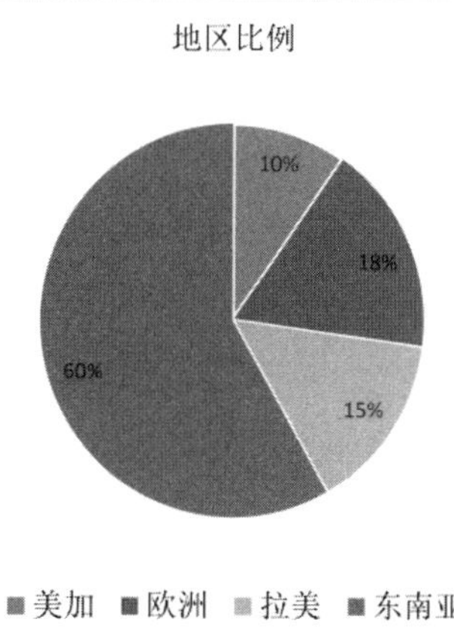

图 8–5 拉美组的全球采购区域和国家比例

3）杠杆采购策略

因为每个国家地区的门店数量不一样，产品订单数量都是根据本土的门店数量的基础上，综合各个区域的销售水平和顾客群体，从而预计订单数量。由于美国的门店是最多，所以订单量也很大，因此经过大批量压价后，一般供应商都会提供非常好的价格。然而其他国家如欧洲或者拉美地区门店不够多，订单数量不够美国组的大，供应商也会根据订单数量去报不同价格。基于这样的情况下，全球采购中心逐渐推广杠杆采购（leverage）策略，即其他国家的全球买手可以根据实际情况，跟随美国组去采购同一款产品，称之为“Tag-on”产品。通过这种方法，让其他国家的买手可以拿到美国组一样的优惠价格，来达到节约采购成本，供应商接受美国订单的同时，一并生产了其他国家的订单。

（3）WEM 全球采购中心的供应商管理现状

1）供应商生产前后的流程

WEM 的高效供应链物流系统一直都是采购中心的强大后盾，也是 WEM 重要的核心竞争力之一。一般采购项目结束之后，供应商会在交货期限的前两三个月能接到全球采购中心的订单确认。例如，一月份关于圣诞主题的采购项目结束后，全球采购中心会在二月份会发一份订单承诺书（commitment）给供应商，供应商可以根据订单承诺书的数量开始备料，正式订单会在三月份系统发出给供应商，交货期大约在八月份，在海上运输时间大约是 60 天，所以九月份是到国外港口，转运到 WEM 国外的配送中心（DC），最后到店日期（Instoredate）是十月份前到各大门店上货架销售，产品的销售记录从十月份开始一直到十二月圣诞节前。下面某部门在 2019 年的万圣节和圣诞节订单表格已经很清楚显示这些季节性订单的日期列表。

当供应商在接到订单承诺书的时候，需要供应商配合全球采购中心在系统上完成报价单。另外，供应商要确保一年有效期的验厂报告是否有效，若是快过期了，供应商必须要重新向第三方公司申请重新验厂，通过了才可以生产和出货。同时供应商要制作样品给全球采购中心确认才可以安排生产，还要安排产品到第三方公司做测试，只有产品的测试通过了，才可以出口到国外。供应商安排生产和按时完成，通过了第三方验货后才可以正式出货。最后，供应商跟货代公司联系出货事宜，在出货前的 14 天前要做好订舱工作，然后按照货代公司规定的时间内把货物送到指定的港口就完成交付了。在全球采购中心的物流部门负责与供应商联系的出货事宜。

2）供应商的风险评估标准

能够加入 WEM 全球采购中心的合格供应商，必须遵守 WEM 的考核和准则，要求供应商是否有先进的生产设备，是否技术达标等等。全球采购中心的采购小组成员会跟供应商说明合作要求，如：验厂要求，第三方的产品测试，第三方检测产品包装，出货时通过第三方验货要求，按时出货等细节操作问题。所有方面都符合标准，才可以跟 WEM 合作的供应商。根据供应商整体综合能力，全球采购中心把供应商分为 A，B，C 三种类型：

A 类供应商：大多数供应商是属于这一类型，具有一定的规模，开品开发能力较好和生产管理技术符合 WEM 标准，必须通过第三方验货，但是不具备售后服务能力，基本上中国的供应商都是在 A 类。

B 类供应商：一般是指在当地本土的供应商，在销售市场有自己的办公室和仓库，直接跟全球买手沟通，不需要通过全球采购中心联系。供应商自己验货，把验货报告上传到系统，可以在自己所在地仓库直接出货给 WEM，并具备售后服务能力。

C 类供应商：是指有自己的品牌，而且在国际上认可的一线品牌。在选择供应商的过程中，全球采购中心决定选择多少供应商，而且专门设立了一个部门负责管控供应商的验厂事项和评估新供应商。

对加入 WEM 全球采购中心的供应商必须通过种种规定和守则。从 2019 年开始，供应商开始承担第三方的验货费用。对新供应商的加入，WEM 要求其必须通过三项验厂标准：ES、FCCA 和 SCS，而且必须通过指定的第三方验厂公司。在这里以杂货方面供应商的工厂质量体系审核（简称：FCCA）要求为举例，详细如下几点：

①工厂设施和环境：是否有足够的照明在工厂作业的区域；保持清洁的工厂环境；有单独且通风的检验区域；在审核期间导致产品污染；严格控制的利器以防止混入产品等等；安排与检修机械设备，有专业团队做机器保养等。

②来料控制：实施物料先进先出（FIFO）体系和根据作业指导书以及记录文件去检验进出仓库的原料质量。物料的可追溯性和确保来料符合性，选用的原料供应商有认可流程以及对分包商的品质控制流程文件等等。

3）过程和生产控制：在做产品开发时，产品研发部门要负责研究产品的应用以及产品性能；在各个生产流程是否有文件可依；在产品生产前，各个部门做开产前会议去审查质量问题，发现产品质量问题是否有改进方案；在产品生产中，质量检查员要检查第一件生产出来的产品是否符合客户签样和产品规格，还有准备足够的参考样品和指导给工人做生产指引；在产品生产后，质量检查员根据 AQL 抽样检验标准或按照工业标准对最终产品做功能性检查，确保正确的产品包装。

4）内部实验室测试和最终检验：内部实验室测试设备和各种行业标准测试手册是否齐全；必须要具备最终的检验报告并得到客户同意验货报告通过的情况下安排出货。

5）人力资源和培训：各个岗位和不同职能的所有人员进行岗位培训，做好培训记录等等。

3）供应商的守则、考核和评估

① WEM 的供应商守则

根据国家法律法规制定的标准主要包括六个主要方面：

a. 禁止使用童工。童工是指年纪小于当地完成义务教育的年龄，或小于 15 岁者。工人的年龄必须先核实并保留证明记录。

b. 不能使用强迫性劳工。强迫性劳工是指任何在被威胁、不自愿或被惩罚的情况下工作，以及所有受契约约束、被囚禁和被强制劳动的人。

c. 聘用的决定要根据工人的工作能力来决定，不能把聘用、解雇或退休事宜联系到工人的性别、怀孕或婚姻状况和个人信仰等等因素。

d. 根据法律法规提供给工人一个干净、安全和健康的工作场所并确保照明充足、透气、有足够的灭火器和安全出口。还要保证工人有清洁的饮用水、卫生的洗涤设施、足够的洗手间。如果发生环境事故，供应商必须按照流程通知当地政府。

e. 供应商必须遵照所有适用的法律法规为工人提供合乎当地水平的薪金和福利。工资工时要按照法律法规并准时支付给工人，不能超时工作并保证每七天有一个休息日。

f. 为了保证检查供应商是否遵守此守则规范，WEM 及其委托第三方公司有权到供应商的生产设施进行定期和突击的检查，若发现违规，WEM 和有关的供应商会及时协商一个更正问题的方案。如情况恶劣，WEM 有权利考虑取消订单及终止合作。

②供应商的考核和评估

供应商的考核和评估主要包括三部分：社会责任评估、产品来源地评估、反恐安全管理评估。每个供应商都必须要申请做的是社会责任评估，而产品来源地评估是指不在中国生产的产品，对于反恐安全管理评估则主要是针对出口产品到美国的供应商。这里重点讲解社会责任评估中不符合社会责任的三个等级：

a. 零容忍等级是指绝对不能采用的供应商，如工厂正处于诉讼之中或使用童工等等。一经发现，加入供应商黑名单并不能采用。

b. 立即行动等级是指可以采用该供应商但是需要在特定时间内进行纠正，纠正后达到监察部门的要求后，才可以下订单给该供应商。例如在审核期间的文件里显示工资工时支付与实际不符，则评为“立即行动”等级。

c. 持续改善等级是指可以采用该供应商并可以接受订单，并且同时改正不符点。如工作环境有待改善，工人对安全与健康意识的教育，工厂内部生产管理等等。最后，产品来源地评估主要是在原材料记录，分包记录，运输记录，政府表格及登记，机器记录等等。反恐安全管理评估主要是安保设施，进出监控，安保程序，人事安保，教育及安全意识培训等等。

3.WEM 全球采购中心的采购管理优化

根据 WEM 全球采购中心的采购管理存在问题和原因分析，基于 PDCA 循环绩效管理和战略采购等理论方法，分别从采购流程、采购策略和供应商管理提出了优化和建议。

（1）采购流程的优化

1）明确采购项目的需求，重新梳理流程分析了采购项目流程中的各个环节后，利用 PDCA 循环绩效管理模式来加以优化，这样可以加快整个流程，从而缩短周期。

①计划（Plan）

在进行采购项目的前期阶段，全球买手的采购计划要明确而详细，把原先要 8 周筹划时间缩短目标为 6 周，加快进程，这样可以留更多的时间给供应商准备。同时在筹划采购计划时可以适当地让全球采购中心和供应商都参与进来一起沟通，提高效率。

②实施（Do）

根据初选的设计稿，供应商开始制作样品，全球买手跟采购小组成员直接到供应商的样品间第一轮海选，尽可能多选一些样品做比较。同时，把中间多余的流程重新调整，某些环节可以同时进行或者合并，比如：把第一轮设计稿初选和第二轮样品初选合并起来，变成设计稿初选一次，实际样品初选一次和最终选中的产品。

③检查（Check）

采购项目在华南城做最终样品挑选的两周时间不变，但是在采购项目进行过程中，全球买手的授权方面要适当放宽给采购小组成员，这样利于加快跟供应商讨价还价的效率，缩短周期。结合第二阶段，只用 5 周即可完成。

④处置和改进（Act）：到采购项目的后期，采购小组成员跟供应商紧密沟通，按时发出订单承诺书后，供应商要两周时间修改好样品。供应商在安排修改样品的同时，多安排几套样品可以用作产品测试，样品一旦确认了即可安排做测试和包装等等。

2）减少样品数量和精准采购，提高产品中单率

在采购项目里，供应商投入的所有人力物力，如产品设计稿费用和制作样品费用等等，这些成本都会影响到产品的报价。在下图中，按产品分类进行优化，只找一家专门生产该材质产品的供应商去做开发和制作样品，做到精准开发产品，减少样品重复率。这样的情况下，供应商不用花费太多资金在制作样品上面，而采购小组成员也不用花费太多精力去引导很多供应商一起开发不同的产品，才可以专注在产品价格上

面，做到快速报价分析，拿到最低成本给全球买手落实采购的产品。

其次，可以考虑在现有的信息系统平台上，增加一个网络系统以专门服务于采购项目。全球买手可以在这个网络系统上上传采购计划和预算等相关资料，共享给供应商，通过网络系统进行筛选对比，选出最优的产品和报价，这样更加有效率地减少样品数量并以此达到精准采购的效果。在这里继续沿用上面的例子买手 A 要采购的产品，用精准采购来提高产品中单率。买手 A 在采购项目前期就可以细分化采购的产品类别和设计的效果，然后专业做玻璃的供应商根据细分的产品类别制作玻璃样品，陶瓷供应商做陶瓷产品，塑料供应商做塑料产品，供应商只有在自己专业的产品领域里才会更熟悉产品生产流程、工艺和成本，这样才会把产品做好做精致，并且价格控制才有优势。优化后的初步效果如下图所示，单个产品的中单率可以提高到 55%。

表 8-2　墨西哥 14 部门家居用品买手 A 产品列表

全球买手	购买产品：个	产品分类	产品分类购买数量：个	供应商	供应商送样数量：个	产品中单率
买手 A	280	玻璃餐具	90	玻璃供应商	200	55%
		陶瓷餐具	90	陶瓷供应商	150	40%
		塑料餐具	100	塑料供应商	180	44%

（2）采购策略的优化

1）实施战略采购

随着全球化和技术进步的加快，越来越多企业开始在全球市场或者局部市场上采用低成本和高差异的整合战略。除了保持现有的低成本、大批量采购策略之外，整合低成本采购和高差异化战略，稳定现有的供应商合作关系，做到产品和服务的统一，提高竞争地位，对于变化的环境能够更加快速地调整和适应。

在全球采购中心现有的低成本策略包含了：地区优势、产品性质和大批量订单，而在实行高差异策略的情况下，全球采购中心可以从可持续性发展，开发可替代性材料，同时关注顾客的满意度，还有员工的忠诚度和积极性。

这种整合战略可以向顾客提供两种价值—某些方面的高差异和某种程度的低成本，获得高于行业平均水平的收益，全球采购中心也相应地获得两个方面的收益。

为了确保整合策略能有很高的应变力，可以在这几个方面来加强应变力：

①链接 WEM 内外的所有信息系统。这个新的信息系统要运用有效的组织设计和信息技术把内部各个部门，以及供应商、最终顾客和研发机构动态地联合一起，这样使全球采购中心能够对市场需要的变化做出正确和迅速的反应。

②推进战略性采购全球化。在一个区域的资源有限，实施整合战略时除了保持现有的低价核心竞争优势，还要积极推进全球化采购，把各个国家的地区资源优势都可

以加入到全球采购中心的供应商网络里。

③建立具有高度弹性服务系统。这个系统运用现代管理技术和信息技术手段，提高员工、设施设备和信息资源的弹性，有效地处理好低成本与多品种的矛盾。

2）增加产品的差异化价值

一般来说，零售商在门店里销售的产品是能够满足消费顾客的需求或者引发购买的欲望，消费者通过产品的特征和质量，服务组合和质量以及价格来判断是否所需。然而对于 WEM 这种大卖场大部分都是属于快速消费品，普遍性高而且容易被复制，除了低价策略吸引消费者之外，采购产品的策略还要随着消费群体观念的变化而做出调整，因此，可以尝试在增加产品的差异化来吸引更多消费者。

在采购项目开展之前，要对近期或者上一季度采购的产品线和消费顾客进行调查分析，了解产品线中每一种类别产品的销售额和利润，决定是否继续加大采购数量，是保持该类项目产品，还是引入新的产品特性。所以，在做产品开发的时候，先识别和选择产品的差异化特征，在产品设计上更具个性化、人性化和科技化，引入更具特色的产品，提高价格市场竞争力。在产品特征方面，邀请一些时尚设计师的合作或者针对产品的属性设立相对应的设计部门，申请与全球品牌认证合作，引入相关主题商品，定制品牌主题特色产品，通过品牌的影响力，吸引更多不同的消费群体，提高销量额并增加拥有新消费群体和新渠道的机会。在产品包装方面，设计优良的包装可以创造便利和促销价值，同时选择用可替代性或可回收性质的材质做简易包装，减少不必要的包装，去掉泡沫和气泡纸等等。通过改良包装方式，更能凸显出产品的特征，把产品的特征更多地暴露在消费顾客的眼球，增加购买欲。

另外，采购项目进行的时候，可以把同一大类目的产品都陈列在一起，整合所有产品做成一个系列的陈列摆设来刺激消费者在门店里的视觉感官，方便消费者他们的清单上或者不在清单上的物品都可以一步到位地购买到全部产品，把怎么搭配怎么装饰的整个概念都展现出来，引导消费者购买更多的一系列产品。假设家居用品类目的所有产品，按照一般国外的西餐习惯和桌面摆设：一张漂亮的桌布，桌面上放上装饰的花瓶和鲜花，点燃的香薰蜡烛和漂亮的烛台，摆上几人份的整套陶瓷餐具，餐具下面还有塑料垫盘，搭配同色系的不锈钢刀叉，前面有玻璃红酒杯和水杯，餐巾纸整齐地放在餐巾架上…到这里已经包含了 11 种家居用品。因此，整合产品的陈列既可以更好地引导消费者如何搭配和使用产品，营造视觉效果刺激消费，同时这个也是产品差异化的价值体现之一。

（3）供应商管理的优化

针对供应商管理存在的问题，运用相关理论进行有效的纠正，提高供应商与全球采购中心的契合度。对每一次采购项目供应商的配合程度和按时出货做记录，提高供应商的整体综合能力并建立可持续发展的合作关系。

1）开展针对验厂的培训并发展供应商

由于 WEM 对于新供应商加入门槛要求非常高，对供应商的考核和评估要求很多，所以流程显得复杂。为了让供应商更有价值并能长期合作，可以开展关于 WEM 验厂验货的培训项目，将供应商培养为有竞争力的优秀企业，当市场变化而转型的时候，供应商也能快速应变，给予配合。WEM 全球采购中心从 2014 年开始就已经针对供应商验货的问题，进行 JQMP 共同质量管理项目（JointQualityManagementProgram）。这个项目是和第三方公司 BV 合作，实施了四年渐趋稳定之后，从第五年开始邀请全球供应商参加这个项目。JQMP 项目进行到现在为止，已经培养了 1500 多家合格供应商，通过培训考试，成功拿到证书的供应商可以自验出货，不用通过第三方验货了，这个证书只针对 WEM 的订单。

JQMP 项目的指引，一共分为五个步骤：第一步：供应商收到该项目的通知；第二步：供应商发送自我声明，这份声明里面必须包含了申请表和质检人员名单；第三步：确认资格或再培训资格；第四步：现场资格审核有效或再培训资格，一天现场资格审核或四天全天培训；第五步：颁发资格证书。从上述所知，第三方公司执行的验货验厂的费用都是很高的。在出口前的产品验货，全球采购中心对供应商已经实行了 JQMP 培训项目，以此类推，对于验厂这一重要环节，也可以尝试性地开展类似的 WEM 验厂要求的培训考试。对于新供应商第一次的验厂还是保持原来用第三方验厂，对于长期合作，有一定规模而且生产能力和按时出货都相对稳定的供应商，在一年有效期过后的第二次验厂，可以通过自验作为一个跟踪验厂报告，从而节约供应商的成本投入。通过这样的培训项目，供应商就可以不用支付昂贵的第三方验厂验货费用，对于供应商在成本上的节约有很大的帮助，从而使供应商能够保持稳定低价，让利给全球采购中心。

2）提高供应商的整体综合能力

为了提高与进口商的竞争优势，对现有的供应商可以从产品设计、价格、服务和生产管理这主要的四个方面有针对性地去优化和改进：

①产品设计

定期地做产品市场调查，尤其是季节性产品特征比较明显，通过不同的平台去了解零售商的需求。同时，供应商可以根据产品的性质去参加国外的专业展会，还可以去国外的门店直接看产品，并结合当地文化去做产品市场分析与调查。

②价格

继续保持价格优势，对于影响价格成本的各个方面因素必须要严控把关。随时留意原材料地动态，提前备好原料和在恰当的时候低价买入。

③服务方面

供应商要善于运用信息化平台，现在很多供应商都已进行信息化改革，实现了信息化生产与运营。所以，在信息平台方面，可以在零售链系统为供应商量身打造信息化平台与沃尔玛零售链系统结合一起，建设质量监控平台，以实现全程实时的质量监控分析。借助人才、技术、系统，提高供应商的供应能力，这样供应商与全球采购中心的关系更加紧密，帮助协调和整合供应商。

④生产管理方面

不断地完善制造工艺和生产技术，可以帮助降低供应商的制造成本，所以供应商要不断地学习和改进生产技术和管理，全球采购中心也可适当地协助供应商的技术监督和改进，在产品开发期间适当地让供应商参与。全球采购中心的低成本采购的同时也要对产品创新有要求，对采购成本的控制越来越多，这是供应商的巨大挑战，因此供应商只有不断地创新和提高技术水平，降低生产成本。

参考文献

[1] 郭伟. 大数据及其在供应链中的运用 [J]. 物流技术，2015（10）：200 – 202.

[2] 杨红. 我国制造业供应链管理的挑战和机遇分析 [J]. 商业研究，2018（19）：10 – 11.

[3] 陈永平，蒋宁. 大数据时代供应链信息聚合价值及其价值创造能力形成机理 [J]. 实践研究，2015（07）：80-85.

[4] 吴成霞，赵道致，潘新宇. 大数据服务商参与的三级供应链动态合作策略及其比较 [J]. 控制与决策，2016（07）：1169-1177.

[5] 陈夕. 大数据驱动全渠道供应链服务模式创新探讨 [J]. 商业经济研究，2017（17）：63-65.

[6] 沈娜利，沈如逸，肖剑，张庆. 大数据环境下供应链客户知识共享激励机制研究 [J]. 决策参考，2018（10）：36-41.

[7] 陈帅，曹胜利，李宏娟，喻亮. 大数据对航天物资供应链管理价值提升的分析及研究 [J]. 物流技术，2017（12）：154-157.

[8] 陆彬，陈宇斌. 供应链中大数据分析应用研究综述 [J]. 商业经济与管理，2018（09）：36-41.

[9] 周才云 . 大数据分析法打造智慧供应链 [J]. 中国自动识别技术，2019（02）：56-58.

[10] 杨小龙 . 大数据技术对供应链管理的影响分析 [J]. 通信与信息技术，2019(02):45-46.

[11] 任南，鲁丽军，何梦娇 . 大数据分析能力、协同创新能力与协同创新绩效 [J]. 中国科技论坛，2018（06）：59-66.

[12] 沈诗理 . 大数据分析如何提升供应链效率 [J]. 信息与电脑(理论版),2015(17):23-25.

[13] 张雅琼，刘巧云，危思攀，胡宸，杨鹏 . 大数据分析在物流及供应链管理中的应用研究进展 [J]. 中国市场，2019（8）：164-167.

[14] 柳艳娇，朱天高，龚云峰 . 大数据对供应链物流管理发展影响分析 [J]. 商场现代化，2019（6）：65-66.

[15] 林瑞繁 . 浅谈企业物资采购与供应链的关系 [J]. 商场现代化，2017（9）：138-139.

[16] 谢鲁宾 . 企业物资采购与供应链的关系探讨 [J]. 现代国企研究，2017（4）.

[17] 宁赛功 . 供应链视角下采矿企业物资采购问题的相关研究 [J]. 财经界（学术版），2017（7）.

[18] 曹志平 . 基于供应链管理下的物资采购 [J]. 中小企业管理与科技，2017（7）：29-30.

[19] 韩飞 . 煤矿企业单一来源物资采购核价方式的应用及推广 [J]. 时代金融，2018（20）：171.

[20] 程红礼 . 浅论国有煤矿物资采购在当前经济形势下的生存模式 [J]. 物流工程与管理，2016，38（11）：112-113.

[21] 汤全荣，王永志，单光明 . 山东海化集团物资采购管理集中整合的探索与实践 [J]. 国际石油经济，2016，24（02）：97-101.

[22] 谭章禄，马营营，袁慧 . 煤炭大数据平台建设的关键技术及管理协同架构 [J]. 工矿自动化，2018，44（06）：16-20.

[23] 李薇 . 大数据时代煤矿企业集团财务管理变革探究 [J]. 中国乡镇企业会计，2017（11）：222-223.

[24] 郭建军，谢明军，白晶 . 基于“大数据”的神东煤炭集团设备管理信息化提升探索 [J]. 煤矿安全，2018，49（08）：269-272.

[25] 韩泰然 . 互联网 + 大数据管理平台在煤炭智慧企业中的实践 [J]. 煤炭技术，2019，38（01）：186-188.

[26] 王振兴，刘杰 . 大数据时代煤矿企业科学定编定员管理分析 [J]. 中国市场，2018（20）：106+110.

[27] 王全 . 提升煤矿企业政工工作实效性的对策探讨 [J]. 企业改革与管理，2018（12）.

[28] 沈仁为 . 谈新形势下煤矿企业开展政工工作的创新策略 [J]. 才智，2017（30）.

[29] 孙博超，吴立新，张鹏 . 供给侧改革背景下我国煤炭行业面临的关键问题研究 [J]. 煤炭经济研究，2017（6）.

[30] 刘青莲 . 供给侧结构性改革的传统能源销售优化与调整 [J]. 现代经济信息，2018（23）.

[31] 刘忠庆，杨萍，王飞 . 浅谈信息化仓储物资条码系统在炼化企业的安全重要性 [J]. 化工管理，2019（17）：102-103.

[32] 王君 . 信息技术在建筑施工企业物资管理中的应用研究 [C]// 决策论坛—经营管理决策的应用与分析学术研讨会，2016.

[33] 王淑云，李洪霞，李朝敬 . 宣钢运用“阳光采购”电子交易平台创新采购管理模式 [C]//2015 电子商务在钢铁交易及冶金设备、备品备件管理中的应用交流推介会，2015.

[34] 吴义成 . 平衡计分卡在企业采购部门的应用—以 JC 公司采购部门为例 [J]. 中国管理信息化，2016（3）：147-148.

[35] 林瑞繁 . 浅谈企业物资采购与供应链的关系 [J]. 商场现代化，2017（9）：138-139.

[36] 谢鲁宾 . 企业物资采购与供应链的关系探讨 [J]. 现代国企研究，2017（4）.

[37] 宁赛功 . 供应链视角下采矿企业物资采购问题的相关研究 [J]. 财经界（学术版），2017（7）.

[38] 曹志平 . 基于供应链管理下的物资采购 [J]. 中小企业管理与科技，2017（7）：29-30.

[39] 陈舒，吴萌 . 浅论从内部管理防范电网企业物资采购风险 [J]. 科技与企业，2016（24）：27.

[40] 刘建强 . 电网企业物资采购供应过程中风险因素与管理措施 [J]. 广东科技，2016（22）：113-115.

[41] 高正平 . 电网企业电力物资采购风险管理 [J]. 电力技术经济，2016（01）：51-56.

[42] 高正平 . 电网企业电力物资采购风险管理 [J]. 物流技术，2015（10）：309-313.

[43] 张纪刚 . 刍议企业物资采购与供应链存在问题及应对策略 [J]. 中国管理信息化，2019，22（3）：81-82.

[44] 张甜 . 浅谈供应链环境下的企业物资采购管理模式 [J]. 中小企业管理与科技：上旬刊，2019（1）：33-34.

[45] 廖晖 . 招标管理在油田物资采购中的应用探讨 [J]. 化工管理，2018，No.483（12）：222-222.

[46] 夏华 . 关于做好油气田企业招标管理的几点思考 [J]. 现代国企研究，2017（20）：25-26.

[47] 杨晓燕．大型公立医院招标采购难点与监督管理系统的建立 [J]. 管理观察，2018（34）：169-171.

[48] 周来生．医院系统招标采购管理理论与实践研究—以甘肃省天水市第一人民医院为例 [J]. 纳税，2018（3）：120-121.

[49] 辛歌峡．浅谈医院采购管理现状以及改进措施 [J]. 企业改革与管理，2015（6）：11，50.

[50] 魏一波．我国政府单一来源采购制度研究 [D]. 天津：天津大学，2014.

[51] 宋平．单一来源采购方式存在问题及法律规制研究 [J]. 企业导报，2016（2）：77-79.

[52] 沈婷婷．单一来源政府采购方式审批管理面临的突出问题与对策探讨 [J]. 现代商业，2019（22）：120-121.

[53] 王周欢．构建全过程政府采购管理的法律制度：问题与对策 [J]. 中国政府采购，2020（1）：14-22.

[54] 李美珍，黄开胜．高校仪器设备单一来源采购审批工作探析 [J]. 实验技术与管理，2017，34（9）：265-267.

[55] 张益群，高丛，吕廷杰．中国电子商务第三方支付市场的单寡头竞争性垄断市场结构实证研究 [J]. 商业经济研究，2018（1）：83-86.

[56] 孙佳梅，邱凯．网络经济下竞争性垄断市场问题研究 [J]. 商业经济，2013（18）：83-84.

[57] 邹越．竞争性垄断视野下互联网企业市场支配地位的认定 [J]. 税务与经济，2018（4）：1-6.

[58] 路溪．以单一来源采购为例探讨财政部门对变更采购方式的审批与监管 [J]. 中国政府采购，2020（1）：54-57.

[59] 张永勤，巢仰云，王晨．公立医院医疗设备招标常见问题及对策探讨 [J]. 中华医院管理杂志，2017，33（5）：334-337.

[60] 方芳．单一来源采购≠无竞争采购 [J]. 市场周刊：新物流，2009（11）：49.

[61] 王传政．非招标采购方式的问题 [J]. 解放军医院管理杂志，2016，23（8）：724-725.

[62] 黄阳华．德国“工业 4.0”计划及其对我国产业创新的启示 [J]. 经济社会体制比较，2015（2）：5-8.

[63] 马士华等著．供应链管理 [M]. 北京：北京机械工业出版社，2000：36-48.

[64] 山秀娟．“互联网 +”时代中国制造的转型契机 [J]. 现代营销（下旬刊），

2017（12）：1.

[65] 毛玉峰.供应链管理条件下的供应商选择研究[J].物流工程与管理，2009(8)：89-90.

[66] 丁纯、李君扬.德国“工业4.0”：内容、动因与前景及其启示[J].德国研究，2014（4）：50-52.

[67] 朱颖、罗英.美国重振制造业的举措及对我国的影响[J].经济纵横，2013(4)：113-115.

[68] 贾根良.第三次工业革命与新型工业化道路的新思维—来自演化经济学和经济史的视角[J].中国人民大学学报，2013（2）：42-45.

[69] 张可云、蔡之兵.全球化4.0、区域协调发展4.0与工业4.0—“一带一路”战略的背景、内在本质与关键动力[J].郑州大学学报（哲学社会科学版），2015（3）：88-90.

[70] 唐宏祥.VMI对供应链性能的影响分析[J].中国管理科学，2004（2）：1-5.

[71] 陈志文.“工业4.0”在德国：从概念走向现实[J].世界科学，2014（5）：1-2.

[72] 丁纯、李君扬.德国“工业4.0”：内容、动因与前景及其启示[J].德国研究，2014（4）：

[73] 李金华.德国“工业4.0”与“中国制造2025”的比较及启示[J].中国地质大学学报（社会科学版），2015（5）：72-75.

[74] 纪成君、陈迪.“中国制造2025”深入推进的路径设计研究—基于德国工业4.0和美国工业互联网的启示[J].当代经济管理，2016（2）：52-54.

[75] 张曙.工业4.0和智能制造[J].机械设计与制造工程，2014（8）：1-3.

[76] 胡晶.工业互联网、工业4.0和“两化”深度融合的比较研究[J].学术交流，2015（1）：153-155.

[77] 裴长洪、于燕.德国“工业4.0”与中德制造业合作新发展[J].财经问题研究，2014（10）：28-32.

[78] 宋志兰，徐七龙，孔民警，等. 供应链环境下多级库存成本优化模型研究[J].物流科技，2018，41（6）：126 – 132.

[79] 王安. 基于遗传算法的多级库存成本优化模型[J]. 平顶山学院学报，2018，33（2）：33 – 38.

[80] 陈见标. 连锁超市多级库存系统的控制问题研究[J]. 中国储运，2018（1）：112 – 115.

[81] 张浩沛. LJ化工企业库存控制研究[D]. 上海：华东理工大学，2018.

[82] 赵云龙. 随机需求下的多级库存控制方法研究 [D]. 阜新：辽宁工程技术大学，2017.

[83] 刘彦汝. 供应链库存管理优化与仿真应用 [D]. 长沙：湖南大学，2017.

[84] 袁红卫. 基于供应链环境下的多级库存优化研究 [D]. 郑州: 华北水利水电大学，2017.

[85] 廖联凯，万慧敏，赵晨茜. 基于供应链理论的多级库存管理模型应用—以 A 汽车企业为例 [J]. 财会通讯，2017（11）：62 – 67.

[86] 张策. 供应链库存控制问题的研究与应用 [J]. 科技风，2017（6）：296.

[87] 吴占坤，赵英姝. 供应链环境下的多级库存优化及控制研究 [J]. 工程技术研究，2016（7）：225 – 226.

[88] 皮珍珠. 基于供应链环境的 A 公司库存管理优化探讨 [D]. 南昌: 江西财经大学，2016.

[89] 阮光亮. 供应链模式下的电子企业库存管理研究 [D]. 北京：中国矿业大学，2016.

[90] 胡宇博. 供应链多级库存的成本控制与算法研究 [D]. 哈尔滨: 哈尔滨理工大学，2016.

[91] 乔佩利，胡宇博. 供应链多级库存的成本控制 [J]. 哈尔滨理工大学学报，2015，20（6）：71 – 77.

[92] 沈丙涛. 随机环境下废旧家电产品逆向物流库存控制模型研究 [D]. 合肥：合肥工业大学，2015.